U0552918

华侨革命开国史

冯自由

编者按：冯自由，日本华侨。早年加入兴中会。1911
年以前活动于日本、香港、南洋、美洲等地，先后任同盟会
香港分会会长、同盟会加拿大支部长。辛亥革命后任临时政
府稽勋局局长，并广泛搜集资料，撰写有关辛亥革命的书
籍，《华侨革命开国史》即是其中一部。该书 1946 年由商务
印书馆出版，综合记述了各地华侨参加辛亥革命活动的情
况。书中记载虽然有与史实不符之处，并把香港、澳门、台
湾一并误入华侨地区，但其所记，或是根据个人亲身经历，
或是根据当时的文献资料编辑而成，因而有一定的史料价
值。该书现已流传很少，特全文收入，供研究参考。

一　香港之部

香港为我国革命党人之策源地，孙中山先生（以下概称总
理）自甲午（民国前十八年）创立兴中会，以迄辛亥中华民国
成立之十八年间，中间经过乙未（民前十七年）九月广州之役，
庚子（民前十二年）闰八月惠州三洲田之役，壬寅（民前十年）
除夕广州洪全福之役，丁未（民前五年）四月潮州黄冈之役，

又同月惠州七女湖之役，又七月钦州防城之役，又九月惠州汕尾之役，庚戌（民前二年）正月广州新军之役，辛亥三月广州黄花岗之役，又九月广东光复之役等等，皆利用香港为出发点，是即历届我国革命军之大本营所在地也。在此十八年间，革命党在香港之各种组织，有报馆，有书报社，有学校，有商店，有俱乐部，有农牧场，有招待所，诸种名目，不一而足。兹分别叙述，以见当日革命党人之艰难缔造焉。

（一）杨耀记商号

孙总理于丁亥年（民国前二十五年）由广州博济医学院转学于香港雅丽士医学院，尝在港中物色同志。以当日民智闭塞，在修学初期中，闻其革命排满言论而赞成者，仅有陈白、尤列、杨鹤龄三人。陈字少白，新会县人，广州格致书院（即今之岭南大学）开创时第一期学生，其父子桥之友区凤墀为总理汉文教师，以其英伟有志，乃介绍至香港访谒总理。白晤总理后，大为倾倒，总理劝其改入医校，以便晨夕切磋。白以是迁港，与总理同学二载，最为相得。尤列字少纨，顺德县人，广州广雅书院舆图学堂测绘科学生，自幼好与洪门会党游，早年以博济医院毕业生族人尤裕堂之介，与总理认识，时任香港华民政务司署文案。杨鹤龄为香山翠亨村人，与总理同乡同里，相识最早，家世富厚，性颇不羁，有祖产商店在香港歌赋街，曰杨耀记。总理习医时，颇以在校谈论时政不便为苦，商诸鹤龄，鹤龄乃在店内特辟一楼为同志聚谈之所。总理课余恒偕白、列、鹤龄三人大谈反清逐满及太平天国遗事，放言无忌，闻者动容。因是亲友商伙咸呼总理为洪秀全，又称孙、陈、尤、杨四人为四大寇。同志郑士良、陆皓东等来往广州、上海，过港时，亦常下榻其间，故该店可称革命党人最初之政谈俱乐部。民十年总理开府广州时，曾修治观音山文澜阁，以款接白、列、鹤龄三人，题曰四寇楼，即纪念昔年香港杨耀记之革命谈话所云。

（二）辅仁文社

辅仁文社者，香港侨商有志者所组织之小俱乐部也，成立于民前二十二年庚寅（1890）。其时去中法甲申（民国前二十八年）之役未远，国人渐知满清政府之不足恃，及研究新学之必要。港侨中遂有福建海澄县人杨飞鸿（字衢云）、广东开平县人谢赞泰（字康如）二人，联络有志者刘燕宾、陈芬、黄国瑜、罗文玉、胡干之、周昭岳等十六人，发起辅仁文社，以开通民智、讨论时事为宗旨，是为港侨设立新学团体之先河。其开会地点，初假刘燕宾所开之炳记船务公司为之，至壬辰年（民国前二十年）二月十五日始开设会所于百子里第一号二楼。此社内容仅在多购置新学书报，以开通民智，尚未含有政治上之激烈性质，然是时风气仍极闭塞，闻者金以洋化二字讥之，且时不免香港警吏之窥伺也。衢云为人仁厚和蔼，行侠好义，尤富爱国思想，时充任沙宣洋行副经理，于壬辰年始渐与总理相识，一见如故。时为总理在雅丽士医学校最后修学之一年，故该校时有衢云之足迹。及乙未正月总理自檀岛归抵香港，谋扩大兴中会之组织，亲访衢云，约其合作，衢云欣然从之。辅仁文社社员加入兴中会者，衢云以外尚有谢赞泰、周昭岳等数人。

（三）兴中会总部乾亨行

乙未正月初旬，孙总理自檀香山返抵香港，即召集旧友陆皓东、郑士良、陈少白、杨鹤龄、尤列诸人，拟联合各地同志扩大兴中会之组织，以利进行，且将在檀香山所订章程九条修改为十条，因素知辅仁文社社员杨衢云、谢赞泰等平日宗旨相同，遂与接洽组党事件，衢云等欣然赞成。港侨于初期陆续加入者，尚有黄詠襄、周昭仁、歌〔区〕凤墀、余育之、徐善亭、朱贵全、丘四等数十人。筹备既竣，即于是月下旬租定中环士丹顿门牌十三号为总会所，榜其名曰乾亨行。旋于二十七日开成立大会，会名仍称兴中会。凡入会者须一律举手向天宣誓，其誓词曰：驱除鞑虏，收复中华，创立合众政府，倘有二心，神明鉴察。会所成立后，众议决定在广州克期大举，推定总理驻广州专事军事，郑士良、陆皓东、邓荫南、陈少白等佐之；衢云驻香港专任后方接应及财政事务，谢赞泰、黄詠襄等佐之。二月二十日，复议决挑选健儿三千人由港乘船至广州起事之策略。陆皓东提议用青天白日旗以代满清之黄龙旗，亦于是日通过。由是总理遂于广州发起农学会，以为进行机关。粤垣官绅列名赞助者数十人，故无人疑为挟有危险性质者。是秋七月，各方面运动将次成熟，众以乾亨行渐有暗探窥伺，遂于是月初八日撤消之。八月二十二日，众以发难在即，始投票选举会长，名之曰伯理玺天德，此职即起事后之合众政府大总统也。时会中分孙、杨两派，衢云欲得此席甚力。总理不欲因此惹起党内纠纷，表示退让，力诫士良、少白等勿与竞争，结果此席为衢云所得。九月重阳之役既败（事详余著《中华民国开国前革命史》，不赘），香港大本营全体瓦解。至己亥（民国前十三年）冬，总理自日本派少白至港发刊《中国日报》，为兴中会宣传机关。十二月，湘人毕永年与哥老会龙头李云彪、杨鸿钧、张尧卿、辜天佑等有联合各省秘密会党，奉总理为大首领之议。衢云闻之，乃向众辞职，并荐总理自代。未几，兴中、三合、哥老三会各派代表在港开会，同举总理为总会长，并特制总会长印章，由日人宫崎寅藏赍往横滨上诸总理。庚子（民国前十二年）夏秋间，兴中会复策划广州、惠州之军事，因之党务亦大形进步。及八、九月间，郑士良、邓荫南、史坚如等相继失败，衢云且被清吏派人暗杀，兴中会元气大伤，党务殆陷于完全停顿，只余《中国日报》尚能发挥正论，日向清廷及保皇党徒作坚苦之奋斗而已。兹录香港总部修正之《兴中会章程》

十条①如左：

中国积弱，至今极矣，上则因循苟且，粉饰虚张，下则蒙昧无知，鲜能远虑，堂堂华国，不齿于列强，济济衣裳，被轻于异族，有志之士，能不痛心。夫以四百兆人民之众，数万里土地之饶，本可发奋为雄，无敌于天下。乃以政治不修，纲维败坏，朝廷则鬻爵卖官，公行贿赂，官府则剥民刮地，暴过虎狼，盗贼横行，饥馑交集，哀鸿遍野，民不聊生，呜呼惨哉！方今强邻环列，虎视鹰瞵，久垂涎我中华五金之富，物产之繁，蚕食鲸吞，已效于踵接，瓜分豆剖，实堪虑于目前，呜呼危哉！有心人不禁大声疾呼，亟拯斯民于水火，切扶大厦之将倾，庶我子子孙孙，或免奴隶他族。用特集志士以兴中，协贤豪而共济。仰诸同志，盍自勉旃。谨订章程，胪列如左：

一、会名宜正也　本会名曰兴中会，总会设在中国，分会散设各地。

二、本旨宜明也　本会之设，专为连络中外有志华人讲求富强之学，以振兴中华，维持国体起见。盖中国今日政治日非，纲维日坏，强邻欺侮百姓，其原皆由众心不一，只图目前之私，不顾长久大局。不思中国一旦为人分裂，则子子孙孙世为奴隶，身家性命且不保乎？急莫急于此，私莫私于此，而举国愦愦，无人悟之，无人挽之，此祸岂能幸免！倘不及早维持，乘时奋发，则数千年声名文物之邦，累世代冠裳礼义之族，从以沦亡，由兹泯灭，是谁之咎，识时贤者，能无责乎？故特联结四方贤才志士，切实讲求当今富国强兵之学，化民成俗之经，力为推广，晓谕愚蒙。务使举国之人，皆能通晓，联智愚为一心，合遐迩为一德，群策群力，投大遗艰，则中国虽危，无难救挽，所谓民为邦本，本固邦宁也。

① 香港《兴中会章程》，胡汉民编《总理全集》作壬辰年（1892年）。

三、志向宜定也　本会拟办之事务，须利国益民者方能行之，如设报馆以开风气，立学校以育人才，兴大利以厚民生，除积弊以培国脉等事，皆当惟力是视，逐渐举行，以期上匡国家，以臻隆治，下维黎庶，以绝苛残。必使吾中国四百兆生民各得其所，方为满志。倘有藉端舞弊，结党行私，或畛域互分，彼此歧视，皆非本会志向，宜痛绝之，以昭大公，而杜流弊。

四、人员宜得也　本会按年公举办理人员一次，务择品学兼优才能通达者。推一人为总办，一人为帮办，一人为管库，一人为华文文案，一人为洋文文案，十人为董事，以司会中事务。凡举办一事，必齐集会员五人，董事十人，公议妥善，然后施行。

五、交友宜择也　本会收接会友，务要由旧会友二人荐引，经董事察其心地光明，确知大义，有心爱戴中国，肯为其父母邦竭力，维持中国，以臻强盛之地，然后由董事带之入会。必要当众自承其甘愿入会，一心一德，矢信矢忠，共挽中国危局，亲填名册，并即缴会底银五元，由总会发给凭照收执，以昭信守，是为会友。若各处支会，则该处会员暂发收条，俟将会底银缴报总会讨给凭照后换交。

六、支会宜广也　四方有志之士，皆可仿照章程，随处自行立会。惟不能在一处地方分立两会，无论会友多至几何，皆须合而为一。又凡每处新立一会，至少须有会友十五人，方算成会。其成会之初，所有缴底领照各事，必须托附近老会代为转达总会，待总会结照认妥，然后该支会方能与总会互通消息。

七、人才宜集也　本会需材孔亟，会友散处四方，自当随时随地物色贤才，无论中外各国人士，倘有心益世，肯为中国尽力，皆得收入会中。将来用人时，各会可修书荐至总会，以资臂助，故今日广为搜集，乃各会之职司也。

八、款项宜筹也　本会所办各事，事体重大，需款浩繁，故特设银会，以资巨集，用济公家之急，兼为股友生财捷径，一举两得，诚善举也。各会友好义急公，自能惟力是视，集腋成裘，以助一臂。兹将办法节略于后：每股科银十元，认一股至万股，皆随各便；所科股银，由各处总办管库代收，发给收条为据，将银暂存银行，待总会收股时，即汇寄至总会收入，给发银会股票，由各处总办换交各友收存；开会之时，每股可收回本利百元。此于公私皆有裨益，各友咸具爱国之诚，当踊跃从事，比之捐顶子，买翎枝，有去无还，泂隔天壤，且十可报百，万可图亿，利莫大焉，机不可失也。

九、公所宜设也　各处支会当设一公所，为会员办公之处，以便各友时到叙谈，讲求兴中良法，讨论当今时事，考究各国政治，各抒己见，互勉进益。不得在此博弈游戏，暨行一切无益之事。其经费由会友按数捐支。

十、变通宜善也　以上各项，为本会开办之大纲，各处支会自当仿为办理。至于详细节目，各有所宜，各处支会可随地变通，别立规条，务臻妥善。

（四）中国日报

《中国日报》为革命党组织言论机关之元祖，孙总理于己亥年（民国前十三年）秋间始派同志陈少白至香港筹办进行，所有机器、铅字概由总理在横滨购运，至是年十二月下旬乃告出版。其社址设于士丹利街二十四号，少白自任社长。初期助理笔政者，有洪孝充、陆伯周、杨肖欧、陈春生、黄鲁逸诸人。初以不审英人对华政策所在，未敢公然大倡革命排满之说，半载后措辞始渐激烈。从前各地中文报纸排印俱用长行直行，独《中国日报》首仿日本报式，作横行短行，令读者耳目一新。此报除日刊外，兼出十日刊一种，定名《中国旬报》，附以鼓吹录，专以游戏文章、歌谣讥刺时政，是为吾国报纸设置谐文歌谣之滥觞。庚子（民国前十二年）兴中会迭谋策动广州、惠州军事，其大本营即设于报社三楼，党人出入，络绎不绝。及是岁闰八月惠州三洲田一军败挫，报社财政亦形不支，赖同志富商李纪堂源源供应，得免歇业。辛丑、壬寅、癸卯、甲辰（民国前八年至十一年）之四年，人心渐趋革命，报务日形发达。是时先后主持笔政者，复有郑贯公、陈诗仲、黄世仲、冯自由、王军演、卢少歧、丁雨宸、梁襄武、何冰南、何雅选、卢信、廖平子诸人。国内外各地报馆之高唱民族主义，与《中国日报》相呼应者，亦缤纷并起。惟报社度支至癸卯年夏竟无法撑持，不得已合并于著名文具印刷店之文裕堂有限公司，得以暂维现状。新公司设总理三人，少白与李纪堂、容星桥分任之，星桥亦兴中会员也。乙巳年（民国前七年）秋同盟会成立，总理派冯自由自日回港，佐少白办理党务报务，同盟分会亦附设于报馆社长室。丙午年（民国前六年）秋文裕堂营业亏折，沦于破产，《中国日报》以连带关系，亦遭连同拍卖之危。幸事前冯自由约同志李纪堂、李煜堂数人，集资预向文裕堂承购报社全部产业，始不致为保皇党人所攘夺。是岁八月《中国日报》改组，同时迁至上环德辅道三百〇一号，众举冯自由继任社长，兼同盟分会会长。自后数年，报务党务均具长足之进步。关于西南各省之军务，如丁未（民国前五年）四月潮州黄冈之役，及同月惠州七女湖之役，五月广州刘思复之谋炸李准，九月惠州汕尾运械之役等等，皆由同盟分会发动之。此外如钦廉、镇南关、河口诸役，莫不由《中国日报》报道消息。故此报实不啻为全国革命党人之总枢纽，其销数之多寡，与人心之趋向革命与否为正比例焉。己酉（民国前三年）冬同盟会南方支部成立，渐与香港分会划分权限，自后关于军务及香港以外之党务由南方支部处理之。未几遂有庚戌（民国前二年）新正广州新军反正之一役，是役既败，民党元气大伤。《中国日报》原属商办性质，冯自由以罗掘俱穷，无力再办，乃请南方支部特拨公款，维持善后，自赴加拿大就温高华埠《大汉日报》之聘。南方支部于是改派李以衡为经理，谢英伯、张绍轩等为编辑。自癸卯后文裕堂合并时代至丙午后冯自由经理时代之七年间，《中国日报》资本概由同志商人负担，及庚戌二月以后，始由南方支部派人经理。其后南方支部以支应浩繁，不胜其扰，至辛亥（民国前一年）春，适有留美党员李其归国，支部乃以《中国日报》经理一席畀之。是岁五月檀香山党员卢信、黄时初等愿集侨资负责接办《中国日报》，支部许之。及九月粤省光复，报社迁于广州，至民国二年八月龙济光入寇，遂被封禁停版。要之《中国日报》历史区别为三期，从己亥至乙巳之七年为陈少白处理时期，从丙午至己酉之四年为冯自由处理时期，从庚戌至辛亥之二年为南方支部处理时期。以十三年三期间之大声疾呼，卒能领导海内外舆论以倾覆清廷，重光汉业，殊非当日参预诸子所及料也。

（五）大明顺天国总机关和记栈

和记栈者，太平〔大明〕顺天国在香港秘密筹划起事之总机关也。其地在中环德忌笠街二十号四楼。先是兴中会会员谢缵泰、李纪堂久欲在粤举兵革命，以逐满兴汉为宗旨，嗣结识太平天王洪秀全族弟春魁，认为足以同举大事之适当人物，遂推为首领，并预定国号曰太平〔大明〕顺天国。春魁以是易名全福，示藉洪秀全福荫之意。纪堂于是役慨然负担全部军饷五十万元。全福受命后，先后分派梁慕光、李植生、冯通明、宋居仁、苏子山（原名龚超，庚子汉口富有票案有名）诸人，在广州、惠州、北江各地联络军队、会党，克期于壬寅（民前十年）十二月除夕各方同时发难，其发号施令皆在和记栈处理之。及十二月下旬筹备略竣，全福先期赴粤指挥梁慕光等各项动作，缵泰、纪堂等亦各预定除夕晚乘轮诣省主持一切。讵有奸人周某为诓骗巨款事遽向香港警厅告密，且引警吏至和记栈搜查举发，并逮捕同志五人，而机事遂全局败露。粤督德寿藉此破获各党人机关，捕杀党人多名，全福等半载之经营悉成水泡。在港被捕各党人，得英国殖民部电令港督，以国事犯待遇，故由港督下令开释。全福前于太平天国败后，尝从事航海生活多年，春秋既高，乃在港行医自给，是役失利，遂避地新加坡，旋以病返就医，死于香港国家医院，年六十有九。

（六）世界公益报

继《中国日报》出版后三年而出版，有《世界公益报》焉。是报发刊于癸卯年（民前九年）冬，为《中国日报》前记者郑贯公所主编。其资本全出诸耶稣教徒林护、冯话泉、谭民三等，编辑人有李大醒、崔通约、黄世仲、黄伯耀、黄鲁逸等。报中论调略同《中国日报》，而色彩不如《中国日报》之鲜明，特注重诙谐文字及讽刺图画，于宣传革命，亦甚有力，世称香港革命党报之第二家者是也。贯公为人豪迈不羁，任职半载，以不愿受耶教范围之拘束，即辞职他去。此报因有耶教徒支持，基址巩固，至民国成立后数年始停刊，其功仅次于《中国日报》。

（七）广东日报

《广东日报》亦为前香港《中国日报》记者郑贯公所创办。贯公于癸卯年冬发刊《世界公益报》后，因报中股东及董事多属耶稣教徒，发言立论多不自由，故于《公益报》出版后半载，即自行辞职，复向同志另集资本，组织《广东日报》以为之继，宗旨略同《中国日报》，是为香港革命报纸之第三种。其编辑部尝罗致广州文学之士多人担任庄、谐二部，著述体裁颇为新颖，操笔政者，除贯公自任主编外，尚有黄世仲、王军演、胡子晋、陈树人、卢伟臣、劳伟孟诸人。出版后大受广州、香港、澳门各地学界之欢迎，销场亦殊不恶，惟以资本不足，开办不及一年，至乙巳夏秋间即告歇业，闻者惜之。

（八）九龙光汉学校

光汉学校成立于甲辰、乙巳（民国前七、八年）年间，校址在九龙油麻地，为一部革命志士所组织。校长史古愚，时易名张簌然，乃史坚如烈士之长兄。此外有体育教员李自重，数学及卫生教员伍汉持，英文及地理教员陈典方（陈少白族弟），经费来源多由同志商人李纪堂、李煜堂等负担。纪堂系香港有名富商，煜堂则永利源药材行东主，即体育教员李自重之父也。此校最注重军国民教育，癸卯（民前九年）总理在东京设立革命军事学校以训导青年同志，自重为十四学生之一。该校解散后，自重旋归香港，与史、伍、陈诸人创立此校，首以振兴尚武精神，提倡兵式体操为宗旨，因港律不许民间藏贮火枪，故用木棍代之。自光汉学校实行军事教育后，全港各学校翕然从风，如雅丽士医学院及各著名学校咸先后延聘李自重及光汉学生为体操教员，港政府所设之皇仁学院亦用英国兵官教练，行之半载，全港中小学生皆具赳赳桓桓之概。时有育才书社，为屈臣氏西药房买办兼洁净局议员刘铸伯所创办，亦延自重教授体育。适自重因担任各校课程过劳辞退该校之聘。铸伯以是深怀不满，遽向港华民政务司进谗，谓自重自称大将军，所倡办军事教育，实于英国不利等语。港当局竟为所惑，遂下令禁止各学校设置体育一科，且欲驱逐自重出境。自重闻讯，乃先期赴粤避之，并肄业于光华医学校学习医术。自兹而后，香港各学校遂不闻设置体育一科，至民国成立后多年，亦沿袭奴化教育，毫无改革，殊可惜也。光汉学校于自重离港后数月亦相继解散。

（九）九龙青山农场

兴中会员邓荫南自乙未及庚子广州二役失败后，即以檀香山携回余资在九龙青山屯门辟一农场，经营垦殖畜牧事业，为久居之计。越年，号称革命富翁之李纪堂亦在荫南农场之侧购地数百亩，经营同一事业，其规模较荫南更为伟大，且在香港中环街市内开一销售农产品之商店，名青山栈，每日以小轮往来香港青山之间，输运疏〔蔬〕菜瓜果鸡鸭等物至青山栈出售。所产鸡蛋大而精美，西人多喜购之。历年党人陈少白、冯自由、李自重、史古愚、刘思复、汪兆铭、黎仲实、喻云纪诸人，试验枪炮炸弹诸危险品，时假该二场为之，以其地僻静，不虞有警吏窥伺也。丁未（民元前五年）潮州黄冈及惠州七女湖、仙〔汕〕尾三役败将许雪秋、李子伟、陈纯、林旺等亡命逃港，为清探跟踪尾追，冯自由乃遣许等匿居该二农场以避之。入民国后数年，荫南以佐总理任大元帅府别动队司令，乃舍弃其农场不顾。青山栈续维持至民国后十余年，纪堂家道中落，全赖农场供给，二十年后始顶让与人云。

（十） 有所谓报

香港《广东日报》停刊后数月，即乙巳年秋间，郑贯公复创办一种小规模日报，名《有所谓唯一趣报》，内容庄、谐并重，专以小品文字见长。其排字印刷均假手其他印务公司为之，故不用自置铅字、机器等物，又不须多大资本，取价低廉，趣味浓厚。出版未久，即已风行一时，其销路竟驾诸大报而上之，是为香港、广州二地小型报纸之滥觞，亦为当地革命报纸之第四种。是报操笔政者除贯公外，有黄世仲、陈树人（猛迈）、胡子晋（驳男）、卢星父（仙乎）、卢伟臣、王秋湄（军演）、骆汉存诸人，英才济济，可称一时之盛。当乙巳、丙午（民前六、七年）间，港人曾先后发起冯夏威、陈天华两烈士追悼会于西营盘杏花楼，参加者数千人，此两会皆由郑贯公等主持，实隐然执全港新学界之牛耳。及丙午夏，贯公忽染病逝世，读者莫不惋惜，是报以乏人支持，旋改组为《东方报》。

（十一）同盟会及南方支部

香港中国同盟会成立于乙巳年秋冬间，是岁六月杪，孙总理创设同盟会本部于东京，八月初十日，首派冯自由、李自重二人至香港、广州、澳门等处组织分会。冯抵港即与陈少白筹商改组兴中会为同盟会，新旧同志先后加盟者，有陈少白、李纪堂、容星桥、邓荫南、郑贯公、李自重、黄世仲、陈树人、李树芬、邓警亚、卢信、廖平子、温少雄、梁扩凡、李孟哲、李伯海诸人。众举陈少白为会长，郑贯公为庶务，冯自由为书记，黄世仲为交际，会所即假《中国日报》社长室为之。香港分会向例须兼西南各省之军务党务，及南美洲各地之交通事务，故分会长一职极为重要。成立未久，总理即由日本赴南洋，船过港时，在舟中召集同志开党务会议，及十一月黄克强亦来，旋绕道赴桂林，拟策动清防营统领郭人漳反正，此外鄂人吴崑，湘人梅霓化、李燮和等因公来往湘、桂、鄂、粤诸省，均由香港分会招待之。

丙午（民国前六年）八月《中国日报》改组，陈少白同盟会长职，众举冯自由代之。次年丁未，为同盟会在西南各省军事最活动之时期，总理先后派胡汉民、汪兆铭二人驻港协助冯自由进行一切。时受任发动广、惠、潮、梅、钦、廉各属军务者，有许雪秋、黄耀廷、邓子瑜、余绍卿、刘思复、王和顺诸人，分派各方协助者，则有方瑞麟、乔义生、方汉成、李思唐、郭公接、方次石、李次温、池亨吉、萱野长知（池、萱均日人）、谢良牧、谢逸桥、张煊、张谷山、张树楠、朱执信、胡毅生、何克夫、谭剑英、莫伟军、柳杨谷、邓慕韩、刘樾杭诸人。在诸受任发动人中，许雪秋曾于是年二月策动潮州饶平浮生埠会党夺取潮州府城，届时偶值风雨大作，不能集合而止。四月复策动余既成、陈涌波等在潮州黄冈城举事，以械劣失败。九月，日人萱野长知租用日轮幸运丸载运大量军械驶至惠州汕尾海面，港分会预派雪秋届时接械大举，雪秋以措置不善致误事机。邓子瑜则担任惠州发难之责，尝遣林旺、陈纯、孙稳等起事于归善县七女湖，与清军转战十余日，至弹药告竭始散。刘思复于四月杪入广州谋炸清提督李准，以响应潮、惠之师，讵于月初一日因装置炸药失慎，断去一臂，为警吏拘捕入狱。以上数役为港分会直接指挥之军事。其他八月钦州防城之役及戊申（民国前四年）二月钦州马笃山之役，则由总理在越南河内亲自发动，港分会只任供应军用品之责而已。故丁未、戊申两年同为港分会处理军务最殷繁之时期，而丁未尤为紧张，各方同志来往港地者，几于应接不暇。因是于中国日报社之外，另在坚道及普庆坊、摩理巨山道、湾子进教围、皇后大道各街，分设招待所多处以收容之。至于党务亦异常发达，先后派出代理主盟员及军事联络员多人，分赴广州、虎门、黄埔、澳门、潮汕、归善、博罗、梅县、兴宁、连州、北海、梧州、浔州、柳州、南宁、厦门各地发展党务，及联络军队。各方同志于此两年相继加盟者有张谷山、姚雨平、何克夫、谭剑英、莫伟君、黄旭升、陈佐平、温子纯、陈纯、林旺、孙稳、詹承波、吴金标、余既成、余通、陈涌波、林英侠、萧竹漪、余子伟、许佛童、陈二九、林伍、张人杰（静江）、周觉（伯年）、倪映典、方紫枬、黄伯淑、李煜堂、谢英伯、巴泽宪、卢岳生、李海云、葛谦、谭馥、严国丰、曾传范、黎尊、罗树霖、杨希说、周毅军、李济民、萧惠长、刘古香、张铁臣、韦立权、刘培嶔、林菊秋等千余人。及戊申冬十一月，湘人葛谦、谭馥等欲乘清帝后逝世，运动驻广州防营反正，葛亲至香港谒冯自由致电总理接济，并邀黄克强、谭人凤二人来粤主持。冯、葛未得总理复电而事泄，全局瓦解，葛谦、严国农、谭馥等死之。港、粤同志乃秘密开会追悼，并醵款恤其遗族。

己酉（民国前三年）以前港分会忙于军事，不便大张旗鼓招揽党员，以避侦探耳目。自戊申三月河口革命军失败，同盟会元气大伤，军事进行停顿一年有余，遂得专心党务，改取开放主义，以广收同志为务。是年二月特辟新会所于德辅道先施公司对门某楼，榜其名曰民生书报社，党员日常开会不复如前之秘密。另在广州省垣河南分设机关名守真阁，由高剑父、潘达微、徐宗汉、朱述唐、梁焕真等筹备成立，会务亦颇发达。是年港、粤两地加盟者，有刘一伟、陈元英、马达臣、谭民三、李以衡、陈逸川、黄轩胄、关非一、何丽臣、何创士、梁焕真、何辑民、陈自觉、梁藻如、杜药汉、陈瑞云、蔡忠信、潘达贤、莫纪彭、李文甫、林直勉、罗道膺、黄侠毅、张志林、陈哲梅、何振、马小进、易侠、胡津林、廖侠、刘守初、陈俊朋、李昌汉、李文启、李少穆、朱润芝、洪承点、容铨、陈恭谱、麦瑞祺、陈炯明、黄洪昆、王占魁、江运春、尤龙标、甘永宣、易培之、黄宗汉、苏美才、孙武等二千余人，就中以倪映典所招致新军兵士居大多数，惟无名册可考。至十一月，民生书报社以会所过狭，复迁于中环德辅道捷发号四楼，易名少年书报社。庚戌（民国前二年）春冯自由改就云高华①埠《大汉日报》之聘，辞退会长一职，众举谢英伯承乏。谢于辛亥年夏赴檀香山，由陈逸川代理会长。

己酉秋冬间同盟会南方支部成立，与港分会划分职权，自后西南各省党务军事由支部主之，香港一方党务由分会主之。众举胡汉民为支部长，汪兆铭为书记，林直勉为司库。冬十一月，倪映典自广州来港报告运动广州新军成绩，众决议大举，即电驻美国孙总理请接济，并邀黄克强、赵声、谭人凤来港主持。十二月间，黄、赵、谭先后到港，总理自美国三次电汇到八千元，同志李海云亦提其商号存款二万余元以充义举。众以筹备成熟，定期庚戌正月初旬大举。讵因新军兵士于除夕以购名片细故，与警

① 云高华，又译云哥华，即今温哥华。下同。

察发生争执，遽成军警互相殴斗之大风潮，粤督袁树勋闻变，立派防营弹压，遂成敌国。倪映典初拟劝新军勿遽暴动偾事，及正月初二早抵燕塘，知大势无可挽救，遂毅然领导全军发难，以各枪枝板〔扳〕机及弹药早为清吏审令缴去，致战斗力全部损失，遂为清军所败，竟以身殉之。是役功败垂成，洵为历次义军之最大憾事。南方支部经此失败，黄克强、赵声、胡汉民等乃赴南洋槟榔屿谒总理，筹划再举。是年冬总理号召各埠同志，拟集巨款作卷土重来之计，南洋、美洲诸地党员均如应斯响，踊跃以从，黄、赵、胡等遂返港设置革命军统筹部以策动一切，是即辛亥三月二十九广州黄花岗之役，实占全部革命史最辉煌之一页。是役香港及各方往来同志莫不奔走骇汗，为义师尽力，其壮勇义烈可歌可泣之事迹，已有专书记录，兹不赘述。及是岁八月武昌革命军起，南方支部先后遣派党员分赴全省各路策动响应，而驻港各同志亦多自动赴义，惟恐不力，用成辛亥九月广东省城不流血而收功之殊勋，是则香港同盟会员多年奋斗之结果，不容湮没者也。

（十二）东方日报

郑贯公逝世后，香港《有所谓报》小报乏人领导，势将停刊，同志刘思复、陈树人、胡子晋、谢英伯、易侠等乃另集资本接办《有所谓报》，重新改组，易名曰《东方报》，其体裁与前《有所谓报》略同，亦一小规模之日报也。此报发刊半载，即以资本不继停版，时在丙午秋至丁未年春。

（十三）少年日报

香港《有所谓报》停刊后，该报编辑人分为两派，各续办小报以为之继，一为《东方报》，一为《少年报》，均与《有所谓报》同一体裁。《少年报》发刊于丙午、丁未年间，地址在上环海旁，主编为前《中国日报》记者黄世仲，康荫田、杨计伯、卢星符等佐之。世仲所著《太平天国演义》小说初在《有所谓报》登载，此报继续载之，其销路足与《有所谓报》相伯仲，惜乎出版未及一载，即因款绌停版。

（十四）时事画报

《时事画报》原在广州出版，发刊于乙巳年，为粤省名画家潘达微、高剑父等创办，图画以外，附载时事论评及谐诙小说等类，由陈垣、岑学侣、谢英伯等担任，以幽默之措辞鼓动民族思想，颇能刺激人心，诱导社会，出世未久，风行一时，旋以资金缺乏停刊。己酉年秋间，谢英伯、潘达微、何剑士、郑侣泉等得林直勉之资助，重组是报于香港，仍用石版印刷，以在香港言论较粤省自由，所载讽刺图画及时评论者，均为抨击清政、宣导革命之作，惜刊至十余期而止。

（十五）湾仔冯宅

在丙午年至庚戌年（民前一〔六〕年至二年）以前，香港革命党人所有秘密文件及军械炸药等物，多贮藏于中国日报馆密室内，至于每次军事之发号施令，及与各方党人接洽事件，恒假报馆四楼之社长室处理之。四楼分为两部，后半部充社长室，前半部则为社长冯自由眷属住宅。胡汉民夫妻来往香港，亦常下榻其间。及己酉（民前三年）春，同盟会以暂时军务停顿，遂改取开放门户政策，大举收揽党员，因之渐惹起警探之窥伺。是岁秋，冯自由乃迁眷属于湾仔东海旁街七十六号四楼，榜其名曰冯宅，前存《中国日报》之危险品物亦统藏是间。胡汉民、汪兆铭、黎仲实、喻培伦、朱执信、徐宗汉、倪映典、黄克强、赵声、刘岐山、黄隆生、孙武、谭人凤、林时爽、程克、王金发诸人莅港，皆以冯宅为东道主。是冬同盟会添设南方支部，以倪映

典运动驻粤新军三标渐臻成熟，决于明年庚戌正月大举反正，黄
克强、赵声、谭人凤先后到港策划一切，冯宅即为秘密缝制革命
军旗帜及贮藏武器之供应所。十二月间，由孙寿屏（总理胞
兄）、杨得初、陈淑子（胡汉民夫人）、卢桂屏（冯自由庶母）、
李自平（冯自由夫人）、徐宗汉等在宅内各用缝衣机制成青天白
日大红三色旗百余面，以供义军之用，是即庚戌正月广州新军举
义时倪映典所用，及在天官里、宜安里机关被军警搜获之物也。
是役失败后数月，冯自由旋赴美洲，冯寓由李自平女士主持。辛
亥黄花岗一役，冯宅亦供贮藏军械之用云。

（十六）金利源药材行

辛亥三月二十九广州一役前后，海外各地所汇义捐均寄香港
文咸东街金利源药材行转美国交革命军统筹部出纳课长李海云
收。金利源为开设四十余年之老商行，专营运土产药材至旧金
山，信用雄厚，为香港药材业之第一家，属巨商李煜堂、文启兄
弟所设。丙午（民国前六年）秋，《中国日报》受文裕堂公司破
产之影响，濒于被保皇党攫夺之危机，冯自由乃向其外舅李煜堂
求助，煜堂愤然集资，预向文裕堂承购《中国日报》全部资产，
而《中国日报》赖以继续出版，是为煜堂与革命党发生关系之
开始。煜堂尚有直接经营之商店曰永利源号，亦以经营参茸为
业，丙午后《中国日报》如遇有资金匮乏之情事，恒由永利源
号协助之。及庚戌（民国前二年）冬，永利源号歇业，煜堂之
弟文启及附设于金利源之远同源外汇庄经理李海云亦加盟于同盟
会，海云且被推为革命军统筹部出纳课长，遂通知外洋各机关一
律汇款于金利源，以免为港吏所注意。盖在庚戌夏冯自由离港以
前，各处汇款均寄《中国日报》，及冯渡美洲后，乃将汇款地点
改为金利源，以资便利。辛亥夏秋间，美洲洪门筹饷局成立，所
汇金利源之义款为数不赀。是年秋冬间，总理当选中华民国临时

大总统，其携往南京预备就职日赏犒军士之三十余万元，即为存贮金利源之义捐余款。时李海云已任粤省官钱局局长，义捐余款系由陈元英代理保管。又庚戌、辛亥二年往来党员恒假金利源仓库密藏武器及炸弹，店伙以为危险，深为疑惧，煜堂兄弟绝不措意，诚为一般老商号之铮铮者，商店至今仍屹然存在，文启年逾七十，港人今尚不知彼为老革命党也。

（十七）支那暗杀团

庚戌正月广州新军一役失败后，诸同志纷纷避地香港。是岁夏间刘思复、谢英伯、陈自觉、朱述堂数人拟组织暗杀团，谋诛戮满清大吏，以补助革命工作之进行，由思复起草章程，遴选极能负责而作事慎密之同志为团员，发起人只有刘思复、谢英伯、陈自觉、朱述堂、高剑父、程克、陈炯明、李熙斌等八人。其初租定般咸道一楼为机关，定名曰支那暗杀团，继为制造爆裂品起见，更在油麻地再辟一楼，由徐宗汉、李应生二同志居之。随后继续介绍入团者，有宋铭黄（女）、湘田（女）、林冠慈、施正甫、张清谭、陈敬岳、周演明、马育航、何报鸿、梁倚神、郑岸父、张纶、张佐基、潘赋西、刘镜源诸人。所制炸药炸弹均携往同志邓荫南之青山屯门农场分别试验，威力强猛，可供实用。是岁六月，团部由般咸道迁摩士忌街二十三号，众议前次汪兆铭、黄复生等谋炸清摄政王载沣不成，本团应派员北上完成此项工作，公推刘思复、朱述堂、李熙斌、程克四人赴北京执行载沣死刑，一面由熙斌返广州变产筹款供北上经费。程克自告奋勇，愿先首途筹备一切。程河南人，留日学生，己酉年冬因在广东刺杀政府密探，亡命至港，蛰伏多时，众信之不疑，给与旅费及炸药十磅，使抵京后即传报消息，以便各团员继续出发。讵程于九月首途后，杳无消息，数托燕、沪同志调查，均无迹象可寻，众大疑虑，北上之行因之搁浅。

辛亥三月二十九广州一役之前，团员知大举在即，不便进行特殊工作，致影响全局，故暂停动作。及是役失败，众遂决议执行粤督张鸣岐及水师提督李准二人之死刑，先后推定林冠慈、陈敬岳、潘赋西、刘镜源四人为执行员，朱述堂、李熙斌、高剑父、李少华、梁倚神、马育航、周演明、张纶、施正甫、张清谭、张佐基、何报鸿等为辅助员，分途进行，炸弹中一部由马育航、周演明、张纶等秘密携至广州。时张鸣岐深居简出，不易下手，众乃集其目标于李准一人。至闰六月十九日，众探知李准必外出，林冠慈、陈敬岳、潘赋西各分路截击，刘镜源到稍迟未加入。李准至双门底，林连举四炸弹向其坐轿掷之，轿毁，李伤卧地上，断肋骨二，卫队死伤者二十余人，林亦中数枪殉义。陈敬岳入大南门，闻爆炸声，知别执行员已下手，乃转入育贤街，以失路为警察所疑，被捕。越日清吏审讯，直认不讳，卒被杀害。潘赋西以摄影镜箱内藏两炸弹，未遭人疑，径至天字码头，雇小艇渡河，作失手状，投镜箱于水，得以无事。是役丧失林、陈二同志，而李准重伤未死，不久医愈，似属得不偿失。然是岁九月广东之光复，以李准先期通款投诚，乃得不流血而收美果，不可谓非林冠慈一炸之力也。是岁八月武昌革命军起，团部探悉新任清将军凤山定期来粤，遂派朱述堂、李熙斌、梁倚神等至广州谋轰炸之，以促进各路义军之发难。适黄克强亦派李应生、周之桢、李沛基等自港来粤抱同一之目的，团员以宗旨相同，有互助之责，由梁倚神助其租定房屋，以便行事，即仓前街某屋是也。九月四日凤山抵广州，同志已于期前定计分途轰炸之，团部派出赵灼文、张树二人为执行员，预定在路上掷弹邀击，李沛基则在仓前街机关守候，谋于凤山大队经过时，即以窗前所牵之大炸弹放下，同时自屋后避去。是晨得朱述堂来报凤山入城确期，乃急准备行事。午前八时凤山果轻装减〔简〕从以过仓前街，沛基依计行事，弹落立爆，凤山与其卫队多人均炸毙，铺屋倒塌者六七家。关于李沛基轰炸凤山事，详见他项纪载，兹不赘述。时赵灼文等亦在别路守候截击，闻爆炸声，知已有人动手，遂返河南机关报告经过。粤省既光复，李熙斌应北伐军总司令姚雨平之召，主持炸弹营事务，刘思复、丁湘田、郑岸父等人亦赴沪，拟北上轰炸满清诸权要，以剪除革命军之障碍，已而南北和议告成，全国统一，暗杀团于是宣布解散。

二　檀香山之部

甲午（民国前十八年）冬总理首创兴中会于檀香山，自明年乙未广州一役失败后，党势骤形不振，总理对于国内之革命活动，除乃兄寿屏时常接济外，各会员出资相助者寥寥无几。及己西〔壬寅〕（民前十年）总理为梁起〔启〕超所愚，致书同志李昌、黄亮、李多马、何宽等为梁介绍，使共商国是，李昌等误信梁"名为保皇实则革命"之说，多人彀中。由是檀岛兴中会殆陷于全部停顿之状态。至癸卯（民元前九年）秋冬间，总理复莅檀岛，改组《隆记报》为党报，举保皇邪说而廓清之，兴中会之势力蔚然复兴。其后《隆记报》次第改组为《民生日报》及《自由新报》，同盟会亦继兴中会而兴，是为革命党在檀岛之最隆盛时期。兹分别缕述如次。

（一）檀香山兴中会

甲、兴中会成立之经过　檀香山为兴中会最初之发源地，亦为总理幼年之读书所。甲午年（民国前十八年）夏六月中日二国以朝鲜东学党事件，交涉破裂，时局严重，总理因至天津上书直督李鸿章条陈改革，李不能用，知满清政府积弊重重无可救药，非彻底改革决不足以救亡。遂于是岁秋间自上海重赴檀岛，拟向旧日亲友集资回国，实行反清复汉之义举。总理少在檀岛耶教学校肄业，同学及故旧至众，其兄德彰（原名眉，字寿屏）为茂宜岛大畜牧家，牧场广千数百亩，有茂宜王之称。总理莅檀后，先赴茂宜牧场就商于乃兄，德彰首赞成之，自愿划拨财产一部为助，更移书檀中各亲友为总理先容。其时华侨风气尚极闭塞，闻总理有作乱谋反言论，咸谓足以破家灭族，虽亲戚故旧，亦多掩耳惊走。经总理多方游说，奔走逾月，仅得同志数十人。冬十月间假卑涉银行华经理何宽宅开第一次成立会，列席者有何宽、李昌、刘祥、黄华恢、程蔚南、郑金、邓松盛（号荫南）、郑照、黄亮、钟木贤、许直臣、李多马、李禄、卓海、林鉴泉、钟宇、刘寿、曹彩、刘卓、宋居仁、夏百子、侯艾泉、李杞等二十余人，总理为主席，即由总理提议定名曰兴中会，规定以"振兴中华挽救危局"为宗旨，并宣布所起草章程九条。众无异议，遂依章程规定投票，选出永和泰商号司理刘祥及何宽二人为檀埠本部正副主席，永和泰商号司账黄华恢为司库，程蔚南、许直臣为正副文案，李昌、郑金、邓松荫〔盛〕、黄亮、李禄、李多马、钟宇、林鉴泉等为值理。章程内载每会员应纳会底银五元，另设银会，集股举办公家事业，每股科银十元，成功后收回本利百元。文中尚不便明言筹饷起兵字样，以免会员有所戒惧。盖其时华侨尚多不脱故乡庐墓思想，惴惴于满清所派公使、领事之借辞构陷也。会毕，总理令各会员填写入会盟书，其辞曰："联盟人某省某县人某某，驱除鞑虏，恢复中国，创立合众政府，倘有贰心，神明鉴察。"宣誓时由李昌朗诵誓辞，各以左手置耶教圣经上，举右手向天依次读之，如仪而散。自是陆续入会者尚有孙德彰、杨文纳、杨德初、卫积益、李光辉、陆灿、叶桂芳、尹煜传、邹德明、容吉兆、简永照、张福如、许帝有、郑仲昭、伍云生、程祖安、刘森、陆望华、郑发、古义等九十余人，会员总数约一百三十人。

乙、募集军资之成绩　是月二十七日（阳历十一月二十四

日）开始收取会员底银及银会股银，月余所得仅美金千余元。总
理以事机日迫，急于返国，而所集戈戈之数，去所预算需要之数
尚远，为是异常焦灼。德彰闻之，乃更以每头六七元之价贱售其
牛牲一部，以充义饷，邓松盛亦尽变买〔卖〕其商店及农场，
表示一去不返之决心。同时总理为使各会员同受军事教育起见，
特假其师芙兰缔文牧师所设寻真书室校外操场，延一丹麦国人曾
到中国充当南洋练兵教习名柏者，教授各同志兵操，准备回国参
加义军，每星期操练二次。各会员受训者，有侯艾泉、李杞、郑
金、郑照、许直臣、杜守傅、程宸臣、陆灿等二十余人。至十二
月初旬，总理核算各项所得，约合香港银一万三千元，遂即束装
归国。各会员先后返港参加义举者，有邓松盛、宋居仁、夏百
子、陈南、李杞、侯艾泉诸人，是为乙未（民国前十七年）九
月九日广州首义之导火线。惟当日檀岛各会员资产多非富裕，除
服务当地官署及洋行外，或经营小商店，或开设小农场，实力殊
不充厚，于总理归国后，即不能有所接济。总理于乙未秋败挫
后，是冬重渡檀岛，计划再举，居檀多月，诸同志皆无以应之，
故总理乃有美洲之游。

　　丙、兴中会之原始章程　兴中会原始章程九条，经檀香山第
一次成立日照原文通过，条文颇为简略，后经翌年乙未正月香港
兴中会总部略予修正，增为十条，即现时坊间刻本所载兴中会宣
言书是也。按当时尚无"宣言书"三字之新名辞，应以原称
"章程"二字为不失真，兹附录檀岛兴中会成立日议决之章程九
条原文如下：

兴中会章程（最初在檀香山议决原文）

　　中国积弱，非一日矣。上则因循苟且，粉饰虚张，下则蒙昧
无知，鲜能远虑，近之辱国丧师，剪藩压境，堂堂华夏，不齿于
邻邦，文物冠裳，被轻于异族，有志之士，能无抚膺。夫以四百
兆苍生之众，数万里土地之饶，固可发奋为雄，无敌于天下，乃

以庸奴误国，荼毒苍生，一蹶不兴，如斯之极。方今强邻环列，虎视鹰瞵，久垂涎于中华五金之富，物产之饶，蚕食鲸吞，已效尤于接踵，瓜分豆剖，实堪虑于目前。有心人不禁大声疾呼，亟拯斯民于水火，均扶大厦之将倾，用特集会众以兴中，协贤豪以共济，纾此时艰，奠我中夏，仰诸同志，盍自勉旃，谨订规条，胪列如左。

一、是会之设，专为振兴中华，维持国体起见。盖我中华受外国欺凌已非一日，皆由内外隔绝，上下之情罔通，国体抑损而不知，子民受制而无告。苦厄日深，为害何极。兹特联络中外华人创兴是会，以申民志，而扶国宗。

一、凡入会之人每名捐会底银五元，另有义捐以助经费，随人惟力是视，务宜踊跃赴义。

一、本会公举正副主席各一位，正副文案各一位，管库一位，值理八位，差委二位，以专司理会中事务。

一、每逢礼拜四晚本会集议一次，正副主席必要一位赴会方能开议。

一、凡会中所收会底各银，必要由管库存贮妥当，或贮银行，以备有事调用。惟管库须有殷商二名担保，以昭郑重。

一、凡会中捐助各银皆为帮助国家之用，在此不得动支，以省浮费。如或会中偶遇别事要用小费者，可由会友集议妥当，然后支给。

一、凡新入会者，须要会友一位引荐担保，方得准他入会。

一、凡会内所议各事，当照舍少从公之例而行，以昭公允。

一、凡以上所定规条，各会友须要恪守。倘有善法，亦可随时当众议订加增，以臻完美。

笔者按：在甲午、乙未年间，一般新名辞尚未通行，据该章程所载名辞，主席即会长，文案即书记，管库即会计，差委即干事，值理即议员或董事，此皆香港华人翻译英语之名称，总理于起草章程仍袭用之耳。又如英文革命（revolution）一语，旧译造反。总理于乙未秋亡命至日本时始采用新译，读者于此，幸注意焉。

丁、檀香山收入之会费及义捐　查甲午年檀岛兴中会所保全之关系文件只有副主席何宽珍藏多年之会费及义捐收支表数页，题曰兴中会会银及收入会银时日与进支表，尝载于《自由新报》某年特刊纪念号"檀山华侨"前数页，是为兴中会初期最有价值之证件。表中所载年月日全用阳历，由此可以测知兴中会成立时期之梗概。表中所载收入会费之第一日为一八九四年十一月二十四日，是日是否即为成立之第一日，虽未加以说明，但就总理当日筹饷之迫切情形观之，谅相差必不甚远。兹将该进支表原文附录于后：

兴中会会银及收入会银时日与进支表

一八九四年十一月二十四日　何宽、李昌

　　　同十一月二十八日　卫积益

　　　同十一月二十九日　李光辉、黄绵凤、何早、宋居仁

　　　同十二月六日　　刘卓、林鉴泉、李多马、程恒心、

　　　　　　　　　　　曾胜、陈孟谦

　　　同十二月七日　叶桂芳

　　　同十二月十日　黄亮

　　　同十二月十一日　钟宇

　　　同十二月十三日　程蔚南

　　　同十二月二十日　尹煜傅、许直臣、夏百子、黄庆培

一八九五年正月三日　胡味、李月、陆望华、杨纳、毛恩福

　　　同正月十日　郑发、古义

　　　同正月十七日　梁宾

　　　同正月二十一日　郑仲昭、欧阳晃、许振、黄二、

　　　　　　　　　　　谭弼、容天煦、杨德初、邝全、

谭瑞、容吉兆、孙眉、陆檀生、
刘登、黄卓山

邓松盛介绍来支会友十五名列下

陈天养、冯明、邓显德、邓松盛、邓合、伍于洽、伍亚米、
吴俊德、吴元德、黄保、刘宗、郑子见、林培、邓贵德、邓黄彩

同二月二十八日　杨伯贵、刘罗发

同四月十七日　赖养、邹德明、冯永明、李润贵、
黄木、张丁、李六、钟木贤、刘祥、
张福如、卓海、李照、许进、郑金、
许帝有

同四月二十日　陈南

同四月二十二日　陈五和、黎显祥、黄纯、李超、
吴桓、卓海、陈楹君、戴贵、
李林、简永照、肖义胜

同五月二日　程祖安、刘森

同五月八日　梁译、施林辉、陈帝常、程道、骆尽、
曹彩、李霭云、林德珠、何义、黄俊、
陈炳阶、程雨亭

同六月二日　伍云生、邬秀、胡廷、张丁贵、伍珍、
李纶、黄秋、曹维高、叶金、李杞、
侯艾泉

上列各会员每人捐入会底银五元，独宋居仁则三元，共进会底银二百八十八元。

又进邓松盛股份银三百元，进土人股份银二百元，古同股份银一百元，郑仲股份银百元，容吉兆股份银一百元，孙眉股份银二百元，李多马股份银一百元。

进各会友会底银二百八十八元，进各股份银一千一百元。

共进银一千三百八十八元。

支孙逸仙汇单通用银二千元（五二算），支孙逸仙自带一百元，支附电信回上海电资二十元〇八毛。

共支银一千一百六十元〇八毛，除支存银二百二十七元二毛。

一八九五年二月二十六日支宋居仁回唐水脚银二十五元。

按上表所列姓名共为一百十二人。惟查其中有一人二名者，亦有二人同名者，且闻有直接交付总理而不列表内者，以代远年湮，无从考证。要之甲午檀岛兴中会会员人数实不满一百三十人。至于所收会费及银会股银总数仅美金一千三百八十八元。此外尚有诸同志义捐一项，中以孙眉、邓松盛二人变产捐助为最巨。闻总理在行期以前综合各款，所得仅美金六千余元，伸香港币约一万三千元，而各会员中且有于数月后始交会费者，是可见当日筹措资金之不易矣。是岁十二月杪总理归抵香港，次年正月二十七日联络各方同志成立兴中会总部，遂有乙未九月重阳日广州之第一次革命。

（二）兴中会之复兴与隆记报

癸卯年（民前九年）秋冬间，总理自日本至檀香山，该岛原为兴中会发源地，亲朋故旧为数颇众。惟是地党务自经己亥年（民前十三年）冬，总理亲函介绍梁启超到此之后，会员投身保皇会藉〔籍〕颇不乏人，正埠及小埠均设保皇会所，而兴中会之名则久已不复挂人齿颊矣。事详余著《中华民国【开国】前革命史》，不赘。总理此度重来已相隔八载，大有今非昔比之感。时保皇会有机关名《新中国报》，其主笔为康徒陈继俨（号仪侃），闻总理之来，深恐保皇党之基础为之动摇，乃于报上丑诋革命党及总理个人。旧兴中会员何宽、郑金、李昌、程蔚南、许直臣、林鉴泉等异常愤激。蔚南与总理本有戚谊，时在檀主办一毫无宗旨之旧式报纸，名《檀山新报》，俗称《隆记报》，总理遂使改组为党报，以笔政乏人，遂亲自撰文，与《新中国报》大开笔战。就中以"驳《保皇报》"及"告同乡书"二篇最透辟。同时复致书横滨冯自由，使代聘前《中国日报》记者陈诗仲充任笔政。夏威夷各岛侨胞自有此报鼓吹革命，耳目为之一新，于是前之误受康党诱骗者纷纷脱党、复党，而新会员加盟者亦络绎不绝。檀岛新会员最得力者为黄旭升、曾长福等数十人，希炉埠（夏威夷群岛之一）新会员最得力者为黎协、毛文明、黄振、卢球、李华根、古贺、刘安、唐安、黄义、郑鎏等数十人。两埠同志先后延总理至西人各大戏院演讲革命救国者极众。总理此次在檀举行兴中会宣誓时，其盟书句语将兴中会旧文添入"平均地权"四字，是为兴中会扩大誓辞之第一次。迄是岁十二月总理离檀渡美，《檀山新报》以所聘记者陈诗仲因驻香港美领事拒发入美护照，不克成行，遂改聘香山人张泽黎（孺伯）承乏，仍与《保皇报》继续交战数载不止。

（三）民生日报

《檀山新报》改组为革命党机关报，而停顿多年之兴中会，亦因之复兴。后三年（民前六年），社长程蔚南以年老力衰，向各同志提议，拟将报社转让别人集股接办。于是曾长福等乃将该报从新改组为日报，易名《民生日报》，社址设于斯密士街一零一六号，仍由张泽黎主持笔政。与《新中国报》新任记者梁文兴（号秋水）继续笔战，剧烈不减于前。至丁未年（民前五年）秋，泽黎因事辞职他适，《民生日报》乃致函东京《民报》社，请总理推荐主笔。总理命前香港《中国日报》记者卢信（号信公）应之。信抵檀后数月，以编辑部发言权时遭股东干涉，愤然辞职，拟即买舟离檀，曾长福坚留之。卢谓必须另创一报，编辑人须有绝对之言论自由权，股东只有供给经费之义务，而无过问言论之权利，伊始可取消东归之意。长福从之，因即另行集资，授信以编辑全权创办新报，即《自由新报》是也。是报以自由名，即表示名实相符之义。

（四）自由新报

卢信既创办《自由新报》，筹备数月，于戊申年（民前四年）八月出版，报面所载编辑人卢梭功，即卢信别号也。信自任社长，黄堃（号时初）为司理，孙科为译员，曾长福、黄亮、谭逵、梁海、杨广达等为董事。每星期一、三、五等日出版，是为隔日报式。发刊后言论自由，不受股东拘束，因得高谈革命排满，无所顾忌。其创刊日所载发刊词，骈四骊六，揭布宗旨，为录如后：

呜呼，神州已矣，痛黄裔其长沉；奴隶甘乎？哀人心之尽死。昊天不吊，二百年憔悴谁怜！虏运未终，四百兆酣嬉若梦。问汉家宫阙，哭断冬青。睹胡族衣冠，悲兴胡黍。回观大陆，尽是愁城。千重之毒雾重埋，半角之斜阳有限。新亭未坐，哭已失声；故国濒危，言其无罪。迩者人联同志，结文字之因缘；报号自由，振天声于海国。或者谓贾生痛哭，徒托空言；王郎悲歌，何裨实际？今者力唱民族，疾呼同魂。文主激而不平，锋过刚而易折。志士舒投时之策，坚主民权；少年编革命之书，即成党狱。旗未张乎独立，版胥出乎自由。不知七尺之躯尚存，方寸之心忍昧。文章写恨，著作鸣愁。问天而首难搔，避地而身焉托。风沈雨晦，呼始祖其哀余；火热水深，问同胞其何似？江南已矣，庾子山挥泪成文；蓟北凄然，刘越石呕心炼句。以宣尼变鲁之思，为庄生悲越之吟。有托而成，无微不到。发谈言之公是，借题目以子虚。措词则胸臆直舒，动听则心脾渐沁。善乎白香山之体，以远俗而弥精；江文通之词，以移情而见诵。惟老妪之可解，岂大雅之是嗤。纵非锦绣能工，要亦辘轳自运。而况万流为海，众壑朝山。奇才多入彀中，异彩定腾海外。嗟呼，江山异色，撰述何心？怕闻亡国之杜鹃，怜渠泣血；朝恼能言之鹦鹉，撩我伤情。谁鸣警世之钟，独树登坛之帜。先乎言论，继收实行。文字收功之日，还我山河；英雄应运之秋，荡平丑虏。

《自由新报》出版后，大遭清领事梁国英及保皇党徒之忌。以卢信所持入境护照为教员凭证，而别任报馆主笔，不在美国移民律只准许中国官吏、商人、教员、学生、游客五种人入境之列。遂朋比为奸，同向檀埠移民局指摘，谓卢信依法不得在檀居留，应即拨送出境，以免他人效尤。檀移民局徇其请，遽令信克日离檀。曾长福等大愤，立延律师向美京工商部抗争。数月后，得工商部复电，解释移民律第某条之意义，谓报馆主笔亦属教员一类，应有居留美境之权利等语。于是卢信全获胜诉，是为中国报馆主笔取得入美国境域权利之嚆矢。在卢信抗争以前，中国记者固无一人可用本身职业之资格留美也。梁国英以所计不售，乃电请清政府通饬各省禁止《自由新报》入口，并威吓该埠侨商，谓当行文粤督查抄《自由新报》股东原籍财产，致令该报股东之有身家在内地者，咸怀戒心。未几，梁领事举行华侨总注册，张贴告示，谓每一侨民须邀〔缴〕纳注册费一元二角五分。《自由新报》斥为非法敲诈，攻之甚力。于是全体华侨开大会于亚鸦喇公园，公推邝良为主席。决议驱逐梁国英出境，一致拒纳侨民注册费。梁国英因之气馁，而其藉名敛财之计划竟成水泡。此《自由新报》策动之力也。翌年己酉（民前三年），信复与孙科、许棠等，发刊《大声杂志》，为《自由新报》之助。又先后编印《自由言论》、《人道》、《革命真理》、《扬州血泪》四书行世，侨众思想，愈形开发。及辛亥夏间，信偕黄堃返香港，温雄飞代理笔政。是秋武昌革命军起，温亦归国，由谢英伯、吴荣新二人先后承乏。民国成立后，《自由新报》继续支持三十余年，至今犹屹然存在，然已改换报名矣。

（五）兴中会改组同盟会

同盟会东京本部成立后五年，檀香山兴中会尚未改组为同盟会，丁未年，卢信到檀主持党报，曾兼奉开设同盟会之使命。以当时一部分同志侨商，鉴于往年驻檀清领事数次移文粤督，查抄兴中会李昌等及保皇会员梁荫南等原籍家产之前辙，有所戒惧，故未便大张旗鼓从事改组。及庚戌（民前二年）三月，总理自美抵檀，卢信、曾长福、梁海、黄堃、雷官进等，领党员多人，迎迓于码头。数日后，诸同志开欢迎大会于荷梯厘街华人戏院，侨众列席者千余人，座无余隙。总理宣布是岁新正广州新军反正一役失败之经过，谓全国军人，多已趋向革命，如军饷充足，即可随时大举。座众聆言，咸为鼓舞。旋召集兴中会开会于《自由新报》楼上，令一律改写盟书，补行同盟会入会手续，众无异议。盟书上，誓辞为"废灭鞑虏清朝，创立中华民国，实行三民主义"之十八字，与是年正月旧金山组织同盟会之誓辞相同。是为总理扩大乙巳同盟会盟书意义之第二次。是日首次举手加盟者，有曾长福、梁海、雷观〔官〕进、许直臣、孙科、温雄飞、谭逵、黄堃、许棠、程就、邝良、林觉、古柏荃、卢冠等二十余人。公推梁海为会长，曾长福为司库，卢信为书记。继以同志商人中，有不便公开入党者，特另设同盟会秘密团，使不致为清领事所罗织构陷。复在钟宇住宅开秘密会，列席者有钟宇、杨广达、李烈、谭逵、谭亮、黄亮、雷官进、卢信诸人。众如式加盟后，由总理委任杨广达为团长，李烈为司库，卢信为书记，谭进、雷官进、钟宇、黄亮为值理。其后茂宜及希炉两岛兴中会，亦相继改组为同盟会。茂宜岛加盟者，有邓明三、陆进、谭进、刘聘、谭贵福等。希炉岛加盟者，有黎协、林弭南、李成功、刘安、李社银、郑功、袁僚、谭惠金、古鹏云、古贺等。总理居檀两月，旋东〔西〕渡日本，濒行语曾长福等，谓旅檀华侨子弟日众，应设学堂以教育之。故事后长福、卢信、杨广达、李烈、黄亮、钟宇、雷官进、谭逵、杨著昆、古柏荃等，遂联络埠中殷商赵锦、古今福、龙文照、许发、刘佛良、余楣、杨年、林业举等，措资创办华文学校。其中捐款最巨者，首排长福。是校至辛亥年夏秋间始宣告开学。是岁四月，卢信归香港，代聘谢英伯为校长。及民国成立，仍续办多年，成绩卓异，民十七年，改名中山学校，纪念总理创办功勋。辛亥三月二十九广州一役之前，檀埠同盟会亦接总理公函，令募款济急，以乏专员前往督导，故收效甚微。结果，香港革命军统筹部仅收到该埠捐款港币三千元，尚不及曾长福一人醵助华文学校之数，殊出总理意外。

三　日本之部

旅日华侨与革命党发生关系始于民元前十八年甲午冬，至辛亥年冬民国成立从未间断。华侨可大别为工商界及留学生二种。此文专记述工商界而及留学生。盖留东学界实为我国革命之主动分子，所发刊各种书报及创设各种革命团体，均于民国建立关系至巨，非专书不能尽之也。考旅日华侨之开国革命工作，只限于横滨一地，其他神户、大阪、长崎、东京等处，实一无贡献。兹分别述之如下。

（一）横滨兴中会

横滨华侨在甲午冬孙总理自檀岛返香港过境时，已发生关系。盖总理于船泊横滨期间，曾在舟中向归国侨胞演讲逐满救国，为该埠售物行商陈清所闻，陈以报告冯镜如、冯紫珊、谭发等，冯等即派陈重登该轮，邀总理登陆商谈国事。总理谓该船开行在即，不便登陆，授陈以兴中会章程及讨满檄文一大束，令转交冯等照章设立分会，且谓广州不日起义，陈若有意参加，可到香港投效等语。冯等得陈归报，遂召集少数同志为组织之预备。乙未九月广州之役即败，总理偕陈少白、郑士良二人亡命至横滨，首访镜如于山下町五十三番文经活版所。文经为经营外国文具及印刷业之商店，冯氏开设三十余年，在侨商中藉藉有名者也。孙、冯相见，有同旧识，遂由镜如约其弟紫珊及谭发（奋初）、梁达卿、黎炳垣（焕墀）、赵明乐、赵峄琴、温遇贵等十余人，在文经号二楼会商组织兴中会事。众举镜如为会长，赵明乐为司库，赵峄琴为书记，紫珊、炳垣、谭发等为干事。半月后复设会于山下町一百七十五番。继续加入者尚有温芬（炳臣）、郑晓初、陈才、陈和、黄焯文、陈植垣、冯懋龙（后易名自由）等十余人，以懋龙为年最少，时仅十四岁耳。是时旅日华侨尚多目革命排满大逆不道，故会员咸有戒心。每次开会通知书皆不欲假手于日本下女，概由小会员冯懋龙分别派送。冬十二月，总理决意远游美洲，拟向华侨筹集巨资，为卷土重来之计，因向各同志商借五百元充旅费。讵各同志多以有心无力对，赵明乐且辞退司库一职，镜如、紫珊兄弟二人乃合筹五百元以应之。总理乃以此款百元供少白断发改装之需，另以百元给郑士良，使回港收拾余众，以备再举，然后只身再渡檀岛。迨总理离东后数日，少白乃迁寓文经商店，佐镜如编辑《华英字典》。已而各会员供给月费者渐少，镜如、少白等以经费无着，乃将会所取消，凡有会务均假文经商店二楼开会决之。越三年戊戌（民国前十四年）春，总理自欧洲东归，时会员寥寥，党势毫无进展。先是丁酉（民国前十五年）秋间，侨商邝汝磐、冯镜如等大集会于中华会馆，建议设立学校，以教育华侨子弟，公请兴中会推荐校长。陈少白特荐上海《时务报》主笔梁启超任之。其后康有为以启超有事不能兼顾，改荐徐勤承乏，并代改校名曰大同学校。徐勤既至横滨，日为康党培植势力，所聘教员皆属康门徒侣，大都出身科举，长于文学，其交际手段远在革命党之上。故自大同学校成立之后，兴中会势力渐衰退，会员中能宗旨一贯历久不变者，寥寥十数而已。

（二）横滨两俱乐部

当横滨兴中会成立后之二三年，即乙未年冬至丁酉年止，华侨工商界有两小俱乐部，与兴中会略有关系。一名三余轩，乃商人冯镜如、冯紫珊、卢桂园、黎炳垣、梁达卿等数人所组织，会员仅十余人。孙总理、陈少白、杨衢云等居东时，每晚恒至轩中聚谈，或浏览书报，此为侨商团体中之比较开通者。丁酉年秋，横滨华侨发起募款建立学校以教育子弟，即由三数人在三余轩闲谈中决定者。一名修竹寄庐，会员数十人，多属洋行书记职员，其主要人为梁麒生（文经商店书记）、关谷声（某洋行买办）、温芬（某洋行职员）、梁树南（某英人饭店买办）等，分子虽较复杂，但服务洋行者性多豪爽，放言高论，毫无拘束，故总理等尤乐与亲昵。戊戌年春，杨衢云自南非洲抵日本。及总理从伦敦东归，以衢云于乙未九月广州一役贻误机要致败，特约至某密所面责其罪，衢云俯首无辞。当日所约会之某密所，即修竹寄庐也。其后梁麒生等返粤，每过香港时，陈少白常招待之。

（三）横滨文经商店

文经商店又名文经活版所，开设于横滨山下町五十三番地，专营外国文具及印刷事业，在乙未十月总理莅日时已开设三十余年。店为广东南海人冯镜如所创立。镜如诞生地在香港，故有英名曰 Kingsell，译音曰经塞尔。此字实由镜如之"镜"字粤音转变而成，在英文本无意义，惟分拆解之，则为售王，似可解作出售帝王之义。外人过者见其门首高悬经塞尔公司之金字大招牌，引为奇特，多注目视之。镜如祖先在粤世业儒医，至其父展扬，始之香港，改业懋迁，旋以结识太平天国驻港将士，回粤策动军事，被清吏以"红头贼"罪案逮捕下南海县狱年余，卒瘐死狱中。镜如自是抱恨终天，只身东渡求活，生平疏财仗义，排难解纷，颇得侨众信仰。甲午中日构畔〔衅〕，清廷丧师辱国。镜如积愤填膺，毅然剪除发辫以示决绝。时旅日华侨无去辫者，有之自镜如始，故华侨咸以"无辫仔"称之。是年冬总理自檀香山返国，船过横滨时，向同舟华侨演讲逐满救国，镜如据售物商陈清报告，即派陈转请总理登陆共商国事。总理谓舟行在即，无暇赴会，即交陈兴中会章程一大束，使冯等在日设会进行。乙未九月广州一役失败之后，总理亡命日本，首访镜如于文经商店，即以此为因缘也。嗣兴中分会成立，总理携来宣传品二种，一为《扬州十日记》，末附史可法及多尔衮二人往还书札；一为《原君原臣篇》，即黄梨洲著《明夷待访录》之选本，均由文经商店代印万卷，分送海外各埠。及总理赴檀，陈少白乃移寓文经二楼，助镜如编辑《华英字典》，即三十年前盛行海内外之冯镜如《华英大字典》是也。及戊戌年大同学校成立，镜如为协理，屡约总理、陈少白、杨衢云、梁启超、韩文举、徐勤诸人在文经二楼密商两党合作救国问题，颇具端倪，以康有为从中作梗而止，镜如每引为憾事。辛丑年留东学生沈翔云、戢元丞、秦力山、冯自由、王宠惠等发刊《国民报》于东京。时日人对于留学界出版品取缔颇严，故发起人欲得外商保护，藉免检查。镜如生长香港，挂名英商，故由冯自由商取乃父镜如同意，即以"经塞尔"名义登记为《国民报》之编辑兼发行人。《国民报》为留学界提倡革命之第一种刊物，文经商店更为横滨兴中会之出生地，是皆不可以不纪（冯自由按：文经商店亦为笔者呱呱之出生地）。是店于甲辰年（民前八年）遭祝融之劫歇业。

（四）横滨华侨学校

横滨华侨学校所设大同学校自为康、梁党徒包办后，因专用粤语教授，及强逼耶稣教徒子弟向孔子像拜跪事，埠中三江帮商及耶稣教徒群起反对，遂有江浙派之郭外峰，耶稣教之赵明乐、赵峰琴、李卓生、关国义，中和堂之翟美徒、杨少佳、廖翼朋，中立派之鲍伟昭、卢荣彬诸人，集资另创华侨学校，以为之抗。总董为华俄道胜银行买办郭外峰，而赵峰琴、廖翼朋二人副之。是校成立于戊戌年（民国前十四年）秋冬间，前后所延教员有廖云翔（卓庵）、杨计伯、桂延銮（少伟）、胡毅生、梁新武（博君）、陆霭云诸人。虽非革命党所组织，然其发起人及教员多与革命党有直接间接之关系。横滨华侨子弟不致全受保皇邪说所蛊惑者，赖有此耳。

（五）中和堂

中和堂者，横滨华侨工界所组织之小俱乐部也。地点设在山下町唐人街之一角二楼，最初并无名称，形式简陋顽固，仿佛一普通之海员来往栖宿所，即俗所谓行船馆者。堂中设关羽神像，每值神诞及节令等日，会员恒大会欢饮，歌唱粤曲，锣鼓喧天，彻夜不休。其创立时期远在丙申、丁酉间（民国前十五、六年），与革命党人初无何等关系。戊戌年（民前十四年）夏，兴中会员尤列莅日本。其人素以联络工界见长，遂设法与该团体主持人鲍唐、杨少佳、陈泽景等接近亲昵。鲍等以尤善于辞令，颇礼重之。尤乃为该团体定名曰忠和堂，并使订阅上海、香港日报数份以开通之，是为中和堂立名之始。是年冬，横滨华侨各界以康梁党徒藉大同学校名义侵占中华会馆公产，群起反对，忠和堂亦为反对派有力团体之一。是时大同学校校长徐勤方大唱孔教，藉口该堂崇祀关羽，讥为迷信神权之下流社会。该堂中人尤为愤激，惟以内部缺乏文士，指导乏人，特请兴中会员陈少白为顾问，代计划兴革事宜。少白谓忠和二字之意义，不如中和之切当，为易名曰中和堂，并使撤去关羽神像破除迷信，以便耶稣教

徒之加入。众欣然从之。未几，耶稣教徒翟美徒等十余人次第加
入该堂为会员。翟为德国某洋行书记，兼英文夜校教员，与少白
为旧交。次年众举翟为会长，而堂务日渐进展。辛丑年（民国前
十一年）春，留日学界所设励志会举行阳历元旦纪念，尝延华侨
团体及外国名人莅会，到者有日本进步党首领犬养毅，菲律宾独
立军代表彭西及中和堂代表尤列、翟美徒二人。是日曾拍照纪
念，今尚有人保全此项照片也（按：保全人即著者）。该堂自成
立以迄民国初年，仍是一普通俱乐部性质，与兴中会及同盟会并
无密切关系，不过堂内任事人与革命党员时相接近，有赖于革命
党员之指导耳。民国二年及六年北京政府举行华侨参议员之选
举，该堂乃用中和书报社名义，先后派夏重民为选举代表，其会
员亦多列籍国民党。至民十二年日本惨遭地震巨灾，华侨财产损
失过半，该堂自是一蹶不起。

（六）开智录月刊

《开智录》发刊于横滨山下町清议报馆内，一少数粤籍留学
生所创之小型月刊也。其编辑人为香山人郑贯一，而冯斯栾、冯
懋龙二人佐之。郑号自立，又号贯公。二冯，一号自强，一号自
由。时人号称三自。郑初与湘籍留学生秦力山同任《清议报》
编辑。以该报鼓吹保皇，流毒甚广，乃思为拔赵帜易汉帜之计，
特创《开智录》，专发挥自由平等天赋人权之真理，复撰作歌
谣、戏曲、谐谈各门，引人入胜，对于保皇媚满之奴行丑态，渐
以嬉笑讽刺之文字出之。其发行及印刷机关即在《清议报》事
务所。以是海外各埠凡有《清议报》之地，莫不有《开智录》。
侨胞以其文字浅显，立论新奇，多欢迎之。此报出版于庚子（民
国前十二年）夏秋间。翌年春《清议报》以迭受各地保皇党责
难，谓不当容许革命党人在报社内印刷他报，遂解除郑贯一编辑
一职，而《开智录》由是停版。孙总理时在横滨闻之，乃函荐

贯一赴香港任《中国日报》记者。

（七）广东独立协会

广东独立协会为留东粤籍学生冯斯栾、李自重、郑贯一、王宠惠、冯自由、梁仲猷诸人所发起，时在辛丑年（民前九年）春。东西各国忽喧传法国要求清廷勿将广东割让他国之说，内外粤侨为之骚然。粤籍学生初在东京开会，倡议反对清廷割让国土及自行宣告独立。继以横滨粤侨人众，乃移会议地所于横滨。孙总理赞助此事颇力，侨界参加者二百余人。每次开议之前，诸发起人恒至前田侨〔桥〕总理寓所商谈进行方法。兴中会员黎炳垣、温炳臣、陈和等招待尤形殷勤。粤籍留日学生与兴中会合作自此始。

（八）横滨支那亡国纪念会

壬寅（民前十年）三月，留日志士章太炎、冯自由、秦力山、马君武、周宏业、陈犹龙、朱菱溪等十人发起支那亡国二百四十二年纪念会于东京上野精养轩，定期于是月十九日明崇祯帝殉国日举行，藉以唤起内外国人之民族观感。其宣言书分派各地，侨众异常兴奋。孙总理、梁启超均致书章太炎，愿署名为赞成人；惟事前梁忽要求取消，谓因有某种障碍，一切心照等语。是晨留学生赴会者，有程家柽、汪荣宝等数百人，而上野公园各路口满布警察，如临大敌，宣告奉警视总监令，禁止支那人开会，不许通过。莅会者以原因不明，多逡巡不退，后乃知为日政府勉徇清公使蔡钧请求，而有此举。时孙总理偕兴中会员数百人亦自横滨来会，及询知被日警干涉情形，乃面约发起人章太炎等，至横滨补行亡国纪念式。是日下午，章太炎及秦力山、朱菱溪、冯自由四人应约莅会，同举行纪念式于永乐酒楼，横滨会员列席者六十余人。总理主席，太炎宣读纪念辞。是晚兴中会仍在此楼公宴太炎等，凡八九桌，异常欢洽。总理倡言各敬章先生一杯，凡七十余杯殆尽，太炎是夕竟醉不能归东京云。永乐酒楼系人和洋服店主人陈植云所开设，陈亦兴中会员也。

（九）振华商店

癸卯年（民元前九年）夏秋间，总理自越南河内至日本横滨时，有广州博济医院旧同砚廖翼朋亦在其地营小商业，总理乃介绍之于香港文裕堂印刷公司为代理人，遂在山下町辟一商店，名曰振华。总理及眷属寄寓是店二楼，楼下则翼朋与江苏人黄宗仰（号乌目山僧）居之。时冯自由兼任香港《中国日报》通信员，往还至密。上海《苏报》案诸关系人陈范、陈撷芬父女亦避地日本。此外留学生马居〔君〕武、刘成禺、程家柽、杨度、叶澜、李自重、桂廷鎏、卢少岐、胡毅生、杨守仁、伍嘉杰、张菘云、黎勇锡、雍浩、郑宪成、李锡青、刘维焘、饶景华、郭健霄、卢牟泰、区金钧及侨商黎炳垣、张果、郭外峰、陈才，日人宫崎寅藏、日野熊藏、小室健次郎等常来往东京横滨间，日访总理，高谈革命。未几遂有东京青山革命军事学校之组织，日野、小室同任教职，李自重、胡毅生、黎勇锡等十四人均由总理介绍入学。兴中会之创立军事学校，此为滥觞。是岁秋冬间，总理旋有美洲之游。冯自由、梁慕光、胡毅生等更在横滨发起洪门三点会，以为联络秘密会党之枢纽，亦假振华商店为聚盟所。是店于翌年春，以廖翼朋经理不善歇业。自后总理在日之通信乃委托横滨海岸九番地邮船公司华经理黎炳垣任之，至东京《民报》社成立时为止。及乙巳六月同盟会成立，横滨始终未设分会，仅由同志黎炳垣、林清泉、梁慕光数人设一联络处而已。

四　越南暹罗之部

总理于庚子（民元前十二年）初莅越南西贡，获识侨商李

竹痴、曾锡周、马培生等。乙巳（民前七年）同盟会成立后，
所经营粤、桂、滇三省军事，即大得旅越侨商之助。壬寅（民元
前十年）总理应越南法总督韬美之邀，赴河内参观博览会，复结
识侨商黄隆生、杨寿彭、甄吉庭、吴梓生等，组织兴中会，是为
越南华侨设立革命团体之滥觞。及乙巳年冬，西贡、堤岸成立同
盟会，明年，河内、海防等处继之。至丁未、戊申（民前四、五
年）两年，钦廉、镇南关、河口各地先后大举，旅越侨工各界或
募集饷糈，或入伍从军，舍身捐产，以参加实地工作者，大不乏
人，实为全球各地华侨所不及。兹次第缕述之。

（一）河内兴中会

壬寅年（民前十年）秋冬间，总理因与越南总督韬美有约，
遂藉参观是年大博览会之机会，遄赴河内相见。时韬美适因公返
国，预嘱其秘书长哈德安善为招待。总理居河内数月，尝致书香
港约陈少白往会。有洋服商黄隆生者，粤之台山人，平日喜读香
港《中国日报》，逢人必骂满洲政府，一日总理入其店购取饰
物，偶与攀谈，欢若平生。旋知为革党领袖，坚求订盟，并次第
介绍杨寿彭、罗锃、曾克齐、甄吉廷、张奂池等入党。是为越南
创立兴中会之嚆矢。以会员不多，未设会所，每次开会恒假河内
保罗巴脱街二十号隆生公司为之，三年后改组为同盟会。

（二）西贡、堤岸同盟会

乙巳年冬，总理偕黎仲实、胡毅生、邓慕韩等自日本到越南
西贡，该地法国银行正副买办曾锡周、马培生及侨商李竹痴等大
为欢迎。西贡为法国商行林立之区，而华人商店及各大米绞则在
附近之堤岸。故总理留西贡一二日，即赴堤岸就华侨之欢迎会。
该地闽、粤商人李晓初、李卓峰、刘易初、黄景南、关唐、李亦
愚、颜太恨、潘子东诸人招待优渥，即日成立同盟分会，举刘易

初为会长，李卓峰副之，即以易初所设之美荻街三〇四号昌记行为通信机关。自后西贡、堤岸两埠同志对于粤、桂、滇三省革命军事，均先后醵以巨款，为他处侨商所不及。就中以曾锡周、马培生、李卓峰所捐为最巨。总理到西贡数次，锡周、培生等有求辄应，毫无吝色。黄景南开设卖豆芽小店，市人称之曰牙菜祥，每日恒以所得投入扑满中，贮为捐助革命之需，时人闻而义之。丙午年秋香港《中国日报》改组，李亦愚、潘子东、颜太恨等合认新股三千余元。《中国日报》大得其助。

（三）河内、海防同盟会

在南洋各埠华侨之中，与革命工作有直接关系者，以越南河内、海防二处为首屈一指。盖其地与粤、桂、滇三省边界接壤，总理与黄克强、胡汉民、王和顺、黄明堂、关人甫诸人经营三省军事，均假道越边为出发点也。总理于壬寅年参观河内大博览会时，已与当地华商杨寿彭、黄隆生、甄吉廷、张奂池、吴梓生等共设立兴中分会。及丁未年春，总理为策动三省军事起见，驻节河内，设机关部于甘必达街六十一号，即将兴中会改组为同盟会。先后加盟者有杨寿彭、黄隆生、吴梓生、张奂池、甄吉廷、王和顺、黄明堂、关人甫、曾克齐、罗锌、李福林、谭义、黎广、李菱、李佑卿、刘岐山、甄璧、梁秋、高德亮、麦香泉、何海荣、饶章甫、李应生、张邦翰、卢仲琳、张翼枢、林焕廷、陈耿夫、彭俊生、黎量余、刘梅卿、梁建葵、梁瑞廷、陈二华、梁恩等数百人。海防分会设于台湾街三十二号万新楼，以刘岐山为会长，甄璧、林焕廷、陈耿夫等为干事。其地邻接粤省钦州防城县东兴镇，总理及黄克强、王和顺于丁、戊两年经营钦廉各地军事，即由海防就近发动及配备一切。戊申年二月黄克强率众由越边进攻钦州所需之弹药，系由香港冯自由购办，托河内轮船买办彭俊生及于爱轮船买办黎量余二人密运至海防，交刘岐山接收。

岐山招待往来同志，异常周到，时人以小孟尝称之。张奂池任河内广东会馆书记多年，生平有写信癖，凡海外有同盟会之处，莫不寄书通报消息，时任香港《中国日报》之义务访员。丁未十月镇南关及戊申三月河口之二役，总理迭向当地法国商行购入盒子炮及手枪多具，以饷糈不足，多由杨寿彭、梁秋等负责保证，限期偿还债款。黄隆生于河口之役，因运输米粮供应前方，致为法政府遣送出境。此外杨寿彭、刘岐山、甄吉廷、麦香泉、高德亮、饶章甫、陈二华、梁恩诸人，或输送武器，或接济粮食，或筹措经费，或参加义师，均被陆续驱逐出越，转赴香港。自戊申四月以后，同盟会籍之侨商，因有参加革命军之嫌疑而被法官下令驱逐，不得已牺牲商业者十余人，损失财产，实属不赀。各埠党员直接对于革命之贡献，不得不首推河内、海防二地矣。

（四）暹罗华暹日报及同盟会

《华暹日报》设于暹罗国京城槟角埠生日桥侧五十三号，为萧佛成、陈景华、沈若思等所创办。先是香山人陈景华任职广西贵县知县，因得罪粤督岑春煊，亡命暹罗，旋与老华侨萧佛成等发刊此报，内容分中国、暹罗二种文字，暹文部分由佛成及其女公子任之。出版一载，渐主张革命，于乙巳年冬与香港《中国日报》互通声气，并托《中国日报》代聘主笔，《中国日报》乃推荐前《有所谓报》记者王斧及前《图南日报》记者康阴田二人应之。侨商之同情革命者，有王杏洲、陈美堂、何少禧、陈载之、朱广利、马兴顺、梁挺英诸人，皆该地商界中之名望素著者。戊申年（民国前四年）冬，总理偕胡汉民、胡毅生、何克夫、卢仲琳等自新加坡抵暹，侨商开会欢迎于中华会馆，列席者数百人。越日暹政府即来干涉，限总理于一星期内离境，并不许谈及政治问题。驻暹美国公使闻之，以总理为檀香山籍公民，特向暹政府提出抗议，因得延期一星期。因是总理不便再赴会演说，惟秘密组织同盟分会。华侨入会者颇不乏人，众举萧佛成为会长，陈景华为书记，沈荐思为会计。总理居暹十日，仍返新加坡，留胡毅生、卢仲琳二人助理《华暹日报》笔政。己酉（民国前三年）春，马兴顺因事返潮州原籍，旅暹保皇党人以马为《华暹日报》大股东，特致电粤督，控以附逆党恶罪名，清吏因是将马逮捕系狱。陈景华受暹同志之托，特回香港设法营救，卒赖粤绅江孔殷代为斡旋，保释出狱。马于开释未久，以在囚备受虐待，得病逝世。

五　美国之部

旅美华侨与革命党发生关系，始于民元前十六年丙申，时总理于乙未广州失败后即赴檀香山计划再举，是夏第一次西游新大陆，居旧金山月余。以其时华侨风气未开，无从发展，附和革命真理者仅得耶教徒郦华泰博士等数人。及癸卯年（民元前九年）冬第二次渡美，适洪门致公堂发刊《大同日报》，为反清复明之喉舌，民智日开，侨胞渐觉悟保皇邪说之非。总理由是得以奠定旅美国人革命团体之基础，为庚戌、辛亥两年（民元前一、二年）募集起义基金之导线，故己酉（民元前三年）冬第三次渡美，虽仅筹得香港银八千元，供广州新军反正之需，然美国东西两部之同盟会即成立于是时，于三民主义之宣传，实具有长足之进步。辛亥春夏间，总理复由南洋第四次渡美，是秋联络致公堂及同盟会合组洪门筹饷局，以充辛亥革命各省义师之饷源。不及数月，鄂省革命军猝然大举，共和政府于以建立，是则旅美华侨对于开国革命之贡献，固不在南洋华侨之下也。兹分别缕述如下。

（一）美洲洪门致公堂

致公堂者，美洲洪门三合会之通称也。洪门即天地会，三合、哥老两会皆其支派。三合会又称三点会，在海外或称洪顺堂及义兴会，在美洲则别称致公堂。是会始创于清初康熙时代，其时距明亡未久，明之忠臣烈士再三力图匡复，前赴后继，卒难挽回世运。二三遗老以清祚已固，兴复大业非一时所能收效，乃创设一种秘密团体，专传播种族思想及亡国历史于下层社会，以为民族复兴之种子。其宗旨曰反清复明，特制各种口语暗号，以保守秘密，是即洪门团体所由起也。清季海禁渐开，粤中三合会员因避清吏摧残，相继避迹美洲，遂组织致公堂以资联络。其后太平天国失败，洪秀全、陈金刚诸部将亦跟踪而至，而势力乃日兴盛。在旧金山者号称致公总堂，分堂遍设各埠，凡有华侨足迹者莫不有之，殆占旅美华侨全部人数十之七八。惟以代远年湮，故老凋谢，渐失却本来面目。其会员能了解原有宗旨，百不得一。故戊戌（1898）清室政变后，康有为、梁启超先后游美，发起保救大清光绪皇帝会，洪门人士列藉〔籍〕其中者，颇不乏人。康徒欧榘甲、徐勤、梁启田等且投身致公堂以利用之。总理于乙未广州失败之翌年丙申（一八九六）初次游美，尝向洪门人士多方游说，动以大义，致公堂会员向视会外人士为风仔（即奸细之称），以总理未列藉〔籍〕洪门，竟视同陌路，无助之者。及癸卯（一九〇三）冬，总理为联络同志厚植势力计，在檀香山毅然加入致公堂，已而重游北美，为清领事及保皇党勾结移民局职员妨害登陆，困于码头木屋者多日。事为旧金山致公总堂大佬（首领之称）黄三德、书记唐琼昌所闻，乃代延美律师那文向华盛顿工商部抗争，卒获胜诉，得以安然入境。是为总理与美洲致公总堂发生关系之嚆矢。时总理以洪门人数虽众，而团体异常散漫，不能为祖国之助，乃建议举行洪门会员总注册之法，并代撰致公堂新章规程八十条。总堂诸干事咸赞成之，旋推举总理及黄三德二人游埠鼓吹总注册之利益，预计全美会员总数约七八万人，若注册有效，可得美金二十万元以上。惟是时各分堂对于总堂向少联络，团体日涣，威信渐失，加以各埠洪门重要职员多染康梁余毒，浑忘却反清复明之本来面目，总理虽苦心孤诣，舌敝唇焦，而各分堂大都阳奉阴违，延不举办。总理以奔走数月，收效甚少，遂委其事于黄三德，而有欧洲之行。然总理此度游美，对于洪门总注册之计划虽无若何成绩，惟改组康徒欧榘甲所蟠据之《大同日报》为革命党报一事，实予洪门人士以长足之进步。后数年加拿大致公堂之变产助饷，及辛亥洪门筹饷局之成立，即种因于是，厥功伟焉。兹录总理所手订致公堂新章规程八十条如下：

致公堂重订新章要议

原夫致公堂之设由来已久，本爱国保种之心，立兴汉复仇之志，联盟结义，声应气求，民族主义赖之而昌，秘密社会因之日盛，早已遍布于十八省与〔舆〕及五洲各国，凡华人所到之地，莫不有之，而尤以美国为隆盛。盖居于平等自由之域，共和民政之邦，结会联盟，皆无所禁，此洪门之发达，固其宜矣。惟是向章太旧，每多不合时宜，维持乏人，间有未惬众意，故有散漫四方，未能联络一气，以成一极强极大之团体，诚为憾事。近且有背盟负义，趋入歧途，倒戈相向者，则更为痛恨也。若不亟图振作，发奋有为，则洪门大义必将沦隳矣。有心人忧之，于是谋议改良，力图进步，重订新章，选举贤能，以整顿堂务，而维系人心。夫力分则弱，力合则强，众志可以成城，此合群团体之可贵也。我堂同人之美国者，不下数万余人，向以散居各埠，人自为谋，无所统一。故在平时则消息少通，有事则呼应不灵，以此之故，为外人所轻蔑所欺凌者，所在多有，此改良章程维持堂务所宜急也。且同人之旅居是邦，或工或商，各执其业，本可相安无事，但常以异乡作客，人地生疏，言语不通，风俗不同，入国不知其禁，无心而偶干法纪者有之矣。又或天灾横祸，疾病颠连，无朋友亲属之可依，而流离失所者，亦有之矣。其余种种意外危虞，笔难尽述。语有之曰："人无千日好，花无百日红。"若无同志来相维护，以相赒恤，一旦遇事，孤掌难鸣，束手无策，此时此境，情何以堪！此联合大群，团集大力，以捍御祸害，赒恤同人，实为本堂义务不可缺者一也。本堂人数既为美洲华人社会之冠，则本堂之功业，亦当驾于群众，方足副本堂之名誉也。乃向皆泄泄沓沓，无大可为，此又何也？以徒有可为之资，而未有可为之法，故虽欲作而无由也。今幸遇爱国志士孙逸仙先生来游美洲，本堂请同黄三德大佬往游各埠，演说洪门宗旨，发挥中国时事。各埠同人始如大梦初觉，因知中国前途，吾党实有其责。先生更代订立章程，指示办法，以为津导，我旅美同人可以乘时而兴矣。况当今为争竞生存之时代，天下列强高倡帝国主义，莫不可①以开疆辟土为心，五洲土地已尽为白种所并吞，今所存者，仅亚东之日本与清国耳。而清国则世人已目之为病夫矣，其国势积弱，疆宇日蹙。今满洲为其祖宗发祥之地，陵寝所在之乡，犹不能自保，而谓其能长有我中国乎？此必无之理也。我汉族四万万人岂甘受满人之羁轭乎？今之时代，不竞争则无以生存，此安南、印度之所以灭也。惟竞争独立，此美国、日本所以兴也。当此清运已终之时，正汉人光复之候。近来各省风潮日涨，革命志士日多，则天意人心之所向，吾党以顺天行道为念，今当应时而作，不可失此千载一时之机也。此联合大群，团集大力，以图光复祖国，拯救同胞，实为本党义务之不可缺者二也。中国之见灭于满清，二百六十余年，而莫能恢复者，初非满人能灭之能有之也。因有汉奸以作虎伥，残同胞而媚异种，始有吴三桂、洪承畴以作俑，继有曾国潘〔藩〕、左宗棠以为厉，今又有所谓倡维新谈立宪之汉奸，以推波助澜，专尊满人而抑汉族，假公济私，骗财肥己，官爵也，银行也，铁路也，矿务也，商务也，学堂也，皆所以饵人之具，自欺欺人者也。本堂洞悉其隐，

---

① 原文如此，"可"字似衍。

不肯附和，遂大触彼党之忌。今值本堂举行联络之初，彼便百端诬谤，含血喷人，盖恐本堂联络一成，则彼党自然瓦解，而其所奉为君父之满贼，亦必然覆灭，则彼汉奸满奴之职，无主可供也。其丧心病狂，罪大恶极，可胜诛哉！凡吾汉族同胞，非食其肉，寝其皮，何以伸此公愤，而挫兹败类也。本堂虽疲驽，亦必当仁不让，不使此谬种流传，遗害于汉族也。此联合大群，团集大力，以先清内奸而后除异种，实为本堂之义务不可缺者三也。今特联络团体，举行新章，必当先行注册，统计本堂人数之多少，以便公举人员，接理堂务。必注册者然后有公举之权，有应享之利，此乃本堂苦心为大众谋公益起见，法至良，意至美。凡我同人，幸勿为谣言所惑，迟疑观望，自失其权利可也。今特将重订新章，先行刊布，俾各埠周知参酌妥善，待至注册告竣之日，然后随各埠公举议员，择期在本大埠会议，决夺施行。望各埠堂友同心协力，踊跃向前，以成此举，同人幸甚，汉人幸甚。

谨将重订新章条款详列呈览：

第一章　纲　领

一、本堂名曰致公堂总堂，设在金山大埠，支堂分设各埠，前有名目不同者，今概改正，名曰致公堂，以昭划一。

二、本堂以驱除鞑虏，恢复中华，创立民国，平均地权为宗旨。

三、本堂以协力助成祖国同志施行宗旨为目的。

四、凡国人所立各会党，其宗旨与本堂相同者，本堂当认作益友，互相提携；其宗旨与本堂相反者，本堂当视为公敌，不得附和。

五、凡各埠堂友须一律注册报告于大埠总堂，方能享受总堂一切之权利。

六、凡新进堂友须遵守洪门香主陈近南遗训，行礼入闱。

七、所有堂友无论新旧，其有才德出众者，皆能受众公举，以当本堂各职。

八、本堂公举总理一名，协理一名，管银一名，核数一名，议员若干名（以上百人公举一名）。

九、本堂设立华文书记若干名，西文书记若干名，委员若干名，干事若干名。以上各人，皆由总理委任，悉归总理节制。

十、本堂设立公正判事员三名，公正陪审员二十名，皆由总理委任，但不受总理节制。

十一、总理、协理以四年为一任，管银、核数一年为一任。议员由初举时执筹，分作三班：第一班一年为一任，满期照数选人补充，或再举留任。第二班两年为一任，满期选补。第三班三年为一任，满期补充。如是议员之中常有三分之二为熟手之人。

十二、判事员为长久之任，若非失职及自行告退，不能易人。判事陪员分两班：第一班一年为一任，任满由总理择人充补。第二班两年为一任，满期择人充补如之。

十三、各埠支堂当举总理一名，书记一名，管银一名，核数一名，值理若干名，皆由堂友公举，呈名于总堂批准，方能任事。如所举非人，总理有权废之，堂友当另行再举妥人。

十四、各埠支堂堂友可随地所宜议立专规，以维持堂务，然必当先呈总堂议员鉴定，总理批准，方得施行。

十五、各埠新立香主，必经总堂议员议决，总理批准，方能领牌受职。该埠叔父职员等必先查明该新香主品行端正，堪为表率者，方可联保。至领牌受职之后，凡放新丁一名，须缴回本堂底票银二元。如未经批准领牌，竟欲开台，该处叔父职员等切勿徇庇，并带新丁入闱。如有不守堂规，或不领牌，或不交底银，一经查出，定将名号革除，并追回票牌等件。

十六、凡公举人员之期，皆以每年新正为定。

十七、议员议事必要人数若干，方为足额，乃能决事。（下略）

（二）旧金山兴中会

美洲各地向无兴中会组织。癸卯年（民国前十〔九〕年）十二月下旬，总理自檀岛乘高丽轮船抵旧金山，为保皇会员勾结移民局员从中作梗，被困于码头木屋者多日。赖当地《中西日报》社长、耶稣教友伍盘照之助，与致公堂职员黄三德、唐琼昌合力营救，并向华盛顿工商部依法抗争，始获安然入境。既脱难，即下榻于致公堂会所，日间则传食于《中西日报》，与教友伍盘照、伍于衍、司徒南达、邝华汰、邓干隆诸人至为相得。以旅美侨胞多染康梁余毒，遂托《中西日报》印刷邹容著《革命军》一万一千册，分赠全美侨众，以广宣传。同时更欲藉此开设兴中分会，拟先从具有新思想之教友入手。于是召集耶教徒之有志者，假当地士作顿街长老会正道会所开兴中会救国筹饷大会，莅会者颇众，公推邝华汰博士为主席。邝为有名学者，娶美妇为室，时任加省大学教授，对于总理主张，异常倾倒。是日总理演讲革命救国真理后，提议请座众购买革命军需债券，谓此券规定实收美金十元，俟革命成功之日，凭券即还本息一百元，凡购券者即为兴中会当然会员，成功后可享受国家各项优先利权云云。各教友对购券事均甚赞成。惟闻凡购券者即为兴中会员一节，多谈虎色变，谓吾辈各有身家在内地，助款则可，入会则不必。总理乃宣称此举志在筹饷，入会与否，一惟尊便。此项债券票面并不填写姓名，可勿过虑。众无异言，于是各教友先后购券得美金四千余元。总理后偕黄三德周游美国各地鼓吹洪门会员总注册，即恃此为旅途之需。总理初意原欲在美奠立兴中会基础，惟结果所得，正式宣誓入会者只有邝华汰等数人。当时耶教青年有志入会者，原非少数，徒以司徒南达牧师危辞耸听，致有志者稍形犹豫，而总理为筹饷起见，遂不强之云。华汰于翌年归香港，就李升格致学院校长之聘，旋得病身故。

（三）旧金山大同日报

旧金山《大同日报》为美洲致公堂原始之机关报，设于旧金山士坡福街，在辛丑年（1901）出版。其创办人为康有为弟子欧榘甲。欧字云樵，广东归善人，在康门中以能文称，己亥年任横滨《清议报》主笔。时梁启超有脱离康有为而与总理联合组党之议，欧亦热心赞同之一人，旋因康有为严令制止，事遂不成。欧被派赴美主持保皇会之《文兴日报》，以昔年居乡时尝入三合会，故与致公堂中人往还渐密，已而游说堂中书记唐琼昌，组织《大同日报》，以为驻美洪门机关。该堂干事咸韪其议。发刊时琼昌任经理及译员，欧任总主笔，旋以太平洋客名义，高唱广东宜脱离满清，宣布独立之说，凡四五万言，大博侨众欢迎。其后由横滨《清议报》汇编出版，即《新广东》一书是也。癸卯冬总理莅檀香山时，尝与《新中国报》记者康徒陈继俨为革命、保皇问题大开笔战，欧为援应同门起见，竟于总理入美境时肆意攻击，谓洪门人士不应为革命党所愚弄，致公堂大佬黄三德及该报唐琼昌初劝欧与总理合作，欧坚不从，遂下逐客令，摈之于门外，暂由总理代理笔政，即函托冯自由于留日学界中物色主笔。冯初推荐桂人马君武，马以事辞，乃改聘鄂人刘成禺。刘于甲辰年（1904）春夏间抵美，而《大同日报》之阵容为之一新。自是全美侨众之革命思潮，遂因《大同日报》之崇论宏议而一跃千丈，不独洪门人士为然也。辛亥七八月间，冯自由为筹募军饷事自加拿大至旧金山，《大同日报》更延充记者一席。及鄂省革命军起，冯、刘二人先后归国服务共和政府，民二年北京政府举行参议院华侨议员选举，唐琼昌代表旅美华侨总商会回国，以国民党之助，膺选为参议员。《大同日报》于民元改称《中华民国公报》，民三仍复名《大同日报》，后数年停刊。

（四）美国同盟会

美国同盟会之动机　在己酉年（民国前三年）冬季以前，美洲各地尚无同盟会之组织。甲辰年（民前八年）春，孙总理尝周游美国东南西各埠，联络洪门致公堂会友，鼓吹洪门总注册事。但以其时华侨风气尚极闭塞，保皇会机关林立各处，虽奔走几年，仅能改组旧金山洪门机关之《大同日报》为革命宣传枢纽，一新全美华侨之耳目而已。乙巳（民前七年）同盟会成立后五六年，东京本部屡欲遣派党员赴美开设分会，以限于美国移民律，不易领取入境护照而止。丁未（民前五年）冬生长美国之香港同盟会员李是男，因事返旧金山，香港同盟分会长冯自由授以收揽同志之委任证书，使在美扩张党务。李在美数载，以环境不佳，未便进行，至己酉夏秋间，始联络有志者温雄飞、黄芸苏、黄杰廷、黄伯耀、许炯藜数人组织少年学社，为进行之预备，暂以黄伯耀所设之永生殡仪馆为通信处。又同年有美东纽约埠华侨青年署名哀崖狂士者，向香港《中国日报》投函购报，冯自由复函谓既名哀崖，必是热心革命排满，请以真姓名见告，以便介绍入党。此人自称名赵公璧，极愿加入革命党，冯乃为作介函，使于总理抵美时持之往见。以上所述李是男、赵公璧二人，即后来美西、美东同盟会之主动人也。

美东美中之同盟会　己酉春，总理以历年经营粤、桂、滇三省军事相继失败，南洋同志筹饷之力渐告枯竭，决计远游欧美，另辟财源，以谋再举。是岁四月自南洋渡欧洲，九月杪由欧抵美东纽约。时有致公堂老友黄溪记亲至码头接待。黄号佩泉，有商店在巴也街七十二号，其店即以溪记名之。赵公璧持冯自由介函请谒，并介绍同志陈永惠等数人，即日成立美东同盟会。第一次加盟者有黄溪记、赵公璧、钟性初、陈永惠、吴朝晋、唐麟经、吴赞等七人。数日后忽接黄克强、胡汉民、冯自由等自香港来电，称广州新军已运动成熟，有港币二万元即可发动，烦速接济等语。总理得电，立复电黄等，谓两月内决可电汇二万元，令即进行，并嘱各同志设法筹措。时分会甫告成立，能力有限，连致公堂书记雷月池、伍洪赏等所募之款，仅汇香港《中国日报》第一次款港币三千元而已。总理于是就近往波士顿埠谒致公堂大佬（首领之称）梅宗炯求助。梅素热心革命，即向各会友募捐，得港币二千元，亦电汇香港《中国日报》收。十月初八日总理由纽约赴美东芝加哥城，时有耶教牧师萧雨滋父子，夙具革命思想，闻总理之来，预约同志多人恭迓于车站，并开欢迎会于聚英楼。总理即席演讲革命真理及其趋势，听者莫不倾心。同时提议设立同盟分会，第一次加盟者有萧雨滋、萧汉卫、梅培曹、汤三、罗泮辉、程天斗、梅乔林、李雄、梅天宇、梅赐璧、梅友伙、梅彬等十余人，谭赞、伍颂唐、何宝衡、梅寿、林光汉等数十人继之，即以梅寿所设之泰和店为通信处。总理更向诸会员募款应广州之急，居芝城月余，得捐款港币三千元，亦汇香港《中国日报》转陈同收。陈同即胡汉民之改名也。是地之致公堂主事人梅宗周为美中巨商，时兼任保皇会会长，故无所助。总理以两月来在纽约、波士顿、芝加哥三处所筹义款，总数仅得港币八千元，去原定二万之额尚远，遂于十二月十三日首途赴美东〔西〕继续募捐。

旧金山募饷之困难　总理前读美国军事学家堪马利（Hormereey）所著《美日未来太平洋战争论》而善之，尝与堪氏通信数次，故于此次于役美西途中，在洛杉矶下车，访堪氏于其村居，畅谈一日，始向旧金山进发。是月二十八日下午车到，李是男率少年学社同志数人欢迎于车站。下车后在唐人埠之克利街粤东旅馆下榻。时少年学社只有社员十余人，全属侨校教员及工界分子。总理语以亟须筹饷接济广州新军事，金以有心无力对，总理乃亲访洪门致公总堂大佬黄三德及《大同日报》社长唐琼昌求助。致公堂于甲辰（民前八年）春总理登陆美境时，曾出大力援助出险，惟对于国内起兵反清诸役，向无供应情事，只有美国南部巴士杰埠一小致公堂，尝于戊申年（民前四年）春捐助革命军资港币八百元，汇寄《中国日报》而已。黄三德闻总理报告军事后，即向堂内各值理筹商，咸谓筹饷事大，非短期内所能解决。正商谈间，而广州新军仓卒举事失败，倪映典战死之港电传至。总理及诸同志闻之，异常悼惜，即由李是男向其父祐宽所设之和隆皮鞋店假借美金数百元，汇香港《中国日报》收港币一千元，为义师善后之需。统计总理此行游美，四次汇款总数为港币九千元，皆由《中国日报》代收转交南方支部，是可见当年募集革命资金之不易矣。

美西同盟会　总理鉴于是役筹饷之困难，益觉成立革命团体之必要，遂令李是男等改组少年学社为同盟会，正月十八日宣告成立。总理亲为主盟人，初次宣誓入会者，有李是男、黄芸苏、黄伯耀、许炯藜、赵煜、刘汉华、黄杰亭、李旺、刘达朝、黄经申、伍进、邝辉、李梓青、崔通约、王和彩、胡祖张、张霭蕴、杨汉魂等十余人。总理此次在美组织同盟会最关重要者，为扩大同盟会誓辞及改用会名一事。以前为"驱除鞑虏，恢复中华，创立民国，平均地权"之十六字，今则易为"废灭鞑虏清朝，创立中华民国，实行三民主义"之十八字。又将盟书内"中国同盟会会员"亦易为"中华革命党党员"，然对外对内仍令照旧通用同盟会名义如故。是为总理是次游美之创举。东京本部及关内外各地分会均未接到通告，仅于是年秋，总理归抵槟榔屿时，南洋支部亦奉令照行耳。旧金山同盟会既成立，名称为美国总支部，全美各分会均由支部统辖，党势日见兴盛，各埠侨众陆续加入者，复有黄超五、雷祝三、林朝汉、邝林（佐治）、朱卓文、黄富、卢维溥、李七、刘光华、周长五、陈树苹、司徒介臣、郑占南、马长兴、斐显裔、吕宁、伍平一、刘鞠可、朱本富、余森郎、刘广华、简振兴、欧汉英、梁日东、刘日初、郑超群、陈耀、甄春年、雷苏泉、黄晋三、何利、李伯眉、郑广池、刘博文、周文培、梁梦熊、邝灼、高廷栋、刘毅生、伍蕙泉、陈披荆、谭南、刘恢汉、朱汉彝、张汉旅等数百人。总理以在美党部基础已臻巩固，遂于是春三月取道赴檀香山。

（五）旧金山少年中国报

当庚戌年春，李是男与温雄飞、黄芸苏、黄伯耀等数人组织少年学社后数月，曾用油印出版一种刊物，名曰《少年》，由是男、雄飞、芸苏等撰述小品文字，类多提倡革命攻击清政之作，附以粤曲歌谣，均出是男手笔，甚为读者称赏。及是岁月杪总理抵旧金山，是男等奉命改组少年学社为同盟会，自是党员日众，分会遍于各埠，遂更收集股金，将《少年周刊》扩大为《少年中国日报》。筹备数月，于是秋在唐人埠克利街出版，是为全美洲同盟会机关报之第一家。在美各华文报纸通例，于每日正午发刊，独《少年报》于每晨印就派送，亦为各报之创例。初期任经理者为陈树苹、司徒介臣二人，任撰述者为黄超五、黄云〔芸〕苏、崔通约、张霭蕴诸人，任翻译者为黄伯耀一人，李是男则专任副刊编辑。出世后，高谈革命排满，风行一时，华侨顽固者流多以"少年亡"三字诋之。诸记者中有崔通约者，原属康有为弟子，亦耶稣教徒，曾任香港《世界公益报》编辑，性情反复，生有恶癖，到处为人摈弃。辛亥五月以向总理贷资不得，竟假手《少年报》登载讥刺诗词，有"生平不喜因人热，耻向党报瞎捧场，领袖何时生我士，国亡种灭倍心伤"之句，各会员读之大哗，遂由同盟会公议逐之门外。同盟会对于犯法党员，重者判处死刑，并无摈逐之例，有之自崔通约始。《少年报》于民国成立后，报务随党务而蒸蒸日上，以营业顺利，获利甚丰，置有大厦一所，及今犹屹然存在，为清季革命党机关报之惟一寿命最长者。

（六）洪门筹饷局

辛亥五月，总理于漫游加拿大及美东各地后，重游金门，有鉴于同盟会与致公堂不能合作之弊，欲使同盟会员一律加入致公堂，以泯除双方畛域意见，庶可共同筹饷救国。李是男等多以致公堂入闱（洪门称入党曰闱）仪式鄙俚、手续繁重为辞，各有难色。总理谓可使之删繁就简，斟酌改良。于是数访致公堂重要职员黄三德、唐琼昌等，磋商合作方法，议定致公堂开特别会，删除一切繁文缛礼，以优待同盟会员之入闱。而同盟会员则遵总理命令全体受盟，以表示合作诚意。黄、唐等咸热心赞成，遂由双方各在《大同日报》及《少年中国晨报》揭载联合布告，兹录二项布告如左：

同盟会与致公堂联合布告：洪门为中国提倡排满革命之元祖，而人称致公总堂之改良新章，更与本会三民主义相合，原可互相提携，共图进取。惟洪门内含秘密性质，而本会会员尚多未入洪门者，故不免窒碍。今得孙总理驾抵金山，主张联合，而致公总堂开特别会，以招纳本会会员之未加入洪门者。本会集议，全体赞成，特此布告各埠会员一体遵照，以成大群，合大力，而共图光复之大业，是为厚望。天运辛亥五月二十二日，三藩市中国同盟会启。

致公总堂布告：孙文大哥痛祖国沈沦，抱革命真理，遍游五洲，驾抵金门，与众义兄聚集，倡议与同盟会联合，结大团体，匡扶革命事业。同盟会员热心祖国，全体公议，其未进洪门者一律入闱，联成一气。本总堂叔父大佬义兄弟备极欢迎，开特别招贤之礼，以示优遇，尽释从前门户之分别，翼赞将来光复之伟业，扫虏廷专制恶毒，复汉家自由幸福。仰我洪门人士一体知悉，须知招纳天下英才，乃本总堂之主义。特此布告，统为鉴照。天运辛亥五月二十二日，美洲大埠致公总堂启。

旅美同盟会员李是男等既加入致公堂后，孙总理即向致公堂提议组织洪门筹饷局，以为黄花岗一役卷土重来之计，众赞成之，遂由总理手订洪门筹饷局缘起章程及革命军筹饷约章若干款，以资遵守。即日成立洪门筹饷局，因对外关系，命名曰国民救济局。局中职员由致公堂及同盟会二团体选用之，以黄三德为监督，朱三进、罗敦怡为总办，李是男为会计。同盟会员在局内任各项职务者，除是男外，有黄芸苏、张霭蕴、赵煜、黄杰亭、刘鞠可、黄伯耀、刘达朝、林朝汉、许炯黎、刘冠辰、廖达生、梁日东、余森郎、刘日初、伍平一、郑超群诸人。设办事处于士波福街三十八号致公堂二楼。成立之初，总理提议先电汇香港银一万元与黄克强，为筹办暗杀机关经费。盖黄克强愤黄花岗一役之败，决计亲入内地狙击一二满清大员，以振士气，经总理及冯自由等再三劝勿躬自行险，始允另派党员担任实行事务，并要求美洲同志供给此项用费。故总理令诸同志克日筹汇此款，以应要需。筹饷局遂遵命即汇黄克强万元。两月后满将军凤山在广州被炸，即此暗杀机关为之也。总理复命筹饷局印刷一种中华民国金币券。券面由中华革命党本部总理孙文及中华革命军筹饷局会计李公侯（即是男）两人签名盖章，规定凡助饷美金五元以上者，发给金币票双倍之数收执，许于民国成立之日作为国宝通用。关于辛亥三月二十九日广州一役各地捐助之款，亦以此项金币券发给之。是岁六月二十六日，众议决推总理及黄芸苏、张霭蕴、赵煜四人，赴美国南北各埠演说募款。总理等遂于七月初二日分途出发。总理濒行，复虑同盟会员与致公堂中人仍多隔阂，不免影响筹饷大局，以冯自由与旧金山致公堂及《大同日报》素有关系，特电云高华《大汉日报》令冯速赴美西相助。冯得电即于是月下旬由加拿大首途，抵美不及二十日，而武昌义师勃然大举矣。筹饷局陆续汇款供应各省义军，为数颇巨。十月初旬，同盟会与致公堂、洪门筹饷局三大团体以全国各省光复大半，国是不日大定，特公推冯自由为旅美华侨革命党总代表，回国参与组织临时政府事宜，并将筹饷局发行已售、未售之金币券一切帐目携归缴呈革命政府销号。冯归抵上海在十一月朔，是月初六日，总理亦自欧洲莅止，初十日当选临时政府大总统，旋于民元一月一日赴南京就职。冯遂将所携归之中华民国金币券帐目缴呈总理报销。随后旅美同盟会员陆续回国服务于南京大总统府及各省政府者，有朱卓文、李绮庵、余爕、刘鞠可、梅乔林、卢维溥、黄杰亭、伍横贯、余森郎、黄芸苏、刘成禺、张霭蕴、赵煜、李伯眉、邝灼、邝林、黄晋三、朱本富、梅培、罗洋辉、程天斗、邝辉、林朝汉、刘博文诸人。及民元四月南北统一，归国党员中自愿回美留学由稽勋局派遣出国者，为黄云〔芸〕苏、刘鞠可、卢维溥、刘博文、余森郎、张霭蕴、赵煜、邝辉等八人。是岁八月同盟会本部改组为国民党，旅美总支部从之。民二七月后赣、宁、皖、湘、闽、粤各省讨袁军败挫，国民党为袁世凯暴力解散，美支部于是奉总理命筹募三次革命军饷，经三次之奋斗所获成效，在全球各地国民党中首屈一指，以非本文范围，兹不赘述。

六 南洋英荷二属之部

革命党之涉足南洋群岛，始于庚子（民元前十二年）总理之初抵英属新加坡时，七州府各属全为保皇会势力，有机关报曰《天南新报》，闽、粤侨胞多倾向之。是岁日志士宫崎寅藏亲至新加坡，欲游说康有为，使与革命党联合共谋国事。康竟诬宫崎为刺客，拘之入狱。总理特由西贡至新埠营救之，其地固尚无革命党人之组织也。庚子秋惠州革命军失败，兴中会员黄福、黄耀廷、邓子瑜、尤列等先后亡命南洋。辛丑（民元前十一年）中和堂成立，华侨工农界翕然归之。癸卯、甲辰间（民元前八、九年）陈楚楠、张永福等复有《图南日报》之发刊，由是革命思潮始渐传播于南洋群岛。及乙巳、丙午间（民元前六、七年），同盟分会遍设于英、荷二属各埠。《南洋总汇报》、《中兴日报》、《光华日报》、《星洲晨报》、《南侨日报》、《苏门答腊报》、《泗滨日报》等缤纷并起，是为革命党全盛时期。丁未（民元前五年）同盟会所发动粤、桂、滇三省之义师，均有赖南洋侨胞之助，厥功非浅。兹分别述其组织如下。

（一）南洋中和堂

南洋英属群岛向为保皇会之势力范围，新加坡埠富商人邱菽园为该地分会长，有机关报名《天南新报》，日倡保皇邪说，华侨受感〔惑〕者大不乏人。兴中会于庚子（民前十二年）惠州革命军失败之后，其将领黄福、黄耀廷、邓子瑜等避居新加坡，该地始有革命党人足迹。然其时侨众风气尚极闭塞，咸视革命党如蛇蝎，黄、邓等为工作糊口计，固绝不敢以真面目向人也。及辛丑（民国前十一年）兴中会员尤列自日本至南洋，目的在宣传革命排满，因一般商界顽固性成，无从入手，乃在新加坡单边街悬壶问世，精医花柳杂病，男妇咸称其能。于是乘机向农、工二界及义兴会员发挥反清复明之宗旨，且常投身烟馆赌场，冀与下层社会意气相投，以资运动，遂亦渐浸染阿芙蓉癖。经营半载，颇得农、工人士之信仰，遂集合少数同志组织一小俱乐部，即仿效横滨中和堂办法，仍以"中和堂"三字名之。堂中设关羽神像，以"忠心义气手足相扶"等语为号召，与普通海员所设航海会所大同小异，所异者即中和堂能添设各种革命书报以开通民智耳。新加坡会所成立之后，尤复遍游吉隆坡、怡保、坝罗、槟榔屿各埠，设立分堂，就中以吉隆坡会所为比较宏伟。其所悬标帜，即用惠州革命军之青天白日旗，然多数会员固不知此旗之历史及出处也。时各埠会员多属下层阶级，文人中参加者只有黄世仲、黄伯耀、康阴〔荫〕田三人。黄等皆以在粤家计困难，少赴南洋谋生，各在小埠赌场任书记，因时向当地报馆投寄论文批评时政，渐与尤相结识，而为中和堂会员。其后世仲得任香港《中国日报》记者，伯耀、荫田同任新加坡《图南日报》记者，即尤推荐之力也。癸卯（民国前九年）春革命潮渐及南洋，新加坡富商陈楚楠、张永福二人首赞同革命，特发起《图南日报》以为宣传机关。尤于是报出版前赞助其力，乙巳（民国前七年）夏间复介绍陈、张与孙总理相识。旋于丙午春成立同盟会于新加坡，尤之力为多焉。同盟会成立后，中和堂会员之有志者多由尤介绍加盟。惟各埠中和堂之小俱乐部尚有数处存在，仅为联络感情起见，并无政治性质，故于乙巳后同盟会所经营之多次革命，均无所表见。辛亥民国成立，尤不久返国，南洋中和堂之名义自是寂然无闻焉。

（二）新加坡图南日报

图南报出世前之南洋 《图南日报》为南洋华侨革命党机关报之鼻祖，在此报出世之前，新加坡有《叻报》及《天南新报》，槟榔屿有《槟城报》，吉隆坡有《南洋时务报》。《叻报》、《槟城报》属守旧派，《天南新报》属保皇派，《南洋时务报》属基督教派。革命党人之在南洋者，尚未有机关报之组织也。先是康有为于戊戌政变后，尝偕其徒侣梁启超、徐勤、欧榘甲、汤觉顿等先后至新加坡组织保皇会，事前已得当地富商邱菽园（炜萱）之助，发刊《天南新报》。出版第一日，其报面大书"孔子降生二千四百四十九年即光绪二十四〔五〕年己亥四月初八日"字样。英属各埠华侨从之者，大不乏人。庚子（1900）七月唐才常汉口之役，邱菽园尝向闽、粤侨商募集勤王军巨款电汇上海应之。是时革命党人对于南洋群岛仍未开始活动。庚子六月，孙总理因日本同志宫崎寅藏为康有为构陷入狱，特由越南西贡至新加坡设法营救，曾求助于旧友黄康衢、吴杰模、林文庆数人。林为星洲著名医学博士，极得当地英吏信用，宫崎得以无事出境，即赖其斡旋之力，然黄、吴、林三人均非党员也。庚子闰八月惠州革命军失败，其将领黄福、黄耀廷、邓子瑜诸人均亡命南洋。翌年（辛丑）兴中会员尤列亦接踵而至。尤有辩才，以闽、粤籍各富商性多顽固，不易感化，乃渐向义兴会团体及农、工二界鼓吹革命排满，闻者多为感动，旋发起中和堂于新加坡，分会遍设槟榔屿、吉隆坡、怡保、坝罗各埠，从者日众。《天南新报》记者黄世仲、黄伯耀（世仲之兄）、康荫田等亦加入中和堂为会员。尤更于中和堂所高悬惠州革命军所用之青天白日旗，以作兴中会一脉相传之表示，海外华侨团体首用青天白日为国徽者，中和堂实为之倡。时有闽籍富商厦门人陈楚楠慕尤列名，爰托《天南新报》记者黄伯耀介绍相见。楚楠有商店曰合春号，营木厂及罐果业，向与邱菽园为挚友，因得阅《清议报》、《开智录》、《新民丛报》及各种书报，渐醉心新学，自号思明州之少年，知尤列为老兴中会员，遂与老友张永福专诚请谒，一见如故。永福，粤之潮州饶平县人，营新长美布匹店，亦有志士也。当癸卯（1903）闰五月上海《苏报》案起，楚楠、永福及永福外甥林义顺愤清廷肆虐，特用小桃园俱乐部名义致电驻沪英领事，请援保护国事犯条例，勿将章、邹引渡清廷，以重人权。其后复集资翻印《革命军》五千册，改名《图存篇》，设法输入漳、泉、潮、梅各乡镇，广事宣传。继以提倡革命，非藉报馆为喉舌不可，遂各出资创设《图南日报》，为南洋群岛革命党人之第一言论机关，尤列与有力焉。

    图南报出世后之南洋　《图南日报》资本全出自楚楠、永福二人，地址在新加坡福建街二十一号，自癸卯秋冬间即已进行筹备，至甲辰（1904）春始事竣出版。初由尤列介绍郑贯公充任该报总编辑，贯公以方筹办《广东日报》辞，乃改聘陈诗仲承之，郑、陈均前任香港《中国日报》记者也。此外更聘尤列为名誉编辑，黄伯耀、何德如、康荫田、胡伯镶、邱焕文诸人分任撰述译务。第一日尤列作发刊词，署名吴兴季子，初印一万份，后减作一千份，然长期定阅者仅三十余份。盖其时风气未开，各商店多视为大逆不道，群起反对，且严诫其子弟伙友不许购读，故出版多日，仍难推销，仅作宣传性之赠送品而已。是年冬，《图南日报》更别开生面，乘庆祝乙巳（1905）新禧之机会，印刊一种富有刺激性之月份牌，分赠华侨，以资宣传。上题"忍令上国衣冠沦于涂炭，相率中原豪杰还我山河"二十字，下题"暂理皇汉帝位满清光绪三十一年岁次乙巳为耶稣降生后一千九百零五年至零六年"及"文字收功日，全球革命潮，图开新世界，书檄布东南"等句，中刊自由钟及独立旗各一，异常美观。英、荷两属各埠华侨工界各团体会所多悬诸座右，而报纸销场亦因之递增至二千数百份。乙巳冬《图南日报》为华侨冯夏威自杀于上海美领事署前以殉美政府新颁华工禁约事，发起追悼会于仁济医院。先期预请当地华民政务司署批准开会，英官谓必须尤列不到会始可照准，陈楚楠等竟许之。尤列闻之大愤，及期先到会场登坛演说，痛言拒约抵货之理由，及迁就外人之失当，座众大为鼓掌。事后英吏竟未干涉。未几各地抵制美货之风潮愈益扩大，适有英船载运政府定购之美货到埠，码头华工激于爱国大义，咸拒绝起运，华民政务司乃请译员何宽设法。何曰，若得《图南日报》主人陈楚楠、张永福二君代疏通码头苦力，乃易为力。英吏遂邀陈、张至署，请其劝告各工人勿拒运美货，陈、张以无此能力却之。英吏谓只须二君代解释英轮所载美货乃当地政府先期定购之用品，与寻常商品不同，即生效力，不必为劝告工人语亦可。陈、张勉为署名。此项公告张贴后，不及半日，英轮之货完全卸陆。英吏闻之，始知《图南日报》对于群众之势力，为之称异不置。

孙总理与图南日报之关系　孙总理向知南洋尚无革命派报纸，恒引为憾事，及甲辰秋自日本至檀香山，尝助《檀山新报》为文，与保皇派之《新中国报》大开笔战。偶见《图南日报》致《檀山新报》请求交换报纸函，及寄来报纸月份牌等，知吾道不孤，至为欣悦。乃亲寄美金二十元至《图南日报》购取乙巳年月份牌二十张，复移书尤列查询该报为何人组织，以便通讯。又《图南日报》记者陈诗仲未就《图南日报》职时，总理在日本已闻其因事脱离《中国日报》，及莅檀岛，乃函嘱余介绍诗仲任《檀山新报》主笔。诗仲初允就聘，后以驻香港美领事不允签发护照，始改就《图南日报》之约。总理先后得余及尤列报告，知《图南日报》操笔政者即属彼意中之陈诗仲，尤为惬意，是年六月自欧洲东归，先期函电尤列、秦力山等，嘱于舟过新加坡时引诸同志相见。届期，秦力山以深入滇边未能赴约，尤列遂领陈楚楠、张永福、林义顺等登轮晋谒。总理告以欧洲留学界已成立革命党机关，此次赴日本，谅不日亦可成立，嘱尤等在南洋预为布置，以利进行，尤等咸为乐从。是为孙总理与南洋同志结合之嚆矢。

图南报之停刊及改组　《图南日报》发刊不及一载，以销路不广，亏折甚巨，赖楚楠、永福二人辛苦支持，尚能勉强出版。将及二年，前后支出不下三万元，以是赔累益甚，且积欠编辑部及排印工人薪金为数不赀。记者陈诗仲因此辞职返国，司理林采达以避工友索资，亦匿迹不见。至乙巳年冬，遂不得已宣告停版。两月后楚楠、永福不欲民党喉舌中断，复谋集资重整旗鼓，继续发刊。适有友人黄江生介绍商人许子麟、沈联芳、陈云秋、朱子佩等合股改组新报，拟组织资本二万元，《图南日报》所存机器、铅字、家具等物作为价值一万元，其余半数由许等担任，另迁新址，定名《南洋总汇报》。出版之初，仍由楚楠、永福主持。报面不用大清年号，称清帝光绪为载湉，与以前《图南日报》之立言宗旨尚能终始一贯。讵陈云秋、朱子佩二人思想顽固，力诫当事人不得登载激烈文字，而各记者不之恤，仍高谈革命如故。至丙午（1906）春，云秋等遂提出拆股承让之议，后乃改为抽签，即由抽得者接受报业，结果为云秋一派所得，楚楠等仅取回拆股金五千元而退。其后《南洋总汇报》渐为保皇派入寇，所聘记者均属康门徒侣，徐勤、欧榘甲、伍宪子等即凭此报与革命党为敌，南洋之民党喉舌因之喑哑者年余。翌年七月，始有第二言论机关之《中兴日报》继起。

（三） 新加坡南洋总汇报

《图南日报》于乙巳（民国前七年）春以资本不足歇业。陈楚楠、张永福二人不忍革命党之喉舌为之中断，复于是年秋联络商人许子麟、陈云秋、沈联芳、朱子佩诸人创办《南洋总汇报》，以为之断〔继〕。是报由革命派及中立商人派各占资本半数。云秋素性畏官，胆小如鼷，力诫当事人不得登载激烈文字。而陈楚楠、张永福不恤，仍使编辑人高谈革命如故。至丙午年（民国前六年）春，云秋恐为革命党所累，遂提出拆股承让之议，后乃改为抽签，由两派中之抽得者接受报业。结果为云秋一派所得。云秋接受后，乃约保皇会员某等加股合办。不久是报竟成保皇会之纯粹机关报，康徒徐勤、欧榘甲、伍宪子等遂凭藉之与革命党为敌。各方同志咸咎陈楚楠、张永福二人事前置不善之失策。

（四） 新加坡同盟会

新加坡同盟会成立于乙巳年冬，先是总理于是岁五月从欧洲赴日本过新埠时，尤列引《图南日报》同志陈楚楠、张永福、林义顺等登舟相见。总理谓在欧时，德、法、比诸国留学生已成立革命团体，此行到日本即当组织革命党总部，南洋各埠可设分会，不日当由日本寄来章程及办法，嘱各人预为筹备。楚楠等唯唯。总理莅日后，即于六月杪与各省志士发起中国同盟会于东京。是冬重游新埠，适是时该地政府禁止入境之期已满，楚楠等遂欢迎登陆，寻设立同盟分会，为南洋英、荷二属之总机关部，假晚晴园为会所。首次开会加盟者，有陈楚楠、张永福、林义顺、许子麟、刘金声、黄耀廷、尤列、邓子瑜、张华丹、吴悟叟、林干廷、张秉庚等十二人。众举楚楠为会长，永福副之，许子麟为会计、林义顺为交际。以后陆续加盟者，有丘焕文、何德如、沈联芳、卢耀堂、李晓生、李谓川、谢己原、谢心准、谢仪仲、黄乃裳、许雪秋、郑聘廷、胡少翰、何心田、李凌溪、黄康衢、陈武烈、陈芸生、林文庆、陈嘉庚、林航苇、黄吉宸、吴应培、陆秋露、周之贞、康荫田、徐统雄、周华、罗仲霍、黄鹤鸣、李文楷、李竹痴、郭渊谷、胡伯骧等四百余人。继复派员分赴英、荷两属及缅甸各埠设立分会。楚楠等更向各埠同志招股重组党报，于丁未（民国前五年）七月出版，即同盟会南洋唯一机关之《中兴日报》是也。戊申（民国前四年）二月，总理从越南河内移驻新埠，寓东陵东明律一一一号，会务益形发达。是岁四五月间，黄克强、胡汉民以云南河口之役兵败，亦先后离越南到新。是役败军将士韦云卿等六百余人被越南政府遣送前来新埠，英官初不许入境，经总理向当地政府声明为政治犯，并非乱民，并使楚楠、永福等向当局保证一切，始许登陆。是时对于革命军将士之给养问题极形困难。总理令楚楠开辟中兴石山于蔡厝港以安插之，且介绍于槟榔屿、吉隆坡、吡叻、文岛各埠工厂、矿场、农场，使各安生业。经营数月，而此项善后问题始告一段落焉。

戊申年秋，总理以英、荷两属各地陆续成立分会及通信处者，有百数十埠，乃更设立南洋支部以统治之。特派胡汉民为支部长，另订中国同盟会分会总章十六条及通信办法三条，通告各处团体一律遵守。时河口败军将士虽已多方设法安置，然以分子复杂，良莠不齐，常发生妨害地方治安情事，清领事更藉端要求英吏干涉革命党行动，因之党务进行愈形棘手。翌年己酉（民国前三年）春，总理遂决意将南洋支部移于槟榔屿，令胡汉民归香港扩张南方党务，自赴欧美游历，以谋国际上之协助。新埠党务自总理他适后，《中兴日报》旋亦以乏人支持，遽告停刊，遂于无形中失其领导之地位。及庚戌年（民国前二年）十月，黄克强、赵声、胡汉民等赴槟榔屿谒总理，谋集巨款在广州再举，各埠党员莫不踊跃捐输。胡汉民、邓泽如等尝诣新埠，召集党员开会于晚晴园，莅会者有沈联芳、卢礼明、李孝章、陆秋露、周之贞等百余人，合得捐款三千余元，中以沈联芳所捐一千元为最巨。其后各复加捐若干，合英属各埠共得四万七千余元，是即辛亥三月黄花岗一役华侨义捐之一部。

（五）南洋支部

自新加坡同盟会成立后，英、荷二属各地陆续组织分会或通信处者，有百数十埠，概归新加坡统辖。及戊申某月总理自河内移居新加坡，更设立南洋支部，特派胡汉民为支部长，另订中国同盟会分会总章十六条及通信办法三条，通告各处团体一律遵守。兹附录南洋支部通告及同盟分会总章如左：

启者：近年以来，南洋各处同志日多，各就所处结合团体，以实行宗旨，发展势力，真有蒸蒸日上之势，殊可庆慰。今在星加坡设立南洋支部，欲使南洋各处团体，互相联络，以成统一。夫欲联络情谊，必以消息相通为主，消息通则情谊洽，情谊洽则协力相扶，同心共济，而党力滋伟，成事可望。故特定通信办法三条如下：

（一）今将各处团体通信住址开单寄览，以后至少每二个月互相通信一次。

（二）各处团体通信地址有移换时，须即通知南洋支部。

（三）以后如续有新立团体，即由南洋支部（支部长胡汉民）发信通知，各处接信后即寄书新立之团体，贺其成立，且勉励之。

以上三条望留心照办，以团结同志之精神，广通各处之情谊，是所至嘱。此致

各埠同志兄鉴

孙文谨启

中国同盟分会总章

一、本会定名为中国同盟会，直接受支部之统辖。

一、本会以实行赞助中国革命事业为职志。

一、本会会员须谨奉宗旨，亲写盟书，当天宣誓，以表其诚。

一、本会公举如下职员，以司理会中事务。

正会长一名　　中文书记　名　　理财　名　　调查员　名
副会长一名

英文书记一名　　核数一名　　干事员　名

一、本会职员定例每年选举一次，并每会员增至一倍时选举一次。

一、本会员皆有选举权及被选举权。

一、当地会所一切经费由会员均分担任。

一、凡会员皆有介绍同志入会之权。

一、凡会员能解释宗旨明白者，皆可任为主盟人，随时随地收接同志入会。

一、凡主盟人收接同志入会后，须将盟书缴交书记注册，由书记汇交支部收存，发给底号收执为据。

一、凡会员既完尽一己之义务，领有底号者，至革命成功之

日，得列名为中华民国创建员，以垂青史，而永志念。

一、凡会员能介绍及主盟新同志十人者，记功一次，百人者记大功一次，至岁终计功，由会长宣劳嘉奖，并由支部代请本部总理给功牌表志，至革命成功之日，得与军士一体论功行赏。

一、本会欲使会众团体密切，声气灵通，特仿革命军队编制之法，以组织会众，其帙如左：（此条请即施之实事）

以八人为一排　　内自举排长一人　　共八人

以三排为一列　　外自举列长一人　　共二十五人

以四列为一队　　外自举队长一人　　共一百零一人

以四队为一营　　外自举营长一人　　共四百零五人

一、以各列长、队长、营长等人员为会众之代表人。

一、本会办事各种详细规则并特别专条，可随时由职员召集各代表会议订立。

一、本会各等规则专条，总以不违背支部号令及本会章程为范围。

注意：组织会众为营为队为列为排一条为极紧要，有此则会员之感情乃能密切，团体乃长坚固，不致如散沙。会中有事由职员通传于各营长或各队长，各转传于其所属之队或列长，则一人不过走报四人知，列长不过报四个排长，排长则报七人知。如此工夫易做。若收月费，会员交于排长，排长交于列长，列长交于理财员，亦事简而效大也。若不行此法，则他日每埠人多至一千或数千，则无人能遍识会员，而分机关之职员，亦无从遍知各人之住址行踪也。故必当排列，一排长识其所交好之七人不为难，一列长识三个排长更易，由营而队而列，犹身之使臂，臂之使指，节节脑筋相连灵活也。

（六）新加坡中兴日报

新加坡自《南洋总汇报》分裂后，革命喉舌缄默者一载有余。丁未年春陈楚楠、张永福、许子麟、陈先进、沈联芳、邓子瑜、林义顺诸人向各埠同志募集资金组织《中兴日报》，以继承昔年《图南日报》之统绪。筹备数月，至是年七月十二日始告出版，地址在吉宁街十二号。初由冯自由在港代购铅字，并介绍《中国日报》记者何子耀充任编辑，何以事辞职，乃改延田桐、王斧承乏。发刊未久，即与《南洋总汇报》为革命论与立宪论之大笔战，先后任撰述者有居正、陶成章、林时塽、胡汉民、汪兆铭、方瑞麟、林希侠、张绍轩、周杜鹃、何德如、胡伯骧诸人，任司事者则有林义顺、邓慕韩、汤伯令、萧百川、吴悟叟、周华、罗仲霍诸人。当两报笔战期间，总理适于戊申年（民国前四年）二月从越南移居南洋，故东京《民报》诸记者亦相继莅止，一齐加入战线，论争至为激烈。时《南洋总汇报》尝凑合民党诸记者姓名戏撰一联，以嘲《中兴日报》曰："药石（居正笔名）无灵，精卫含冤【填】恨海（田桐笔名）；汉民遭劫，杜鹃啼血怨西林（张绍轩别号）。"可谓谑而虐矣。《中兴日报》销数达四千余份，各埠侨众直接受其感化，实非浅鲜。及己酉年三月，总理远游欧美，陈楚楠以历年为革命耗资，发生兄弟争产涉讼事，张永福亦因商务亏折，几致破产。《中兴日报》负债累累，屡次招股，均随手辄尽，无法抵欠，卒于庚戌夏间停版歇业，南洋党员莫不引为憾事。

（七）新加坡三大书报社

新加坡革命同志之组织书报社，远在同盟会成立前数年。有星洲书报社者，成立于壬寅年（民国前十年），其倡办人为郑聘廷。社址初设于吉宁街，乙巳年乃迁至丹绒巴葛礼拜堂楼上。社中陈列各种书报，任人浏览，中以革命书报为多，亦宣传革命机关之一也。戊申年同盟会员何心田、何德如、胡兆鹏、胡亭川等更设立开明演说阅报社，按期敦请民党名流演说革命真理，实开南洋风气之先。更有郭渊谷、康荫田、何芦生、谢坤林、沈飞龙、周献瑞、陈铁汉、何心田、何柏轩、吴逢超、何海星、陈毓卿、何汉涂诸人组织演讲队，每星期日在各通衢为抨击清政反对立宪之露天演说，慷慨激昂，闻者感动。辛亥春，赵钧溪、潘兆鹏、张仁南、刘七辉、刘凌苍、刘任臣、郭渊谷、许伯轩、谢坤林、郑子辉、吴一鸣、许梦芝等发起同德书报社于亚来良街。此外英、荷两属各埠先后开设书报社，多处均与革命党员有直接间接之关系。

（八）新加坡星洲晨报

《星洲晨报》出版于己酉年（民国前三年），为同盟会员谢心准、周之贞等所创。是岁香港《中国日报》记者谢心准因事至南洋，初任《中兴日报》编辑，旋与同志周之贞措资发刊此报。其倡导革命抨击君宪，与《中兴日报》相伯仲，且畅销于英、荷两属各埠，收效亦巨。惟出世不及一年，即以资本不足，于庚戌秋冬间停刊，于是职员星散，其司账员劳培及收账员周华返粤后参加辛亥三月广州黄花岗一役，为国殉义，足为华侨生色。

（九）新加坡南侨日报

新加坡自《中兴日报》、《星洲晨报》相继停刊后，同盟会务最为不振，革命党之喉舌缄默者将及一年。及辛亥三月广州之役失败，南洋侨胞之思想，异常振奋，当地同盟会员益觉缺乏言论机关之失当。时陈楚楠、张永福二人均以商业失败，无心党务，遂有卢耀堂、黄吉辰等重组《南侨日报》，以为《中兴日报》之继。出版后大受英、荷两属人士之欢迎，发刊数月，适遇武昌革命军起，各省陆续响应，侨众多根据此报所传达之消息为趋向云。

（十）英属七洲府同盟会及光华报

七洲府即英属海峡殖民地之总称，凡新加坡、槟榔屿（又名庇能）、吉隆坡、怡保、吡叻、坝罗大小各埠均属之，其首府设于槟榔屿。丙午总理派陈楚楠、林义顺至槟榔屿设立同盟分会，先后加盟者有吴世荣、黄金庆、陈新政、辜立亭、林志诚、丘明昶、薛木本、陈民情、徐洋溢、熊玉珊、吕毓甫、徐宗汉、王寿兰、丘有美、林福全、丘文绍、潘奕源、丘能言、郑玉指、林世安、陈璧君、王德清诸人。公举吴世荣为正会长，黄金庆为副会长。金庆等旧设《槟城日报》，系商业中立性质，然于革命宗旨隐然赞成。又设槟城书报社，地址在甘菜园九十四号，条理整然，足为南洋各埠书社之模范。庚戌年（民国前二年）夏秋间，仰光同志庄银安以该埠所设《光华报》迭受清领事之摧残，乃避地槟榔屿，与陈新政、黄金庆、徐洋溢等重组《光华报》于其地，聘雷昭性（铁崖）、方次石、周杜鹃等为主笔，崇论宏议，与新加坡之《中兴日报》后先辉映。先是总理于己酉三月赴欧洲时，已将南洋支部移至槟榔屿，及庚戌七月从日本再来南洋，即挈眷移居槟榔屿柑子园。是时曾通告南洋各埠，令仿美洲党员新例，将盟书内"中国同盟会会员"字样改为"中华革命党党员"，然为日无多，事实上未易实行。是冬黄克强、赵声、孙德彰、胡汉民等同聚槟榔屿，谒总理商定广州大举策略，决议分途募款，以利进行。未几总理因在清风阁演说革命，为当地政府限令一星期离境，遂有美洲之行。其眷属仍居柑子园，每日家费由槟榔屿及吡叻、吉隆坡、芙蓉四处党员分任供给之。统计辛亥三月二十九日广州之役，英属七洲府各埠合筹军饷共四万七千六百余元。至于各埠得力党员，在吉隆坡有陈占梅、阮英舫、阮卿云、阮德三、王清江、刘襟侠、陆秋杰、陆秋泰、丘怡领、王君赞、陈秀莲、张志升、杜棠等；在怡保有区慎刚、李源水、李

孝章、汤伯令、郑螺生、刘业兴、黄怡益、梁燊楠等；在芙容
〔蓉〕有黄心持、谭容、朱赤霓、蔡炽三、伍熹石等；在爪胜卑
那则有邓泽如等；在麻六甲则有李月池、沈鸿柏等；在关丹有陆
秋露等；在金宝有杨朝栋等；在林明有冯子芸等；在太平有陆文
辉、陈志安等；在式叻有邓清泉等；在麻坡有汤寿山、刘静山
等；在砂胜越有罗从谏、萧春生、李振殿等诸人。又各埠多设书
报社，其中有纯粹为同盟分会者，有与同盟会员相当关系者，有
因当地商会或中华会馆为守旧派或保皇会所把持，故另创新团体
以树对抗者。此类书报社有百数十处。其地名另载下文。

（十一）英属各埠书报社

　　乙巳年以后英属大小各埠相继设立书报社，其中有纯粹为同
盟分会者，有附设于学堂者，有因当地商会或中华会馆向为守旧
派或保皇党所把持，故另创新团体以树对抗者。此类书报社成立
于民元以前者有百数十处，兹就调查所得，录其地名、社名如次：

新加坡	公益书报社	新加坡	星洲书报社
新加坡	同德书报社	新加坡	同文书报社
庇　能	槟城书报社	庇　能	益智书报社
吡　叻	华侨书报社	吡叻蒲芦江秀	觉民书报社
吡叻沙叻	培文书报社	吡叻安顺	培智书报社
吡叻拿吃	兴华书报社	吡叻端洛	中兴书报社
吡叻万里望	民兴书报社	吡叻布先	益智书报社
吡叻金宝	开智书报社	吡叻美罗	萃群书报社
宋溪诗佛	文墨书报社	六条	石埠书报社
芙　容〔蓉〕	书报社	柔佛	公民书报社
麻六甲	中华书报社	雪兰峨士我	月埠书报社
实兆远	益智书报社	巴东色海	东华书报社
鲁乃坡	益民书报社	槟榔屿大山脚	华侨书报社

布知埠　益智书报社　　　麻楮巴辖　益群书报社

隆　邦　书报社　　　　　砂朥越　启明书报社

知知埠　华商书报社　　　朱毛埠　启智书报社

高渊埠　书报社　　　　　打吧埠　益群书报社

红毛丹　达材书报社　　　吡叻古楼　南华书报社

嘭哼　文东书报社　　　　巴　生　群智书报社

万　挠　育智书报社　　　金　宝　中国青年益赛会

雪兰峨　介文书报社　　　吉隆坡　中国青年益赛会

嘭哼北千　光汉书报社　　麻　坡　启智书报社

甲　洞　开明书报社　　　素哩哩　开智书报社

安邦埠　书报社　　　　　叻思埠　公益书报社

加焦埠　启明书报社　　　双文丹埠　斯文书报社

加　影　文华书报社　　　都　朕　启蒙书报社

纳闽坡　启文书报社　　　关　丹　中华书报社

巴里文礁　新华书报社　　武来岸　策群书报社

北般鸟山打根　中华书报社　甲板埠　同德书报社

新马朕　新华书报社　　　吉礁双溪丹年　新汉书报社

喃巴哇　觉群书报社　　　文丁埠　华商书报社

巴生港　中国青年益赛会　古毛埠　竞明书报社

巴楮巴哈　益群书报社　　缅甸仰光　觉民书报社

缅甸瓦城　振汉书报社　　缅甸惹申亚沙汉　维华书报社

缅甸勃生埠　汉兴书报社　缅甸丹老埠　新民书报社

缅甸勃卧埠　培民书报社　缅甸摩洛棉　汉声书报社

（十二）荷属各埠书报社

　　荷属群岛书报社之多不亚于英属，多数附属于学堂之内，故其名即以所属学堂之名冠之。乙巳、丙午（民前六、七年）间，新加坡中兴公司主人张诚忠受荷属文岛各埠华侨之托，欲聘用教员多人，张商诸陈楚楠，陈为介绍于香港冯自由，于是冯乃分函东京、汉口、安庆、广州各处机关，请推荐同志赴海外为教员。是时应聘者有易本羲、张继、李柱中、时功璧、陈方度等二十余人。此外各埠延致之教员，尚有董鸿祎、王嘉榘、王文庆、沈钧业、魏兰等，均属留日学生而有心革命者。董鸿祎乃东京早稻田大学所推荐，就聘时尚未毕业，该大学特为提前考试，用壮行色。荷属各校自董、易、张、李、陈、时、沈、魏等设教以来，革命学说遂灌输于学生及其家长，多在校内附设书报社，以开通民智提倡民权为务，而书报社遂成革命机关之变相焉。兹就调查所得，凡书报社成立在民元以前者，录其地方及团体名目如次：

巴达维亚	华侨书报社	泗　水	明新书报社
三宝垄	乐群书报社	大亚齐	书报社
巨　港	中华书报社	巴城老巴塞	书报社
井帝纹	同文书报社	南　榜	书报社
西都文罗	书报社	文岛槟港	中华书报社
文岛双沟烈	中华书报社	万隆埠	民仪书报社
巴眼亚比亚	民德书报社	其沙兰	中华书报社
毛燕埠	日新书报社	龙目安班澜	汉光书报社
美仑埠	公益书报社	浮卢甘罢	中华书报社
东婆罗洲古达马路	中华书报社	山口洋	民生书报社
亚齐瓜朥新邦	启文书报社	坤　甸	图存书报社
松柏港	民群书报社	万里望	智群书报社
坤甸白树脚	群生书报社	缔汶呐	觉群书报社
文岛加勿士	中华书报社	勿里洞	华侨书报社
苏门答腊	巴东书报社	监光登宜	开智书报社
文岛双沟烈	明德书报社	哥踏丁疑	觉群书报社
渧汶呐利	觉群书报社	觉厘洞岸党	书报社
日里	民礼书报社	日里瓜朥新邦	中华书报社

日里直名丁宜　开智书报社	日里顿挽　中华书报社
日里巴株巴劳　中华书报社	日里大棉　中华书报社
日里武丽安　中华书报社	日里勿叻湾　中华书报社
日里火水山　中华书报社	日里瓦冷　中华书报社
日里笼葛　中华书报社	日里新邦知甲　中华书报社
日里棉兰　华崇书报社	日里直名丁宜　开智书报社①
日里瓜朥　中华书报社	日里仙远　中华书报社
日里昔冷　中华书报社	亚齐士吉利　中华书报社

（十三）荷属各埠同盟会

新加坡同盟会成立后，同盟会本部于丙午、丁未两年迭派谢良牧、李柱中、李天邻〔麟〕、陈方度、曾连庆、梁墨庵诸人赴荷属各埠组织分会，因避荷官干涉，多称书报社或某某学堂，以掩饰耳目。各地主持党务者，泗水有刘亚泗，巴城有梁墨庵、李天邻〔麟〕，八打咸甲太有许金璋，文岛槟港有温庆武、李柱中、曾连庆，双溪烈有黄庆元，勿里洋有伍连忠，勿里洞吗吃埠有欧阳福成，武陵埠有徐云兴，流石埠有蓝瑞元，日里棉兰有梁瑞祥、欧水应、李增辉，坤甸有沈复权，三宝垄有李载霖。至于各学堂及书报社之设立，远在壬寅、癸卯（民国前九、十年）间。某学校曾向日本早稻田大学求介绍教员，早稻田大学以董鸿祎荐，其后董复介绍王嘉榘、王文庆、沈钧业、魏兰诸人分赴各埠设教，董、王、沈、魏等皆留日学界之革命前辈也。及乙巳、丙午间（民国前六、七年），新加坡中兴公司主人张诚忠受荷属文岛各埠华侨之托，欲聘用教员多人，张商诸陈楚楠，陈为介绍于香港冯自由。于是冯乃分函东京、汉口、安庆、广州各机关，请推荐同志赴海外为教员。先后应聘者有易本羲、张继、李柱

---

① 重复开列，原文如此。

中、时功璧、田桐、陈方度等二十余人，由是革命学说遂沛然灌输于学生及其家长，多在校内附设书报社，即以学校之名称名之，而书报社遂成革命机关之变相焉。荷属各埠此类书报社陆续成立者五十余处，其中最著名者，有苏门答腊亚齐埠书报社、坤甸图存书报社、泗水书报社、三宝垄乐群书报社、老巴杀〔塞〕书报社、野横埠书报社、巴城书报社、日里棉兰华崇书报社、日里民里中华书报社、文岛滨〔槟〕港中华书报社、文岛双溪〔沟〕烈启智书报社等等，皆与该地同盟会员有直接关系者也。又各埠党员开设之报馆，泗水有《泗滨日报》及《民铎报》，日里棉兰有《苏门答腊报》。田桐曾任《泗滨日报》主笔，因著《南篇》涉及荷属政治，竟为爪哇政府勒令出境。张继曾编译昔年荷属华侨抵抗荷人之革命史，载诸香港《中国日报》，尤为难能可贵，惜无存稿。丁未、戊申间（民国前四、五年）陶成章遍游荷属群岛，大倡光复会，用江、浙、皖、赣、闽五省革命军名义募款，不受同盟会本部节制。李柱中、曾连庆、王文庆、许雪秋、陈芸生等助之。泗水富商蒋报和、蒋报礼兄弟亦入其会，故势力颇盛，骎骎有取同盟会而代之之势。戊申河口革命军起事，汪兆铭、邓子瑜奉总理命往荷属筹饷，至文岛时，大受光复会会员反对，无功而还。庚戌（民国前二年）冬，黄克强至南洋筹募广州起义军资，力劝李柱中、陈方度等捐除意见，合力筹款。陈、李从之，且愿赴粤参加义举。是役曾派谢良牧、黄甲元、古亮初、伍连忠、梁纽若、刘芷芬、曾伯谭、姚雨平、吴伟康、温庆武等分头募集。结果于辛亥三月广州一役以前得款三万余元，而同盟会已散涣之势为之一振。

七　缅甸之部

革命党人与旅缅甸华侨发生关系，始于乙巳（民元前七年）

春。湘人秦力山之首莅仰光时，侨商庄银安方任保皇会缅甸分会
长，并主持该地唯一华文报之《仰光新报》。力山以同志徐赞周之
介访谒银安，力辟康梁邪说之谬，银安豁然醒觉，遂向康有为宣
布绝交。力山复著《革命箴言》长篇，载于《仰光新报》，南洋各
地侨众渐次皈依革命真理，此文大有力焉。明年丙午十月，力山
在滇边干崖染疫逝世，革命党在缅甸之活动为之搁浅者两载有余。
至戊申年（民元前四年），东京同盟会本部及新加坡分会始派员到
仰光组织革命团体，而缅甸同盟会始宣告成立。同时总理复派杨
振鸿、居正、吕志伊等主持当地之《光华日报》，由是革命文字之
声威为之一振。杨、居、吕等与保皇党及清领事明争暗斗者数年，
遭满清鹰犬摧残，不为少屈。《光华报》曾改称《进化报》，后复
改称《全缅公报》，数度被逼改组。至辛亥秋武昌起义，始告文字
之收功。其挣扎情形之艰难困苦，可概见矣。兹次第述之如次。

（一）仰光新报

甲辰年（民国前八年）康有为自印度抵缅甸，以保救清光
绪帝为号召，华侨受惑者颇不乏人。康以闽商庄银安名望素隆，
特任为全缅保皇会会长，设会所于仰光五十六路。时银安与殷商
多人开设《仰光新报》于勒达街二十号，自任报馆经理，其股
东新旧不一，故报社毫无宗旨，主持不定，特一保守式之报纸而
已。乙巳年（民前七年）五月，湘人秦力山（力山传载拙著
《革命逸史》第一集）自香港至缅，见《仰光新报》形式腐败，
思有以改革之，遂由闽籍革命同志陈甘泉介见银安，详述康梁棍
骗海外同胞之经过，及革新该报言论之必要。银安豁然觉悟，允
设法改良。力山于是草《革命箴言》二十四章，凡六万余言。
登出后，南洋各埠侨众争相传诵，保皇党徒因而中悔脱党者，日
有其人。时报馆董事有隶保皇会籍者，恨力山攻击康梁不留余
地，强将未刊余稿私行毁灭，以为报复，故此文仅刊至十六章而

止，所余八章尽被埋没，读者莫不引为憾事。《仰光新报》自是复为顽固派所操纵。银安及陈甘泉、徐赞周等乃组织一《商务调查会月报》，名为振兴实业，实以鼓吹民族主义为宗旨，欲延力山为编辑。时力山方在滇边干崖办学，正拟克期返缅就是报之聘，讵濒行时忽染病身死。银安等闻耗，如失师保，仍延张石泉、萧少珊二人主持笔政。出版数月，毫无精彩，与《仰光新报》相继停刊。至戊申（民国前四年）八月，缅甸始有正式革命党报之出版。

（二）仰光同盟会

旅缅甸华侨之具有新思想者，始于癸卯（民国前九年）闽人林国重、陈金、杜诚诰、陈甘泉、庄银安、徐赞周诸人之倡设中华义学于仰光大埠。同时庄银安、徐赞周更另设一益商夜学，以利侨胞之日间不暇攻读者。是岁康有为由印度来缅组织保皇会，银安及一部侨商误认康为热心爱国，颇为所愚，独陈甘泉、徐赞周数人主张革命排满最力，不肯入其彀中耳。乙巳（民国前七年）五月湘人秦力山自香港抵仰光，以闽人李竹痴之介，下榻于陈甘泉宅。甘泉引之见银安，详述康梁棍骗华侨历史，及己身参加汉口富有票经过，银安豁然觉悟。于是众侨商公请力山重修中华义学章程为民族主义教育，并求时向银安所主办之《仰光新报》撰作论文，以启愚蒙。力山因作《革命箴言》六七万字，连续登载报上，缅侨之知识因之大开。是文刊至十六章，竟为该报顽固股东私自毁灭，读者咸以不得一窥全豹为憾。时力山方在滇边干崖土司办学，丙午（民国前六年）秋，徐赞周等另组织一《商务调查会月报》以代《仰光新报》，力邀力山回缅主持笔政。力山于首途前得病，竟于是年十月十一日卒于干崖。说者谓缅甸革命党之成立，因力山之死而延搁两年，非无故也。

仰光同盟会之成立，较南洋英、荷两属稍迟。戊申年春三月，王群由日本带来同盟会本部委任证书，徐赞周、陈仲赫、陈守礼、张源、陈国章、沈继昌、林水都、王永和、林金源等十余人率先加盟。旋开第一次成立大会于仰光大贺胥园，以外间反对者众，开幕三月，仅得会员三十七人。赞周等乃商设机关报，以张党势，得巨商陈玉著、张永福（与新加坡之张永福同名异人）、陈金在、曾广庇多人附股，报社赖以成立。是岁八月朔日同盟会机关之《光华报》出版，主笔为滇人杨秋帆及鄂人居正二人，均由孙总理推荐而来。出版月余，党势大振，会员增至四百余人。同盟会址遂由益商学校迁于河滨街与百尺路转角之三楼。其初定名演说社，以避忌者之耳目，后改称觉民书报社，会务日以发达。是秋九月，总理特派汪兆铭、吴应培二人到缅指导进行，冬十一月二十日开选举干事大会，公举庄银安为正会长，卢喜福为副会长，陈栽春财政，沈继昌会计，陈振川庶务，林铁汉书记等等。《光华报》出版后数月，派居正、陈仲赫二人赴缅甸各埠开展分会，前后成立分会多处，并派定各埠有力党员为主盟人，就中规模较大者二十五处。兹开列埠名、人名如次：

埠　名	主盟人		埠　名	主盟人
木各具	陈虞卿	郑耀蒸	瑞　帽	陈巽南
沙　巳	陈延谟			李旷耀
毛淡棉	丘伯钟	朱绰业	卑　谬	杨景藩
居　脉	林启仁			常寿山
洞　遇	陈国珍	杜子乾		林幼雨
彬文那	陈昌尧	杨明察	敏　建	周子器
兴沙搭	陈颇阵	林明敲		陈绍平
力不丹	丘景芳		洞　枝	董锡三
新彪运	陈就正		瓦　城	陈太高
渺　咯	苏细仕			杨　名
绕彬九	陈振玉			刘观于

榜　地　区伯扬		密　沙　陈章逊
知　亩　卢省三		蒙　摩　尹寿生
勃　卧　李宜林		吉　桃　陈文造
猫　宇　蔡寿民		仁兰姜　郑　庇
	李景兴	勃　生　陈子卿

缅甸同盟会成立后，以先后筹款维持党报之故，对于总理历次募饷，不能多所协助。戊申至辛亥之四年间，汪兆铭、陶成章、胡汉民、黄克强等相继来缅筹饷，银安等每次均以数千元助之。各党员因迭受清领事及保皇党之构陷摧残，极形艰苦。据徐赞周所藏缅甸同盟会人名总册，从戊申三月成立起至辛亥止，实发给会员底号共二千三百四十三人，为国内外各地同盟会所存名册之最完善者，殊属难能可贵。

（三）仰光光华报及进化报、全缅公报

仰光《光华报》设于百尺路旧门牌六十二号，初由党员庄银安、徐赞周、陈守金、陈兴瑞、陈玉著、李海国、陈清坡、陈文豹诸人集资缅币八千余盾，以三千盾承购旧日《仰光新报》之铅字赶行出版。庄银安任经理，陈仲赫副之，总主笔为杨秋帆、居正二人。先后助理编辑者有黄大哀、何荣禄、苏铁石、傅春帆、陈绍平、林文曲、黄兰士诸人。其股本多半招自普通商人，非尽党员也。是报初出版，即大倡革命排满，尤抨击康梁不遗余力，康党嫉之如眼中刺。陶成章所著《浙案纪事》，即在是报登载。未几秋帆以事入滇，荐滇人吕志伊（天民）自代。康党初嗾使此报股东之非党员解散报业，计不得逞，会是冬清帝母子同时毙命，天民在报上征联曰："摄政王兴，摄政王亡，建房兴亡两摄政"，应者虽多，惜无佳构。时党员卢喜福忽发奇想，私电袁世凯，请立汉人为帝，乘机革命以倾覆满祚。清廷因是根究电报来源，遂向英公使交涉，重订电报新约，以后旅缅华侨有

电达本国政府者，不得代为传递。此例至民国成立后二十余年犹
未废除也。时保皇派商家乘势冒用全体商人名义，请清廷简派领
事驻缅，清廷准之，旋派蜀人萧永熙到仰光任领事一职。《光华
报》因该领事藉为丧家点主事，时向侨商敲诈巨款。天民特用
"领事神主"为撰一联，加以讥刺。萧永熙老羞成怒，遂以行文
抄没本籍财产为辞，威吓该报之七股东代表，令即解散报馆。七
代表独李海国一人坚决拒之，余六人畏祸被逼，竟靦颜屈伏。是
报遂不免于停版拍卖，且为康党间接出资购得，闻者莫不切齿。
康党既攘夺是报，乃易名《商务报》，延张石朋、李牙聪二人为
主笔。石朋笔名顽石，牙聪绰号聋子，皆保皇会员也。同盟会以
报被攘夺，遂开全体大会筹募复兴资本，一夜得资一万三千余
盾。是冬十一月初一日乃有第二之《光华报》继起，地址在五
十尺路二号。先后任经理者，有陈仲赫、黄永田、陈汉平等，主
笔政者仍为居正、吕志伊二人。是报复活，仍与《商务报》大
开笔战。未及数月，《商务报》记者张石朋知邪不胜正，自愿皈
依革命真理，毅然脱离该报，李牙聪遂亦缄口无声。时人戏撰一
联曰："生公（居正笔名）说法，顽石点头；天民示威，聋子投
地"，即指此事。无何，《商务报》以寡助歇业，民党势力为之
益张。庚戌（民国前二年）夏，康党勾结清领事谋倾陷《光华
报》以泄愤，由萧永熙电请外部，动以危辞。清外部遽向英公使
交涉，诬陷《光华报》鼓吹无政府主义，请将该报当事人驱逐
离缅。英使以告缅甸总督，缅督遂下令驱逐居正、陈汉平二人出
境。其驱逐令有"押送广东交清官办理"字样。舟过新加坡时，
幸该埠同盟会得讯，预延律师向新加坡当局依法抗争，因得改为
自由出境，亦云险矣。《光华报》受此摧残，同时复有封报捕人
之谣诼，报中职员人人自危。银安首避去槟榔屿，余人亦多隐匿
别埠，因之不得已第二次停刊。银安抵槟后，即与该埠同志陈新
政等重组《光华报》，以继承仰之统绪。然仰光《光华报》仅停

刊月余，吕志伊、徐赞周、陈钟灵、李海国、魏声宙、陈震川、丘恩道诸人即已著手复兴第三次之机关报。改光华曰进化，即以旧《光华报》资产充之。于庚戌春（？）二月出版，陈钟灵为经理，吕志伊任笔政如故。《进化报》出版八月，康党复贿买地方警察，藉假查账为名，向该报任意摧残。终以公理不胜暴力，迫而停刊。志伊以是离缅归国，事后徐赞周乃联络张永福、杨子贞、曾上苑诸人，以学务总会名义承买《进化报》机器、铅字，另创办《全缅公报》，仍以倡导革命为务。至民国成立，仍屹立弗衰。统计同盟会员前后在缅经营党报多次，约耗六万余盾云。

八　加拿大之部

　　总理于戊戌年（民元前十三〔四〕年）春自伦敦东归时，尝经由加拿大乘船至日本横滨。当路过加属云哥华及维多利两埠时，以行期匆匆，未暇向该处侨胞宣扬革命，殊属憾事。明年己亥，康有为发起保皇会于云、维两埠，而加拿大遂成为该会之发源地。自己亥至己酉（民元前三年）之十年间，加拿大全土几全属康梁之势力范围。至己酉、庚戌间，加属洪门人士渐受香港《中国日报》及旧金山《大同日报》文字之感化，遂有云高华《大汉日报》之组织，延聘冯自由为总编辑。由是革命思潮始澎湃于加属，骎骎乎有万马奔腾之势。辛亥正月，总理更亲莅斯土募集军资，各埠致公堂多变卖公产以应之。是岁三月二十九广州黄花岗之役，加属华侨筹饷所得竟占全世界各地华侨捐款之第一位，是真可谓后来居上者矣。是地同盟会之组织亦在南洋各地及美国之后。兹分别述之如后。

（一）云高华华英日报

　　《华英日报》设于英属加拿大之云高华埠哈士定街一百号，

为耶稣教徒周天霖、周耀初等所创办。天霖系该埠有名之杂货商，丙午年秋冬间与各教友组织此报，以宣传耶教福音及开通民智为务，特函托广州格致书院院长钟荣光代聘主笔。钟介绍崔通约应之。崔，粤之高明人，初为康有为弟子，后入耶教，曾佐钟荣光任澳门格致书院教员。癸卯香港《世界公益报》出版，被派赴日本任通信记者，及就《华英日报》之聘。云高华埠原有保皇会宣传机关曰《日新报》，其主笔为何卓竞，以崔亦出身康门，彼此尚能相安无事。丁未某月《华英日报》载粤吏通缉保皇会员新闻一则，保皇会以崔为有意侮辱师门，竟在当地法院控告《华英日报》毁谤名誉。崔乃向该埠洪门致公堂求助，且与香港《中国日报》通声气，乘势提倡革命排满之说，是为加拿大报纸皈依革命之嚆矢。《华英日报》与保皇报讼案牵缠一年有余，以该报耶教股东财力薄弱，无以为继，不得已停刊。崔旋之美国旧金山，充任《中西日报》记者。

（二）加拿大致公堂及大汉报

北美英属加拿大全境有洪门致公堂数十处，与美国各埠致公堂南北互相对峙。其总堂设于卑诗省之首府维多利一小岛，分堂林立于云高华、新西院、夭仁米、奶磨、云利辟、沙士加寸、雷振打、都朗度、满地可、魁碧各处。华侨挂名堂籍者殆占全体人数十之八九。云高华为太平洋岸之交通孔道，工商业繁盛，来往华侨皆集中于是，因而此地致公堂之势力亦较大于维多利总堂。洪门之宗旨原为反清复明，以代远年湮，会员多已忘却本来面目。自己亥（民国前十三年）春，康有为自日本莅加拿大，首设保皇会于维多利及云高华二埠。致公堂会员误入其彀中者，颇不乏人。及甲辰年（民国前八年）旧金山洪门机关之《大同日报》改组，由冯自由代聘刘成禺为主笔，日发挥洪门革命排满之宗旨，美洲各地会员始渐觉悟。至己酉年

（民国前三年）冬，云埠致公堂大佬（即主盟人之称）陈文锡、书记黄璧峰、司库岑发琛等感于革命潮流之澎湃，遂发起《大汉日报》为洪门之喉舌，特移书香港冯自由请介绍主笔。冯于庚戌（民国前二年）正月得书，以其时广州新军反正一役败挫未久，民党元气大伤，非辟新途径不足以发展，遂辞退《中国日报》社长及同盟分会二职，径效毛遂之自荐，庚戌五月抵云高华。时《大汉日报》已出版半月，由张泽黎、黄希纯等担任编辑事务。加拿大向无革命党人足迹。致公堂以冯为入闸多年之洪门手足（洪门称加盟为入闸，兄弟为手足），颇能言听计从，故冯主《大汉日报》笔政数月，而全加会员之思想一新，莫不渴望祖国革命军之速举。各地保皇会员因而迷途知返登报脱党者，络绎不绝。云埠保皇会原有机关报名《日新报》，开设多年，其主笔梁文兴，康徒汤觉顿之小舅也，以彼党势力日渐衰退，遂向《大汉日报》挑战泄愤。冯乃揭发历年康梁棍骗罪状，向之迎头痛击。彼此驳论至二百余续，为海外两党最持久之文战，而侨胞知识亦缘是具长足之开发。至是年冬，冯以筹饷大举之时机已告成熟，乃电告总理，请其克日来加发动募款。时总理正与黄克强、赵声等规划广州大举，需款至急，得冯电大喜，遂由南洋兼程渡美。

辛亥正月初二晚，总理自美转向云高华。洪门人士迎候于车站者千数百人，遂相偕赴致公堂茶会。总理与众寒暄后，遍问座众对革命有何疑义。会员起而质疑者数人，经总理解答，众咸心悦诚服。继由致公堂假得华人大戏院，逐日由总理演讲革命之是非得失利害种种问题。连续演讲四日，每日听众逾千人，保皇党徒及中立各派来听者亦踵趾相接。冯自由知人心可用，遂在致公堂提议设立洪门筹饷局，从事募捐，以应祖国大举需要。众无异议，于是推举刘儒坤为筹饷局总理，岑发琛为司库，陈榛如为中文书记，黄希纯为英文干事，黄纪杰为交际干事。规模既具，成效渐著。云埠致公堂首捐香港币一万元，以为众倡。时革命军统筹部设于香港，黄克强等屡来电催款。冯语总理，谓洪门会员多属劳工，仅凭个人捐助，为数无多。查各埠致公堂皆置有产业，若能使之变卖助饷，实为事半功倍。总理深以为然。顾以事属公产，外客不便进言，仅授意热心青年从中倡议而已。维多利致公总堂向为各埠领袖，其向背之态度，足为各堂表率。某日设晏〔宴〕欢迎总理及冯自由等。席间有某散仔（洪门称年长而资望深者曰叔父，普通会员曰散仔）倡议，谓孙大哥（洪门称屡次起兵抗满之首领曰大哥）现接香港急电，广东起义在即，急需军饷。吾等有心协助，缓不济急。本堂现有楼房可以抵押现款，似宜向银行商借若干电汇应急等语。各叔父未置可否，次日召集大会研究办法，总理与冯自由报告起义需饷情形后退席。于是各散仔纷纷提议将公堂楼宇抵押充饷之说。全场一致赞成，即遵总理指示将抵押所得之款港币三万元电汇香港文咸东街金利源药材行转交李海云收。金利源为同志侨众李煜堂兄弟之老店，海云是其族侄，时任革命军统筹部出纳课长。

自维多利致公堂变产赴义后，当地侨商林礼斌、黄宣霖、·朱文伯等亦自动汇港币四千元。他埠致公堂变产者，尚有都朗度埠一万元，满地可埠四千元。此外捐款则多缴云埠筹饷局转汇，约万数千元。总数在港币七万元以上，占辛亥三月二十九日黄花岗一役全球各地筹饷之第一位。总理于维、云二处捐款汇港后，即沿加拿大太平洋铁路以达美东纽约。沿途经各大埠，辄下车向致公堂会员募款，所到辄受欢迎。成绩之良，远非美国致公堂所能企及，殊出总理意外。兹录辛亥二月间黄克强、赵声、胡汉民三人致余及域多利①致公堂两公函如左（原函现由余保存）：

---

① 即维多利，下同。

其一，黄兴、赵声、胡汉民致冯自由书：

自由我兄大鉴：

连读手书两通，敬悉。自前次收到域多利致公堂款三万后，即具公函作复，并请转寄一函向域埠致谢，想俱收览。昨午得来电，知温哥华又汇到一万元，以加拿大一属而筹得如许巨款，微兄赞助之力，必不及此，佩感何似。第二手书云兄尚可力任筹饷事，为源源之接济，真是余勇可贾。即从大局谕之，事若发起，幸而有成，内地固不乏资，而外力仍不能无赖，以军用浩繁，无能预算。且购械购船等类有不可限于何方面者，欧美皆须有党中可恃之人，则前途乃大得力，兄能力任于外，匪细事也。（日本于日俄战争时期中，其派任专员于欧美者，其得力不止在外交上，彼为成国且然，何况吾党）现在时期已迫，惟款尚不足，除英属收到四万余元（日厘甸坤在内），西贡、暹罗不过数千，加属四万，美属仅收过金山五千，距预算总额尚差五万元左右。（预算额中以购械为最大宗，盖新军无子，则必有为之助者，此事兄可推测而知。而其谋已经告知中山，中山亦大以为然。惟原拟购械之价，今以因于窘难，每个之价常逾于原拟，乃不得已之故）至当时所以预算至十四五万，第一固由规模不得不大，第二则收入之预算，以为英属及西贡、暹罗可得五万（今所差无几），美洲全境可得六七万，荷属可得六万。（此为谢良牧、姚雨平、刘子芬数人运动，当港军事部成立时，据彼处资本家报谓八打威、泗水等处已筹定此数，而岂知其后不然）今美洲加属亦已筹到四万，金山虽则仅五千，然尚曰仍筹，则美洲或亦去原预算无几。所难堪者，荷属所汇到者今不及万元，此数则以款绌要缓之电相报，于是荷属之预算收入乃差五万，于全局关系至大。中山东行，则纽约、波士顿、檀香山等处必仍有大望。然能使时期展开，以待款来，则不可知。此次筹款以加属所得为最巨，即兄之能力可知，若于加属以外，更为中山之助，使得速举，亦所

望也。专此

即颂

近安！

兴

弟声 顿首 二月十二日

展堂

其二，黄兴、赵声、胡汉民致维埠致公堂书：

致公堂同志列位仁兄大鉴：

前日收到尊处汇来军费三万元，当即电复由温哥华转达，想已收悉。此间诸事俱已著实进行，规划以两粤为主，而江、湘、鄂亦均为布置。经济问题自得尊处巨款后，亦已解决过半，若美洲如旧金山大埠等皆能实力相助，则成功必矣。尊处同志闻系先变产业以急应军需，热度之高，洵为海外所未有，同人等不胜感服。内足以振作战士之气，而他埠同志闻风而起者，当亦踊跃倍于寻常矣。不审中山君此时尚在英属否？各埠致公堂情义相通，尊处以大力为倡，想必已有电函转告，便〔使〕皆倾力赞助。事机甚追〔迫〕，于现时多得一分之经济，不止有百十分之效力也。专此奉报，即颂

义安！

赵 声

弟 黄 兴顿首 初六日

胡汉民

（三）加拿大同盟会

加拿大向称保皇会之发源地，康梁师徒颇有操纵侨众之势力。及戊申、己酉（民国前三、四年）间，徐勤因与同党刘士骥争夺广西天平山矿产，遽派何其武刺杀刘于广州，为粤政府通

缉，刘士骥一派大动公愤。云高华保皇会会长叶恩兄弟为天平山
矿公司大股东，与刘交厚，因是愤然脱党。加属各埠从之者，大
不乏人。是为保皇会分裂之原因，亦为革命党势力暴涨之机会。
在戊申、己酉间，华侨有心革命者寥寥无几，维多利埠尝有少数
有志青年组织一小团体，名击楫社，以革命排满为宗旨。其会员
只有吴子垣、李翰屏、方干谦、黄希纯、吴侠一（一飞）、黄蔚
生、司徒旌等七八人。创立未久，即以会员分散各地而解体，其
后多加入同盟会。

庚戌夏冯自由抵云高华，有志青年多以发起同盟分会为请。
冯以此来最大目的在于募集革命资金，致公堂为当地革命党之中
枢，该堂会员素以老前辈自居，若一旦另立门户，殊易惹起洪门
人士之误解，故不欲公开组织同盟会，致牵动未来筹饷之大计。
因是到加半年，仅秘密收容有志青年黄希纯、吴侠一、黄子锡、
黄龙杰、黄蔚生、周连盛、黄传杏、卫汉、甄一怒、司徒汉民、
黄邑、何就、黄荣、黄元仕、汤崇富、伍时均、汤万、汤崇德、
汤添、黄茂、黄林、吴湘鸿等二十余人。而在《大汉日报》工
作中直接间接最勇敢者，亦为此二十余人。

辛亥正月总理来加发动筹饷，同盟会员假座周连盛所设纺织
公司开欢迎会，会员及有志青年列席者三十余人。及总理离埠，
洪门筹饷局将事结束，冯始着手同盟会之组织。在云埠先后加盟
者，有刘儒坤、叶求茂、杨芳、盘棠、陈榛如、司徒旌、李俊、
谢恩、黄壁峰、司徒锡、周鹤年等百数十人。在维多利先后加盟
者，有高榜（云山）、朱礼（文伯）、方干谦、曾暖、黄伯度、
司徒衍衢、李翰屏等十余人。是岁四月开成立会，众举冯自由为
支部长，周连盛为副部长，黄希纯为中文书记，会所设于唐人埠
以外之区域。盖是时仍属秘密的组织，不欲公开活动，以免招致
洪门会员中顽固派之反感也。

同盟会既成立，适云埠中华会馆每年改选董事期届，向例由

全埠侨众用无记名投票法选董事二十人。华侨缺乏政治思想，对于会馆董事，殊不重视，故历年皆由保皇会员马大谆等包办。凡得三四票者获得董事，且每次当选皆属商家，而工界不与焉。自由认此次伸张党势之机会，乃授意会员以选举运动之方法，令各向同性〔姓〕之团体或商店求助。华侨最重同姓感情，平时纵惯于抛弃选举权，为同族兄弟计，自然乐于成全。及选举日，侨众投票者较往年多出十倍。揭晓后，非得二十票以上不得入选，各旧董事咸咄咄称异。结果当选者为同盟会员刘儒坤、杨芳、周连盛、黄子锡、叶求茂、司徒锡等十二人，致公堂值理黄树球、黄纪杰、许昌平、李起辰等四人，中立派周天霖等三人，保皇会员孙振邦一人。孙虽属保皇会籍，以其与总理同邑同族，且于总理莅此时，曾召集邑人设宴欢迎，故举之。是时云埠同盟会员尚不满百人，竟能操纵万数人之选举权，诚实为海外各地华侨历史之创例。

是岁五月，总理在旧金山令同盟会员一律加入洪门会籍，与该地致公堂合组洪门筹饷局，以应国内革命军需要。恐留美同盟会员仍与洪门人士有所隔阂，特电冯自由赴美相助。冯遂于七月下旬离加拿大，同盟会长一职，众举黄希纯承乏。不及一月，武昌革命军兴，会务日益发展，华侨继续入会者，有曾石泉、周子骥、曾兆、钟暖、曾苏汉、马少汉、邝堂、李天民、李佛池、侯民一、许一鹗、黄炳基、崔景、李血生、黄发文、黄熙贤、李铁血、赵卫平、钟健锋、邝佐治、何梦龄、李慈五等数百人。各埠分会亦相继成立，实则冯自由离加时，会员仅约二百人而已。

九　其他各部

除上述香港、檀香山、日本、美国、越南、暹罗、南洋英荷两属、缅甸、加拿大各部之外，尚有澳门、南非洲、台湾、菲律

滨、澳洲、南美洲等处华侨亦与革命党发生关系，于开国工作各
有相当劳绩，以范围不广，统名曰其他各部。兹分别述之。

（一）澳门华侨之革命运动

澳门原属我国广东省香山县滨海之一小渔村。明正德时（民
国前四〇六年）葡萄牙商舶来此取给淡水，遂渐有彼国人足迹。
嘉靖时（民前三九〇年）又辟港设官，年向我国纳地租二万两。
万历时（民前三三九年）减为五百两。我国向视其地为化外，
一任葡人管理，不过问也。及清光绪十三年（民前二十五年），
驻北京葡使通牒清廷要求割让。时任军机大臣者为满人倭文端，
大言曰：澳门与新加坡相邻，吾国要之无用，遂与葡使订割让条
约五十四款及专约三条，承认葡国有管理澳门全权，而澳门遂不
为我有矣。葡人既领有澳门，即恃为远东之主要财源，以扩张烟
赌事业为谋利致富之政策。全市之大小烟馆赌场，五光十色，触
目皆是。故居留其地之我国人，什九以烟赌为业。而从广州、香
港往来澳门之赌客，以交通利便，朝发午至，因而破家丧生者时
有所闻。至葡人所施之政制，大都以保护及繁荣烟赌为方针，故
积弊重重，影响及于华侨知识，以视邻境香港之崇尚法治，殆有
天渊之别。

孙总理于壬辰年（民前二十年）在香港雅丽士医学院毕业
后，首在澳门康公庙前创设中西药局，悬壶济世，以医术高明，
渐为世人所欢迎。惟以澳地民智闭塞，开发困难，使其信仰西医
已属不易，遑言国政。因调知镜湖医院为全澳有名绅商所公立，
向用中医中药施治贫病，若从事政治运动，非先向该院绅商入手
不可。遂由友人吴节薇介绍，选请该院兼用西医西学，以济中医
所不及，并愿担任义务，不受诊金。该院绅商感其高义，竟破例
从之。总理由是与各绅商时相往还，友谊日笃。就中绅商之具有
声望势力者，只何穗田、卢九、吴节薇、陈席儒、陈庚如、萧瀛

洲数人。卢、萧二人为烟赌巨商，向以交结中外官宦为光宠，最称顽固。二陈为檀香山大农业家陈芳之子，稍具洋化而乏远见。穗田、节薇思想较新，可作政治谈友。穗田尤热心爱国，惟不赞成激烈之主张。总理所认为好友而时得其助力者，即此何、吴二氏耳。总理居澳数月，时欲物色热心同志，如郑士良、陈少白其人者，渺不可得。只有同邑人陆皓东、杨鹤龄、杨心如等数人往来石岐、香港、澳门间，相与畅谈时政，余人皆不敢引为知己，因之遂有易地广州另创门面之意。适是时当地葡医因总理医业兴盛，大招所忌，遽提出禁止外籍医生在澳门操业之议。总理早认澳门为无可活动，遂乘机收束中西医局，而移于广州，即第二次开设广州冼基东西药局是也。

乙未（民前十七年）重阳兴中会在广州失败之后，总理与澳门旧友消息隔绝者多载。丙申、丁酉（民前十五、六年）间，康有为师徒高谈变法，梁启超、汪康年等发刊《时务报》于上海，风行一时。在粤康徒亦创设《知新报》于澳门以应之。康弟广仁（幼博）及诸弟子徐勤（君勉）、麦孟华（孺博）、刘桢麟（孝实）、吴天民（介石）、陈继俨（仪侃）、区榘甲（云樵）、韩文举（树园）、何章（易一）、梁铁军诸人群集其地，各为危言异说，以耸动观听，可称一时之盛。而当时为康门师徒之东道者，厥惟巨商何穗田，亦即前数年总理在澳门业医时最得力之好友也。时康徒陈子褒、康圉子、张寿波等亦各倡办学校，以谋独占该地之教育权，均大得穗田之助。及戊戌（民前十四年）清室政变，康有为复发起保皇会于澳门，即以穗田为分会长，兼总会财政部长。同时在其地开设东文学校，聘日人田野桔次任校长。田野即庚子（民前十二年）在上海出版之《同文沪报》社长，该报即汉口自立军首领唐才常之机关报也。穗田少入葡籍，与葡人多有瓜葛，康徒咸恃为护符，是为保皇会在澳门全盛时代。迨庚子七月唐才常自立军在湘、鄂以事泄失败，唐部秦力山、朱菱溪、龚超诸人追究是役挫败由于康、梁中饱华侨捐款所致，群向康、梁算账。康、梁归过于穗田，秦等先后至澳门查阅收支账册，结果乃知穗田仅为一挂名之财政部长，事实上于总会财务，丝毫不能过问，特康、梁之一工具而已。此案大白后，穗田始觉察康党棍骗之内幕，豁然大悟，渐与若辈疏远。又是年上海电报局长经元善因领衔绅商千余人致电清廷抗争清帝废立事，被通缉逃至澳门。葡督徇清廷请，囚之于大炮台，康徒乃求救于穗田，穗田以无力对。后由香港兴中会员谢赞泰代求香港总督卜力转向葡督说项，经元善始获出狱。穗田自是与保皇会脱离关系，而澳门遂渐不见有康徒足迹。

壬寅、癸卯（民前九年、十年）间，香山人郑贯公、徐桂、刘思复等在县城石岐发起书报社，以开通民智。寻拟设分社于澳门，以和者寥寥而止。及乙巳（民前七年）秋，东京同盟会成立，总理特派冯自由、李自重二人发展香港、澳门、广州各地党务，冯于丙午、丁未（民前五、六年）间，先后遣刘樾杭、阮亦周等至澳门荷兰园和隆街二十一号设置机关，颜曰乐群书室。刘思复曾假其地试验炸药炸弹。然成立数月，仅得基本会员数人，不得已宣布解散。丁未冬，冯据香山大盗林瓜四之弟瓜五报告，有澳门奸商柯某租用日轮，由日本私运军械至澳门附近华界海面起陆图利，即派同志温子纯偕瓜五赴澳，预备劫夺该械后乘势在香山、钱山聚众起事。其后查悉该械起陆地点系在澳门，而非华界，恐因此惹起国际纠纷，遂尔中止。是即次年戊申（民前四年）正月中日发生大交涉之日轮二辰丸所运载武器也。嗣辛亥八月武昌革命军起，粤中党人亟谋响应。时邻接澳门之钱山驻有新军一团，早于庚戌（民前二年）正月倪映典反正之役与同盟会发生关系。至是遂有同盟会员刘思复、林君复、莫纪彭、郑岸父诸人在澳门组织机关，专策动该军反正。该军官长何振、任鹤年、陈可钰等毅然应之，为辛亥九月独立之一大声援，世称香军者是也。要之澳门一地在中国革命史上，其地位远不如香港之重要，良由该地华侨文化水准低下所致。查该地出版之日报，不独在民国以前一无所有，即在民国建元迄今三十余年，亦只见有规模简陋之小报二三种，以较香港大小刊物之日新月异，相去诚不可以道里计也。

（二）南非洲兴中会

杨衢云于乙未重阳广州一役失败之后，即漫游越南及南洋群岛、印度、南非洲各地。曾在南非洲之约翰尼士堡及彼德马尼士堡两埠设立兴中分会，得同志黎民占、霍汝丁、王炽、王进、陈妹、何炽、马子方、马康、何益、江均、何禧、梁伯佳等数十人。经衢云热烈宣传，会务颇形发达。丙申十月衢云扬言将回国起义，众多醵金助之。民占且贱售其商店事业从行。及至香港，衢云以港地不能立足，遂之横滨，以教授英文自赡。民占居港日久，旅囊告竭，竟郁郁以终。嗣后南非党员皆寂然无闻，独有约翰尼士堡埠党员霍汝丁（字胜刚）于民初返国，曾投资于李其所创办之江南福群实业公司，后数年复开设萃文书庄于香港荷理活道六十号，专经营书籍文具事业。该店至今犹存，南非洲兴中会史事，独此一人知之。

（三）台湾兴中会

兴中会会员杨鹤龄有族弟名心如者，亦兴中会员也。乙未九月广州失败后，即赴台湾台北谋生，充任台北永乐町洋行买办。陈少白于丁酉年（民国前十五年）至台湾访之，遂结识侨商容棋年、吴文秀、赵满潮等数人，共组织兴中分会。惟因会员不多，未设会所，即以心如居宅充之。自后此地会员对于祖国无所表见，心如于民国后留滞台湾多年，从未返国，乡人亦多莫知其消息。民三十四年我国克复台湾，从此华侨二字之名称可废除矣。

(四) 菲律宾同盟会及公理报

菲律宾华侨与革命党发生关系颇早，徒以美属入境禁例森严，吾国人往来不易，因而革命党不便派人前往发展党务，延至辛亥年始有同盟会员之足迹。甲辰、乙巳（民国前七、八年）间，其首府马尼剌侨商渐倾心革命，香港《中国日报》及《世界公益报》在该处各销售数十份。有闽籍西医郑汉淇者，香港雅丽士医院毕业生，曾与总理同砚，素主张民族主义，为旅菲闽侨之巨擘。又有闽商杨汇溪之子豪侣，自幼生长广东，曾留学日本早稻田大学，与冯自由交谊最密。二人均时向侨众抨击清政，不遗余力，闽、粤同胞多为感化。尤以欧阳鸿钧、何宝衡、陈达三、林日安等数人为最激烈。丙午年（民国前六年）保皇党徐勤假座该处广东会馆演说立宪，欲乘机开设帝国宪政会。杨豪侣、欧阳鸿钧、何宝珩〔衡〕等曾聚众破坏其事，徐勤几为殴伤，卒无所成。辛亥春阳江人李其奉派自香港至马尼剌，访郑汉淇议辟同盟分会。汉淇遂号召同志即日成立团体。受盟者有郑汉淇、黄三记、王忠诚、黄汉杰、邓宝廷、林日安、杨汇溪诸人。旋发刊《公理日报》，以汉淇为总理，是为旅菲华侨设报之嚆矢。

(五) 澳洲警东新报及民国报

澳洲全境以华侨入境禁例之拘束，向无革命党足迹。辛丑年（民国前十一年）梁启超曾亲游其地，设立保皇会于雪梨、金山及墨尔本、纽丝伦各埠。其时著名侨商殆无不列籍保皇会者。其言论机关曰《东华新报》，由梁启超荐唐才常之弟才质主任笔政。丁未徐勤主使何其武暗杀同党刘士骥事起，保皇会因是分裂。旅澳华侨渐知康、梁敛财之真相，多登报脱党，如上海永安百货公司总理郭标即其一也。丙午年墨尔本华侨之有志者，创设《警东新报》于罗索尔街一百八十九号，始提倡革命。庚戌年雪梨埠致公堂更有《民国报》之发刊。致公堂为洪门三合会所组织，其宗旨曰反清复明，故《民国报》亦以民族主义相号召。其后民国三年由澳至美久任《少年报》记者之刘涤寰，民六年赴北京充任华侨参议员选举代表之伍洪培，民十三年列席广州国民党改组大会代表之黄石公，皆出身于雪梨《民国报》者也。辛亥三月二十九广州一役，雪梨及墨尔本两埠同志捐资数百镑助饷，均寄云高华《大汉日报》冯自由代收。此外纽丝伦、威灵顿埠华侨吕杰、朱楷、黄国民等亦热心革命。吕杰于戊申年曾致书香港冯自由求入革命党，冯许其自行填写盟书邮寄香港。同盟会定例，须主盟人或代理主盟人在场，始许加盟，吕杰邮递盟书，实为创举。

（六）庇鲁国利马埠民醒报

南美洲各国向无革命党人足迹，诸国华侨人数，以侨寓庇鲁利马埠者为最众。庚戌、辛亥间，该处华侨青年李硕夫、许籍香数人集资创设《民醒报》，以开通民智宣导革命为宗旨。是为南美洲革命党报之第一家。附近各国如智利、瓜地马拉、哥士打力加、巴西、巴拿马等处华侨均受其感化。辛亥八月革命以前，庇鲁、智利二国捐饷汇寄香港《中国日报》代收者，为数不赀。因与祖国相隔太远，故该处同盟会之成立系在民国以后。

十　华侨革命党选举归国
参政代表之经过

民元中华民国临时政府宣布成立之前，海外华侨革命党特派归国参与组织中央共和政府之代表二人，一为南洋同盟会总代表吴世荣，一为美洲致公堂、同盟会、洪门筹饷局三团体之总代表冯自由。均于辛亥十一月初旬返上海，同向代大元帅黄兴及沪军都督陈其美报到。是月六日孙总理由欧洲抵沪，冯、吴二人往谒，即由总理及黄兴、陈其美先后电告各省代表联合会以归国之海外革命党代表将参加组织临时政府事。初十日，各省代表在南京开临时大总统正式选举会，冯、吴二人同往报到。代表会主席谓，据临时政府组织大纲，并无海外华侨参加选举之规定，故归国代表只可就旁听席等语。因是此二海外代表仅能观光临时大总统诞生之盛典而已。南北统一后，孙前大总统及南京留守黄兴乃推荐冯自由为临时稽勋局局长。广东临时参议员卢信在参议院提议华侨应享有参政权案，国民党各议员和之，结果议决参议院有华侨参议员名额六名，由海外各地中华总商会、中华会馆、书报社之三种团体委派代表，在中央政府所在地选举之。此项选举法于元年八月公布。未几吴世荣组织华侨联合会于上海泗泾路，众举世荣为会长，吴应培副之。民二年春，海外各埠华侨团体代表归国参加北京参议员选举会者一百八十余人。众发起全国华侨联合会，假李铁拐斜街肇庆会馆开会，选举冯自由为会长。同时国民党本部亦委托冯自由以招待华侨同志任务。及选举揭晓，当选参议员者为唐琼昌（美国《大同日报》社长）、吴湘（南洋英属侨商）、朱兆莘（留美学生）、谢良牧（槟榔屿侨商谢梦池之侄）、蒋报和（荷属泗水侨商）、卢信（檀香山《自由新报》社长，前临时参议员）等六人。民五年冬国会恢复，参议院议员依法改选三分之一。民六年夏，各地华侨团体代表归国参加选举者七百余人，中以国民党所属书报社代表占大多数，是为全世界华侨代表有史以来之空前盛会。选举第一日，当选者为日本长崎中华总商会代表冯自由。时海外团体委托冯任代表者十三区，依法仅能代表一处，故冯只择长崎一地任之。第二日当选者为美国旧金山国民书报社代表黄伯耀。事后均接总理自沪来电，勉励有加。选举会开会后一月，参众两院以段祺瑞授意督军团威胁，遽被非法解散，由是国会流离粤省五载。至民十一年八月国会二度恢复，冯、黄二人始北上就参议员职。明年十一月曹锟以重贿获选总统，国民党籍各议员已先期南下，宣言誓不参加贿选。自兹而后，所谓代表民意之参众两院遂万劫不复矣。

南洋与创立民国（节录）

张永福

编者按：本篇作者张永福系新加坡同盟会发起人之一。据其本人说："本书原系看了胡展堂兄《南洋与中国革命》，觉得他里面有些漏记或误记，史不厌实，故以平日披〔搜〕集当时存下来的文据，并凭我个人的记忆，东拉西扯写成此篇，以补充胡先生所遗漏。"该书于 1933 年由中华书局印行，书前附有相当篇幅孙中山等人函电、文稿原件图片。其正文部分即记述辛亥革命时期作者本人及当地华侨从事革命活动的事迹。全书具有一定史料价值，现节录供研究参考。

重洋万里的友声

庚子年义和团起事，联军入京，举国扰攘，华侨以国家受此重大耻辱，莫不悲愤填胸。康有为乘间宣言，西太后不能听其变政，致招此祸。有一部分同情康氏的华侨，甚为扼腕；或有加入康氏保皇党之组织，创设报馆（如《天南新报》、《槟城报》等）为康氏张目。不几时，南洋几乎为康氏精神占有的殖民地（康氏对清廷夸口说"你有其地，我有其民"的豪语），资本家为所麻醉者不计其数。余与陈楚楠兄及甥林义顺，时适有小桃源俱乐部之设，风雨如晦，鸡鸣不已，常以国家大事民族政治相探讨，对康氏虚君立宪主张认为不彻底，并对康氏有许多理论为我们所不赞成的。对孙先生及秦力山分别满汉的言论，我们则大加同情。迨感于清政之腐败，外侮日急，在不知不觉之中，很同意【孙】先生的革命主张；而且那时候我们本已有反清复明如三点会一样的思想，对孙先生种族革命更不谋而合。但我们不愿有皇帝，都要进一步以选举总统为适当。对于民族、民权虽已有些模糊的影子，若至于民生主义是不会想到的。我们的见解，以为经济和政治，都是一样东西，待创立民国后整理政治，政治一入轨道，经济便无什么问题的。

当时适上海《苏报》被封，章炳麟、邹容被拘，我们三人虽然远隔千里，不与他们认识，但《苏报》的立场我们是很清楚的。章、邹被拘，我们就认为【是】一宗极不幸的大事，非常悲愤。我们见先后在报纸上、电报上传说清廷向英领事严重交涉，要求引渡来得很厉害。那时我们很着急，便想设法援救，乃以小桃源俱乐部名义，致电上海领事团，援引国事犯不能由敌人引渡的成例，请领事团注意以及援助。嗣后章、邹果然在沪判决分别监禁。余等以目的已达，每引以为快。这便是我们对革命事业破题儿第一次的贡献。

同时我们对《苏报》被封，便觉悟吾人对于革命事业非先事宣传不可，在南洋更不可无一宣传喉舌。磋商结果，乃由楚楠兄与余合资，预备五万金资本创立《图南日报》，为《苏报》继续工作。孙先生有一位同事尤烈（令季）这时适在星加坡，乃聘为名誉编辑。主任的编辑为陈诗仲、黄伯耀、何德如、邱焕文、胡伯镶等。在报纸上作赤裸裸的大胆宣传。（原刊一万份，后渐缩为千份，可是还报费者只二十余份，其余尽是赠送）这便是我们对革命实际工作的初步。当时老守旧、老绅耆、领事官、保皇党及财雄势大的资本家，见《图南日报》之鼓吹革命太不客气，谩辱朝廷，认为大逆不道，群起反对，当地政府以对清廷尊重国交，亦历次严重警告。当时我们所受的困苦可想而知。初时反对我们的，还是社会上一般人，及后竟弄到亲戚见诟，朋友绝交，楚楠兄与余等竟因此而陷入孤立地位。我们每每自思，以生作三等亡国奴，不如一死较快，故反对我们的虽多，我们并不为所动。是年终以《图南日报》（另有故事列在下段）不能广销，乃别开生面，创出富有刺激性的月份牌，分赠华侨。（此月份牌现尚存二张，附印于书上）此月份牌一经遍送，遂流入檀香山，引起孙先生注意。他不远重洋，亲寄二十元美金来购买二十张，以作纪念品；同时来书殷殷奖勉，愿与我们相见。这便是我们同孙先生发生关系的第一次。

再两个月，孙先生又来书谓由英伦假道星加坡，将往日本。他原要会见我们，但因出境限期未满，不能自由登岸，约楚楠、义顺与余下〔上〕船把晤。至时我们向警厅磋商，竟得允许孙先生上岸，在小桃源会餐（邵甘棠、李幻樵共席）。先生同行有陈汝和一人，各人见面后彼此欢叙平生，我们因言及潮州已有余有关系的友人余既成、许雪秋在内地运动起义，闽省则此处派有黄乃裳前往宣传。孙先生一闻此语，知我们不特用文字宣传，亦能做实际上的工作，不胜喜慰。但以分道扬镳，终不如集中力量，事较易济，乃以组织同盟会，作大规模之运动为议。我们亦以为然，旋乃相偕往我的别墅晚晴园摄影纪念。继而孙先生往访同学吴杰模，越日即启轮东去。此为孙先生第二次到星加坡和我们会面，及发议组织同盟会之事实。（按此时孙先生著有《简便救伤科医书》一小册分送，而尤烈君有《美法美法》一小册分送）

组织同盟会

民国前七年（乙巳）五月，接孙先生来函，说他在东洋对于党的组织进行顺利，已得学生多人同意，不久可以回来星洲。我们异常欣慰，就预备晚晴园为行台。这晚晴园本来是吾母亲晚年休养的别墅，我当然不能瞒过她做那结交国事犯的勾当，马上就告诉她老人家，说起孙先生要来这里宣传革命，想把晚晴园做机关。我那老母亲询知是提倡革命推倒满清的孙先生，她笑逐颜开，赞我说：汝倒有一点思想，能够认识顺逆的正理这样清楚，我实是欢喜的。她马上就命林义顺把晚晴园安〔布〕置起来。

七月孙先生带同某某君由日本前来。在这时候，星加坡的同志已加了许多人，便秘密的到码头去欢迎先生。在晚晴园住了三四晚，大概是七月中旬，那晚孙先生就先同李竹痴商量起稿写盟书，① 写了又改、改了又写好一回工夫。然后招余与楚楠、李竹痴三人在晚晴园楼上商议，各人自己把盟书缮抄，依照入党手续，就联盟起来。我还记得很清楚，孙先生自己亦写备了盟书，他自己先行起立，举起右手，以最庄严的态度，在我们的面前宣誓。我们心中志忑，看着他宣读誓书毕，就是李竹痴及永福、楚楠均照孙先生仪式轮流做去。宣誓之后，他就解释那誓章上三民主义的意旨，并严重的说：我这同盟会的组织，是希望发展得很大很大的。我们的责任，当然是牺牲，但是牺牲到什么程度，我们总不能预说。设使牺牲到剩二个人存在，亦算是同盟会存在的一日。这话是何等悲壮，我们听了魄战魂摇，感极欲泣！当时就举楚楠兄为正会长，余则副之。孙先生的盟书交楚楠兄收去，我们的盟书交孙先生取去。最后又授给我们握手符号及会话的秘诀。以上手续完了，即嘱我明日请林义顺加入。义顺入会后，越三四天，我就通知李晓生、李幼樵、谢心准、林中、谢仪仲、林受之陆续加入，我们这团体就逐渐的完〔充〕实起来。孙先生

---

① 南洋同盟会成立于 1906 年（丙午年）2 月 13 日，此处误记作乙巳年（1905年）七月。

命我们开一个大会，并拍照纪念。先生取了照像许多张，乃搭船往西贡一行。这是孙先生到南洋来星加坡的第三次，和我们组织同盟会的事实。

充满革命精神的晚晴园

同盟会成立后〔前〕，我们从来没有这样的组合的。如今同志二十多人，一旦信仰相同，大家亲热起来，常在晚晴园聚餐讲话，由下午集合直至半夜，高兴的时候，竟谈到月落参横。孙先生随时把他感觉到我们中国如何衰弱，政治如何腐败，满清如何暴虐，外国的政治如何良好，人民生活如何优裕，比较上我们所处的国家地位如何羞辱，中国前途如何危险，华侨应如何预备，我们党员要如何奋斗，及三民主义是什么意义，详详细细的解释，并随时策励我们要为党国牺牲，以求达我们革命的目的。我们亲炙先生，听这种种的指导，日积月累，不知不觉间那大无畏的精神，便较未入党以前有十倍兴奋。同志中有许多反复求详的质问，先生总是不惮烦的条分缕晰，清清楚楚有根有据的解答，真是我们的良师益友，使我们感觉到极度的满意。

同时我们接福州黄乃裳、潮州许雪秋二处所来报告，及最近发展情形的函电，一一向先生报告。先生即刻复电，分头指导，并拟定日期，请黄乃裳、许雪秋来星入党，并对我同楚楠兄秘密说他在河口将近起事了，可以约同黄冈、福建一齐举义。这回孙先生住了有旬余，又说要到香港及日本，在他要离开星加坡的时候，他留下他军事上秘密的名字，叫做高野，以后通信是用高野的名称。孙文、孙逸仙等正名字亦少用了。（我们当时闽、潮同志通讯暗约是以武公代孙文二字的，这名字虽不普遍，但将来若经搜辑，在党史上也足做一个征实）（参阅黄慕华乃裳君函中所称之武公可知）

孙先生四次南来

记得是丙午年，孙先生由日本来电，说他快要来星洲了，楚楠兄与我就预备一切，委了林义顺到码头欢迎。船到了，孙先生就同胡汉民同志上岸，先到我那铺子新长美号来坐谈好一回，然后坐了马车（当时汽车甚少）同到晚晴园安宿。我就以电话通知已入党的同志，关照他们到晚晴园会见。这回晚晴园比较上次是热闹得多，晚上总有许多同志会餐，楚楠兄请谢心准兄长住晚晴园招待，门外加用几位门警荷枪守卫，情形好似庄严了许多。星加坡政府方面亦知道此中消息，请孙先生到华民政务司处会谈。政府同时就派了华籍便衣暗探十多人，由巡长侯坤管理，日夜轮班在晚晴园外四处梭巡，名为保护，实则侦察我们行动。我们觉得保护上虽是安全，但也有许多不便当。孙先生就主张叫我们把华人巡长某某请来秘密商量，交托他许多任务。孙先生答应每月加给他酒资，那巡长以后就把外间风声时时传递过来。因其时当地政府对我们的行动十分注意，同时保皇党亦常谋不利于我们，我们所处的环境，是受着多方面压迫的，巡长做我们密探中之密探，亦算于我们有利的。

这时候胡汉民兄闲居无事，孙先生因为同盟会还没有党章，就叫胡同志赶快起草（章程草稿见附录）。弄了几天，仍在晚晴园召集开会，通过会章。同时因为人数多了，孙先生提议把前届职员重行组织。迨选举结果，张永福为正会长，陈楚楠为副会长兼财政主任，林义顺为外交主任，谢心准、李晓生为文牍科主任，同盟会的规模又比前届扩大一点。孙先生这回办事，因为有胡同志帮忙，每日发出的中文西文函电，总是十封以上，收来的函电算来亦是相等。此时法国巴黎的政客廊泥君等，亦时有密电来往，均是关于党务、军事及筹饷的。胡君说："南洋是本党革

命的策源地，是本党革命的根据地。"（这时期晚晴园就是南洋
革命党的策源地和根据地原素捞〔喽〕）

过了有一个半月光景，孙先生接到一封电信，就对我们说，
他有由巴黎寄来的重要东西四箱，叫我预备着向轮船上起领；但
是要加倍秘密，加倍谨慎。我奉了命待船到星洲，自己带了许多
银币（预备起运时行贿警探），带了亲信伙伴，依照手续向船上
起运。路上幸而没有意外的事发生，但亦不敢一直往晚晴园，就
转湾寄在我的住宅贮放。过几天孙先生自己到我的清河住宅启开
一箱检看，原来一包一包完全是军用纸票，每张票面一百元，印
得亦算精美，一面英文，一面法文，全没有中国字。孙先生看了
后，面上很欢喜，取了好几张带回晚晴园，分给同志传观，其余
仍照旧叫我装好。隔了几天，就叫我把未开的几箱，附往香港
《中国日报》交冯自由先生收。这转运的事，就由林义顺负责办
理。那已开的以后①一箱，孙先生亲自带去，留下一包交楚楠及
余共管，其后再来信索寄香港《中国日报》冯自由君收用。

同盟会之扩大及遭遇之荆棘

孙先生这回因为有胡汉民君同来帮忙，就想扩张同盟会的会
务，巩固本党的基础。就带了李竹痴、陈楚楠、林义顺往吉隆坡
在青年益智会居住，认识了陈占梅、陆秋泰、陆秋杰、阮英舫
（年七十余岁）、王清江、邱怡领、彭镜波、刘襟等人，借了陆
秋泰的花园开会。当时举出王清江任会长（其他职员我忘记
了），阮英舫君的儿子阮德三、阮卿云兄弟闻风兴起，相继加入，
这是吉隆坡有同盟会的原始。

及后，孙先生一行人等，沿途往大霹雳、怡保进行会务。到

---

① "以后"似为赘文。

了怡保，行装已搬入"新改良"安歇。想不到这时候怡保的势力完全被康有为党徒占据，那大资本家胡子春与岑春煊有多少关系，希望帝统万年，又要藉康氏力量居官满廷；而那些聪明的资本家势力之见极深，富了想贵，认康有为为保皇领袖，自然想巴结康氏，以为做官的终南捷径。他们这样着想，同时就做着我们的敌人。一闻孙先生到来，就想给我们以极大的打击。然而我们因同处于他人治下，力量比较薄弱，敌不过这海外土豪劣绅的胡子春，当然以避免冲突为上策。所以孙先生看出风色不对，乘夜偕林义顺、陈楚楠、李竹痴搬迁行装往别家旅馆暂住。这显见我们办理党务在在所遇的困难。

迨后过了好久时间，孙先生派汪君精卫、吴君应培重入马来各埠展招同盟会。汪君深入霹雳埠，以广长舌解释革命之意旨，乃得该埠要人同意，于是同盟会又得一精神上之新殖民地矣！越日早晨，孙先生、楚楠、义顺等即折回吉隆坡商量了一回，乃委义顺、楚楠两君由吉隆港口搭船往槟榔屿，晋见吴君世荣。吴君本来是槟城的殷户，人极豪爽，在商界上占有很高的位置。他与林、陈两君一见如故，又见孙先生的手函，更加欢喜，便招待他们在小兰亭居住。旋通知他那边的朋友黄金庆君等许多人，由陈、林两【人】主盟，秘密加入同盟会，举了吴世荣君为长〔会〕长，黄金庆君为财政员，槟城的同盟会就算成立了。嗣后林、陈两君回星报告一切，孙先生闻后当然色笑颜开。

这回了后，孙先生仍在晚晴园会同胡汉民等人照旧策划一切。此时在新加坡又加了许多同志联盟，有许子麟、张仁南、刘七辉、刘运三、吴悟叟、邱继显、刘任臣等许多人。

预备起义

过了二个月，因为我们所负责通讯的福建黄乃裳，潮州许雪秋、陈芸生、萧竹漪，先后前来星加坡，在晚晴园见了孙先生，报告闽、潮两处地方的情形、运动的成绩，并同时加入同盟会连同一气作事。再过旬日，黄、许、陈等领了孙先生的委任，分头入内地工作。再过些日子，孙先生就交下秘密电码文字暗约，及以后之通讯法、通讯地点等等，他就偕胡展堂、陈和（孙先生随身亲信的用〔佣〕人），附轮船由香港往日本（胡君只到香港）。他说这回要转入河内（安南），有很大的使命，嘱我们所担负黄冈的发难，加倍要紧。我们亦就不遗余力地作下去。以上是孙先生经过南洋第四次的事。

黄冈起义

　　孙先生同胡展堂去了后，福建黄乃裳同志报告，说他胃病还未全愈；至于闽省方面，他的学生许多人皆表同情，愿加入革命战线。潮州许雪秋、陈芸生继续来书报告，他在香港总机关与冯自由及胡展堂直接商量，他所有工作，已经办到相当程度。他又得到孙先生由日本东京发交的密函，指示他们怎样的进行。孙先生并且答应他有留学生许多人，届时愿到潮州指导他们活动，还有多位有军事学识的学生，亦可以一齐来潮州赞助军务上的计划。

　　我们知道大事已进行，就以清河住宅为会场，每隔十天开会一次，把各方面的来函对同志们约略报告，同时筹款赞助潮州方面的费用。当时到会列席的同志，不过三四十人，每回捐资竟有数千元的成绩。可见当日的同志们踊跃输将，对党的认识，胜过现在所谓同志不少了。若以现在所有赖党发财倚党作势这些人比较起来，那就不可同日而语了。读者还要知道，当时星加坡同盟会数十位同志，完全是没有资产阶级的人，算来算去，稍可温饱者，就是楚楠兄与余等两人，其余的多是中产以下之家。这回黄冈想要起义就捐出三二万元的款，亦所谓悉索币赋了。至另外个人帮助个人的，如林受之（喜尊）同志，独立帮助许雪秋、陈芸生、黄乃裳运动费多次，三千元、五千元、万余元不等。这些还不算在公家所列的账目。你说当时的革命热是什么程度！到现在我办了党三十年，我无论那一次开会，对同志们的观感，总有一蟹不如一蟹的慨叹。这并非我尖刻的说话，（总理说党人是牺牲的，想做大事不可想做大官）现在的同志，比不上从前的好义急公，是不可掩饰的。

丁未年四月初旬到了，我们承认我们生死的关头快要到了，我们那预先所约黄冈起义日期，是一天近一天了，仿佛待着导火线一燃就立即爆发的一样，成功与失败均在此一举。我们所有同志，当时的焦急的热望，真是比任何功名富贵都见热烈些。正在万分焦盼时候，忽然接到香港的报纸了，报纸的大字标题说黄冈土匪大造反，把黄冈的长官一齐捕捉起来了。续后守中立的报纸说黄冈一带升有青天白日式的党旗，粘有大元帅陈芸生的告示（按该告示遵照《革命方略》上所抄的）！并且有许多留学生及地方的学生参加在内，但是行动颇文明，全无奸淫抢劫举动，在表面上看来，是有组织的。他就断定不是土匪，是孙逸仙的革命党在黄冈起事了。他于惊讶中，并带多少倾向的意思。但那立场不同【的】保皇党的报纸，就不是这样的说法了，什么土匪呀，盗贼叛逆呀，尽口骂得狗血喷天。社会上本来看不起我们的行动，加之受了保皇党的搅乱，益发同我们仇视起来。有的说通知领事奏请皇上，把我们引渡去砍掉脑袋；有的说远兵不救近火，还是把主动的人拿起就打，把拳头教训他以后不可无父无君的想造反。社会上他们这样的躁骂，很久很久的时候，如同野火烧空。但在我们自己想着，的确的，我们知道社会是社会，我们作事是我们作事，造反的名目若有正当的道理，当然比较不造反的还是高尚百倍。他们说我们造反，我们视他们是数典忘祖的汉奸。我们革命党，本来是站在社会前面作事的，不屑与他们一般无知识的人去较量，是自然的咯。

过了几天，四月十三日以后，连日的消息，一天一天的不妙，满清统带黄金福带了许多步兵，并借了潮汕铁路公司的许多新式步枪，威风凛凛，大队进驻澄海、饶平交界的洪洲山阜；又在汕头拉了许多小轮渡，由海途来饶平，把沿海围困。此时水陆并进，夹攻黄冈。黄冈同志因为未得到外方的接济，只用无远射力的土枪应付。在紧急之中，打开黄冈镇的军械库，搜出数千枝旧枪，但均已陈旧霉锈不堪应用。不得已临时雇倩土匠修理，总是缓不济急。库中的火药虽有数十箱，亦是受了潮湿，不堪燃放。当时奉派在黄冈指挥的学生方汉城、施明等，虽知道不可应敌，但事既扩大不能不出于一战。当事的余既成、陈涌波、余通等人均主张出队往洪洲打冲锋，方汉城、施明即偕同陈涌波二千余人往洪洲进发。十五日乘锐气整队攻上洪洲山阜。此时清兵不知我军情形，只作守势，并不开枪回火，待及火线暂〔渐〕近，他们才开几排枪扫射，我方即时就死伤数十人。那本来不经训练的乡民，一见同伙死去多人，也就心怯退下。方、施二君见前方我军退下，他二人鼓勇亲自冲上火线。我军见学生们如此勇敢，也就跟他再进攻上去，及至半山腰，又被敌人打退。再进再退有四五次，这场恶战相持着有两天光景。吾军自觉枪械不济，又无援军开到，火枪窳弱，徒手断不能爬上山与敌人拼命，结局惟有退队收兵。

十六日在黄冈镇开军事会议，知道终归失败，立意先把捉来的清官砍杀，作这一回最后的大示威。十七早他们分头散去，那就算黄冈一回大革命的事业结果了。

黄冈以外尚在汕头候待接应的同志，如萱野、许雪秋、谢良牧、方瑞麟、方次石、乔义生等人，在彩塘市预备接应的同志吴金铭、刘凌苍并各乡有联络等人，听见黄冈失败的消息，估量大势已去，便各各不敢发动，相率避到香港，向《中国日报》寻冯自由讨住宿，讨生活，大概先后总有二百余人。那时搅得冯君无法应付，就电请星加坡接济。那潮州方面，清官黄金福听得我军退散，就移队进据黄冈，于是淫威四布，搜掠勒索，乌鸦〔烟〕瘴气，妇孺难免，捕去无辜良民百数十人。及后潮梅道沈守廉把捉来同志们提审，就判二十余人斩决。余通之子余明因童年羸弱被他释放，其余一切〔律〕监禁。那时余通的六十余岁老母，被吓不过吊了二回颈，欲死不得，被人救活。

余既成在香港被拘

黄冈在四月十八日失败后，原再没有什么继续军事的准备，当然再无可以记载。给〔恰〕巧这回有一班暹罗客回乡，搭渡在近黄冈的海面上遇着海盗，那暹罗客的妇人被强盗斫伤，又被劫去许多钱物。这事本来是地方上常有的案件，清吏黄金福，就借机会商通地方官，把这事扩大，加以诬报，捏称黄冈余逆余既成（余丑）领班作盗首的，呈请广东总督移文香港政府，要照例引渡余既成到案。港督准了，我这方面官司临门了。那逃避在九龙居住的余既成，不幸就被他们活捉了去。香港英官以清官告他是强盗，在刑事犯有援例可以引渡，就先提出在港警厅审问，经了几回审问手续。我们的香港机关当然是着急，雇请律师庚先、白克理等代余既成同志辩护。我们在星洲得到这样恶劣的消息，更加关切，要设法来援救。同时那在香港百余未被捕的黄冈同志，闻风逃避，由冯自由先后介绍到暹罗及星加坡来避祸。我张永福是本届的大哥，照三点会的规矩，当然要将众兄弟们好好的安顿。我还记得，当时把我那营业的三四家铺子，一切当作行营一样，将众兄弟们草草的安插起来。这方面虽然安顿妥当，但是比较重要的事，还是要把那在香港被英官所拘的余既成营救为要紧。那香港来信说，倩了律师出庭辩护。孙先生来信说，已函达香港辩护士，证明余既成系在黄冈起义革命的同事；但经过我们开会研究，究竟这官司还是没有把握，结果仍须尽我们能力竭力援救。当场筹了几百元，在星加坡请了大律师兜安氏为辩护。我们以商人资格委托兜安律师呈香港政府，称余既成是星加坡的商人，平素在星加坡经商，开有某某商号，去年由星加坡带了几千元现金回国，要创业置产，证明他有那么多钱财，决不至做那强盗的行为，恳请香港政府体情释放。呈文上负责的人，就是张永福、陈楚楠、林义顺、张来喜联名的。又要求同志们向认识的商店讨人情盖章入禀。另一方面，我们疏通各西报编辑，将余既成在黄冈的事实扩大宣传起来，要使香港政府再加注意，以第三国保护国事犯常例的理由，叫醒他不可受清官欺骗。这样子办法果然是很有效力。众同志奔走几十日，嗣后港官审判结果，余既成以国事犯省释。余既成被释后，即搭丽生船前来星洲谋生，黄冈轰轰烈烈的一段历史，就此中止了。潮州人的革命熟〔热〕度，自后亦降至零度以下了。外省人不知这件事的，竟以潮州的黄冈误为湖北的黄冈（见《良友》画报第某期），把潮州人轰轰烈烈的革命事业轻轻抹煞，又是革命史一件不平的大事。然亦未始非潮州人不长进不能继续工作所致耳。

录余既成被拘案冯自由君由港来函

（原稿存永福处）

永福、楚楠、子麟诸同志义兄大鉴：

前由日人同志萱野递上一函，想达尊鉴。选接来书，知诸公深以余记〔既〕成一案为念，热诚满纸，良用钦敬。今请复将现在余案情形为公等告之。余案初次之失败，在于口供之不佳，而暗中则有房吏杨植生等运动官府已久，故府官判辞之无理，西

报大率攻之，不遗余力。至口供之不佳，乃有数原因：（一）余
不懂省语，而译潮语者乃一西人（此西人略懂潮语，乃官衙特用
者，但译语多错，如革命二字则彼译作暴动之类，盖其识话有限
也。然弟等初已贿此西人以百元，到底无效），致译辞多与原意
不合，此次上控之驳辞亦言之。（二）担任理此案者为李君杞
堂。李虽热心而乏经验，若陈君少白担任则必无此弊，但其时少
白以他事不在港，亦无如何。（三）余语无伦次，虽经律师教以
口供，到时亦多不合。此三事即失败之大原因，然弟等因此案已
大困苦矣。计前后已耗讼费等项三千余元。此控告至香港之控诉
院为限，若控诉院失败，则须控至伦敦大审院，如此则又须筹款
四千五百元作堂费讼费，否则仍不免解交虏官也。昨已与律师详
商一切，皋衙之审期即在今天（西十一月十五号），若今天胜诉
固佳，不胜则再控至控诉院（港最高之裁判所也），约二礼拜后
开审，即约西十二月一号也。此处再败，则二礼拜后当解交虏
官。吾等若欲救余君生命而提控于伦敦，则不可不于此二礼拜内
决之，而决之则无此巨款仍为无效。计用款需堂费保证金三千元
（胜则取回，败则作堂费），讼费约千数百元。但判决之期难定，
或延至二三年亦未可知，此即余案详情也。然港地款已困极，则
此巨款从何筹起。中山先生处当此军务吃紧，筹款起事且不暇，
必无兼顾之余力可想而知。海外同志亦无可告诉者，则营救之
资，舍公等筹办之外，其谁与归。承屡函垂问，并以莫分界限等
语相易，则公等之热诚可以概见，尚望努力筹足此数，以为营救
余君之预备。今日距西十二月一号仅十五天矣，为期甚迫，幸早
为之，不胜切祷。若此二礼拜得胜，则公等所筹亦足为义军之
用。千万努力，幸甚幸甚。并候

义安！

弟冯自由上

十月初十日

公等致港督放余丑一事，此禀已上，但并无消息。

楚楠、永福诸同盟大鉴：

现许君已由中山先生处回，一切事均已妥商，一切日内可以开办，惟款仍不足。前二次共寄来二千四百元，因余丑讼费不足，中山先生电命将来款移一千元理讼事，余千四百元，经雪君一切布置，所存无几。乞从速将未收齐者，以电汇来，以济急需，实为至要。若到时乏款，则前功尽弃，极可惜也。又余丑案大有胜机，大约不日可以释放，到时当使往叻，港地甚危也。计前后已耗讼费已二千五百元，大约尚缺数百元始可了事。因此事耗此巨款诚为可惜，然弟等如不救之，则潮惠人心瓦解，后事将无可为，故不得不尔。并候

侠安！

弟冯自由上
七月二十五日

汕尾及镇南关

孙先生偕胡展堂去后，不及二个月，他来书说有黄克强兄离开东京要来星加坡，叫我们好好招待，犹如对他老人家一样。船到了，林义顺就到码头招接迎到晚晴园，仍在孙先生从前卧室住宿。黄君口操湖南口音，叙话时颇格格难懂。当时我即传知各同志，一一与黄君晤面。黄君体健，有威武，寡言笑，起居镇静，手不释卷。与我等谈话虽欢洽，然城府深沉，不露端倪。吾人会其意，亦不欲冒昧穷询，盖军事秘密各负其责也。越若干日，黄君附轮往西贡入河内，另有其任务工作。去了几日后，接许雪秋来信，说彼在惠州汕尾奉命继续黄冈之义举。迨未逾日，邓慕韩君偕同日人萱野长知君由香港来叻（叻乃新加坡之别名）。我认

识萱、邓二君，即由是日起的。据他报告，这回他们是奉孙先生命令，由日本带领幸运丸轮船运送军火往汕尾，要交许雪秋举事。本来他们在先已约定以轮船一到汕尾，汕尾接应的人，日间是打什么旗式，夜间点上小红灯笼以为记认。不想是晚船到汕尾港口，悬红灯后，并未见他们派出小轮来接运，轮到汕尾因未见动静，空自耽心一夜。次早远见有由汕头出口的中国巡洋舰经过汕尾，幸运丸的船长恐为所觉，虚惊起来，便要鼓轮逃避，任由船中的人如何劝告，船长亦不肯再待，马上开车驶往台湾。

后来他们在香港，又接孙先生电示，叫他来星加坡转入越南。但此次所运的军火一百余箱，船中还有日本某君所送的日本刀剑四五箱，一切价在二三十万元，费了这笔大款，不能办得妥当，殊足痛心。（及后孙先生来叻，尝提及此事，甚为惋惜。并谓该项枪械，运至台湾上岸，寄在货仑〔仓〕多月，因积欠栈税及运费，被其拍卖抵偿）邓君还说，孙先生并派有日本人及中国学生等共廿余人，在汕头居住幸版旅馆，要来接应汕尾，候待汕尾消息。如今汕尾不能达我们的目标，连累他们焦等，这又是一件难过的事。

再过几天，陈涌波、余既成等潮州同志，亦来星加坡，他们把汕尾的失败各节详说一回，大致有如胡展堂兄所说一样。再不久胡君由香港来叻，住了几天，就同萱、邓两君匆匆的转往越南，策进镇南关的起义。镇南关自起事以至败退的情形，胡君亲身在场经过，事实说得很清楚，我可不必再赘了。但是孙先生自退出镇南关之后，离开海防，还有许多重要的大事，此件暂时搁下，待补入孙先生第五回到南洋的一段再说。我如今要说的几句，是这回星加坡的《中兴日报》，由同志等集合股本，已经开办了。主席张永福，监督陈楚楠，司理林义顺。及镇南关、防城失败，孙先生来叻见了《中兴日报》名字，颇不以为然。经胡展堂兄为之解释，说因为与兴中会的名上下倒转及汉业中兴的意思凑上，"中兴"二字很有意义的，先生闻之亦就首肯了。

最早的革命宣传机关

　　按胡展堂兄所述的，他好似在安南认识余既成，好似余既成是一个商人，这是胡君记错。另外胡君又说"这是我第一次到南洋在星加坡的时候和张永福、陈楚楠、林义顺会面，一见如故。当晚有几个人来会我们，南洋也有报纸，就是由这几位主持的，已经办有相当的时间了。不过他们所办的报纸，没有什么宗旨，只有空口说白话讲讲维新，本钱也办得亏完了。此回见面就是想把这报纸重新确定方向标定宗旨"。以上的话也是弄错。因为胡君未到南洋以前，我们所办的《图南日报》，主张革命，大张挞伐，抨击满清，久曾轰动南洋社会。连远在檀香山的孙先生也熟知熟闻的。及后我们办两个月的《总汇新报》，皆是向着革命一条路跑，南洋什么人都知道，到现在报纸还有存在可以复查，万不能说没有什么宗旨。胡君在日本之时，想也知【道】得清清楚楚的。况且组织《中兴日报》，是在汕尾起事以前，迨至丁未七月十二日乃出版。胡君第二次到南洋，则是汕尾失败之后。此次他住不及十天，就往河内办那镇南关丁未年十二月廿六日的事。迨至镇南关失败以后，迟过三四个月，胡君乃再到星洲赞助《中兴日报》扩充招股。这些事想胡君决不至便能忘却，故我敢逆测那所述的"确定方向标定宗旨"等话，是笔记者的误听误记。至所谓"这几位主持"的，亦是不确切，因为那有革命性的《图南日报》，是我同陈楚楠兄合资创办，更无第三者出钱帮助。若用"这几位主持"的话，似太笼统了。胡君一言重千古，笔记者误听误记，将来即足遗误千古，我故不惮烦写这几句来更正，想胡君亦一定同意不能怪我的。

孙先生第五次南来

革命的进程，是走屈①曲线的，经过一回的失败，犹如多走一个弧湾〔弯〕。这回孙先生在镇南关、防城起义，遭了失败，他同展堂兄、精卫兄、克强兄、邓师爷、萱野先后回叻，仍旧住在晚晴园。及后黄隆生亦来同住，（汪君来星加坡这是第一回吧。他虽然随孙先生先后同来，他还带有孙先生的介绍信给我们，此信现还存在）晚晴园这回人数增多，房间算还够用。及后张继、林时爽（福州人，黄花岗烈士）也同时到来，这时自然不免有人满之虑，但统是一家人，地方虽浅狭些，三二人共一床，亦算将就过去。其时真可谓患难相共，同德同心的。大家会面后，孙先生便将镇南关所竖的青天白日旗（此物现存在何心田君处），及俘获清军所穿的前后补心的军衣三四件，带来展开与同志们观看。我们对那经过战地的党旗，表示十二分敬意，恳挚的行礼。闹热了几天，孙先生的精神更加奋发，就办以后所说的事。

革命党与保皇党的笔战

这回子保皇党的报纸，因我们屡次的失败，他想乘机入寇。他派了主力军络续前来加入《总汇报》方面，对我们作非常的毁谤。而我们呢，历来对谁总不客气，对这寻上门的买卖，当然格外欢迎，不稍踌躇的向他答炮回敬。打了几次冲锋，总算我方不弱。不想我方的编辑何虞颂受敌人贿赂，就向敌人方面投奔去了。敌方又接二连三添派许多战将区榘甲、袁寿民、陈介叔下总攻击，拼命再进攻前来。我方这回有孙先生做中枢，战将如云，

---

① "屈"似衍字。

应付自然绰有余裕。孙先生虽然拥有这么多的战将，但他主张攻心为先，以至理服人为上策。胡展堂乃将所著的《驳康书》（先是康有为以吾党在日本东京《民报》宣传革命宗旨，彼无可如何，乃著有《康有为最近政见书》，作单行本出版），以学者态度相与周旋。那何德如、王斧等文锋笔阵，亦称犀利，作许多文字对付。双方对峙至为紧张的时候，汪君亦技痒得不耐烦，出马应敌，孙先生自己亦著有文字一编〔篇〕登报（署名曰南洋小学生）。此回诸同志所著文章，于吾党主义之发扬，不特有重要价值，且由此而唤起华侨的注意，了然于我党的主张，同情于我们的事业，增厚我们的革命力量，确是不少。此次的论战，影响于华侨之思想，可谓之极大。

《中兴日报》人才虽先后集中，然而《中兴日报》的股分甚少，纸张越销得多，流通范围越普遍，资本越觉得周转不灵。因其时目的在于宣传，并不着重营业故也。林义顺就同孙先生商量，以有限公司名义重新组织《中兴日报》，请胡君到外埠向各同志招股，继而林义顺、许子麟往仰光，汪君亦被派往各埠扩张《中兴日报》股额。汪、胡来往奔驰，于是《中兴日报》之生命乃得勉强延长下去。这亦显明出我们的革命党同志，发难时要冲锋陷阵，才放下枪头，即提起笔管，要维持一间报馆，也煞费我们一番苦心。于今汪、胡两君，为党国柱石，然当时筚露〔路〕褴褛〔蓝缕〕劳苦之情形，到现在每一忆及，仍然活现脑海中。今日坐享荣华的老爷们，对这一段纪载应该怎样着想。对于该报的经济上帮忙有陆秋露、陈先进、陈贞祥、邓泽如、潘兆鹏、丘得松诸人。

这时候侨生不认识中文的尚多，孙先生对他们的宣传尤认为要紧。乃命郑提摩太同志创办罗马文马来音日报，名曰 *Chaya Mata Hari*（先生亲为定名曰《阳明日报》），日发行一纸，消〔销〕场颇广，成效颇著。侨生方面自后对国内之热忱，此报实为先河，因并记之。

越南砒霜案与革命华侨

今且再说孙先生对于最前线的英勇战士失败归来的情形。他得了越南的报告，说当地的土人，因受着我们革命热情冲动，他们就闹起一件大事来了。这事原是安南的土人悲失国之惨，图谋革命光复，而法兰西人则监视甚严，法网甚密，安南人虽有异志，亦难一伸。此时我们的革命健儿，适由镇南关退入越南界内，风气所及，如春风吹柳，安南人心经此渲染，跃跃欲动。其与吾党接近者，均来请求援助。吾军同志于主客应酬间，或有人口头答应。越人乃急图义举，然以手无寸铁决难发动，寻谋决以砒霜毒死该地驻军军营兵士，夺他们的枪械。计划既定，遂以许多砒霜（即信石），由在法人军营中服务的越南人仆役，置于餐室中的饮水桶里。晚餐时，法兵各据席作鲸饮，投毒之厮役，以事既已功成，各先后逃避。

迨砒毒性发，法兵累累倒地惨哭哀号，医生检验食品，乃知兵士所饮之水含有重量砒质，立拘安南人之在营中服务者。然所拘者大抵事外无辜之人。闻法兵之中毒者二百余人，服量多者乃得泻转能活命，服量少者死去较多。（孙先生当时有云，服砒霜过多可不死，盖砒霜性下坠，服多者得泻，砒毒随大便下，故可幸免）闻先后法国士兵共死去六七十人。法官见此异变，一方面下令戒严，一方面在地方上大搜捕平民，因而累及我旅越之军人同志，以无身税纸多被拘去，所拘将近千人，并有送回中国交官厅处分消息。孙先生得这电耗，大为震惊，即去电越南东京法政府，向其交涉，电商多次，终难邀允。孙先生乃以西文长电直接拍往西贡总督，证明这许多被羁囚的同志，均属中国革命军人，为本人率领者。照战时公法，避敌之人应邀第三国优待。电商数次，法督乃回电允准照办，惟须遣离法境往星加坡居留，先把第一次四百余人运送星加坡。同时星加坡总督得了报告，就反对起来，去电拒绝。越督乃再电商孙先生，请其就地设法。孙先生这回迫得偕同林义顺亲见坡督，据理力争。总督对双方难以为情，乃允以交保手续饬新加坡地方法庭照办。这回的交涉，孙先生为我们革命军人策划安全，差不多用了半月功夫，花了电费数千金。倘非他老人家素来对内对外具有信仰，怎能获此成绩。

被拘同志之保释与供给

这四百左右同志，来星加坡之后，尚羁押在羁留所中，经有多天，费了多少手续，乃得自由。当未释出时，我们入狱探视，见其衣服褴褛，发辫猬乱，乃与狱官相商，为请理发匠入拘押所代为整理，并由同志等捐募二千元为赶制白帆布西式学生装各两套，携入狱中分发，鞋帽则由沈联芳、林镜秋捐给。预备既妥，一方借出陈楚楠兄三层大房屋三间，布置招待。孙先生遂命永福以商人名义，向政府担保，把四百余人（内广西土司一人，名已忘记了，后在南京总统府办事。又周晔及马□两君在内，黄花岗之役殉难）依照手续，每一人以二百元保出，在坡居留作生活。并声明所保出之人，倘有不遵地方法律，则由担保人负责，贮款充罚。计此次共以契业八万金为担保品。各革命军人既经保出，余等进一步着想，假此机会要使华侨再加注意，而兼向敌人保皇党示威，乃故意于释出时列队步行，每二人为一列，巡游市场一周，而后折入第一宿舍安顿。此回出力同志，为林义顺、林受之、何心田、陈子麦、叶耀庭、朱观捷、柯庐生、张仁南、沈联芳、林镜秋、陈梦桃、林航苇、陈先进、陈祯祥、蔡兰谷、陈裕义、林裕成、郭渊谷、李晓生、谢心准、谢仪仲、陈信藩、刘金声、刘七辉、郭民波、吴悟叟、吕子英、留鸿石、赵铭鼎、林集波等，日夕奔走，并得其他同志捐输接济，供给各人零用物品，即如被席碗碟等类，一无所缺。

革命军人之又收容

及后越南河内又来电，报告河内地方官再将同志等拘去二百余人，将来或有株连再捕亦未可定。孙先生得电后，即去电法督，仍请其照前案办理，并以婉辞劝告越督，谓住越革命党人须稍加分别，凡安分营业者，不可以作军人一律出境相待。迨得越督电复，允可照办，并云此次二百余军人，为最后之一班而已。孙先生得复电后，仍至星加坡总督署面商，得其同意，照前手续交保。余前既负责担保许多人，此次当然难辞厥职，乃于担保之前，先送军衣一一如前。至时又到法庭请愿，声明自愿署押签保，并以契约价值五万元为保品，将二百余人照前保出，照前列队巡行，兴高采烈，慷慨激昂，几忘却此为他人殖民地也。

此次宿舍中骤然增加二百余人，陈楚楠之屋当然不能容纳，乃向同志张振东兄们借振南街三楼屋二间，编为第二宿舍。即日另筑炉灶，把最后到来的二百余人，调入第二宿舍住宿，前后计共六百余人矣。此时日需白米千斤，食指之繁，实可惊人。余既为同盟会会长，愿自己担负饭食，同志等则各以所业供给其菜馔茶炭医药等物，日用所需，无所不备。日复一日，吾人如邓师爷（邓慕韩）、何心田、林杭苇、陈子麦、张仁南、丘继显等，日夕到宿舍调查指导。彼等有时则以粤音演说，以解其闷。幸军人们虽来自广西及钦廉二府，然能操粤语者居多，故在调度招待之间，愈见欢洽。叻中粤籍同志抵舍抚慰者既多且勤，即各以其感情交谊络续介绍入铁路及铁工厂学艺，或则引往商店中帮忙。

军人既多，虽经由各同志等收容消纳，但此时仍常有五百余人坐食也。孙先生赌〔睹〕此现状，知诸同志负担过重，认为非长久之计。彼时适余有山地一处，广可千亩，内有红石矿可采（按即铣原质矿），孙先生与胡展堂兄共同商量，招股三千元为开采费，胡展堂兄愿意负责往各埠劝募，乃命其名曰中兴石山公司，发票向各同志等招股。然恐缓莫济急，余答应即先行垫出股本为开采费，既经议决，即促胡兄先向外埠出发招股。以上《中山全集》略有纪载。

第一国葬的军人

"军人出殡，也轮到大总统大元帅来步行送葬至四五哩路，这不是历来所未闻的事吗？"镇南关退下的军人，被逐来星加坡，由吾们招待的六七百位，其中有一位最侥幸的军人死去了，明天便要出葬。吾们同总理商量要如何铺张：第一，要传知全部份同志随柩步送；第二，要所有的军人一律穿制服排队出发（制服即现在之学生装）；第三，柩上要盖青天白日旗。总理和展堂兄等诸同志也均赞成这样办法，并且要亲自出马随行。那晚好得①同志到的有许多人，就分头赶紧照办。至明天中午十点钟，吾们同总理坐马车到军人宿舍，预备了一回，总理领头鞠躬行礼如仪，就发引行走起来。由王家山脚宿舍，穿入星加坡最热闹的市场。一路循行人数既有千把人，一对一对列下去，犹如长蛇阵一样非常的好看，引动了市场的人及外人不少的注意。大坡至小坡行了一周，及至淡水河畔（照常例凡送葬者在此就可止送），这时候吾们就停步。就在那公路傍发令，传齐送葬的同志及军人合围作一起，听总理作临时训话。总理很高兴的站在碎石堆上（预备修马路所堆的石堆），讲演许多奋发的话，又对军人训说，做军人的今日居留他人国土，要如何遵守地方的纪律的道理。各军人听了，非常感激。到最后总理及吾们就此回邸，依旧办事。这一回事是以青天白日旗盖上军人棺柩，举党举国最先的第一回，今之

---

① 原文如此，"得"疑为"在"。

所谓国葬省葬的光荣，也不过如此。算是这位失名的军人死得有大幸福。

按孙先生此回送葬之外，越后有吴应培同志之父亲新科先生逝世，先生以应培同志力事奋斗，功同战线军人，乃亦偕同汉民、璧君与镇南关退下的军士全队同志，步行执绋远送至堪岁，躬行投石礼而散。此亦吾华侨荣哀史之一页也。

补述《图南日报》一段故事

前段我已说过，孙先生在未识我们以前，因为阅着《图南日报》宗旨相合，乃自己写信相约订交认识。可知那《图南日报》的价值，虽不敢夸说是南洋与中国革命开山的始祖，但他确确实实居在先知先觉的地位。不过他降生的日子太早，犹如混沌初开时代的原人，除了自己父亲母亲之外，没再有什么亲戚同乡来互助他的。《图南日报》出世第一天，入了社会人士的眼帘，他们就紧张起来，不约而同大呼小叫，说是无父无君，谋反大逆的报纸。不要说叫他们出钱来买一份看看是无望，就是你十二分诚意的不要钱送他们一份看，请他们赏识，他们老实不客气地随手就撕掉。这时代的社会，这时代的南洋，群魔一佛，如何能不受万家诟骂，如何能不惨灭！

《图南日报》的编辑陈诗仲，看见东家办的报纸不长进，一年的券约已满，他就快快告退。其余的编辑剩多少人，以生活关系，仍好好歹歹的办下去。我不学无术的张永福，不忍坐视，亦居然也当了总编辑，来指挥其余的记者照常维持，也就想出什么征文、征诗、送报纸、征联，赠《革命先锋》、《黄帝魂》、《累卵东洋》关于革命种种的书本法子，来引诱读者。一方面因为报馆拣字工人空闲着，请他体贴以低廉工价把那邹容的《革命先锋》复印。当时还怕人家看见革命二字要讨厌，就改换名目曰

《图存篇》，以求掩饰，搅了二个月功夫，印出二万多份。这时当然是卖不出钱，当然是无条件地白白送给人家看看。楚楠兄同余因为革命风气这样慢进，着了急，深知那内地官厅，对革命事业仇视不了，断定内地的同胞、大老爷①是没有这书本可看的。要他们认识革命道径，要他们有革命性，当然要想方法把这革命书本输进去，把革命思想灌入他的头脑。除寄孔明斋书店（星加坡只有这家书店）代售，并瞒他托他寄入汕头零卖外，黄乃裳亦带二千本秘密输入闽省及潮州去宣传。林义顺、张来喜适要回国，亦托他带千余本沿途分送。这一番功夫作完，我们又想一个比较直捷有效的方法，就是将书卷起来粘上邮票，查出各省缙绅录，照国内各省府、州、县的衙门交他在任的老爷们收阅。北京的翰林院、总理衙门等等，无不一一奉寄。不旬月，所出的《图存篇》二万卷，就送完了。（后再函托孙先生在日本牛込区印《革命先锋》三四万本奉送）

以上的工作，原想可以帮助《图南日报》的发展，到底还是外甥打灯笼——照旧，但我们强欲自慰说，小有发展亦就可以了。因为出版的时候，阅户不过二十份，现已有销场，由二十份升至五十余份，你说这样子的生意究竟是发展抑是倒霉。《图南日报》的性命，不生不死苟延残喘了二个年头，那流动的资本完了，仅仅存下了机器房的机器，铅字房铅字粒，账房内的账簿。自然的全铺的店员大闹恐慌，司理林采达避不见面，各人东奔西散，讲革命的独一喉舌就停止了呼吸。

停版有二个月光景，有一个非同志的黄江生说，我们的《图南日报》存着印机和字粒，不忍白白空丢，商量与人合股。他就介绍了许子麟、沈联芳、陈云秋、朱子佩（朱赤霓的兄）等人，组织二万元的股份，搬迁地方开办新的报馆。我们仅占了一万元

---

① 原文如此。据下面文字看，大老爷系指当时国内各地官吏士绅。

股子，就退位作出版监督人，那报馆的名目就叫做《南洋总汇日报》。起始出版，我们就便宜行使职权，指挥继续《图南日报》革命的工作，废去大清年号，直叫载沣名字，揭发那满清的鄙劣，历数他的野心。当时因为文字上太尖锐，引动了朱子佩之不满意。未有二个月，即开股东大会被他们发出严重警告，要我们不革命，倘若不听，就要我们退职，而兼退股。向来不经侮辱的我同楚楠兄，认是鸟兽不可与同群，因被这一激，就毅然拆回五千元股的原本，预备将来恢复我们革命的宣传机关。这回不够一两个月，孙先生同胡展堂亦来星洲，觉得无宣传的机关不能说话，答应回到香港设法筹措。这便是总汇日报彼〔被〕人夺去的经过。《中兴报》已经初次下种的影子，而南洋有革命性的《图南日报》就此永不见日光了。

星洲书报社、同德书报社及
其他之书报社与中国革命

本党在南洋宣传的机关，除固有的分部外尚有书报社的组织。民国前九年，耶教长老会阁牧师及郑聘庭牧师因设立该教会之青年会，时人多不明青年会用意，疑与教堂相等，故裹足不敢参加。同时彼教会亦无从吸引非教会之人。故当时虽有创立青年会者，亦等于虚设而已。郑君为华人牧师，专司宣传耶教任务，觉传教之困难，乃变通办理，改青年会为阅书报社，附设于教堂，使一般求学无门阅报无资者，亦得着读书阅报的机会。陈楚楠兄与郑聘庭君相识，思欲为互相利用之计，故为之赞助，而完成其意志。开幕时，余得与参加，随亦加入书报社，时亦到会演讲。

彼时我等为办党热心所驱使，无时无地无不留意为党寻宣传之机会，如今获此机会，又安肯放弃耶。每到会演讲，必以种族观念、革命主义向群众讲演，每演说时，听者满座，盛极一时；而书报社社友亦日益繁庶。及孙先生南来星洲时，我等遂以是见告，先生大加嘉许，嘱余等宜加力注意于此种工作，并嘱余等于该社中乘机物色同志。予等因先鼓励郑牧师加入本党，其后继而来者源源不息，较其他方法导人入党为利便。已而郑牧师又尽量介绍其教会中有名誉的信徒，如李镜仁、卢礼朋等多人入党。于是吾党中往往多为教会中人。至于非教徒而加入同盟会者，亦以先入星洲书报社而后入党者不少。

当时有学问的革命分子到星加坡，如展堂、精卫、田梓琴等，无不赴该书报社演讲，取其听众之多而易引人入胜也。斯时演说诸人，最能令人感动者，尤莫如精卫。凡逢到他演说之夕，人未登台，而座已拥满。演讲时，鸦鹊〔雀〕无声，每至一段精彩处，掌声如雷，足见听者注意及其兴奋。但是最难为情的，是英人阁牧师，他设此书报社，原为宣传其圣道，安知吾人假之为宣传革命之机关，不免啧有烦言。郑牧师以同党关系，乃从中解释，始得相安无事。郑牧师盖亦劳苦矣。

星洲书报社成绩既佳，其后继而起者有许子麟所办的公益书报社，何心田君所办的开明书报社，皆不几年因经费无着，而自动停歇。然皆吾党宣传之机关昙花一现，其收效已属不少也。

孙先生甚知书报社有裨益吾党，及民国前三年，以党员既多，乃划星洲同志为数帮（即以方言为一帮，胡汉民所草章程附后），创立书报社。（琼帮同文书报社至辛亥年始成立）潮帮曰同德书报社，粤帮曰开明书报社，其他各埠如吉隆坡、槟城、霹雳、麻坡（启智）、坤甸（图存）亦照星洲成例建组，均先后在于此时成立书报社。推其原始，则星洲报社为先锋也。星洲书报社至今依然存在，惟自民国光复之后，其精神已大不如前，这是我党所引为憾事的。然同德书报社则历二十余载之风霜雨露，硕果仍存，其始终如一至死不懈之精神，冠于南洋一切社团。最近各要人过叻莫不乐受一次之欢迎，心同德合有足致也。

在民国纪元前十年，汕头之阅报所，亦为华侨曾杏村同志所创办。其社友中，当时参预黄冈义举者极多。该社虽三数年消灭，亦可见这是国内的书报社对党效力的一斑，因述书报社并记于此。

分帮之原因 （汉民君手作）

（一）会员已满数百人不能开会员大会。

（二）既不能开会员大会，则有如下之弊端：

甲、会员不相聚集，往往虽属同志亦不识面，且不知为何人。

乙、分会有事欲告会员，无从通消息。

丙、会员情谊不亲。

以此原因，故有分帮之举，其办法如下：

（一）福、潮、客、广各为一帮，琼附入潮，肇附入广。

（二）每帮举代表一人，如分会有事，可又随时告代表，由代表告知各人。

（三）每帮满十人举通信一人（如四十人则举四人），调查会员住址，往来通信。

（四）每帮举司库一人。

（五）会员每月集会一次。

（六）会员所纳分会月捐五毫，集会时交司库，由司库交分会会计，以省烦劳。

（七）各帮代表于他帮开会，可亲往旁听谈论，以资联络而泯界限。

（八）分帮之目的，在于使同志易于亲热，并非横生界限。

黄乃裳君传（张永福文）

黄君黻臣，字乃裳，别署慕华，福州闽清县举人。民国前二十年以乃婿林文庆君介绍，应新加坡古友轩所创办《星报》之聘，任《星报》总编辑席。迨戊戌后，以华侨无大垦殖企图，知波罗洲沙捞越（英保护地）有千万倾〔顷〕之原野未经开辟，乃由文庆君助资，向沙捞越政府批出山林数万英亩，营种殖业。由闽省内地招来工人数千，作大规模农作。命名曰新福洲，大刀阔斧，驱禽蛇，辟山林，如盘古氏之创造新天地，导水治木，与野人同其生活。盖泰伯文身入吴不是过也。不三年地方大治，而所营之农产品亦暂以收获。几如稚形之商埠矣。

惟是乃裳君为耶教中人，对烟（鸦片）酒两毒品生性忌恶。南洋常例，凡港主（凡领巨大种殖区之主人曰港主）领照开辟港门（大区农场）者，有包卖烟酒赌及其他数种大权利。乃裳君虽取得此利权，终以贩鸦片为有伤道德，且而有越教规，决然放弃，不肯售卖。其港门之工人因受乃裳君所陶化，人均自负为新福州之新人物，均戒不抽烟与喝酒。该港全年几不向政府承购鸦片，以不售故不之购也。沙政府检查所属黑籍，各港门承购洋烟者源源，独是新福洲一港，不承销鸦片，对国课饷帑认为极大损失，赫然警告，着其照例交易。至再至三，乃裳君绝不为所动，因而与沙王（沙捞越原由英籍商人所占有，归英国家保护，彼自称曰朥惹或称曰王，地方自行其制度，不受英宪法所制裁）龃龉。最后沙王以黄君过拂其意，即饬其离埠，而新福州之大好田庄由他人管理。功败垂成，黄君因而郁郁回星，亏蚀逾十万余金，其为宗教道德强不售毒品之牺牲，黄君可谓杰者矣。

回星后，以余前与有文字交，日相过访。楚楠兄亦同时与相善。此时适《图南日报》出版已有日，而不大销流，乃与黄作文字上之切磋，心同志合，谈至亡国之凄遑，有如黑奴吁天，谈至国仇之久戴，拔剑起舞，老少亡形（乃裳君六十岁，余三十岁，楚楠十八岁，义顺二十岁，年齿不类也）。情性所感，白发髫龄同一致也。无何，乃裳君患痰喘疾需医，有故乡之行。余是时所复印之《图存篇》（即邹容之《革命先锋》改名）已出版，黄君独贾其勇，愿携带若干册入国内宣传。余与楚楠兄深韪其志，乃赆以千金，函《图存篇》五千卷及其他新出版物百册，临舟送别。黄君自是先到潮州，与许雪秋、林受之两兄认识，送以《图存篇》，引以革命宗旨。又因许而联及黄冈诸友，于是漫及潮中报界学界，如曾杏村、许唯心等人。革命宗旨全潮几为布满，黄冈起义君为之先河，启导之功，至大至宏，信不可没也。

乃裳君在潮活动后，乃回闽养疴。家住省垣，闽中闻人萨镇冰、黄培松均为同寅，绅衿则多故交，青年多门下士，故随时随地皆可自由散播革命种秌〔子〕。将所携之《图存篇》各密赠至罄〔罄〕，闽中有志之士相借传观，或手持一书以熟诵，弥漫全闽，人心一变。（民国十三年余与宋子靖兄闲谈，彼谓彼之革命思想由读《图存篇》而发）迨粤中三月二十九之役，当发动之先，黄君怂动其最信任之青年多人入粤。至黄花冈失事，闽人死义者占至二十位，其中为黄君之门弟子在半数。黄君虽身不躬预，其遥中声应束其爱徒为主义而牺牲，厥功之伟，可谓不在烈士之下矣。

俄而辛亥七月，黄君以闽事已可发动，乃电新加坡向余商款。光复之机会千古难逢，当得张顺善、陈武烈、陈嘉庚、殷雪村、陈先进各同志又福建会馆同赞助，组织福建保安会，不终日筹得巨款，立即电汇闽垣，由黄君一手支配。（光复之前汇黄君，光复后汇孙道仁，共由保安会汇叻银约二十余万金）不数天闽省光复，孙道仁、彭寿松、许崇智执政，黄君任交通长。此时南京尚未定都，闽中又起北伐军，协襄北伐而至统一，黄君始终其事。以六十老翁，创革命之萌芽，自萌芽而至获果，其冒不韪者经过九年，继续工作不遗余力，不以老而自馁，不以穷而自衰，卒而寿享耆耋。暮年目见河山复汉，青天白日之旗扬于太空中。有志竟成，非侥幸也。民国十三年卒于故乡，今已八载矣。吾党中人对此事多不知其原委，爰为详述如右。吾深望闽人操闽政、飨民国之禄者，饮水思源，绣丝铸家，日为黄君纪念。是所厚祝（按：伍联〔连〕德医官即黄君次婿）。民国二十二年寓沪，二十夜灯下作。

中兴报发刊词（胡汉民文）

南洋同志寄书，言方发起《中兴日报》，属为之词，且曰吾人之宗旨，在开发民智，而使数百万华侨生其爱种爱国之思想也。惟夫言论之始，则务求平和，以徐导之，子其不以为谬？予维今日之讥簿〔薄〕吾种民者，辄谓英伦之氓，所至之地，虽百数十人，而自治整齐，严如敌国。若吾华侨之居南洋者，数逾百万，而所至恒不免为人臧获。其言不可谓非事实矣。然彼实未深思所以然。夫谓吾华人生而猥下无自治之性，而彼皙种人独擅之。盍观之东瀛三岛之国，其初见轻蔑无异我华者，今且傲然伸其头角，所至莫敢犯，而几与英美人齐等。抑何道耶？故求吾华侨所以颓弱不振之故，而得其二因焉。

其一曰国力不足以覆之，而政府亦无意于覆之也。自各国领土权发达以来，属人之治一变为原地之治，国家之权力不能伸张于他国领土之上。然为其自国人民之利益而有所拥护争持，则于积极消极之二方面，稳作后援，无殊本国之自为卵翼。盖个人之所以能竞者，视乎其群，更视乎其群之丽〔隶〕属也。彼人皆有国力以为之盾，少有不平，举国以争，则其气日扬而志日遒上。吾华不然，虽极憔悴颠危遇困虐而无所呼吁，纵呼吁之，亦无所应。国又不竞，群之所丽〔隶〕属，外人恒易视之，则姑抑其志气，逊让不遑，阅几岁时，遂以卑屈从顺者为其天职。而所以养成此种习惯者，宁敢谓个人种性之罪耶？

其二曰教育之不及也。吾华之出旅于外者，其始皆蹙迫于生计困绝谋食无所之氓也，未尝涵煦于教育。而其初至厥土，辛苦经营，惟日不足，衣食住之外，无暇他求，曾无足怪。洎乎生计稍丰，知务教育其子弟，亦不过为其营生之便利，使略习外国语言文字而止。若夫道德伦理之教，政治法律之学，则未之有睹。故南洋群岛其工商重大之业，未尝不操诸吾华侨之手，而政治之权，则悉皙种人得之。其政法之极修整，无有待遇不平等者，华人固乐于服从。其稍不然，有阶级之异视者，华人亦不得不戢戢以就范。故泛言工商之天才，则吾华人可睥睨五洲无愧色，惟政治之思想能力，独为缺点。因是缺点，而吾华侨今日之位置乃无术以更进，而推究其本，则皆基于教育之不逮。今世之论者，不探求是二者而思矫治之，不能得则诟厉〔詈〕不置，以为吾人种性之病，何其陋也。

余杭章太炎先生居恒相语，谓南洋之华侨，其所短乃在无自尊之性。斯性也，吾华内国之民，则固乏之，然游东者犹过半不失。其或曰妄自尊大乎，犹贤于妄自菲薄者远矣。余深韪此论。今试执南洋之华侨，而语以民族之大齐，国民之大义，使求个人团体将来安身立命之所，则什九逡巡〔惧〕避席，谓吾侪小人，不足以及此。此所谓妄自菲薄者非耶。其或操业稍裕，家蓄余财，求所以表异于众者不可见。则纳货〔赀〕出粟，估翎顶于伪朝，以为焜耀。然所得至虚假，习久亦生轻厌。其黠而无赖者，乃教以尽心献曝于异族专制之君主，以海外保护之为名，为异日幸分荣禄之阶梯。愚者信之，不惜附和，虽其持之无故，言之不成理，亦姑与为缘。企其说之或信，及其伪终不可掩，蒙欺太甚，而悔悼已无及。嗟呼！使其人自始无依赖之心者，则必不至是，而不识主奴之易位，从盗我者乞其余，甘叱逐而不耻，妄自菲薄，至兹而极矣。

凡是之属，救之之道，惟在日聒以言，提撕其自尊之心，使求自立之道。其智之未开，则觉之；其智既开，而惑于邪也，则正之。人人自发挥其能力，以爱种爱国，则异族罔得为制于内，而我华神明之胄，光复中兴，以此民族厕于他种人之间，则无或敢轻视。举凡今兹所含忍不敢以为不平者也，他日将勿争而自祛。是则中兴报所为奋然龟然思尽其言责者也。惟夫吾同志所谓平和，则当与世俗之论差异。俗论所谓平和者，曰责人以还我河山，此强以所必不应也，非平和也。又曰以就现在之君主，而修其政治为宜，盖以争言民族之辨者为非平和，而为姑息偷安于他族宇下为平和也。若中兴报则以爱国爱种为惟一之揭橥，惟平和其声，而引道以渐。譬之行路，此虽徐行而必至于大道，彼则以歧途为趋者耳。故平和与激烈为程度之分，而非性质之别，或昔以为激烈而今日为平和者，则今日所谓激烈，转瞬亦视为平和，因乎其时代，因乎其时代社会之观察，而非一定不易之故。孩提之童，不能教以疾趋，而离于乳抱者，曾不待教。此吾人所谓平和一道之也。余嘉南洋之创此报，而多数之心理，将自是开发转移，因书所怀抱寄之，俾为发刊之词。[1]

关于潮州黄冈举义事公函[2]（一）

启者：接冯君之信云：驾到香，速仆一晤。因斯日之船洋务员查客，故请思唐先期至香，仆于二十九午后四时到港，则先生已于午前十一点赴星洲。万种衷怀，恨莫能诉。及闻李君思唐

---

① 本文据书前所附发刊词图片校正。——编者注
② 1907 年 5 月 22 日革命党人在广东饶平县黄冈发动起义。5 月 27 日起义失败。是役革命党人战死九十四人，被捕牺牲六十余人。

云，先生寄语两礼拜重来香港，嘱仆等跬香候驾，以故仆等刻仍住香以俟。今值鸿便，敢将饶平之事敬为详陈焉。

初是众议调齐各处于三月同日举事，使官兵不暇兼顾，以备我军易于从事。讵料元月秘机微泄，官查颇急；又值饶平预备已妥，遂议乘此机泄之时，而官场尚在疑似之间，拟不若神速举事，袭其不备。先取潮城，兼占汕头，以固边防，然后从事于各县。遂询于众，众均认可。故派张烜、郭公接两君往饶，后加李思唐、向大昌两君副之，拟约此处之兵赴潮袭潮城。方姓两君则急往黄冈埠，调兵往占汕头。瑞麟、良牧两君则同仆带三百人埋伏城边，六十人预伏城内，以为破门内应。是日则为元月初七日也。是夕两点候至黎明，饶众不至，故仆等不得不暂散回。

顷查饶兵爽约之故，查悉向、李两君到饶已睡，是事公事不之商及。初六传令云：初七四时齐兵。饶之头目正音不熟，误听为十点。在该头目虽错误之罪，而向君等亦难免有不以午后详示之愆。至初七早，诏安兵一千余名聚于浮山墟，至午十二点不见向君，【彼】等即散去大半。漳浦、云霄两处兵有数百至浮山左近，见诏安兵散，不知其故，亦从之而散。彭溪乡八百兵至八仙山，候至四点，方见李君等四位。郭君见人数仅存八九百名，胆怯为少，即命散去。斯时散者三百余人，方忆浮山有兵驻搭，随即赶至浮山。谁料浮山本处之兵千余名，命诏安散存之兵数百兵，自晨候至黄昏，不见李君等到浮调度，亦散去一半，仅存人四五百名而已。斯时彭、浮之兵在八仙山跟李君四位来浮山者，有数百人，兼以浮山所存之众，合有千余人，若此攻潮，尽有余力。无料张、郭、李、向四君胆惊心怯，不敢举事。李君即拟私逃，不通知同人，即先逸去。郭、张、向三君见李先逃，亦从而偕逃。郭君尚劝李君等将散存之兵先夺饶平，以作根据而谋再集。而李君不听，决于〔定〕逃遁。而所存之兵，紧随其后，请问所向。李君见势不美，恐难私逃，即将国票诈云银票，分发众人回去。仆派去之头目薛君，见他等如此仓皇，故不得不保其出饶。此饶事之实是情形也。

所可惜者，饶事失误，仆调方君两位驻黄冈之兵，一经饶事，解散各兵目被黄乃裳之门生陈芸生等乘机谣惑（芸生即前在星洲谒先生之两潮人），兵不敢集，候至天明，饶兵不至，亦为散去。噫嘻！调度若是周密，而竟被误！若如苟张、郭、向、李四君肯实心任事，肯先分两人驻于浮山，则事亦免致此。一旦被误，遂尔冰消，可胜叹也。仆生也晚，阅世浅，而且识疏，故前曾面恳派人相助，在李君等见面不久，窃谓他等来东京，必是经练老成，故敢以重任托之；谁知反被其误，用人不当，仆之罪也。前所列之单共有数处，今仅饶地一处便有人数千，前单所列饶地不过数百，今得此效果，庶已明仆之前言非谬。

刻下饶事，若此刻决要办，别处共有三路，信不敢详，而饶平之事仍要续办，已派林君国英驻饶运动，一面派张、郭两君往嘉应州调人，良牧则往嘉应运动，才进刻未有消息。仆等现暂住香港，与冯、任两君妥商一切也。惟是刻闻黄君乃裳要来香港，与冯君领办潮事，力荐其门生陈芸生、萧竹猗以办潮事。目下冯君意在两可，仆等深知陈等仅有揭阳之钱家寨一处，并黄冈埠两处，不过有人千余而已。仆则仍存海、陆、漳浦、云宵、河婆、汤坑、惠来、漳州、石马、海澄数处，俱未调动，今定续办。此数处之中，择出三路以图再举。此遭定谋妥善，庶不负先生所委也。仆可虑者，恐黄、陈等难靠，他若举事，定于俺宗旨有碍。刻潮中官场其见疑于仆者，一因下等社会被执两名，供出者有之；一因陈芸生私递一函与潮镇道及饶平之事是仆为首。故以潮中道台派委查仆事件，幸该委系仆熟交，故不致有失。陈芸生之恶于此可见一斑。刻下将前镜秋兄所送与他之先生照片作为口实，藉先生之名以骗潮人，此辈诚有碍于大局不浅。此间情形如

此。肃此报告，并候

大安！

仆等许雪秋、方笑龙同顿

东山先生电鉴：

（永按：东山即中山）再者何天翰君经仆请他数次，并未见面。后闻饶事，他竟不敢在家，已即前往省城。钟奇亦是如此。真可笑也。后来之两李君，仆见此人年太稚，不曾留用，他已回兴宁。温、梁两君在元月初六日到仆处，即于初九日往省，亦不敢住汕，因闻饶事之故。

关于潮州黄冈举义事公函（二）

永福、楚楠、子麟、义顺诸君鉴：

敬启者：兹是早接来佳扎〔札〕，诸情详悉。各事如命行事，决不负诸君之苦心。弟前日由叻回时所汇之款，及弟抵香时，经被司事者分发，经余丑被捉及各黄冈人往叻之用无存。此次之项，弟知固以供军事，望诸君竭力将所存之项妥为调来，以应接济之需。弟已先办近丰顺一处，余三处亦定必开办，专候器具而已。而东山（即中山）先生注意海、陆二处，经已函弟到□面商一切，弟定在明日与萱野君同往。往返约六七天之度，交【代】清楚，即刻回来调办。但银项亦甚短小，办四处甚难，祈诸君注意为幸。至该陆丰人到香港后，闻香有查拿之事，他【已】经于数天前渡叻矣。弟所用之人，佛童先生有识之者。至于来信所切嘱者，弟谨记勿忘。诸君免介，余事后伸。此请

大安！

弟许雪秋顿

七月初八日

关于惠州汕尾举义事公函①（三）

楚楠、永福二君鉴：

启者：兹前所付二信，诸事列明，谅经收妥矣。今天又承自由兄接东山先生来信，指定海、陆二处必要开办云。弟所约二处已酌妥，候日开张。兹承冯君自由口信云，接到叻来项千八百元后，交项可再汇，不知何故。弟在叻时交贷四千元，开办二处，现该款诚不足；然虽不足，亦必开办。弟已交代约定先开办一处，余三处俟项到即日起事，祈二君与诸同志速为调项付来，以应急用，勿致有误公事为幸。弟之家眷多数天②付李子伟君带来叻。弟一人偕诸同志努力向前，万不退志。如李君偕敝眷到时，祈为照料为盼。另敝眷定住叻家母舅处。此请
大安！

弟雪顿

七月初四日

关于惠潮举义公函（四）

受之、镜秋、永福、楚楠、子麟、义顺诸君同鉴：

敬启者：尝读《论语》云：曾子曰自三省，惟恐为人谋而不忠，与朋友交而不信，此一人对一人，犹恐有失忠信。武侯未出茅庐之前，刘先主虽三顾，均可不纳；既出之后，则鞠躬尽瘁，凡事无不力为。盖身已许人，不敢反复，自损名义于后世也。今

---

① 1907 年 10 月 12 日许雪秋组织海丰会党，准备在县属汕尾发动起义。是日，孙中山派萱野长知在日本所购之军械，由日轮幸运丸运抵汕尾，因许雪秋准备不足，临时仓促，被清巡逻船发现，卸械未成，起义流产。

② 原文如此。

方君瑞麟，才识兼优，忠义自负，于去年底应许东山先生，返国来帮潮事。既到，弟甚喜慰，待以上宾，居处特别，办事则全权相托，财政亦归其一手，有以教弟，无不言听计从。以致办事诸同志咸言他专制，各怀散志。弟再三两相劝戒，使各相安，忘小怨以望成大事，方使各得有始有卒。不意弟于前月中旬与日人萱君同往东山先生处共议各属办法，回港之后，萱君先自回日本筹备军器，约定电到即专托方君带同海、陆熟悉水路二人驰往，同船押载，俟到之时，可指路径以便起水。不料方君先经应允，继又推诿，后复诈病吐血，力却此任，忽闻于本月初三日早往叻坡矣。方今公事开办在即，正乏人材，他又私行，不知他是何居心。或不愿东行，亦有别任相托；或因多人攻其不是，弟亦未一言相犯；或因他父母妻子回家，遂怀退志，须知忠孝不能两全；或因现今财政缺乏无如前之任其挥霍耶，奈何弃我。弟甚爱其才，办事得力，今已去矣，殊深痛惜。如他到时，祈诸君鼎力相劝，力邀回港，以助弟一臂之力，是所切祷。余事后申。专此。即请

大安！

许雪秋

八月初四日

另者叻款即速汇来，以应急务。在四礼拜内货到即开办。此信秘密。切切！

另者刘任臣寄信来港，扰散人心。如此所为，弟恐于大局有碍，特将他原函寄上，以便查阅，此乃襄南君面交弟者。

诸公同鉴：

敬启者：本七月初九日接据冯君自由报称，蒙汇来一千八百元之款既到，并转交赐下手书，嘱此款专为军用，别项不得滥花等因，殊深感佩。同日并接东山先生来电，希弟亲往面商要公。当即初十日同一日人经〔径〕赴先生处所，商妥一切，顺将星洲情形及捐款

名单呈交先生查鉴。迨本月二十三日回香，欲即举办，既忧款缺。又据自由声称，蒙汇来一千八百元之款，着支一千元为余丑兄讼事之用云云。伏思弟在星时，先汇六百元回香，及弟到日，分文无存。今仅千八百元，又除一千为余丑讼费，所有内地头目来往商事办事诸人正供用费。且当举办在即，军用正繁，财政如此缺乏，何能举动？若内地头目以应承俾买丸药之款，久无给发，万一因此散心，致难收拾，岂不可惜！诸公热心民族，伏祈力救祖国，恳速设法筹款汇应急外，并请一面飞函自由，余丑讼费另筹别款，切勿将军用要需以抵讼费，阻碍既成之功，俾义旗早举，民国速成，同胞幸甚，汉族幸甚。除交自由另函转报外，专此再行布达。敬请

均安！

弟许雪秋顿

关于镇南关军事河内张奂池同志报告书

永福同志义兄：

顷接复教，知各处同志闻镇南关之捷，均欢动鼓舞，可知人心莫不思汉矣。现我军已退守，故再为阁下详细言之，俾同志悉其颠末也。计得南关三炮台足守了七昼夜，因军子码等到文渊，而法关员不准出关，此文渊关口与南关对面交界，只争数里耳。该官员说要在河内法督处有文凭方许过，他是守土之官，以免上台执责之话。他说来亦是道理，即赶反河内法督处运动。及运动准了而龙州三千救兵已到，围绕南关炮台。而我之子码等在文渊，见重重围住，遂不敢运出去。我军在炮台上见子码不接续，而大炮只可攻远不能攻近，故觉心怯，遂将各炮台所有浮动之件乘夜由土司官退走，并无损伤一人，盖土司官预为招应也。

清军见半夜无动静，发人打探，方知我军退了数时矣。是以清官电奏清廷，【谓】彼此数千人攻打了七日夜，方复南关，其

功劳如此夸张，故能邀重赏。实我军不过一百余人得了炮台，守了七昼夜，共计只毙二人。而清军死者七八十人，内有营官一人，哨官三人，另伤者一百二三十人之多。而法官均极赞赏，是以我军退，而文渊、谅山各号法官发火车票着我军各人返落河内，诚恐匿藏在边界被清兵搜捕，故陆续落来河内者有七八十人。而西皇家出饭米，本会租屋而已。据法官言，住在河内俟搜捕静的，然后可出去之话云云。

此次南关退守，闻者惜之，而旁观者不知内有许多难事，偏责办事者不早备子码之件。夫枪码一件，若早买备则无处可藏，必要克有地方，乃能运用多往。不料该法关员不准过，复绕回河内运动，是以迟了一日，若早一日运动，到文渊尚可以出运到炮台也。刻下南关、龙州异常，重兵固守，而我军尚有一支在南宁上思州左右，一支伏在钦廉太平山，又一支伏在云南、广西交界，一支散在海湾左右。

今有西人在谅山与广西连城交界之处开耕，经与他斟允所退出之军招入他田厂内，闲时帮他耕种，见机即举，所有军械均藏在他处。该西人极喜欢，现有百十人在他处，待陆续招往。故近来要四处筹款，为多办枪码之用，若炮码预足，无所拮据，定一鼓可成耳。祈劝各同志踊跃捐输可也。至我军屯藏于西人田厂，实为秘密之事，惟阁下等机密之人知之乃可，切不通传于外，为大一〔一大〕至要矣。

广东西江【缉】捕权及苏路借款，清政府依旧坚执，毫无转机。而袁世凯复抗言，有出头争拒者即拿治之之话，故粤人、苏浙人民甚愤激，将有变动之势。粤督张氏恐变乱，故以好言慰抚，情愿乞休。议者皆怨袁世凯坚执不从民请，而弟独谓袁氏有意暗助吾党，故欲激愤民心而怨清政府也，岂不是暗助吾党乎！盖袁氏为直督，权势如此之大，今招入军枢，不似尽削之！故袁氏怀恨在心，凡事欲借意激愤民心，使其变动，以泄其恨，此老实为有心人，是否质诸高明者审定之。内地人民冥顽不醒，动骂吾党时常作反，扰乱生民，如此太平安乐不遵守之，反而扰坏之之话，实听之屡屡，受尽此等人之责骂矣。今幸有西江捕权、苏浙路事，处处呼救，时时开会，莫不誓死而争，而内地之人方有愤激之心，今非但不责骂吾党，而反有多数催促吾党举事矣，岂非时势使然！而革命之澎涨，往者一年愈一年，今则一时涨一时，有一泻千万里之势，虽移泰山不能堵挡之也。

梁兰泉前两礼拜由星回来，然不敢日出。初回时犹揽有大东家，欲直入广西起事，未知果否。今当在运动未举，然他无路可企，虽欲不举动不得耳。因他不敢出门而手中无赀，不能静伏固守，斯所谓逼虎跳墙，不得不如此矣。仓卒中握管，诸多潦草，实属不敬，统惟知者谅之便可。暨楚楠、陈君及列同志均好！

张奂池详上
丁【未】十二月初六夜一点钟草

胡汉民、汪精卫、冯自由三君来函

（一）

永福、楚楠先生鉴：

星洲盘桓，蒙厚爱逾恒，至以为感。别后于昨十三日正午抵西贡，访问同志，得知高野①先生将于十五日动身来西贡，约十八九日可到。现专俟先生到时商量，始定行止也。此事祈秘密，盖先生此来专为一重要之事而来，故行止甚秘，如晤同志，祈告。以弟及子瑜兄在西贡有所筹画，尚无定期，他去可也。

---

① 孙中山之化名。

吴世荣有信来否？如胡子春可与言者，即祈即电示为望，余事续述。专此。敬请

大安。

弟精卫顿首
十四日早

（弟子瑜附候，不另函）

（二）

永福先生鉴：

弟等抵日厘后，晤梁君瑞祥（别号麟甫），为此地有魄力最热心人。今夜联盟，兹将盟书寄上，祈秘密收藏，并祈复书梁君。附寄星加坡分会章一份，以便设立分会。是所切盼，得书即复。即请

大安！

弟子瑜、精卫顿首
二十八日

回书住址：日里棉兰万安堂梁麟甫收

永福先生足下：

昨寄一书，并梁君瑞祥盟书，想已收到。兹有陈君遇省、李君绍唐亦来加盟，盟书俟后日汇寄，因尚有人来加盟，不如作一次汇寄为便也。梁君之父前曾承筑铁路于荷埠，甚有信用。梁君现资财十余万，为人沈实可倚。陈君现为揸达银行买办，李君亦殷商。如有回信，请寄至万安堂，而函内则书梁、陈、李及各位同志（因日内尚有人入会也）便妥。此上。即请

大安。

弟子瑜、精卫顿首
十一月初一日

永福先生鉴：

前书想已收阅，文共七张，其人之履历如左：

陈遇省　现为揸达银行买办，有热诚，肯任事。

李绍唐　读书通医，为人老成有谋。

陈东和　家资数十万，现开盛合洋行。老成热心，于地方
　　　　上甚有信用，在各商家中甚有名誉，本埠之人
　　　　望也。

谢芋蛋　亦殷商，与陈【东】和同。

江政泉　公司头人，现为大工头。为人慷慨仗义，有魄力，
　　　　得此人则公司中人不难连络矣！

萧锦兰　江政泉之总司理人，与江同心任事。

以上六人皆好人才，而梁瑞祥尤为沈实，能任事。此地开辟
之后，必日益发达，总其事者，当推瑞祥。如有来书请寄梁君
收，书各位同志公鉴便合。此次来日丽，得杨伯文兄之先容及子
瑜兄之乡望，故能在此种树，至于乘凉，请俟他日。专上。即请
义安！

弟精卫顿首
十一月初四日

（三）

楚楠、子麟、永福、百川诸同志先生大鉴：

日前得电，汇款千八百金，均已妥收；来教数通亦已拜读。
知中兴报日内出版，甚慰。黄燕南抵港后并未晤面，及得张君函
告，乃访之办事者，始悉彼已因清吏侦探严案之故，旋即返里
矣。潮、惠局面已大有端绪，布置虽妥，尚须候大帮械来乃可大
举。今械事亦妥，其未解决者，惟在入口安全与否之问题，大约
月内亦可办妥。所惜者，则以军费不足，运动为之不灵，殊属憾

事。盖来款之数尚缺千余元，乃可大张旗鼓，否则虽能举事，而乏数处重要地点之响应，于军事上实有极大关系，万不能涣视者。目下诸事齐备，所以未敢■路并举者，即为经济问题。诸念许君等办事之棘手，及军务之吃紧，即将未收之款，早日收齐电汇，以济急需，实为至要。此举关系全局至巨，伏乞注意！注意！匆匆。并候

侠安！

弟冯自由上

七月初九日①

（四）

永福、楚楠两兄大鉴：

来款百元已由阮君交到。所以迟迟者，因阮君抵港即病，莫能兴至，前天始稍愈，昨始会面也。承嘱病体莫能抽笔寄语公等，蒙盛筵厚钱，不胜感谢云云。□□历史之秽，于吾党名誉大有关系，故已婉辞却之，请公等再写一信以拒绝之，谓已得人可也。荫田赴叻一事，今又改议，因本处团体以荫田为过于躁急，且于贵埠极不相宜；而彼适有就陈君景华之聘等事，故遂劝其赴暹，不作往叻之想矣。贵报开办期迫，故由本报挑选现任记者何君涤仙就贵报之聘，决于本月十八日搭日本邮船镰仓丸启程。何君前在《珠江镜》及《亚洲报》文名甚盛，本报此次自治征文第二名，及《亡国恨》、《火山》、《报仇》等戏本即其佳作，庄、谐两部无所不能，亦本会员也，且性情沈实，绝无近日志士轻浮之习气。弟初已欲荐其往贵报，惟彼以家事未能远行；今以贵报需人孔亟，乃慨然就聘。同行有李君惠广，亦本报记者，因有生意在南洋要往经理，或至叻始托何君绍介，未可定也。各事甚

---

① 此函当为1907年事。

佳，余容后告，并候近好。

冯自由上

五月二十三日

（五）

楚楠、永福、子麟诸同志大鉴：

许君已往会中山君，数日回，即大举。乞即将余款未收者，即日收齐电汇，以应急需。军情急迫，万勿延缓。切祷！又敝报代办铅字尚欠百九十余元，并望早日汇下，至要，至要！中兴报仍未出版，盼切！并候

侠安！

弟冯自由上

七月二十日①

（六）

楚楠、子麟、永福、子瑜我兄均鉴：

启者：东江经营之事，海内外属〔瞩〕目，而功成九仞，忽遭意外，为人力所不能抗者，以致挫顿，（其详细可由雪兄自报告）殊足痛惜。兹雪兄等力气不为之折，誓为卷土重来之举。即彼处机局，虽有所阻，而大势依然未尝败坏，所缺欠者，则此再图之经费。日本同志萱野长知君此度为吾党主事，尽力经营，牺牲甚巨，而未睹成功，亦誓不生还瀛国。因与雪兄同莅南洋各埠，为经济之运动，企集众腋以图之。盖惠、潮之事，今虽暂停而前功未废，况得战阵之士如萱野君等以为助，（萱野君外尚有日本陆【军】大尉、士官数人。萱野君曾在东三省日俄之战争时代，屡与马豪联合，辄战胜俄兵）其成绩当出前者期望之外。

---

① 此函当为 1907 年事。

吾党有志光复者，断不因一次之小挫而灰心。加以异国之人，犹且尽力如是，尤足生其观感。所望诸兄尽力之所能及而辅助之。潮事关于大局至重，而可否再图，纯视经济问题之解决。弟等不胜祈盼之至。专此。即致

侠安！

弟冯自由、胡衍鸿顿首①

---

① 衍鸿即胡汉民。原文据书前所附图片抄录。

槟榔屿华侨革命回忆录

陈新政 著　杨光辉 整理

编者按：陈新政（1880～1921），名文图，以字行。福建厦门人。清末民初南洋华侨革命活动家。十九岁时随父至槟榔屿经商，后加入同盟会。他曾参与组建槟城阅书报社和创办《光华日报》的活动。1911年协助孙中山改组槟榔屿同盟会，同年支持孙中山、黄兴等人领导的广州起义和武昌起义，在筹集军饷工作中起过重要作用。民国成立后，加入国民党，支持反袁斗争。二次革命失败后，任中华革命党槟榔屿支部书记，团结华侨中的革命分子，支持国内反对北洋军阀的斗争。

此文是陈新政于1921年1月10日在槟城阅书报社成立十三周年纪会大会上的讲话。文中所述槟榔屿清末民初华侨革命斗争的历史和孙中山、黄兴、胡汉民、汪精卫等人在槟榔屿的活动，乃为作者亲身经历。文字叙述具体详实，对于研究华侨革命史及辛亥革命史均有较高的史料价值。原文题名为《华侨革命史》，收入《陈新政遗集》。此书世上稀见，今节出，易以今名，刊录于此，供研究者参考。

民国十年一月十号，为本社十三周纪念，鄙人得与诸君聚首一堂，不胜欣幸。叨蒙诸君不弃，举弟演述本社经过情形。既承诸君所命，鄙人敢不尽所知者分作两段，略为诸君言之：（一）本社未成立以前；（一）本社已成立以后。追述前事，借资勉励，谅亦同志诸君所乐闻乎。

一 本社未成立以前

今日同人在此礼堂开纪念典礼，向国旗与孙中山先生行鞠躬礼。此礼堂即孙中山先生当日初到槟时，曾在此说头一句革命、受人白眼之所，今已归本社购置，实可作提倡革命之纪念。盖为本社所，就是从前小兰亭俱乐部。孙中山在吉隆坡得丘君之介绍，前来小兰亭，欲访某资本家，某资本家匿而不见。幸有吴君世荣、黄君金庆亦小兰亭社友也，素本热心爱国，一闻孙中山之言论，甚赞许之，乃出为招待。屿中有数位热心国事者，素仰孙中山之为人，亦来晤会。迨孙中山欲离槟之时，吴、黄二君特设盛筵为之祖饯，广招小兰亭社友及屿中数热心家陪席。盖欲借是以联络侨情，实行灌输三民主义。酒酣，孙中山起而演讲三民主义及满虏不去吾国必亡诸理由。是时除吴、黄二君及数热心家引为同志外，其余大多摇首咋舌，目为反王，讥为无父无君，甚至不待终席而避去，告其友曰：新安社为着丘菽园受了保皇党康有为的当，几乎被剿；今孙文欲倡革命，更为利害，吾辈国内俱有家属，岂可造反而受诛夷之惨乎？彼辈食番薯粥讲皇帝话，三个钱民壮，为国担忧（闽语意谓身微，不应说国事），吾人切不可亲近云。自是之后，一般无意识者视革命如蛇蝎，颇难鼓吹。迨后孙中山同黄克强、胡汉民、汪精卫、李竹痴再来槟屿，仍寓小兰亭。同人为欲传播三民主义，乃借平章会馆开演说大会，孙、黄、胡、汪、李俱有发挥伟论。大意谓：满虏盗我国政，奴我同胞，吾人必起而革命，以救祖国。是时竟有认贼作父之保皇党起而阻止，谓革命党毁谤皇太后，平章为两省公共机关，不应演此无父无君是禽兽之语。同人起与辩难，该保妖始知难而退。然平章经此之后，某大董事为恐得罪满虏，竟订章程，不准在平章会馆讲革命。此后凡欲借此演说，必先将演词呈阅，方准借用。于此可见彼辈尽忠满虏之用心矣。黄克强先生撰一辫尾演说词，同人担任印刷，遍布侨众。中有"猪尾与禽兽衣冠，乃吾祖先受满虏所强迫"。因此"猪尾"二字，颇惹庸众之嫉视，舆论哗然。同人勇往直前，不稍顾忌，大肆鼓吹，始得同志十余人。

此次孙、黄、胡、汪诸先生，专为唤醒海外华侨，谋在国内举义，特来筹款。故召集同志，晓以大义，遂筹得数千元。孙、黄、胡遂入国内图谋举义，汪先生在海外筹款应接。未几一电传来，谓镇南关一举已得手，要塞炮台已为我军所得，凡我军所过，秋毫无犯，甚得居民之欢迎。继与陆荣廷、龙济光之兵战，后遂不支而散。越后再有图谋河口之举，孙中山、胡汉民、黄龙生、汪精卫再来槟筹款，同人借林君紫盛在三角田之别墅为招待。复同人一面鼓吹筹款，一面提议组织本社，大得孙、胡、汪、黄之赞成，汪君于数刻之间代草就本社章程。忽一日密电传来，报河口经已得手，委汇巨款接应。孙中山甚为着急，极力鼓吹，只筹数千元汇去接济。当来电之时，忆汪君在瑞福楼上指一舆图而言曰：河口经已得手，蒙自军队早已赞成，若蒙自响应，则云南唾手可得矣。同人方盼佳电之传来。讵意一电传到，已报告失败矣。党军五百余人，退至安南，被法政府遣送出境，而来新加坡。讵意星洲总督不许登岸，后经法领事出而交涉，始准登岸。诸同志以我党军初到海外，衣服求一律，以壮观瞻，乃购衣服下船，与之穿换。起岸之后，遍令游行街道，以醒侨胞耳目。后诸同志乃代觅生活，向石山雇工去矣。是时汪君尚在槟，予乃请汪君在三山公所演说。汪君演吾闽有一伟人郑成功，在金、厦二岛抗拒清朝全师，延大明年号三十余年。及郑爽据台湾失败，漳、泉人素多仗义，帮同郑成功起义，故满虏下海禁之令，漳、泉人因之不能回家，迫不得已，始浮海南来，开辟草莱，为吾侨先锋。汪君所演，为众所赞许，鼓掌之声，如雷贯耳。越晚同人再租新街新舞台，请汪君演说，听者数千人。历数建虏之失政，吾人为救国计，不可不急图革命。所演各节，听者为之动容。乃保皇妖党，故意捣乱会场，幸同人早有预备，曾请一英人警察前来监视，始将保妖逐出，会场秩序始得安静。越晚小兰亭再请汪君演说，座无虚位。汪君言满虏只知吸吾民膏血，不知振兴实业，如我国所产各原料，洋人以贱价采去制造，然后运销中国，漏卮不塞，为害非轻。凡汪君所演，题目翻新，事事中肯，故能引听者之信仰。论者谓南洋侨胞多能觉悟，实汪君之力，信不诬也。

南洋革命主义，所以日见昌明者，虽为孙、黄、胡鼓吹之力，然亦受香港《中国日报》，东京《民报》，巴黎《新世纪报》，星洲张永福、陈楚楠所办之《图南日报》及诸同志共组之《中兴日报》，仰光同志所办之光华、进化、缅甸三报，暹罗萧佛成所办之《华暹日报》，本屿同人所办之《光华日报》，周之贞、郭汉图、林苇舫与诸同志所办之《星洲晨报》，黄吉辰与诸同志所创之《南侨日报》，吉隆坡阮德三与同志所办之《侨声报》等，鼓励之力为多（上列各报皆民国未成立以前）。中兴报常与保皇党总汇报笔战。彼保皇党第三把交椅之徐勤著《革命不能行于今日》及《革命召瓜分》与《满洲本我同种》诸谬说，被汪精卫先生驳得痛快淋漓，题曰《非革命不足以救亡》及《革命足以杜瓜分》，皆当日汪先生得意之大作也。余如胡汉民、恨海（即田桐）、药石（即居正）、斧军、绍轩俱有驳论，旗鼓相当，颇能各守辩论之范围。后将徐勤驳得落花流水，襆被而逃。余如华暹报与《保皇报》笔战，《光华报》与《槟城报》笔战，《进化报》与《商务报》战，彼反对报无不战败而逃。论者谓保皇党虽鼓如簧之舌，终不敌革命党者，为根本不正故也。彼时南洋虽有保皇与革命两党，然保皇党终未敢以保皇自居，而革命党人则自认不讳，识者已知两党将来魄力之所在矣。彼时中兴报基本甚薄，未出版时，股款将罄；迨出版后，经济甚急；后又与总汇报兴讼，金融更见恐慌，乃向各埠同志频呼庚癸。南洋同志曾数次赞助，继为周转不灵，中兴停办。《星洲晨报》继之。本屿同人，自孙、黄、汪、胡来槟鼓吹时代，亦思创一报馆，股款经已招足，名曰"光华"；继为一千九百零七年受锡价崩跌之影响，未能出版。故将"光华"二字，让与仰光同志出版。主笔政者为吕天民（即吕志伊）、居觉生（即居正）、杨秋鸿、刘思复。曾出一征联，题曰"摄政王兴，摄政王亡，建虏兴亡两摄政"。对得冠军者，为本屿同志朱光祖（即朱益三），对云："驱胡者豪，驱胡者杰，汉家豪杰再驱胡。"今此联已成谶语矣。继为某资本家出殡，请清领事为之点主。该领事本欧装，临时戴假辫，穿禽兽衣冠。故《光华报》出一"领事神主"联语以讥之，联云："领卸欧而易满，伸鞑虏马蹄，加作神脚；事损己以从人，移龟玉之污点，添为主头"。为此联语，致某资本家愤甚，运动当地无意识之绅士，联名禀请当道，要求将编辑觉生、经理陈某驱逐出境。于是光华停刊，改办《进化报》。

当觉生出境时，仰光同志捐资为君作旅费。本定自由出境，按照自由出境，印度到屿本可登岸，乃船抵槟时，予下船招待，见警察亦落船监视，不准上岸。是日乃星期日，衙门停歇，无可营救，予乃将觉生君汇某商号之票八百元，提交觉生。该船途出星洲，予即发去三电：一交《星洲晨报》，一交张永福，一交广亿昌，告以觉生在仰，乘印度公司船自由出境，预备聘状师担保，就星洲转去荷兰属地。是时适胡汉民在星，故与星洲同志商聘状师，要求英政府准觉生自由他往，不可抽交中国政府。因觉生乃革命党，必不容于政府。后为该印度公司之船要往日本，乃许觉生随船而去。到东后，觉生君住于楚北学舍，时与予通信。居君实吾党健将，辛亥武昌举义，君运动之力为多，上马杀贼，下马作露布，居君之才足以当之而无愧矣。

当时南洋保皇党死心扶满，当那拉氏与光绪死毙之时，本屿保妖陈介叔竟冒吴德志之名，电达虏廷，请诛袁世凯。仰光同志电致清廷，告以将帝位交还汉人袁世凯。然此虽孟浪，无补于事，可知当日保皇与革命心理之所在矣。

本屿自汪君演说后，赞成革命主义者虽日见其多，而大多数无意识之顽固派，对于吾党时加侮蔑。有曰：革命如能成功，彼愿蹈海而死。甚至同志中有因加入本党而受其东家之革退者，有因革命主义为守旧派所仇视，致危及营业者。本屿如是，他埠亦然，南洋虽宽，吾党几无立足之地。同人因宣传主义与人舌战而至于恶感者，比比然也。同人苦心孤诣，不稍退让，卒能唤醒侨人，同志日众。然为欲普遍吾党主义起见，非设一办事机关不可。于是组织本社之议，积极进行。第一次会议在吴世荣君之瑞福园，到者二十余人。适汪精卫先生有仰光之行，亦莅斯会，一致赞成。遂筹得开办费千余元，月捐数百元。费用既足，乃在平章会馆开第二次会议。兹将当日之传单与发起人列左。

本年十三日①礼拜上午十二点，在平章会馆集议，开办槟城阅书报社，业经请准华民政务司，届期务望热心公益之同志玉临赐教，有厚望焉。谨此奉览。

发起人：吴世荣、黄金庆、陈新政、丘明昶、杨彩霞、熊玉珊、陈萝龄、丘开端、丘兆黑、饶纯斋、李慕参、林紫盛、林挺生、裕生春、薛南、黄奕坤、李公剑、邓兆侣、沈瑞意、古伟堂、林建春、岑宪臻、林和财、张伟、杨如金。

赞成人：梁从云、林贻博、宋煊发、饶集蓉、陈瑞东、张显

---

① 即 1908 年 12 月 12 日。

辰、李凤苞、曾集棠、陈文波。

戊申十一月十一日传单

是日到会者三十余人。遂公举职员,分途办理,筹备在柑仔园九十四号门牌行开幕礼。适邓慕韩君来槟筹募《竞业日报》股份,乃请邓君演说,社友来宾,济济一堂。自是之后,凡诸党人到屿,无不请其发挥伟论。按每月所开演说会,至少亦有数次,而诸同志晚间到社讨论者,月无虚夕。目所染者,无非革命主义之书报;口所言者,无非救国之言论。其一种团结新精神,非今日所能形容。此本社当日成立时之伟观也。

二　本社成立以后

本社成立未久,即有陶君成章持孙中山介绍书,前来筹款,曾在本社演说。共筹有成千元,声明须起义时,方欲鸠收。后欲再向孙中山索介绍函,向各埠收款,孙中山未与介绍书,致陶成章遂起猜疑,于是悻悻而去泗水,自组光复会,与章炳麟取同一态度。然秘密社会,名称虽异,宗旨则一,异途同归,本无害于党义。奈情感稍疏,意见便生,此实秘密社会之所不能免。会《民报》经费支绌,章先生曾数电孙先生告急。是时适镇南关初败,而有钦廉、河口之举,经济十分奇困,孙先生无款可应,致章先生顿生误会,遂与陶成章同布一印刷品,攻讦孙中山、汪精卫、胡汉民。大意谓:孙中山到东京则云,南洋资本家尽吾同志,至南洋则云,日本留学生尽入吾党。岂南洋资本家如此众多,《民报》支绌,分文不助云云。同人知章先生所言确有误解,故将该印刷品焚化,致函章氏辨明孙氏经济之苦,劝以不可误会。迨后日本政府受清公使唐绍仪①之运动,竟诬《民报》鼓

---

① 原文如此。唐绍仪未担任过清驻日公使。

吹无政府主义，勒令停刊。章氏愤甚，曾与日政府兴讼，当堂骂日本卖淫国。于此可见章氏胆量之豪矣。然章氏虽勇敢，奈日政府已受清廷运动，《民报》终受扼停版矣。南洋同志闻此恶耗，不胜愤激，于是党事日益发扬。

本社为引导吾侨渡入文明之机关，如侨人一入本社，受吾党革命主义之熏陶，爱国思想已臻极点，然后介绍入党。凡入党者，须有熟识同志作介绍，在主盟人面前举手发誓，签号盟约，乃将盟约付去东京机关部注册，发还号数，以作证据。盟约式列下：

联盟人某省某府某县人，现年某岁，当天发誓，同心协力，驱除鞑虏（后改驱除鞑虏清朝），恢复中华，创立民国政府（后改创立中华民国），平均地权（后改实行民生主义），有始有卒，矢信矢忠，如有渝此，任众处罚。末署年月日，介绍人，主盟人，联盟人。

不收会费与基金。会中设有口号，以证同党，如问何事何物何人，皆以中华答之。行握手礼，以四指交对紧握，则知为同党人矣。

当汪精卫在槟时，有陈璧君女士者，粤商陈耕荃之女也，时来黄君金庆所开之维新书室购书。是时同人为传布革命主义，曾购《革命先锋》等书赠阅侨人，故亦赠陈女士数册。陈女士常到吴君世荣处，适汪君精卫亦常在座。陈女士颇能解不效雌伏而愿雄飞主义，举止大方。汪君曾告以吾人虽倡男女平等，破除界限，然当此初倡时代，男女亦当有别，以免贻人口实。陈女士有母曰卫月朗、欧聘珍，恒与女士同来，甚佩汪君之为人。陈君耕荃闻之，甚为畏惧，盖恐受革命党所波累也。戊申汪君崀往仰光，运动党务，陈女士往东京留学。迨后汪君自仰乘印刷公司轮船欲往日本，途经本屿，予曾下船招待。越日汪君随船动程，崀往日本，继续《民报》第二十六期。嗣后汪君为党中人所激动，

及屡受保皇党讥为专叫人家去革了命，自己可以安安稳稳，到处
受人欢迎，那作伟人是很便宜云。汪君受此刺激，早萌牺牲生
命，而与虏酋拼命之志，故与黄复生、陈璧君谋在北京创设守真
影相馆为机关。然此种计画，非财不举，陈璧君即回槟屿，变卖
其母亲之首饰数千元，以助汪君北行之费用。会谋炸摄政王事
泄，汪、黄二君被逮，璧君事前离北京，得免于难。当日虏廷自
受徐锡麟、吴樾炸弹之教训，知人心不可以强制，思欲以温和手
段而缓和之，一欲平党人之气，敷衍假立宪招牌；二欲虚张假文
明，迎合外人心理。汪、黄二君因得以免受死刑，而定为终身监
禁。临讯之日，汪、黄索笔自供数十万言，历数满虏罪状，问官
为之咋舌。南洋同志得此恶耗，无不痛哭流涕，时加哀悼。兹将
汪君致南洋同志亲笔函录下，于此可见南洋同志与汪君感情之
厚矣。

汪精卫致南洋同志手书

南洋同志公鉴：

　　弟自去岁小除夕离星架坡，尔来遂与诸同志不复相见，至于
今将一年矣。此一年中为此事之故，来往奔走，仆仆不定其居，
屡接诸同志来书，殷殷存问。所尤不忘者，仰光同志曾电召弟
往，而弟皆未尝一报，每念及之，辄悚然不安。顾弟所以不敢报
书者，以既承诸同志存问，不能不述近状以告。将以实相告耶？
则事尚未发，不能预言；将饰词以相告耶？则是欺也。以是之
故，竟踌躇而不告。今者，将赴北京，此行无论事之成否，皆必
无生还之望。故预为此书，托友人汉民代存，俟弟事发后，即为
代寄，以补前此疏忽之过，望勿以迟延为罪。幸甚幸甚。

　　再，为朋友者，于临别之际，必有赠言，况将死之时耶？惟
弟所欲言者，平日已宣之于《民报》及中兴报。而《民报》第
二十六期所载《革命之决心》之论文，则将生平所为文字，约
而言之，请即以此为弟将死之言可也。惟弟于将死之时，犹有所

歉然于中者，则以今春弟将为此事，平生师友知而责之，以为死之易，不如生之难，宜留此身，以当艰屯。其所谆谆责备者，弟心识之矣。顾以革命之事，条理万端，人当各就其性之所近者，择其一而致力焉。既致力于是，则当专心致志，死而后已，然后无负于初心也。今弟既致力于是矣，而年来与诸同事往来于目的地，相约前仆后继，期于必制狂虏之死命，故虽闻师友之督责，亦一往而不留，亦以耿耿此心，可对于师友也。然死者长已矣，至于生者，因将来革命之风潮日高，而其所负之责任亦日重，其劳瘁苦况必有十倍于今日者。弟不敏，先同志而死，不获共尝将来之艰难，此诚所深自愧恧者。望诸同志于已死者勿宽其责备，而于生者则务为团结，以厚集其力。惟相信而后能相爱，惟相爱而后能相助。毋惑于馋言，毋被离间于群小，毋以形迹偶疏而睽其感情，毋以行事过秘而疑其心术。盖有此四者，往往使团结为之疏懈，凡诸党派所不能免，而秘密性质之革命党则尤不能免。有如近日章炳麟、陶成章等，散布流言离间同志，是其一例，愿诸同志慎之也。嗟夫！革命之责任必纯洁而有勇者，乃能负之以趋，非诸同志之望而谁望！愿诸同志同心协力，固现在之基础，努将来之进行，则革命之成功，有如明朝旭日之必东升矣。弟虽流血于菜市街头，犹张目以望革命军之入都门也。言尽于此，伏惟自爱。手此告别，敬候

道安！

弟汪精卫顿首

十一月十日.

汉君被难后，璧君与汉民来槟，欲谋营救，同人借丹绒武雅海滨许心广之园为招待所。是夜同志毕集，孙中山亦在座，汉民起而报告精卫被难及已定监禁终身并营救方法，声泪俱下。诸同志无不感动，惨然下泪。遂筹得一千余元。散会后，汉民在屋外散步，忽高声大哭，同人误以为或有意外，群出护卫汉民入室，

卧于床上，仍是凄楚哀鸣。同人知为感触精卫而哭，予以好意欲劝胡君勿哭，然为粤语不甚娴熟，措词坚梗曰：不好哭，哭无益。越日，胡君草一与精卫由来之关系书，谓志同道合，焉得不哭，而不知者，以哭无益。予观胡君书意，自知词不婉转，致胡君误会。然屿虽筹得千余元，终嫌为数无多，不济于事，即公举黄金庆、吴世荣同汉民、璧君前去星洲筹款。到星之日，有一同志开厅宴请黄、吴二君。黄君谓：吾人为党事而来，风花之所切不可去，万一被反对报刊出，岂不贻笑于人，而丧失吾人高尚之人格乎？吴君则以为此来虽为党事，然目的在于筹款，何如乘此机会，向诸人接洽，成效必巨。但二君所言，虽各有至理，后乃各行其是。吴君自去应酬，黄君则称事不去。嗣在星洲筹得千余元，连屿款交与璧君、汉民挪回香港，在九龙设一机关，与黎仲实等共谋营救之法，未得要领。会辛亥武昌举义，各省响应，满廷一日数惊，北京岌岌可危，故起用袁世凯出任内阁。袁氏知革命风云已充满南北，非与民党接洽，断难就绪，乃请将汪精卫、黄复生放生出，以讨好民党，而作与民党接近之地步。袁之计，诚巧矣哉。是时，本屿接一密电云：精卫出将归。诸同志得此电报，喜出望外，如获至宝。于此可见汪君感人之深矣。嗣以粤人举汪君为粤都督，汪君辞不就职，同璧君来槟，即与璧君行结婚式。席间陈耕荃起而宣布曰：今日小女璧君与小婿精卫结婚。予忽感起陈君从前视革命如毒蛇猛兽，今已喜结姻娅，不如从前之惧怕矣。璧君以爱精卫故，而能与汪君同冒险，得汪君之情感，今目的已达，可谓善于用情者矣。识者，谓精卫初本无意婚事，迨北京谋炸摄酋将发之时，自分必死，故应璧君之要求，许以今生情已尽，愿结再生缘，因而立约焉。此回结婚，即履行此婚约者。汪君尚有一未婚妻刘氏，知精卫出狱，曾派人到上海接洽婚事。凡同志中有劝汪君事势至此，何如两美并纳者，皆遭璧君之愤懑。汪君对予言，彼之未婚妻刘氏家属，前恐革命连累，故双方许退婚约，其兄已将刘氏许配潘某，于归之期有日矣。刘氏不嫁，即逃香港学医。是彼与刘氏之关系早已断绝，今彼已与璧君结婚，断无身倡一夫一妻主义者，而犹犯之。汪君品性慈祥，和霭可亲，故诸同志无不钦佩之。璧君性豪傲，睥睨一切。今有情人已成眷，亦吾党海外运动中之一段佳话也。

庚戌元月，新军失败，倪君映典死焉。适孙中山自美洲东归，不容于日政府，无处立足，故来居槟榔屿。遂将同盟会总机关重整旗鼓，公举正副会长，委任主盟人，同志中人分排列人数，排列各有长。凡有通告者，由机关部通与列长，由列长通与排长，由排长通与各个人，各司其职，堪称便利。聘周君华为总书记（周君辛亥三月廿九为国殉难）。各埠均设有分会，会员达数十万众。孙中山自居本屿，国内外同志前来商议者，相望于途。国内援助党人，国外招待同志，几有周急不断之叹。孙中山同其正如二夫人及其二女，税居于四坎店花园侧之四百零四号门牌，屋租每月二十金，日用之资，常虞不给。后诸同志乃议决：凡招待同志川资旅费，由全体会员临时酌量签助，而孙中山之日常费，应请经济稍裕之同志作长期之担任。予与黄金庆、吴世荣、丘明昶、潘奕源、丘开端、柯清倬、熊玉珊、陈述斋，谢逸桥、陆文辉共担是费。每月约一百二三十金，由以上十一人分担。经济如此，可知孙中山之艰困矣。会赵声（字伯先）、黄兴、胡汉民、孙眉（孙中山胞兄，在檀岛倾家助革命）等来议于此，对于经济一层甚抱悲观。孙中山乃召集诸同志，在打铜街一百二十号门牌本社开会（时本社自柑仔园迁此）。孙中山历述前此起义之经过，耗尽精神，费了巨款，损失同志生命，不屈不挠，再接再厉，原冀必有成功之一日。今此回国内运动，已经成熟，凡军界无不赞成。今日满洲之军队，即他日我军之劲旅，成败利钝，在此一举。今日所患者，财政而已。倘筹有的款，敢信一举可以成功。倘若不成，予亦无面目再见诸同志。予本知南洋同志为党事牺牲不少，亦颇困穷，然责无旁贷，非同志之助而谁助！望极力赞成，以成此最后之功业。万一不成，文当匿迹空山，不敢再累诸同志矣。同人闻此痛切语，无不感动。予亦起而言曰，据孙中山先生所述，此次既极有把握，望各同志大解义囊，以襄斯举。设不成功，孙中山既欲引退，吾辈亦让之后人可也。在座遂捐得八千余元，越日赶收捐款。孙先生一面遣派代表回国接济党人，以作卷土重来之计；一面遣代表分途向各埠劝捐，以备资助军需之用。黄克强、胡汉民曾到四州府，鼓励捐款，成效甚佳。邓泽如、郑螺生、王源水（今复姓李源水）、李孝章、丘怡领、蔡炽三、谭扬为四州府最得力同志。谭扬曾变卖屋业数千元助军需，更为难能而可贵者。兹将各埠重要份子列下，此系凭予一己之忆力及根据《民报》出力筹款者（机关部党人名录自民国三年被匪人唆弄当道，顿起风潮，故付之一炬），倘有遗漏，望为指正，以便补录。

瓜朥卑朥：邓泽如

芙蓉：谭德栋（即谭扬）、蔡炽三、黄心持、朱赤霓、林作舟

吉隆埠：丘怡领、陈占梅

怡保：郑螺生、王源水、李孝章，以新改良商号为机关，郭应章等以文明阁为机关。

新架坡同德书报社、民铎社：张永福、陈楚楠、林义顺、潘兆鹏、邓子瑜、杨伯文、沈联芳、叶耀庭、陈进先、陈祯祥、俞风绍、丘继显、何悟叟、许子麟、何德如、黄吉辰、周献瑞

仰光觉民书报社：庄银安、徐赞周、何荫三、饶潜川、陈仲赫、邝光熙、陈守金、陈植汗、陈玉着、张永福、林文曲、黄水田、曾宗贤、魏声献、陈钟历

缅甸勃傲：杜国操、杜启仁

瓦城振汉书报社：杨承烈、陈泰高

缅甸皎墨：赵泽圃、吴荣卿

太平：林翰泉、陈志东①

古劳：许瑞廷、何云皋

亚齐士吉利：曾文阵、李铁山

蔴坡：刘静山

峇东昔海：何惠琼

亚劳邦士：苏逢春、苏松柏

彭亨立卑：宋吉鸣

实突：许福卿

大巴东：杨汉、孙加彰、杨穆如

瓜胜古毛：黄爱群

和丰：张洪初

彭亨都拉沈制胡启蒙书报社：朱祉香

彭亨胜勿：高梦云

怡保：戴秋宾、廖子贞、曾顺卿

朱毛：伍秋雨

金宝：王丕显

拿乞：邓星南

鉴光巴央群益书报社：王月洲、高丕山

广益学堂：万里望、黄伟民

智群书报社：古植珊

端洛达通学校

打们叶兢争

红毛丹叶烦昌

务边文明书报社：黄屏伯

暗邦：李跃南

---

① 冯自由著《革命逸史》为陈志安。

芙蓉知知华商书报社：林泽南

亚齐美崙：黄玉珊

布先益智书报社：蔡卓南

隆邦：谢继汉

泗文丹：丘守如、杨剑虹

笼葛：袁简文

积菉营：曾赞卿

甲洞：叶迈凡

董里：徐柏如

吉礁：付荣华、林有祥

高仔武胜：林玉桂

通扣：张耀珊

日里民礼：王廷良

棉兰：梁瑞祥、李增辉、苏英会、叶燕浅、黄展骥、张瑞波、林子光、张进辉、谢芋蛋

火水山：黄捷云、卢培学

高烟：刘柳村

力思公益书报社：黄昌埕

什武牙：李楚廷、林棉仔

浮炉山背公益书报社：徐瑞霖、张振南、新文英、丘开端

关丹：林明、丘沧海

泗水保虞社

明新书报社：蒋报和，王少文

三宝垄乐群书报社：江金耀

马六甲：李月池，萧香涛、郭巨川

冷沙：周恭英，周光集

亚齐国强学校

直名丁宜：欧炳亮、张鹤亭

美利宾《警东新报》：刘涤环

暹罗：萧佛成

沙湾：陆升如

坤甸：沈复权、李义侠

安南河内：张焕池

海防：林焕廷

印度架吉打明新书报社：熊升初

巴城阅书报社

华侨教育会

江沙觉民书报社：薛木本、伍蕴山

巴生：颜穆闻、吴彩若、林幸福

彭亨文冬：熊文初

甲板：谢八尧

槟城：黄金庆、吴世荣、丘明昶、杨汉翔、林福全、熊玉珊、谢敬群、古伟堂、林如德、丘开端、黄奕坤，饶纯斋、潘奕源，林文琴、徐洋溢、柯清卓、林贻博、杨如金、许致云、薛南、黄长美、蔡益敏、徐积余、张冲彪、凌荣枝、潘汉伟、许清江、曾受兰、罗少隽、丘文绍、陈普霖、黄子择、陈迪安、李慕参、何建山、崔凤朝、林世安、紧祥瑞、陈经堂、谢此篇、郑绍权、李凤苞、王照堂、刘日三、谢明远、谢逸桥、林锦麟、陈传统、林文露、朱益三、谢四端、魏阮生、吴裕再、吕毓甫、谢伯虔、林博爱、林光华、洪周武、颜子灵，丘有美、王问渠、蔡怀安、蔡有成、林文进、丘新和、黄增松、林紫盛、丘兆黑、张尚武、冯自立、梁金盇、陈民情、邓兆侣、王鸣凤、林文一、徐自如、庚桂耀、祝河清、钟乐臣、黄锦培、曾受之、容光汉、庄连胜、谢文进、周晋材、杨小芬、施惠卿、张益华、陈述斋、谭炳麟、林宝山、沈瑞意、万少聪、张刚、周达德、陈河皆、何清吉、林如瑞、李茂海、黄嘉瑞、黄天民、杜忠志、尤泽燕、谢生

珍、许生理、蔡长守、骆宗汉、谢丕郁、吴成春、郑玉指、李子云、周和璜、蔡益恭、蔡水拱、宋卜陈宽押当

赵声在屿时，有林玉桂欲托雷铁崖撰一钱屿冠头联，雷君恒不喜撰冠头联，为冠头联限定冠头，罕有佳作。赵即代撰一联曰："钱名子母飞来惯，屿号槟榔小住佳。"于此可见赵君文学之才矣。孙先生前所派各代表向各埠募款，成绩甚佳，于是再派得力人员分途再向内地运动去矣。时清芳阁俱乐部有二三馆友，甚赞成吾党宗旨，提议欲请孙先生演说。孙先生到演，历述世界革命潮流之趋势，并云国内军队受我运动，若筹有数万元，就可举义。讵意丘哲卿受人指使，竟将演说词刊于槟城报，并译刊西报，且有林某报告当道，谓系先生在清芳阁演说革命，运动筹款，恐与地方治安有关。于是当道以不能保护为词，请孙先生自由出境矣。孙先生前已被日本、安南、暹罗政府驱逐出境，和〔荷〕属亦拒绝不许登岸，今又再被英政府逐其出境，是南洋群岛及亚洲大陆无一立足之所矣。孙先生不得已，乃只身乘德邮船二等舱往欧洲，然后转往美洲。孙先生家属仍居槟屿，日常之费仍由诸同志担任。林某以欲构陷孙先生之故，几累及清芳阁，被英国政府将其免注册之护照取消。因清芳阁无演说章程，当道故欲以此罪之。后得其馆友向当道之关说，得以无事，亦云幸矣。

当孙先生在屿时，同人为仰光光华报被扼于某资本家，因之停办，乃谋光华报在槟招股，聘雷铁崖、张杜鹃为主笔，于庚戌十一月初一出版。未几经济困迫，几乎停办。予与庄银安以提倡继续《民报》为名，筹款补助《光华报》，幸诸同志之赞助，成效昭著。计筹有万余元，拟聘宋教仁、戴天仇、雷铁崖主笔政。继为武昌举义，继续《民报》无人担任笔政，乃将《民报》捐款改以光华股份代之。论者谓，《光华报》今日得以基础巩固者，实《民报》捐款充作股份之力也。

国内党事，自孙先生先后派去代表向各省运动，党势日益进

步，军界加入者甚众。乃设机关部于香港，拟先由广州发难。原定三月二十日起义，嗣为谢良牧担任亚齐所筹之款缓到，乃展期以待。迨三月廿九日，广州有数处机关谋泄，黄克强乃召集紧急会议。当时有主张暂为解散者，黄克强力言军火已运到，若解散必尽归乌有，与其匿迹消〔销〕声而消灭，无以取信海外同志，奚如轰轰烈烈而举义，以坚吾党之信用。乃一失败，吾辈身死，亦可鼓励后人。赞成黄君之说者居多数，遂传紧急命令，分途举义。外省同志多跟黄克强攻督署，事败为路途生疏，故多为国殉难。吾闽就义者二十余人。故七十二烈士以外省人为多，而广州同志因路途熟识，易于逃避，得脱虎口。黄克强伤指，得广州同志之引导，易僧服逃出香港。赵声为此次失胜之愤激，五脏惨裂，致腹中发疮，延西医解剖，讵意药王无灵，赍志以殁。诸同志乃为治衾椁，葬于香港，题其墓碑曰："天香主人"。时本屿接香港总部来电，报广州事举弗克，死数十人。因电中字码不明，有克死之句。同人疑为克强已死，咸咨嗟太息，叹黄克强若死，吾党乏有将才，此后吾党军事将陷于绝地也。继得来信，乃知死同志七十二人，而克强幸庆无恙。同人乃借林如瑞在丹茗路头之山园，为七十二烈士追悼会所。后为胡汉民、黄克强发出报告书，共耗三十余万元。内有姚雨平支出军饷军械，担任招集五百人，到时未见只影云云。姚雨平则谓人数已招足，饷械亦已支配妥当，继为特别原因相左，非故意不到，大不满意于胡、黄二君之报告，特招集同事六七人为证，特来槟榔屿，欲与胡、黄开谈判，词甚激烈。同人等在恒益兴楼上与姚君等会晤，劝以事已失败，其谁之咎，实难追究，前事不忘后事之师，吾党当再图进取，岂可追究前事而阻前程乎？幸姚君等深明大义，甚以同人等之言为然。于是谈判之议，即作取消矣。

迨七月，忽接黄兴由香港来一密电：鄂军能反正，兴入内接应，款速筹备。后再接黄君在沪来电云：川盐可买，款速汇（寓川事可为之意）。同人乃先汇数千元，由《民立报》转交。及八月二十日，接来密电，报武昌举已得手，款速汇，转各埠。是时槟榔屿为南洋总机关，逐日所接电报即转各埠。所筹款项，尽汇交香港金利源收转。陈其美来电，报沪已克复，求款接济，即汇助二万元。

是时，同人等尽将其个人商业休弃，日聚集于总机关，分途办理各事。沪电传到，即星夜赶转各埠，并将电文印刷，分派侨众。时得《光华报》鼓吹之力，故声势日壮，党事日繁。庄银安适在屿帮理一切，力主开会公举职员，规定程章，分途办理。乃传集党人投票，公举庶务部长黄金庆，予与丘明昶、杨汉翔、林福全为部员。照同盟组织法，庶务部统理党中一切事务，指挥各部之权，故选举此部人员甚为慎重。

财政科长：丘有美，科员：林文进、黄增松、丘新和、马少隽。

文案科长：丘文绍，科员：徐洋溢、黄子择、林博爱、李蓉卿。

外交科长：林尚志、科员：吴崇景、阵述斋、林宝山、沈瑞意。

教育科长：雷昭性，科员：戴天仇、徐子木、谭炳麟、翁芸舫。

调查科：林玉桂、林世安、潘奕源、林贻博、蔡益敏、蔡有成、陈经堂。

招待科：熊玉珊、林建春、许致云、朱益三、潘汉伟、黎燕如、曾受兰、胡伟生、蔡长守、李玉堵、林光华、凌荣枝、张自新。

第一，本党南洋执行总部分为七科。

第二，庶务长为各科长之首班，掌理庶务，统一各科。

第三，庶务长于章程规则及总命令范围内，必商榷各科长，方能发布一切规则命令。

第四，庶务科于必要时，得以停止各科长之命令处分，以待各科科员共同议决。

第五，庶务科于必要时，得委任特别委员。

第六，各科科长凡有应办事务，得以指挥该科职员。

第七，各科科长定每个月会议一次，商办本党事宜，并扩张本党势力，联合各埠同志。

第八，各科长关于主任事务，应齐集会议妥当，乃得发命令于支部。

第九，各科长关于主任事务，得委任特别委员。

第十，各科长得提议案于议会，并由该科出席发言。

第十一，本党征收款项单据，必庶务长及财政科长签押，以昭信重。

第十二，本党所有开支款项，必庶务长签押乃能开支。

第十三，文案科掌理文件账目，并注册各单。

第十四，财政科掌理出入财政，并征收款项，扩充本党财政。

第十五，调查科稽查党一切事务，并纠察党员品行。

第十六，招待科应接各处同志，并款待来宾。

第十七，外交科管理外交一切事务。

第十八，教育科提倡教育方针及研究演说方法。

第十九，以上所举各科，乃欲分任办理，凡有失职者，均可开会研究，得以另行举替。

第二十，以上规章草创，倘有卓见者可于大会时增加。

当此革命初布成功之时，人心思汉，几乎一致。盖为先时吾侨大多数不敢赞成革命者，今亦欲入党，以作攀附矣。先时凡入党不收经费，此时为军需计，乃定新入党者，每名至少五元，多者由人方便。是时入党者，门限为穿，于此可见吾华人识是非者少，辨利害者固滔滔皆是也。同人即将账目分作两部：一入党之进款，一侨民输将之捐助。聘欧阳松柏、丘景鹏、陈春禧、蔡为元为书记。半贴车税，半尽义务。所收款项，由财政员林文进、黄增松、丘新和、马少隽轮流管理，逐日所收之款汇交财政科长丘有美收存银行，凑足成数，即汇交香港机关部，收转军用。当日输将者，以平民为多，恒见月得俸钱十元，而输捐至二三十元者。辛亥南洋华侨助款数百万元，皆劳动界及中等热心资本家捐助为多。至大资本家有祖国观念而能慷慨助款者，几如凤毛麟角，设有一二捐助些少，亦当作应酬，总不如劳动界之热心祖国之诚意也。阅者不信，可观吾侨现在所办诸义举，如学校、报馆、赈济诸捐款，是劳动界与中小资本家捐助为多，抑大资本家有否捐助，则知予言不谬矣。吾华人性质，地位愈高，则趋炎附势之心愈重，吾党既无官位勋章可以投其所好，而赞助秘密党，尤为内外官吏所不容，此莫怪大资本家视革命为畏途也。当日我劳动界同志最足令人景仰不忘者，不但捐助军需，如自备资斧，遄返祖国，投身戎伍，组织华侨炸弹队、华侨北伐队、孙总统宪兵队，皆我劳动同志赤诚卫国之铁证也。武昌起义能使满虏心寒胆碎者，温生才、林冠慈、陈敬岳炸毙孚琦与凤山之力也。温、林、陈非他，亦吾侨劳动之热心志士也。由此观之，可知吾侨劳动同志之勋劳矣。吾海外同志为良知所驱使，慕义以趋，出财出力，共谋恢复中华，建立民国，功成身退，纯为义务，不为权利，其思想之纯挚，品行之高洁，早已大白于世。比之官僚派趋势党，寡廉鲜耻，覆雨翻云，甘心附逆，蠹国病民者，其思想，其品行，岂可同日而语哉！

是时各省响应者已七八省，独闽、粤尚无声无臭，同人乃公举庄银安为南洋代表，回厦办理一切。同时适泗水亦派王少文领款回厦，同谋举义，于是厦门得以恢复。福州人运动举张海珊为统制，厦门人欲举王振邦，在会场冲突，死伤数人。后庄君银安上省，请上峰维持治安，军务院即派庄君坐元凯兵船运兵来厦镇摄。并派宋渊源为闽南安抚使，原鸿逵为道尹，并立参事数人，公举叶清池为正财政，庄银安副之。叶君所收南洋汇款有数条失账，被庄君查出，屡刊报与叶氏辩论。当日厦人对叶之为人，颇有敢怒而不敢言之，概见庄君敢直斥其非，咸佩庄君之刚强。后庄君往福州，见各部秩序不齐，不脱官僚气概，屡纠正之。如财政司陈之麟所收南洋款项并未布告，庄君要求其宣布，乃披露共收南洋捐款九十余万元。庄君见政体虽改，而一般执政者仍是换汤不换药，官僚习气太重，于是仍回仰光重理商业矣。

辛亥九月十五，予忽接福州同志祁仍奚来电云：闽事成熟，待款即发，尊处能助款否？予接祁君此电，莫明其故，盖路透电于旬日前已传漳、厦、福州俱已反正，今观祁君此电，显系运动成熟，待款而发。予之识祁君，系为祁君前在福州仓前山办一《警醒报》，后改《民心报》，予先后定购每期一百部〔份〕，赠与各埠各社团观阅。故虽知祁君为民党中人，而不知君之底蕴，乃将祁君来电移交机关部研究应否接助。继得徐子木声言，祁君系一热心同志，于是决议先由查达银行汇助五千元，即电祁君领款，并告以速谋起义，能助巨款。彼时南洋所筹之款，尽汇交香港金利源交胡汉民先生支配，即电胡先生，告以接闽电云，待款举事，请就近接助。嗣得胡先生复电云：闽何人主动？请来港接洽。迨九月二十日，接祁君、孙道仁、彭寿松、黄乃裳来电，报闽举得手，库空如洗，请助巨款，以谋治安。本屿乃再汇去五千元，并告以香港金利源为本党机关，能助巨款，请派代表到港接洽。闽军务院派李恢为代表，香港机关部资助十万元，闽省得以光复。据当事报告，系槟榔屿汇去五千元，并电香港机关部接助之力也。查得闽省光复之主动者，多侨南公益社诸同志之力，彭寿松、祁仍奚亦其中重要份子也。临举事之时，款无所出，祁君与予素有来往信札，知本屿为南洋总机关部，故由祁君来电。本屿最初汇去五千元，祁君照交与办事处。及起义后，祁君与执政者未甚融合，竟将二次再汇之五千元挪去将《民心报》改作日报之用，由该报声言，予助款五千元。后予往福州，告祁君以款系公出，焉可以公为私。最后交涉结果，乃由财政司补记槟榔屿再助款五千元，立收券为据，祁君则将《民心报》社机器抵押与财政司。此当日交涉之情形也。

自武昌起义之后，响应者已达十余省，同人乃传集各埠，请派代表前来会议，公举南洋总代表回国，以筹接济军需。代表到会者百余埠，遂在日落洞丘有美之椰园洋楼中开会。众举吴世荣充南洋总代表，回沪与各界接洽。予为本机关部汇交金利源之款，当胡汉民在港时，凡有收款，皆复电报领，付给收条。及胡君入粤接都督任，所汇之款，不特未复电报收，即收条亦未付到。本机关部所转各埠之款，杳无证据，手续不清，故派予同吴世荣、徐瑞霖、林青良回国。一到香港，即向金利源接洽。据云，自胡汉民入粤，彼收各埠之款皆代转去广州交胡君收，要稽账目，当向胡君核算。予乃与吴世荣、徐瑞霖乘夜轮入粤，寓中华酒店，然后乘舆往督署，遇李君纪堂自督署出，见予等到，握手为礼，遂导入督署。一到头门，李君指而言曰，此即七十二烈士殉难处也。弹痕炮迹，斑斑可考，可为我七十二烈士肝脑涂地，为国捐躯之大纪念也。至督署一洋楼，见胡督军事倥偬，正握管作书，状其忙迫，知予等到，出而会见。予等告以金利源后来所收之款未给收条，致各埠啧有烦言。胡督许以一一电达各埠，并给收条，以清手续，并请予等移居督署。予等告以不久返港，遄往沪上，并谢盛意。遂兴辞而去，即乘人力车往黄花冈，祭七十二烈士坟墓。到见有四川军士祭七十二烈士，中有一军官演说各省多已光复，独四川仍在纷乱中，我川人如未将故土光复，实川人之羞云云。慷慨激昂，声泪俱下，见者无不心酸。予与吴君等掬了同情之泪，即回中华酒店。闻前夜有保皇党欲谋在粤扰乱，已被搜捕数人枪毙。

越日予乘夜轮返港，遇李恢于鹿角酒店，极力劝予先回福州。庄银安在厦闻予归，亦来电促予回闽。予于是搭海坛船首途。吴君世荣等亦定期往沪。予到厦上岸与庄君寒暄片刻，即随船往福州。船到马尾，都督府派林梅坡落船招待，寓于中洲云章号内华侨招待所。行装卸毕，即乘舆往晤孙都督、黄乃裳、彭寿松及各机关人员。彭寿松为军务长，常访予商筹款之法。予乃拟一电稿，同孙道仁、彭寿松署名，分电各埠。电文云：闽兵备饷缺，速筹款以助北伐。是时粤之北伐军早已出发，闽为军饷无着，迟迟吾〔未〕行。闽侨颇以北伐为重，故一接电报，仰光、星洲、槟榔屿、吧城、吕宋、泗水、三宝垄等埠，纷纷汇到巨款，共有数十万元。孙督与彭寿松观予达各埠之电颇有成效，极力挽予同张旗到南洋募军债。予以要往南京为辞，孙、彭责以桑梓大义。予乃勉任其难，先行回梓，然后出洋。一到厦门，庄君银安告以仙山寺华侨招待所，其中品类不齐，甚招物议，挽予代为设法。予告以须严定章程，公举职员，而监理之。遂定期开会，予演述吾侨之宜保名誉，应定章程，公举职员。予遂出章程稿纸，与众观阅，众极赞成，遂投票举李增辉为正所长，郑少升副之，并举定评议招待人员。自是之后，秩序井然，分向各街演说，收效昭著。邹君少升为痨劳过甚，竟染不起之症，惜哉！后为经济所迫，华侨招待所就无形取消矣。予承闽政府委出洋，同张旗来英属募债，叶君国瑞担任向和（荷）属招募。计南洋共募得数十万元。该债原定二年偿还，经闽政府屡次展期，延今未还。吾侨在前清时代，曾应陈宝琛募漳厦东路股款，已投虚牝；此次闽军政府所募军债，愆期未还，于此可见执政者之无信用，莫怪吾侨投资祖国视为畏途也。

吴君世荣自到沪上，即以南洋总代表名义向各机关接洽，凡有需款，皆由吴君电致各埠，巨款立到。南京政府成立，十七省代表公举孙中山先生为临时大总统。是时孙中山经济甚困，借各埠助款之力为多。屿机关部接吴君电，曾汇数次巨款，交徐季钧收转孙先生。继为南北和议告成，吴君与诸同志组织一华侨联合会，汪精卫先生为正会长，吴世荣君为副会长，甚得各埠之信仰。华侨得有参政权，实华侨联合会提倡之力也。

孙中山先生自庚戌年秋在槟被居留政府令其自由出境，往欧美二洲，及武昌起义，革命风云已弥漫全国，乃由美洲取道英京，运动英政府三事：（一）停止清廷借款；（二）制止日本助清；（三）取消英属放逐令，以便顺道回国，而与诸同志相见。英政府俱已许可，遂电英属取消放逐令，并令各属保护。孙先生自英而法，由马塞乘船归国。船到槟屿，英政府保护甚力，码头布满警察，凡同志欲访孙先生，必由该警察长持名片向孙先生呈问许可，方许进内接见。孙先生上岸与家人会晤，该警察长鹄立庭中，保护十分周至。迨孙先生下船启行，警察方收队而散。于此可见文明国待人之道，而能尽其保护矣。

孙先生到沪，大受各界欢迎，彼时各报宣传孙先生带回数千万巨款，并得某国之援助，已购得大战舰数艘，可以助战。此虽各报之虚传，然吾党声势为之一壮。南京军政府召集各省派代表，到者十七省，遂在南京开会，公举孙中山先生为临时大总统，制定约法。和议叠开，袁世凯以总统位相要求，孙先生极力主张非犁庭扫穴灭尽丑类，决不罢兵。奈我华人心理，素重姑且偷安，无坚忍澄清之志，舆论均非孙先生之主张。黄克强手握兵符，亦有趋向和议之势。孙先生无可如何，乃宣告总统位准可让之袁氏，然要求三事：（一）袁氏必来南京受职；（二）民国当迁都南京；（三）民国是我国民自立，不能由清廷下诏组织。袁氏默许，只云待之国民公决。和议告成，南京政府遂派六代表北上，与袁磋商就职条件。讵意袁氏狡诈多端，知六代表寓于某饭店，即阴令兵变，劫及六代表行装。袁之为此，一欲去六代表新胜之威气；二欲表示非袁坐镇北京，恐有他变，危及外人，而惹国际交涉。袁氏出此诈计，果能迷惑人心，一般舆论，遂主张袁氏无南京就职之必要矣。吾国民素乏判别是非之能力，一味妄从，故易为权奸所利用。舆论如此，致吾党虽明知袁之包藏祸心，亦无可如何矣。当六代表会袁时，袁氏出而演述政见，侃侃而谈，语多荒谬。六代表本欲驳之，乃袁氏演毕，遽自辞别，谓有急事，退入内堂，凡有磋商，可与唐总理接洽，亦如他一样云。六代表遂与唐氏表述政见，乃唐氏一味圆猾，不置可否，只云须再与袁总统商之云云。致六代表所有政见，几如对牛弹琴。戴君天仇，亦六代表之一，早知袁氏之野心（以上所言系天仇元年来南对予述者），故从《民权报》数袁之十大罪恶。吾党最先反对袁氏者，就是戴君天仇。当日吾党竟有嫌天仇过于激烈，今则何如也？

吾党由同盟会合五党而改组为国民党，慕义而来，认定党纲者，虽有其人，然为势力权利而来者，亦不少也。致党中份子太杂，虽国会议员占多数，徒拥虚名，惹得反对党之仇视。二次【革命】失败，端由于此也。吾党自改组国民党后，即派吕志伊前来南洋各埠改组国民党。星洲为总汇之区，定为国民党交通部，各大埠为支部，小埠为分部，各埠俱依命改组。槟屿亦循命改组，借万兴园为会所，传集党人，请吕志伊演述改组诸方法。遂投票选举各职员，上书居留政府，请为注册立案（因居留法律，凡结社会不请注册即视为违法），乃居留政府不许立案。（照例凡请注册，必当地华民政务司作赞成介绍与星督，方易立案，否则难准）同人曾聘状师与之接洽，均归无效，于是吾党仍不脱秘密时代之生涯也。（据识政府之意者云，华民政务司所以不赞成立案者，为闻槟屿从前为同盟总机关，彼实不欲侨人有政治之意味，故不许立案）予与吕志伊、丘继显同往日里棉兰埠，组织国民党。该埠有张耀轩者，服和（荷）兰马腰官职，以作马腰之势力。该埠全境之鸦片饷、赌饷、酒饷，皆归他一人专办，获利甚巨，富甲苏门答腊全岛，甚占侨界势力，凡事非他赞成，便生阻碍。诸同志意欲与他疏通，求其许可，然后组织。予与志伊、继显往晤张君，告以组织国民党来意。彼遂传单请闽、粤诸商人，到办事所会议。吕君起述组织国民党之必要。张君即言曰：组织国民党，大家必定赞成，惟苏门答腊属于巴城，吕君既要往巴城组织，何如先由巴城着手，由我国领事向和〔荷〕兰政府疏通立案，较易成功。待巴城成立后，本岛即出为组织，自免费力云。予知张君所言故意敷衍，故起而言曰：政党而设在国外者，必由其国人之自动，断未有从国际交涉而请求设政党于寄人篱下之地者。今日贵埠要否织织，当问到会者是否赞成，如其同意，即着手组织。向居留政府立案，盖居留政府许与立案，系以俱乐部目之，而非以政党相对待也。在座之人虽赞成，然为张君不大同意，底后都成泡影，仍由旧同志秘密营谋而已。予阅南洋富人多矣，学官僚圆猾手段未有如张君之高者。张君当南洋运动革命时代，曾阻止汪精卫、胡汉民二先生演说，于此可见张君之为人矣。

　　迨宋教仁在沪宁车站被武士英狙击去世，武士英受命于应桂承〔馨〕，应受命于洪述祖，洪受命于赵秉钧，赵受命于袁世凯，证据昭彰，莫可为讳。孙先生知袁氏将谋不测，必叛民国，即主张以武力解决。乃吾党迷信法律者，欲以法律从事，坐令逍遥法外。袁氏早怀驱除吾党之志，故未待国会通过，而有五国借款二千五百万磅〔镑〕之国债。孙先生知袁氏如借成此债，必如猛虎之添翼，故电令广东独立，以示袁氏无统一全国之能力，破其借款之阴谋。胡督虽召集紧急会议，奈赞成者少，未敢独立。袁氏知粤省为民党势力范围，乃派人与陈竞存先生接洽。陈君要求数款，袁氏一一承认。及胡督免职，陈竞存先生继都督任，袁氏自以为陈督已入吾彀中，可以予智自雄。讵知南京宣告独立，陈竞存亦宣布与中央脱离关系。于此可见陈督不趋权势，不悖党纲，其一种刚果勇敢之精神，实吾党中之所仅见者。身〔自〕南京独立，粤、湘继之，李、柏二督适当其冲，李烈钧先生在赣与李纯战，柏文蔚先生在皖与段芝贵①战。袁氏得此二千五百万磅〔镑〕之援助，购买军械，发给军饷，收买舆论，收买奸细，着着进行，在在得势，致公理屈于武力，胜算败于金钱，吾党数十年之惨淡经营一败涂地。袁氏肆无忌惮，为所欲为，利用金钱，攫取总统，非袁莫属之论调披靡一时。毁骂民党之谰言无处无之，某也挟款私逃，某也侵吞巨款，甚至各埠为民党之主动者亦受尽毁谤。予与丘君明昶亦受谤不少。予常对人言，吾党果为自身谋富贵，怀有野心，则借当日摧倒满清之势力，自谋子孙帝王之业，其谁能阻之！即退一步言，诸党首甘如卑鄙之龌龊官僚，朝秦暮楚，专为自身谋权利，则无二次之失败矣。前者吾党政见稍与袁氏相冲突，内阁诸总长则甘自退职下野，比之龌龊官僚野心勃勃，自谋黄袍加身之袁世凯，岂非判若霄壤哉！乃国人不察，一犬吠影，众犬吠声，殊可痛也。至南洋各埠之党人，凡稍有身家，十余年来，为党事牺牲十万八万、三万五万、一万二万者，所在都有。即如一平常党人，自入党至今，牺牲金钱亦以千以百计。以出财出力冒尽危险为祖国谋恢复，为侨胞谋幸福之人，而亦受尽毁谤。吾党苟非受良知所驱使，则早已心灰意冷矣。幸各埠同志，同心一德，前对于恢复中华，创立民国，为国宣劳，不遗余力；近为欲谋国富民生，知非就根本教育，发展实业不可，于是群致力于是。以现在之教育实业与十年前比较，其进步之速，真不可以道里计也。予常勉励诸同志曰：南洋商实两业之势力，将来舍吾党其谁与岂〔归〕！盖为南洋百凡事业，非有锐利之眼光，进取之精神，必为优胜劣败

---

① 此处有误，应为倪嗣冲。

所淘汰。譬如资本家之子弟，能再戮力进取者，其人必受吾党之感化，富有合群爱国之观念。非然者，彼父兄虽有百万千万之遗产，仍守故步自封，老中国资本家式（老中国式资本家一毛不拔，视财如命，他事非所知，彼所知者，娇妻美妾，多子多孙，孳孳为利，欲积财以遗子孙耳。夫子孙不从教育着想，而欲积财以遗之，其可得乎？南洋资本家不过代而倾家荡产，皆受此老中国式之赐也）不受天然之淘汰者几希矣！以南洋土地肥沃，地旷人稀，五金矿产，油井煤矿，无一不备。加以气候温和，雨量极富，四季皆春，植物繁生，农业极宜。吾侨果能奋力经营，结大团体，组大公司，航业、银行、商业、工厂，谋与世界争衡，注重教育，培养人才，小之可以改造祖国之政治，大之可为世界谋和平，将来能与美洲媲美者，其惟南洋而已！愿吾侨其三致意焉。

吾党自癸丑败后，受尽袁政府之摧残，国民党本部被袁下令解散，国内既无立足之地，诸党首逃居日本，党人逃来南洋者，相望于途。本书报社前在台牛巷十六、十八两号门牌，房屋宏敞，特设招待所，凡党人来者安之。星洲无招待机关，党人一到星洲，亦多介绍来槟。同人先为招待，然后介绍往各埠担任教席，所有招待费由诸同志担任。陈炯明先生住新加坡，先由林君义顺招待；继为同志来就者日众，乃自税屋而居。予曾往新加坡晤陈先生，见其日用甚朴，器皿甚简，于此可知陈先生之穷不逊陋巷党人矣。孙先生在东京鉴于吾党此次之失败，由于党中份子太杂，故拟改组中华革命党。首以服从党首为惟一急务。兹将孙先生当日来函及章程、誓约、筹饷局章程列左①：

新政暨同志诸公大鉴：

窃文自东渡以来，夙夜以国事为念，每睹大局之颠危，生民

---

① 中华革命党总章及以下的誓约、筹饷局章程和筹饷奖励章程等均为编者所略，可参见其他书籍。

之涂炭，辄用怛恻，不能自已。因纠合同志，宣立誓约，组织机关，再图革命，薪以牺牲之精神尽救国之天职。区区诚悃，当早为诸公所洞鉴。惟此次立党，与前此办法颇有不同。曩同盟会、国民党之组织，徒以主义号召同志，但求主义之相同，不计品流之纯糅。故当时党员虽众，声势虽大，而内部分子意见纷歧，步骤凌乱，既无团结自治之精神，复无奉令承教之美德，致党魁则等于傀儡，党员则有类散沙。迨夫外侮之来，立见摧败，患难之际，疏如路人。此无他，当时立党，徒眩于自由平等之说，未尝以统一号令、服从党魁为条件耳。殊不知党员之于一党，非如国民之于政府，动辄可争平等自由。设一党中人人争平等自由，则举世当无有能自存之党。盖党员之于一党，犹官吏之于国家。官吏为国民之公仆，必须牺牲一己之自由平等，绝对服从国家，以为人民谋自由平等。惟党亦然，凡人投身革命党中，以救国救民为己任，则当先牺牲一己之自由平等，为国民谋自由平等。故对于党魁，则当服从命令；对于国民，则当牺牲一己之权利。意大利密且儿作《政党社会学》，谓平民政治精神最富之党派，其日常之事务重要，行动之准备实行，亦不能不听一人之命令。可见无论何党，未有不服从党魁之命令者，而况革命之际，当行军令，军令之下，尤贵服从乎？是以此次重组革命党，首以服从命令为唯一之要件。凡入党者，必自问甘愿服从文一人毫无疑虑而后可。若口是心非、神离貌合之辈，则宁从割爱，断不勉强。务以多得一党员，即多一员之用，无取浮滥，以免良莠不齐。此吾等今次立党所以与前此不同者。但前因草创伊始，同人均以精神为结合，故一切章程规则，未经制定。迤因党员渐众，党务日隆，非有准绳无所依据；加以海内外纷请章程，创立支部，爰定总章，用资遵守。兹特邮呈左右，倘蒙就地开设支部，尚祈悉心研究，按照总章妥为办理。惟本总章系规定本党全体组织，故特详于干部，各支部组织宜按各地情形，自订立章程，呈请干部核定。但所宜注意者：（一）各支部分科组织，不必悉如干部，又不可袭干部总协理、各部、局、院等名目。如干部中之军事部、政治部、协赞部及部内各院，支部均不必设立。各支部只宜设部长、副部长，不宜设总协理。各分科办事，只宜称科称股，不称部、局、院，以免淆混，而清界限。（二）本党系秘密结社，非政党性质，各处创立支部，当秘密从事，毋庸大张旗鼓，介绍党员尤宜审慎。至向来设立之国民党支部，乃系政党性质，与现在之党并行不悖，毋庸改组，以免枝节。尤当同心同德，毋以新旧党员故存畛域。总之，此乃秘密结党，有时或借国民党员名义为旗帜，或立名目以号召，均无不可。是在诸公斟酌而妥筹之。专此布达。敬颂

公祺！

孙 文

　　予等接到孙先生付到以上之函件章程，委为组织中华革命党，遂召集诸同志大会议。有主张仍以国民党名义不必改组，认东京中华革命党为总部。盖为袁世凯所解散者，国内之国民党，若吾海外之国民党，袁氏既无此权力，而国民党在海外得以孤延残喘，待他日再整旗鼓，扫尽妖孽，亦可作吾党在袁氏纵横时代不绝如缕之纪念。照以上办法，以国民党为形式，以中华革命党为精神，似可与东京总部商之，变通办法，谅能许可。如欲新组中华革命党，与旧有国民党并行不悖，实不可能之事。盖为当此吾党失败时代，凡辛亥慕势而来进党之伪同志，大多数已匿迹消〔销〕声，任招不来。今所存者，仍是辛亥前之真同志，以一部分同志而欲组织两党，徒使名义上之纷扰，有何益哉？此一说也。又有一部分劳动界同志云，吾辈对于本党已尽十余年来之义务，前者节衣缩食，恒有一月俸钱十余元而捐款一次捐至二三十元者，今不幸无职业，无十金可纳党费，照第八条章程，则不能认为同志矣。虽第八条章程曾声明凡前时曾致力奔走于革命者悉

免，然致力与奔走，到底何者为度，实难区别，徒增纷乱。此又一说也。有谓孙先生此回重组中华革命党，系为二次【革命】失败所刺激，一欲淘汰伪同志，二欲统一命令，东京本部已经成立，殊宜照为组织。此又一说也。最后表决，赞成第一说者居多数。予遂将议会三种言论及表决欲以国民党旧招牌行中华革命党新精神，报告与总务部。据总务部复函，仍以非改组不可。予等遂再召集大会，众以既总部决欲改组，当依命而行。遂表决，由到会者先签约加入，另择日开大会，公举职员，定为支部，报告东京本部。遂颁到关防及支部长、筹饷局长各职员委任状。此当日改组之情形也。

未几，黄克强先生等有不赞成改组中华革命党之论调，谓吾党亡命海外，必收拾人心，以作卷土重来之计。如章程第十三条有：凡非党员，在革命时期内不得有公民资格之句，而有元勋公民之规定，必惹国民之怨望。袁氏虽纵横，尚不敢明目张胆声言全体国民无国民资格，况吾党初败之余，逃亡海外乎？其余章程亦多未洽，故未敢赞成。且主张缓进，期以五年，再起革命。黄先生主张缓进之理由，谓国人过于信任袁氏，待袁氏野心暴露，吾党起而攻之，易于为力。当此吾党初败之余，亟宜暂事休息，养精蓄锐，收拾民心，以作卷土重来之预备。此缓进之言论也。黄先生因不赞成改组中华革命党，遂往美洲。凡与黄先生怀同调者，亦皆离开东京，前来南洋。本党因有东京派、南洋派之名称。同人极力调和，终归无效。兹将党务部第四号通告列左，以明东京中华革命党所持之理由。

同人接到以上通告，遂即上书东京本部，告以党首未能一致，殊碍吾党进行，彼不赞成者，即以章程有所未妥，何如将章程变通办法而容纳之。继得东京复函，并夹陈其美先生致黄兴先生一书。兹将复函及致黄先生书列左，以供众览，而留当日之事迹。

复 函

径启者：十二月十八日奉总理交下十一月二十六日来函，并谕转复。查来函内称各节，均矢口直陈，力为本党谋巩固之基础，言外具见深心。惟各面情节不同，传闻或致失实。本党自改组以来，团体主合不主分，已明标大旨，凡在机关办事人等莫不苦心联络，极意维持。黄某诸公，识高道重，后学准则，若肯再接再厉，孰不顶礼加迎。惟是根本之意见不同，遂致方针各别，或主缓进，或异主张，不于事实上协图共励，徒于文字间借辞挑剔，责任自弃，乃亦归咎本党，实诸公鄙弃本党，非本党敢外诸公也。且章程不善，若有充分理由，尚可由立法院提议更改，未闻身居党外，即可干涉党章，要挟更改。一二人如是，数万党员将若何？不几有根本摇动之嫌乎！且执章程不善之说者，不过对于第十二条元勋公民一节略有异议，此层经总理当本党成立会场解释颇详，其良法美意，原鉴于第一次成功与第二次失败之流弊，而为保障真心元始之革命党而设。当第一次革命成功时，凡官僚劣绅，平日豺狼成性者，悉行巧饰逢迎，攘夺权利，及至根深蒂固，则排斥心生，比二次【革命】失败后，则大肆荼毒，诛锄民党，此非当日所引为同志之革命者乎，何今日仇视若此也？故本党所以定元勋公民一条，实为保障首义革命而设，非有阶级之见存于其间也。迨宪法宣布后，则真正共和告成，凡生命自由皆有宪法保障，故当与人民一律平等。若人之借口以惑听闻，尚希多方解释为要。

来函又称某某等处因改组支部多生意见，此乃更始之初必经之阶级，吾人断不能因噎废食，容当函致各埠，嘱其悉心办理，委曲求全。若因此遂云无效，而欲变通手续，其碍难照准。理由前二号复函言之綦详，兹不赘述。

汇款法详于二号复函，祈速照办。粤事进行，又经波折，前

既汇去一千元，即当照所捐军饷存案。以后非得总理电拨，仍望照敝部前次通告办理。以后各埠如有见闻，尚希随时报告。此启
槟城支部长陈新政君鉴，并颂

时祉！

总务部部长陈其美

中华民国三年十二月二十二日　第三号

陈其美致黄兴书〔略〕

同人阅悉以上书意，知无转圜余地，乃召集同志共商以后对于诸党首应守如何态度。众谓党首既未能一致，实有左右为难之慨。爰定以后凡诸党首欲谋国是，无论何人，皆当尽力赞助，无分彼此，以表救国诚意。是时陈竞存先生、李烈钧先生、柏文蔚先生等共筹救国之进行，诸同志曾资助之。朱执信先生与邓铿先生共谋恢复广东，同人亦赞助之。孙逸仙先生派黄君层云与宋君振前来募军债票，同人共购数千元。是时居留政府为欧战戒严，禁止外人来此募款，乃守旧党知同人戮力赞助国事，自谓有机可乘，肆意构陷，竟向当道播弄是非，谓予与丘君明昶、熊君玉珊、林君世安代孙逸仙先生招募军债票。当道接此报告，遂传予等问话。嗣为林□辉一面欲攻陷吾党，一面欲向丘君市恩，曾向当道说，查丘君未确实，所以丘君得免一场之恫吓。是时《光华报》总编辑刘啸南君为愤袁政府之横行，著一时评，中有"势必扑杀此獠"之句，被顽固派翻译英文，呈寄当道。而当道罪以鼓吹暗杀，欲令出境。同日传刘君到，告以出境，并传予等问话。当道此举，实寓打草惊蛇之意，予早已知其伎俩。予与熊君玉珊、林君世安到，当道厉声问曰：孙文来此乎？予对曰：无。当道曰：某西报曾载孙文来槟，何曰无？予答曰：某西报既有刊载，定然知其踪迹，何不问之？予实不知。当道再曰：尔等代孙文售军债票有乎？予曰：未有。当道再曰：有人报告尔等确有代孙文售军债票，其债票样式彼亦看见，尔何云不知？予答曰：彼

报告人既已看见票之式样，自可问其向谁人购买，予实不知。当道再曰：尔是此地革命党首，拥护孙文，而筹助革命者。予答曰：予本一商人，而微有爱国思想者，君以党首之头衔加我，实不敢当。当道又曰：尔为党首，《光华报》为革命党机关报，书报社为革命党机关部，皆尔主持，即党人时来筹款，亦尔主动。予曾接十余人来函报告，询之当地绅士，亦皆众口一词，尚不承认乎？予答曰：《光华报》为有限公司，予虽为总理，尚有协理，自有注册可考。言论自由，为贵国法律所许可。至书报社为开通民智之机关，人所共知，设有人欲颠倒是非，总望细察为盼。当道又曰：当今地方戒严，金融恐慌，曾禁止外人来此筹款，倘查得尔等果有代孙文售债票之实据，即欲介绍尔等出境。尔等当知此地乃欢迎商人在此作生意，实不欲好事之人在此作乱。今尔等且退，待我调查，如有传召，当即前来，不可逃避。予等至是，受侮如阶下囚，局促如辕下驹，不得不唯唯而退。市上经此影响，乃顽固派之造谣。于是予等出境之谣，无不家喻户晓，亲戚挚友，互来问讯。予告以我本无罪，倘无端人欲加我以横逆，则世界之大，何处不可偷生，奚断断为也。予虽以镇静处之，然诸挚友咸云，予个人何往实无问题，但以数十年惨淡经营之商业，一旦无端受人摧残，甚为可惜。故转托连君瑞利向当道说项，于是此惊天动地之风潮，得以稍平。然经此风潮之后，欲谋党事之进行，颇不易易。时适新组织中华革命党，同志中未加入者，以从缓为请；已加入者，请将进党之款先汇东京本部，而进党誓约名单为邮政检查，防其漏泄，应勿付去，待戒严令取消，然后付去。予受诸同志之嘱托，即将此中苦况及未能付上誓约原因奉告东京本部。兹将党务部复函列左，可见当日情形之隔阂矣。

党务部复函

　　径复者：一月十三号来函备悉。誓约、章程既已收到，书函濡滞，或系邮局稽延。前次慰问，原为慎重起见，既已早达，无足虑也。居留政府戒严，书信必受检查，漏泄秘密，固当严防之事。然进行手续，必待戒严取消方能照办，恐于党务不免停滞之虞。居留地秘密结社虽有法律，若能智虑周秘，巧避其条文之拘束，而半〔伴〕以勇力出之，虽不能积极进行，而亦不得云机关之无作用也。高见以为然否？汇款已由总务部另复。此致

槟榔屿支部长陈新政君鉴。并颂

时祉！

党务部长居正

民国四年二月二十日

同人为党事受尽当道之干涉，曾具情奉告东京本部。乃本部来函未能曲谅，同人再复一信，告以党事进行非待居留地戒严令取消，邮局废除检查，决难措置，非同人之不力，实事势之使然。倘若勉强进行，不但于事无补，徒惹当道之干涉，而累邻埠之进行。东京本部再复来函，谓事势既已如此，党事实难搁置，拟另委新同志重新组织，俾党事得以继续进行，而去当道之疑。同人复函赞成之。于是召集诸同志会议，研究以后应守之方针。临场有云，吾人主张革命，纯为良知所主使，非攀龙附凤之可比，凡吾同志为国事有所动作，前来募款者，皆当竭力助之。至吾侨在此居留地对于祖国教育、言论机关，改良风俗、发展实业，犹当极力鼓励。众极赞成以上之主张。时适吾闽庄君育才等图谋起义，同人乃派林君幸福回闽，与之接洽。同安之役，庄君育才、潘君节文为国殉难，诸同志乃退守猪哥山，常与北军恶战。同人为筹谋大举计，曾向仰光、本屿、吉隆坡、新加坡共筹三万余元，派陈君允洛、王君燕石、宋君渊源回国，与诸同志接洽。设福建统筹部于香港，公举丘君怡领管理财政，拟由泉州与厦门同时举事。讵意泉州谋泄，六同志就难。厦门亦风声鹤唳，北虏戒严，加以内部不洽，致无形销声。惟许君卓然一支，在泉匿迹未散，讨袁之役吾闽有护国军应时而出者，许君之毅力也。

民国四年，袁世凯既攫得终身总统，而又欲以帝制自为，但恐国体变更，外国未必承认，故将帝制之谋默求日政府援助。日政府得此消息，知有机可乘，故阴欲以廿一条条件为交换品。袁氏亦默许之。于是日本廿一条之要求，以正式公文提出。袁氏本欲秘而不宣，继为某西报所宣泄。吾国民闻此苛求条件，群情汹汹。袁氏知民意之可畏，竟欲嫁祸民党，谓日本所提出要求者，皆民党人嗾而使之。其实袁氏欲帝制自为之证据，东京中华革命党已刊印成书，分赠中外人士，以证袁帝制自为之野心。是时民党中人在南洋者，曾在槟榔屿开一军事会议，列席者二十余人。陈炯明、李烈钧、柏文蔚、熊克武、谭人凤、林虎、龚振鹏、何子奇、耿毅、彭凌霄、方声涛、邓铿诸先生俱皆分途担任筹画举义。李烈钧曾到安南，欲取道入云南，为法政府所不许，旋来星洲。迨袁氏帝制自为已明，时机已迫，诸重要党人俱皆潜入香港，然后设法潜入内地。中华革命党首亦早已极力筹备。故云南义旗一举，各省响应，袁氏胆丧而致天诛。

共和得以复活者，实吾党之力也。乃旧官僚之潜势力布满国内，吾党虽能推倒袁氏，而执政者终难脱离旧官僚之范围。民国虽已十年，而政治毫无进步，实旧官僚阶之厉也。自段祺瑞败后，吾国民已了然于武力不能统一吾国，将来能置国基于磐安者，惟在民治而已。自粤军回粤，已高标民治主义，拯吾民于水火者，其在斯乎？然民治主义之精神，必就根本教育与开通民智入手，此人人而知矣。吾党自十余年前曾极力提倡开设学校，创立阅书报社，经营报馆，实非无见也。今学校已遍南洋，阅书报社亦所在皆有，报馆亦日见增多，是吾党十余年惨淡经营之苦心已略见端倪矣。望诸同志再接再厉，戮力同心，务达吾党三民主义之目的。此予之所馨香顶礼而祝，而亦诸同志所应担之义务也。

缅甸中国同盟会开国革命史
（节录）

徐市隐

　　编者按：本文记同盟会在缅甸活动及当地华侨参加辛亥
革命运动颇详，且文中收录有当时革命党人往来函电等原始
资料，均可为研究之参考，亦可补冯自由《华侨革命开国
史》所记之不足。本文系从台湾出版《中华民国开国五十
年文献》书中录出，原注：徐市隐编《缅甸中国同盟会开
国革命史》，缅甸中国同盟会革命史编纂处增编，思明日新
书局印行。页下注均为编者所加。

上　　编

第一章　缅甸中国同盟会各埠分会史略

仰光华侨之革命运动（陈守金）

　　仰光华侨之努力革命运动，远在二十五年前。其时康有为来
仰，设保皇会于五十尺路，以拥护清德宗相号召。闽人李竹痴、
陈春源、庄银安、徐赞周等，深悉康等之认贼作父，反对甚烈。

适秦力山（巩黄）来自星洲，与陈、徐、庄诸君结识，以民族革命之说，开导华侨，闻者多为奋兴，使康等为之气沮。缅甸华侨之革命运动，于此树其基。惟当时风气未开，庸愿者流咸视革命为大逆不道，在在有杀身灭族之虑，其能勇往直前，明目张胆，以从事于革命运动者，仅有陈春源、徐赞周、庄银安三人而已。旋秦君入滇运动，任干崖土司刀安仁①所办之军国民学校教席，病殁该处。陈春源君亦逝。幸有星洲志士林义顺、许子麟等来仰，寄寓新永盛号内，得邹容所著之《革命先锋》，以及《民报》、《天讨》等刊物，分送侨仰各界，以播革命种子，于是革命空气愈浓厚矣。

戊申之秋，仰光革命同志，痛中国之积弱，恨满虏之专横，革命思潮，比前益张。时革命党人在日本东京，发行《民报》，主笔政者，为章炳麟、汪精卫、胡汉民等。星洲有《中兴日报》，亦极力鼓吹革命，余购阅之。一日余友陈颇瑞君来寓闲谈。余曰：仰光欲组织一间报馆，君欲认股否？颇瑞君慨然与余各认股一千盾为倡。陈玉着、李海国、陈清波、陈文豹等，又出而投股，计得八千余【盾】。以三千盾承买谢启恩主办之《仰江新报》，并电星洲中兴报，聘请居正、杨思复二君来主笔政。报馆设在百尺路，旧门牌六十二号，名为《光华日报》，以开通民智，振兴祖国为宗旨。庄银安为经理，陈仲赫副之。何荣禄、苏铁石、傅春帆、陈绍平、林文曲、黄兰士、徐赞周等襄助撰述。复有东京留学界之党人，前后到仰相助。胡汉民、吕天民、黄大哀等亦来襄助报务。缅属华侨之思想为之一新焉。

自《光华报》出版后，排满之说大倡。此地华侨有反对者，有赞成者，隐隐若有鸿沟。革命同志为集中势力计，秘密组织同盟会支部于河滨街与百尺路转角处之三楼，名曰演说社，以避忌

---

①　原书刀安仁均误为刁安仁。

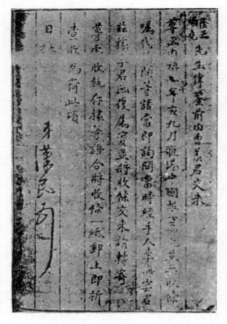

胡汉民致仰光何萌三何焕尧

者之耳目。后改为觉民书报社。庄银安、卢喜福为正副会长。（职员表另列）每逢星期六晚演说。胡汉民、汪精卫、吴应培主持讲座，吴为翻译员。听者日多，入会不绝，初仅赁屋一幢，后以会务发达，连租五幢。最令人不忘者，卢君喜福在演说社与庄君谈革命进行方略，言时热血沸腾，冲口而出，竟至毙命！卢君粤人，生长缅甸，识英文不识汉文，曾任德人毛勿拉打公司职务。当清光绪与那拉同死之时，致电袁世凯，请其取帝位而代之，思想奇特有如是者。仰光自设报与同盟会后，党人等进而实行革命，拟先从云南起事。滇人杨君思复（秋帆）系日本武备学校学生，素与干崖土司刀安仁、刀安静昆仲为友。至是，杨君辞《光华报》笔政，入滇谋起事。至干崖，入永昌，不数日染瘴气而病，缠绵不及一月而死。缅地同志得耗，莫不为之伤感。杨君在《光华报》及《云南杂志》著作甚多，惜皆遗失。当其入滇之前，先函请吕天民来仰代职。

是年冬，吕君至仰光，适溥仪继位，载沣摄政，天民君撰联求对，出句曰："摄政王兴，摄政王亡，建虏兴亡两摄政。"应者虽多，惜无佳构。《光华报》出版之第二年，天民君以"领事神主"四字撰一联，讥其为人点主。领事萧永熙愤无可泄，向股东运动，将报纸停发。天民、觉生二君，因此辞职，《光华报》

亦倒闭。革命同志乃复招股办报馆，设于五十尺路，重兴《光华报》，仍以天民、觉生二君任笔政。时仰光华侨守旧派设立《商务报》，张石朋为主笔，与《光华报》大开笔战。后张君倾向革命党，脱离该报而去。旧派中人，又请当地政府，将《光华报》经理陈汉平、主笔居正二君，驱逐出境。一时浮言四起，参加革命者人人自危！庄银安君避往槟城，而该报亦停办。后虽无事，然革命事业为之一挫。诸同志乃将《光华报》改名《进化报》，以陈钟力为经理，思继续进行，终以经济困难而倒闭。后由张永福、杨子贞、曾上苑及余等，以学务总会名义，承买《进化报》机器、铅字，设立《缅甸公报》，仍以鼓吹革命为务。以后之事，不能尽言，仅以所知者录此。

革命运动之文件①

一、居正、陈仲赫入滇前之报告

吉甫②先生升：

弟本拟二十九日起程赴内，因车道不便，兼以瓦城事毫无头绪，尹君不许弟奔走，所以勾留。明天定由瓦起程。昨晚三十日，永昌有一店头，得一家信云：镇南州（在楚雄府，距省有六天程途）已被民兵克复。永昌已大摇动，并有起事之说。目下人心皇皇，腾越方面尚无大动静。然喜刘道终日在花戏场，张镇终日在酒乡，以故诸事废弛。现今残年已过，弟等去极力经营，稍有端倪，即当电达。只不知林子欣已动身否？祈随时打听催促。谚云：有钱好做事，即谓此也。前函略道参谋部办法一事，不过举其大要。其组织法，则复表列如左：

---

① 革命运动之文件部分，（一）、（二）、（三）、（四）居正、孙中山、胡汉民、汪精卫等人函据《南洋与创立民国》一书校过。其中文句异同均注出。

② 庄银安，字吉甫。

参谋部内分

（一）军务课：掌理军务机密，及重要谋略。

（二）内务课：掌理庶务及印刷一切要件。

（三）外务课：掌理平时与会外交涉。

（四）经务课：掌理本部军需，及收支运动款项。

依右表列，各司其事。而以参谋部长总其成。惟此事系秘密机关，切不可多用人。一切要件章程，祈俟尹先生返后办理可也。

报社编辑，恐尹君一人不能料理一切，祈找一妥当人，襄理一切，庶几易办。此后通信，祈俟弟等至干后，再开明住址姓名，以便照寄。肃此。并候

禧安！

诸同志均升。

弟觉生、仲赫顿首
己酉年正月初二日

二、孙总理来函四通

其　一

银安我兄同志大鉴：

精卫兄归星，得读手示，祗悉。并收到会底半额银四百盾，及公费银二百盾矣。闻贵处团体已达五百人之数，循此进步，前途不可量也！尚望时以手教报知。专此作复。余事由精卫详述。祗颂

义安！

弟孙文谨启
西历一九○九年正月五日

其　二

银安仁兄鉴：

兹有日本人岛让次君，去年与小室君，受干崖土司刀公之

聘，为之理各务。今由干崖来星，再由星返干。其人尚未加盟，今欲由弟处联盟。弟思彼既在云办事，则当为君等相识，彼此可一气照应。故特介绍前来，请收之入盟可也。其宗旨之解释，可请汉民兄，或日本留学诸兄为之皆可。此致。即候
大安！

弟孙文谨启

西历一九〇九年三月九日

其　三

银安仁兄大鉴：

　　花月初六日并押初七日两函，已经收到。汉民兄想已到抵多日，当有一番鼓振矣。来信云：会底金不能改章。此事可与汉民详商，通融办理就是。振天声初到南洋，为保党造谣欲破坏，故到吉隆之日，则有意到庇宁，演后就近来贵埠。乃到芙蓉埠之后，同志大为欢迎。其所演之戏本，亦为见所未见，故各埠从此争相欢迎。留演至今，尚在太平、霹雳各处开台，仍未到庇宁。到庇宁之后，则必出星加坡，以应振武善社延请之期。现闻西贡亦欲请往，故该班虽不到贵埠，亦可略达目的矣。顺此通告，俾知吾党同人，所在无往不利，可为之浮一大白也。此致。即候
大安！

弟孙文谨启

西历一九〇九年三月八日

其　四

吉甫仁兄，并列位同志公鉴：

　　应培兄到星，得悉贵埠人心近日愈有进步。且定立自治章程，以维持国体于久远，洵为法良意美，深为喜慰。弟以刻下人心机局，皆有可图，而吾人不能乘时而起者，只以财政难题，无

从解决，故每每坐失时机，殊堪痛惜！此方暂时既无法可设，弟不能不思图远举，欲往运动于欧美之大资本家，乃以经费无着，故汉民兄来仰时①，特以此奉商。今蒙以贵埠之优先捐，拨为此用，何快如之。弟今以速行，望公等即行收集，交汉民兄速带来星，以得早日起程，他日大事有成，皆公等之力也。此候

义安不一！

弟孙文启

西历一九○九年四月二十日

三、胡汉民先生来函三通

其　一

银安我兄大鉴：

西一月二十七、二十八手书具悉。仰光分会章程，大致妥善，其中有所改订如左：

一、如书底号之权利，第五条（丙）项，新政府成立之日，须编定国籍，而凡有底号者，当然取得中华民国国籍。

二、改订会长之权限，第二十三条（一）项，（原文）为对于总会本部及支部得直接函商二字，非法律规定之语。依从来支部所核定各分会会章，为直接受南洋支部命令，所以免积极的冲突也。

三、加收会底银为五盾。第二十四条（甲）项，改寄星银二盾交支部。第二十三条（七）项，此为南洋各分会所同，章程未改订以前之会员来书，谓难以更改，则以后新会员可依章办理。并可将此条之加定为依据支部章程者，宣布于众。

四、于开会中增列参议会与职员会为一，而第六章胪列各种会议漏之，故加入。

五、改订章程交南洋支部认可施行，第三十五条施行后，如

---

① 《南洋与创立民国》"时"作"光"。

有修改，须经会员四分之三同意。

　　请将以上各条加订后，而将会章实施为荷。专复。即候义安！
同志诸君均此。

庚戌正月十三日　　胡汉民顿

其　二

银安我兄大鉴：

　　来教已诵，由星坡①今日始转来，会事闻大有起色，慰甚！前弟所云云，但就事理推拟，初无成见，即弟在仰时亦曾为足下言之，初不因他人之意也。弟所重者，是为能负责任之人，所愿与你言者，亦为负责任之人，至于不肯负责任而但作旁观者之低谋，此种言论，若出于同志之口，弟从来不欲闻矣。

　　来教前所论压阻二力，弟以为终当潜消。盖彼若以公之性质来，则自当取决于众意，此亦如来教，所谓有反对而生进步也。

　　一二人无足偾事，而若以私之性质，则尤不待移时而自破也。报馆一纸，弟亦略审笔迹，既为当局之人，自宜以当面商量，取匡正维持之益，为正当之办法。不然则人亦可付之不议不论之列也。经费节省之议案，与何居辞职各事，足下与各同志，皆办理得直，会之进步将较之弟在仰时②有过之无不及。此弟所最释然者。尤愿勖励同志精进不已为望。弟来香港，除足下所知之目的外尚有他种要事，暂未能返南洋。最近尊书赐教，可直寄香港中国报。专此作答。即颂
大安！

弟汉民顿
西一九〇九年五月二十七号

---

①　《南洋与创立民国》"坡"作"洲"。
②　《南洋与创立民国》"仰"下无"时"字。

觉生书来言，将入滇，弟亦劝之他行。又及。

其 三

银安我兄同志大鉴：

比悉仰光报事，因保妖与贼领事之故中止，而图改作。从来任社会事者，不能得无反对之风潮，但视其抗御之力何若。苟能战而胜之，则增一次之风潮，实增一度之进步。足下识力过人，而又将以热诚，区区之徒断不足以相阻。仰光之事，弟以为适足增进吾党之实力。以足下在仰信之，即以足下平素抱负信之也。昨得仰电，招精卫往，惟精卫已于前月杪到日本东京，欲注于所至之目的，不暇分身。当精卫在港时，弟屡劝之返南洋，伊不能行。到日后，最近有书来，亦言伊万难南行之故，仰电想无效也。报馆而外仰之党事如何？亦受保妖、贼领事之影响否？望以告我。① 弟近在港经营港地之机关及内地数处团体，颇著微效。近来中国报得新股三千，危而复安。《民报》亦筹得资本，又再出版。《时事书报》则改②为吾党机关。皆港中同志之力也。时及。即颂时安！

弟汉民顿
庚戌中秋后二日

复书可直寄（香港东海旁街七十六号四楼）③

四、精卫致各同志函二通

其 一

震川、美全、耀宗、赞周、海国、声宙同志尊兄公鉴：

弟滞留仰光，倏盈两月，日夕与同志盘桓，乐何如之。一旦

---

① 《南洋与创立民国》此两句仅有"亦受保妖贼领事"七字，脱"之影响否？望以告我"八字。

② 《南洋与创立民国》"改"作"收"。

③ 《南洋与创立民国》无此句。

分手，良用黯然。之①舟抵庇能，因诸同志来迎，匆匆聚谈，竟不复②发书告慰。本日已抵新加坡，见孙先生及各同志，其③述仰光分会④情形，皆为之欣慰，遥祝尊兄之健康，期相与戮力，以负国民之责任。汉民兄本拟即来，奈近有重要事件羁身，未能束装就道，而念仰光分会成立伊始，不可不尽力匡助。因共相酌先派一能任事之同志来，俟指定其人并动身日期，即当飞告，请勿悬念。弟待船即赴东京，临别之前一夕，与诸兄商议之件，既承慨然担⑤任，弟到东后，自当通知本会执事诸君，派同志陆续前来，以成立参谋机关。切望诸兄力顾大局，维持国体，以为深根固本之计，成光复之业。无任翘企之至。手此。即颂

大安！

弟精卫顿

庚戌年五月十五日

各同志祈代致意，不及一一致函矣。

其　二

银安、喜福同志尊兄公鉴：

两月盘桓，一朝握别，良用悬念。弟本日已抵新加坡，见孙先生及星洲各同志，具述仰光分会情形，皆为之欣慰不置。遥祝尊兄之健康，期相与戮力，以负国民之责任也。汉民兄本拟即来，奈近有重要事件羁身，未能束装即赴，因其⑥商酌，拟别派一能任事之同志先来，以期慰诸同志之望。俟商定其

---

① 《南洋与创立民国》"舟"前无"之"字。
② 《南洋与创立民国》"复"作"获"。
③ 《南洋与创立民国》"其"作"具"。
④ 《南洋与创立民国》"会"作"运"。
⑤ 《南洋与创立民国》"担"作"慨"。
⑥ 《南洋与创立民国》"其"作"共"，"其"字误。

人，即当飞告，请勿悬悬为幸。弟待船即赴东京。临别之前一
夕，与银安兄所商之事，既承慨诺，弟留心物色可以胜任之人
才，陆续前来，以成立参谋机关，并祈转以此意告之。弟有书
致永福兄及喜福兄，祈为转交为感。再者，此次舟泊庇能，诸
同志来迎，匆匆聚谈，未及缮函，以致迟发信之期，乞原谅为
幸。此上。即请

大安！

弟精卫顿

庚戌年五月十五日

各位同志均此道候，不另函。

戊申葭月①二十日选举仰光同盟分会职员表

会　　长	庄银安	副 会 长	卢喜福
庶　　务	陈震川	帮办庶务	曹羨
会计掌银	陈裁春	会计管帐	何天详　沈继昌代
书　　记	林文曲	干 事 员	何可人

主 盟 人　庄银安、何荫三、陈仲赫、刘庄君、
　　　　　卢嘉〔喜〕福、曹沛霖、林致和

调　　查　曹树三、陈文豹、林清良、池叔苹、陈群英、
　　　　　利　燊、郑国兴、何焕尧、张　源、何普泉、
　　　　　邱启川

宣　　讲　铁　汉、李警魂、梅宗焕、可　人、周之武、
　　　　　沈屏夷

征　　收　李　龙、黄镜波、林水兜、刘保生、林金源、
　　　　　吴加篆、何若稽、林己已

---

① 戊申为1908年，葭月为十一月。

己酉年二月三十日仰光中国同盟会

开大会选举庶务及添补职员参议芳名

何玉池、陈玉液、陈荣泮、陈甘敏、何理庭、余清泉、张水长、陈文要、赵其锐、劳大泽、伍金泉、黄　发、黄　燮、郑观发、许　锡、黄燮梁

正庶务　陈仲赫

己酉年九月二十日仰光中国同盟会添举参议员

嘉应州帮

侯杞堂、古松梅、李广旋、池吉允、彭丙森、李增寿、曾干庭、兰质君、古　元、黄秀山

福　建

林一叶、林丹马、陈元勋、邱近卿、陈清辉、林福仁、邱曾三、黄水田、陈溪河、谢保国、张履安、陈允洛、林徐德、胡兴汉、陈昌吉

广　府

雷瑞庭、陈汉平、伍依快、邝光熙、梁卓贵、梅百结、邱健雄

庚戌年职员仍旧

仰光演说社辛亥年职员姓名票数表

职　务	姓　名	票　数	籍　贯
正会长	何荫三	一百二十四	广　帮
副会长	庄银安	六十四	福　建
候补会长	陈震川	二十二	福　建
	兰质君	十四	嘉应州
正庶务	曹　羡	八十八	广　东
副庶务	李海国	十七	福　建

候补庶务	何若稽	二十五	广　东
	黄水田	十三	福　建
正　会　计	彭炳森	四十八	嘉应州
副　会　计	陈栽春	二十一	福　建
候补会计	林登庸	十三	福　建
	池吉允	十二	嘉应州
正　书　记	雷瑞庭	八十二	广　东
副　书　记	林文曲	二十八	福　建
候补书记	陈钟灵	十七	福　建
	邝光熙	十六	广　东

当选重要参议员姓名

徐赞周、魏生宙、阮梓桢、陈卓南、熊光复、陈江西、何焕尧、张玉槐、朱立初、黎伯周、曾连胜、陈英辉、黎直卿、古华松、陈正中、谭怀汉、张少甫、佘清泉、李凌虚、林一叶、朱家钧、曹焕翔、梁福斋、陈元勋、谢保国、冯传雅、周达棠、古树春、林致和、钱　述、陈玉珍、赵其锐、陈允洛、林丹马、叶卯寅、龚　效、陈福寿、梁卓贵、赵引安、曹本添、傅剑秋、黄秀山、黄传歆、陈玉液、陈美全、许旺恩、曾国茂

中华开国四千六百零九年正月十四日公布
缅甸中国同盟会壬子年各职员选举姓名

会　　　长	何荫三、徐赞周		
庶务科长	池吉允	科　员	曹伯忠、杨汝贞、曹畴五、黄　裔、熊光复
财政科长	黄德元	科　员	彭炳森、冯洪钜、陈朝初、林举活、陈栽春
文案科长	池笃初	科　员	张玉槐、麦伯亨、陈允洛、

			林文曲、黄　淼
外交科长	曹华碧	科　员	朱立初、伍　扶、陈顺在、张社广、许廛力
务育科长	陈卓南	科　员	刘兰挽、郑延平、谭镜初、周之武、何焕尧
调查科长	兰仲宾	科　员	梅宗懋、何若稽、吴景潜、利　燊、魏生亩
招待科长	谭启春	科　员	罗碧珊、池叔苹、邝　柱、古树春、黄壬戍、陈文柏、杨昭道、陈振銮、梅振汉、邱曾三、陈清波
工艺科长	赵引安	科　员	赵其锐、冯祖述、尹瑞瑛、许树轩、黄水田、李子玉、伍乙棠、苏汉亭、刘桐秋
商务科长	邱海如	科　员	黄玉波、黄佩玉、叶卯寅、区伯扬、何启瑞、曾文庵、江晓春、周志忠、黄　铭、蔡新民、熊怀忠

同盟会时代勃生华侨革命史略

勃生埠为缅甸商业第二枢纽，华侨居是地者数千人。然殊乏爱群之思想，常以社团分立门户，互相疾视。民国纪元前三年（己酉）和胜建德发生事端，风潮甚大。庄君银安等，承英政府之命，莅勃调停，事乃寝息。并劝闽粤侨胞，合组一演说社，以开通民智，联络感情为宗旨，暗中鼓吹民族主义，传播革命种子。奈当时风气闭塞，和者甚鲜，而演说社亦无形停顿焉。

民国纪元前二年（庚戌），李庆标、江镜如（钦文）、吴宗海（春夏）、陈文俭等，先后继起鼓吹革命，力向侨胞痛陈国事，人心为之一变。乃秘密组织同盟分会，时加盟者仅十余人，力量殊微，而守旧派且多方破坏之。迨辛亥孟春，始假福建公司，正式成立汉兴书报社，以为同盟会之机关，兼倡办三育学校，聘请仰光中国同盟会会员吴景潜先生为教员。未几武昌起义，各省响应，募集军饷，为数甚巨。自是之后，党务教育兼筹并进，勃生华侨社会，日进文明，皆同盟会会员鼓吹感化之力也。（附文件三通）

其一　庄银安与巡抚问答之纪录（己酉九月二十二日）

本月二十二日十点钟，缅甸巡抚令一书记持字来事务所，邀弟讲话。于是时适会员三百余，整队送殡（副会长卢喜福）之际，故限午后二点即能来。书记回去禀复，至二点弟自去见。巡抚问曰：汝为庄某是否？曰然。汝为演说社之领袖乎？曰然。华人云革命何解？曰难尽，凡欲善其不善者善，则曰革命。问演说社何宗旨？曰改革陋俗，劝人行善。除【礼】拜六演说外，则设夜学教授中西文，且常有青年会主理及美国牧师到场演说，开通华侨之智识。曰然则本部堂甚表同情。问会友几何？曰五六百人（以多报少）。问各会党有入此会否？曰皆有。问几省人合创此会？曰广东、福建。问吸鸦片及赌徒有入会否？曰无有。问仰光华人剪辫甚多，皆汝之会友乎？是汝之命令乎？曰非也。人有自由剪辫取利便也。问勃生华侨颇多，有人入此会乎？曰无有。又云勃生华人好斗，时常闹事，本部堂欲挽汝到该埠开通之，可得一行乎？曰此仆分内事，亟应从命。问何时能行？曰俗务稍直即往。曰本部堂欲先致书于勃生政府，声明汝要开演说社，何日起程再来本部堂处通知，方好备文持往。并云：缅部各地凡华人足迹所及者，尽可开设演说社。答待徐图之。又曰：何时欲往何地即来通知本部堂，写信交汝携往，俾官吏帮助保护。至此告辞。

其 二

吉甫老先生文几：

　　兹承广东人同志赵乐吾君自仰来勃，提及业已在彼与先生参议好势大局，欲鼎力招合广东、福建两省，并力结成团体。今后二省以税屋各开一半，凡未题年捐特别捐，亦要再捐，以继费用。又议二省均分，各管盟书，及特别捐部，会金部分为两处调理，似此却亦雅妥。历阅此帮广东人，甚是热心，诚有思复祖国之气象。际此大事已成，料有文明进步之可望也。续此以闻。再颂列位同志先生公鉴。

勃生演说社诸同人同顿

己酉年十月　日

　　再者，其要掌广东盟书，并会金部特别部据，广东人赵乐吾君云，拟交利城行梁石君、柴工头朱松元君此二人调办。顺此声明，已经许允矣。

其 三

吉甫老先生阁下：

　　刻接来教，查寄新册等书，及报纸一切检收。其中查失民教第十七册一本，未审先生拿错，抑由途失落也？只其演说社始于今日租定土库（即砖屋）三孔，无带楼顶，做字租居三个月久，逐月明议三十盾。其屋乃与子卿先生对面土库，先生谅知其概矣。且观近日来同志叠叠骤至，跃入民族主义，大有成功进步之势矣。傍闻反对闲人屡出恶言，或云要做呈禀上二王（即道尹），奏（呈报也）及我会系多端之党，特欲献出野蛮手段，以剖涣散，藉此详闻。并祝《光华报》指日高升暨列位先生同鉴。

勃生演说社同人同启

己酉十一月二十四日顿

青天白日旗如做好便付来可也。

卑谬中国同盟分会之萌芽

仰光中国同盟会，于民国纪元前四年（戊申）冬，特派居正、陈仲赫二先生，由新轨道一带鼓吹种族革命。至瓦城折从伊拉瓦弟江顺流而下，至卑谬埠。同志杨景藩君与林幼雨、当寿山二君，到码头迎接至杨君寓所，翌日开会欢迎，遍邀埠中侨胞到场听讲。居正先生演说革命主义，痛斥满清政府政治之腐败，勖励华侨赞助革命。但当时该埠华侨风气未开，到会听讲者甚少，且亦不注意。居正、仲赫遂于是夜由旧铁路一带继续其进行工作焉。

先是杨景藩在仰时已加入同盟会，兹听居正先生演说，即时将其辫发剪落，并介绍林、当二君加盟。寻得仰光中国同盟会委任杨、林、当三君为该埠主盟人。而三君日日鼓吹革命，招人入会。无如尚在秘密时代，且反动份子甚多，以故二年有奇，加盟者不过二十余人而已。适辛亥中秋武昌起义，诸同志特派杨君下仰，赴仰光中国同盟会之选派，回国效劳于军政府。而林、当亦因事他去，会务遂无形中止云。

瓦城中国同盟分会秘密运动之史略

庚戌春，居正、吕天民二君奉仰光中国同盟会之命，赴瓦城秘密宣传。时饶潜川、陈泰高、胡迪人等知情，则至车站欢迎，寓于公所。饶、陈、胡等，因四出鼓吹革命，但当时瓦侨明白种族意义者甚鲜，故加盟者无几人。后得赵济川君介绍，加盟者不少。居、吕二君，因欲谋入滇起事，乃委饶君等创办振汉书报社，内附设同盟会为革命机关。惟开会不能自由，甚至藉祝神之名为立会之举。迨武汉起义，该埠华侨得诸同志之唤醒，已知爱国，而慷慨捐助军饷焉。

吉桃中国同盟分会之成立

辛亥春，仰光中国同盟会特派饶潜川、杨景藩二君至吉桃宣传革命，寓于陈君文造之屋。李君树萱、侯君赞基、苏君银道、苏君玛珍、李君饶鼓等，开会欢迎。饶、杨二君先后演说。李君等聆论之后，则倡办义民书报社，内设同盟会，公推陈君为会长，李君为主盟人。陈、李二君介绍入会者甚众，捐资助饷，宣传主义，亦同志中之难得者也。

下　编

第一章　革命思想

第一节　兴　学

（一）清廷甲午之役，败于日本，庚子时期，激怒列强，吾中华民族，几沦双重奴隶。于是国内同胞视线，皆曰农工商兵不读书，不足以保种而复国，兴学之声，达于中外。

（二）旅缅甸华侨，受此影响，遂有兴学之热。癸卯冬杪，即民国纪元前九年，营槟榔商暨营缅甸土产郊户，组织一中华义学于仰光大埠。开课日期，为甲辰春三月朔日，学生六十余，公举林国重、陈金在为大董，评议员三十二人，芳名载学校记事部。监学杜诚诰，陈甘泉、庄银安、徐赞周三人副之。斯三副者，另办一益商夜学。

（三）年终，杜诚诰辞职，以副监为正。越年乙巳春，陈、庄从事垦荒于渴耻亚（缅甸务预箧辖），校务由赞周一人主持。年终存查清册，办法授中文，学额达一二〇人。经费初由槟榔公司、外口公司等赞助巨资，次征收槟榔、烟叶等捐。

（四）乙巳（即民国纪元前七年）春初（斯时期悉用阴历为学年）添授西文，学额倍增，西文监学陈顺在、林振宗任之，余仍旧。仲春中旬，湖南长沙府秦力山先生，号巩黄，播革命种子到此，寓陈甘泉处。陈介绍与庄、徐相见，一如旧好，陈、庄、徐等请其重修中华义学章程，为民族主义教育。

（五）中华义学序文（秦力山文）

天下事乐成易，而投始难。人性狃于故习，大抵如此，是不独吾华侨为然也，始为人类之普通性。即各国进化之初，其任焉者，亦不知几经艰巨，劳心劳力，身为怨府，守以宏毅，始底于成。盖此一是众非之过渡时代，求其能以身为天下先，而任建设之责者，自非希世之杰哲，诚不足以语此也。仰光在下缅甸之南，华人之旅居其间者，仅七八千人，而此七八千人之中，福建漳、泉人亦不过四分之三，以南洋各埠比之，殆在于最小数者。然已能于两年前，兴学风潮未起之时，不假外力，而独自成一学校，名曰中华义学。斋舍轩敞，光线适宜。（近顷卫生之学日益昌明，谓室内光线不足，则不得以资摄生，而校中尤专重视之）济济祁祁，规模灿备，吾逆料他日此居留地，人材之成就，必言归而为开关〔辟〕之元老者，抑或得而为新世纪商界之大王，则今日学堂中百数十人之小豪杰，正未敢预量。其所至此，不得不全归功于董事诸君者也。国学就湮，宗教亦替，曲阜一铎，侵蚀随之。以东鲁达人之邦，衣冠礼乐，亦沦于荒废，而变成伊川氏之墟，为日耳曼人种所征服。然则海田云狗，上国且然，而望孝经伦理春秋治法，犹存于为附庸者蛮烟二万里之海隅一角，何可得哉？何可得哉！中原文献已不足征，浸衰浸微，何问荒服，乃诸君抗志存古，大愿发宏，能以尊教之心，寓于奖诱后进之内，礼容肃穆，俎豆馨香，昌平之祀赖以不斩，间可为翼教之魁杰，辅世之伟民，为海外各埠教育家之先导者。不佞于远窜之中，躬逢盛典，得览自发起以至遂成之纪事，始则鼓吹，继以提倡，有志竟成，蹊往独辟。谬承委任，使缀序文，并手述其发达之次第，俾为一实录。而诸君一切任劳任怨之经历，仆亦由是得与闻其颠末。大凡一事成立之后，任事者辄有自忘其前日之千辛万苦，不益求其进步，而并失其所以维持之道者。诸君矢勤矢慎，有鉴于此，而急欲不佞代述之，示来者以不忘。不以溪谷为归墟，必行抵于海而后已也。不佞不揣固陋，仅就今日之时势，而陈教育之意见于后，以与仰之同胞君子共商榷焉。

今试语人曰：汝之子将为不肖，将堕而家声，将坐食而为国蠹，将荡尽而财产，将自放纵而为邪僻，将愚昧而终于困穷，抑将为亡国之民而见奴于他族，甚至不数传而斩汝祀，则人未有不大事骇怪而怫然作色者曰：吾以何事而开罪，使君致以此毒口而诅咒我也。则应之曰：吾以爱君故。曰：君明明出毒言以损我，何反云爱也？则应之曰：吾以子姑息之仁，不督责汝子以自立，则吾言必中。而以此一棒醒汝故，此其理固自不难明也。抑天下断未有自甘其后之不昌者，何以吾华人之不令子弟就学者比比皆是。则应之曰：以无远虑故。尼父有言曰：爱之能勿劳乎？盖世固欲逸之，而反使劳者。人生数十寒暑中，苟非甘为乞丐，则必以聪明材力而为捍卫营养之用，而捍卫营养之所需，又恒非将一人之聪明材力，足以发明其方法者。则自不得不赖前人已经发明者，而为之辅，则学尚已。洎至人类既多，于是捍卫营养之范围益广，遂扩而充之，而为经国治务；其实经国治务者，则一人自为捍卫营养之不足，而谋为公同之捍卫营养。故一人之不能自行捍卫营养者必败，一群一国之不知公同捍卫营养者必亡。久而久之，遂立为定法。使各人于孩童时，即准备其分任公同捍卫营养者之一业，并为自行捍卫营养之准备焉。身家赖以保存，国务赖以成立。否则不独难以保存，即且不能自活。而况当今竞争极烈之世界，尤有不遑宁处者哉。故吾谓中华义学成立后，而仰埠之闽人，犹有忍令其子弟之闲散者，则何异自间接以杀其子弟也。

吾以为仰之为贤父兄者，决不如此也。

今语人曰：吾过乎丛人之区，见乎总角而嬉游者，蜂聚而蚁集也。此其人或以无人为之教养，抑或有人而不知教养之法，吾逆料彼他日必为败类之马，将何以为防闲之？则其人未有不乱以他语，现拒人之色于面者，曰：吾人自为教育之不暇，而何暇作他人嫁衣裳也。则应之曰：吾以爱汝故。曰君明明欲我毁私以奉公，何反云爱也？则应之曰：汝苟不速为之拯救，则是蚩蚩者，他日必波及汝。由于吾告汝以爱人而自爱故，今使尽人皆有职业，则盗贼与奸宄，必无而起，盗贼奸宄之生，其受害者，决不为彼同类而为寻常之富室，其所以波及者一。以尧舜之圣，尚生出不肖之朱均，则断难自信子孙之克肖。自来败家之子弟，其恶习皆自此辈熏染而来，其所以波及二。以中国人多下流，而文明国之所以相待者，辄另出一种之苛例以限之，而不得以限制一等人之故，别为宽待，其余玉石共焚，同归于尽，其所以波及者三。第一则害及其身，第二则害及其子孙，第三则亡国之惨，灭种之痛，皆由是而生焉。夫西洋各国之民，立学堂，端赖富室以为之担任，而不闻其以此而致贫。美国大富豪，每多捐入于慈善事业者。（西洋人所为慈善事业，大半皆投资于教育者居多，比之吾国慈善家，以资金养成无数之惰人者，正自有别）其额超出于国家岁入之数倍蓰，而其富日增，以视吾人终岁勤得之余，留为子孙以为游荡费者，正自有间。吾观于仰埠中华义学，捐集义金之踊跃，可见诸君见理之真，特于此反复详论之。愿诸君勿以此为足，抑亦愿吾同胞悉知此义。知急公则所以保其私，而吾民族之新教育，将普及于海内外矣。且夫二十世纪者，行强权与帝国主义之时代也。天演之说，日中于人心。黄祸之言，弥增其嫉妒。以美国之门罗主义，亦一变而突飞，经檀香山、菲律宾，而将染指于东大陆新世界。独我睡狮未醒，局促于羶胡野种之治下，彼不为吾民谋教育，而我民方自为之。彼近者犹以收复贡

院，乱吾民之心思。其民间教育之著有成绩者，辄百计锄之，使
勿底于成。此皆彼族排汉嫉汉之意见，将以终困吾人者。竞争之
现象，其相逼而来者既如彼，而彼所以断送我前途者又如此，转
不若仰地诸君得施教育之自由。倘曰中华学校之不能规模日启，
则内地之呻吟于苛暴之下者，斯愈难矣。今夫教育者固必有一主
义以行之。小学校所授之历史学、国文学、修身学、地理学，读
本中其出于立宪之国民者，必于此唤起国民之精神焉。彼欧美日
本之人民，非其脑独强，生而则知爱国也。惟自入学之日起，其
所以触于彼童之眼帘者，无非使之独立不倚，以摒绝服从奴隶之
根性。不佞留学东瀛，见彼垂髫之子，知言征服俄国，叹为绝
特，以为彼生而即为军国民。及得见其小学读本，始知其中言俄
为日本不共戴天之仇。然则日本之得胜俄，岂惟是恃船坚炮利，
与满洲数十万军士一勇之气哉？苟非积之有素，则其成绩，决不
至此。故吾人欲望此可畏之后生，他日出而为国干城也，则亦必
有以激起其亡国之隐痛，与复仇之热念者。彼夫内地教育之主
义，仍以尊君亲上四字，为专制国笼络百姓之不二法门。将见禹
域所有学舍，悉将为他日新奴隶之制造工场。其所以愚我未来之
国民，其惨酷殆有过于凌迟与大辟者。今若欲以矫其弊，非望之
海外诸君，而谁属哉？仰埠董事诸君，当亦闻吾言而兴起矣。近
顷不佞见一论说，曰排汉政见书，为满人之留学日本、名为良弼
者所作。其言曰：内地各属学堂，当定新规，不许汉人学有用之
学。其留学外洋者，不许其学政治与海陆军。又凡可以经国与治
生者，皆限制汉人，不使之学。其意将使吾民不有政治思想，
以免与之争政权，渐无以自谋衣食，驯至而绝四百兆人之种。
诸君！诸君！试问该蛮族已与我生此恶感情，吾人犹得与一朝
居耶？近者驻日公使杨枢，已承政府之命，商之日政府，转饬
该国教育家，毋以政治之新学说教我留学生矣。此为良弼政见
施行之第一着。吾料以后良弼之政见，将逐渐而施行之。而吾

同胞之汉奸梁诚驻美公使，复奏请设立贵胄学堂，使满子弟习海陆军，以压制汉人。傅虎以翼，而吾汉人不得与学焉。吾不知仰地同胞得此一警，其又将以何意见，以期扩充与整顿此中华义学者。吾不禁顶礼以祝之曰：中华义学万岁！学生万岁！仰江商董万岁！

序者又言曰：创作每生于感情，感情则生刺激，刺激者即外来之恶现象是也。感情者，即感此恶现象而有所难堪是也。诸君以故国之沦亡，受风潮之冲激，情动于中，不能自已。此之义学，赖以成立，则吾又有以为诸君进者焉。夫刺激，有生自历史上者，有生自地理上者。仰江历史上，吾人之刺激为何？则中国民族史之终编，大书而特书之曰：永历帝被清兵迫而入缅甸。又曰：三桂弑帝，盖即吾汉民族三千余年古国之自此见灭是已。仰江地理上，吾人之刺激为何？曰：此即英国经营中国腹部扬子江流域之根据地是也。不识董事诸君，观过去而察未来，其将何以维持此初心？使此学校立于太平、印度两洋之风涛簸荡中，而有以挽神洲之陆沉耶？

（六）岁次丙午（即民国纪元前六年），为中西并授第二年，办学人员意见丛生，捐款日见短少，年终中西教育分离。于此时期，学生得新智识无论矣，董事中或明白种族心理者，大不乏人。于是遂分新旧党派，徐赞周以办事棘手，秋杪解职。

（七）同年冬十一月朔日，将益商夜学改日学，经济毫无把握。赞周当义务教员。开课日所授生徒二十六人，其主要授以实行民族主义，以普通商业工艺为辅行。一月开销只一百廿五盾，由雷荣南财政处支取。除校舍租金五十盾外，余七十五盾，连宿舍生四人之膳费（即陈汉生、陈得胜、陈福瑞、徐生堂等），足见当日经济之穷困。董事魏声宙、雷荣南、陈江西、陈栽春、陈文瑞、张永福、庄银安、陈就正、陈甘敏、陈朝初、张文泰、张松仁，凡十二人。

（八）丁未年暮春三月朔日，附设同盟会支部于校中，学生民族思想益见发达，心理稍明白者，亦多送其子弟入学，足见其良心发现之一斑。收容既多，办事人员不得不增加，夏四月添聘陈仲赫为义务教员，秋七月再聘曾玮清助教。

（九）戊申曾玮清辞职，改陈允洛为主任，学生已达百余，助教加聘周希尧、周志忠两人，规模既大，经济益形紧张，虽行减政主义，实难弥补其万一。同年初夏增添工艺，兼授生徒实用印刷，以图经济有所把握。年终学生增至百六十余人，可充工艺者凡十余人。

（十）萨君陆为满清视学到缅，中华义学改中华学校，隶其辖下，萨且为该校筹得巨资，于是中华义学遂忠孝满清矣。次及益商，使者往返数次，冰炭不能相投，绝望而止。及是时，益商学校得本埠乾利公司诸股东（林荣朋、陈守金、陈金在、陈妙生、陈其郁、陈文造）垂爱，每月捐助二百金。又德隆商号，曾广庇翁每月捐助六十金，斯条至兹未已。乾利因解散，停捐多年。

（十一）辛亥八月十九日，革命军起义武昌，佳音一到，全缅与滇边永昌一带，军政府所用印刷品，多出益商学生之手制成，其工作夜以继日，不求工值。大功告成之日，缅甸中国同盟会支部，仅贴益商学校七百金，以作买纸墨之需。斯校由降生之日起，南北统一之日止，由夜学而日学，统计凡八年，今改为中华共和学校，曾载册于南京临时政府之学部。

（十二）所授生徒，亦同上年纪计之，凡五百余人。能竭力党事者，当推张朝梁、陈清楚、陈麒麟等。余如功课毕，尽力工作，谋校费之赞助，且有陈汉生、陈福瑞、陈得胜、杜天运、李谨谅、陈瑞壁、陈福忠、张跃琪、连山等。（下略）

第二章 革命实行

第一节 同盟会实现缅甸

（一）戊申春三月朔日，王群由东京带同盟会章程至缅甸。赞周首先加盟，得东京总部号码，为五百五十五号。乃邀陈仲赫、陈钟灵二君，共为发起。其时旅缅侨胞，尚在黑幕之中，一闻革命二字，莫不指为狂悖，甚至亲友亦断绝交好。（赞周因此而受瑞隆公司合资股东迫退股）

（二）开幕数月，大声疾呼，仅得明于种族之辈，冠者六七人：即陈守礼、张源、陈国章、沈继昌、林水都、王永和等。童子六七人：即张皆合、张朝梁、陈清楚、陈震寰、陈振玉、林海瑞、林金源等。开首期会于仰光大贺胥公园中，主盟人为赞周。机关附设益商学校，主秘密，盖预防破坏计。

（三）幼稚党人，轻言泄漏，风潮大起，会场与学校，几同时澌灭。幸团结力颇大，始得不为所拔，亦云幸事。此时期经济不至告匮，实赖益商十二校董维持之力也。

（四）夏五月，总查会友，只三十七人耳，足见当日进行之难。其时适河口义师失败，黄子和、杜韩甫等逃亡至缅。同人等乃与共谋开机关报首始，秋七月略有端倪，杜修书寄星加坡，介绍居正、杨秋帆，主任笔政。八月朔日，《光华日报》降生于缅甸仰光埠。

（五）斯报能以如是易于产生者，乃修书寄星洲社员陈先进君，请出介绍书，来缅交陈玉，着鼓吹之大力。以此得陈金在、曾广庇、陈守金、林振宗、张永福、陈植汗、陈颇瑞、林荣朋等（闽漳、泉人）赞助巨资，始早实现。是报经理，首任为陈仲赫。出版一月，攻击者腾沸，归附者蒸蒸。再查会员，已达四百余。会所始与益商学校分离。

（六）秋九月，汪精卫、吴应培莅仰光，为孙中山特派而来。斯时缅甸得其演说大力，加盟更多。汪君云，东京总部会员总数八百余，以缅甸于斯时计之，亦与之相等。乃敦请汪、胡等改订缅甸中国同盟会支部章程。

（七）冬十一月二十日选举正式职员芳名列左：

正　长：庄吉甫　　　副　长：卢喜福　　　财　政：陈栽春
会　计：沈继昌　　　庶　务：陈振川　　　书　记：林铁汉
主盟员：庄吉甫、何荫三、陈仲赫、刘庄君、卢喜福、
　　　　曹沛霖、林致和
调　查：曹树三、陈文豹、林清良、池叔苹、郑国兴、
　　　　利　燊、何焕尧、张　　源、何普泉、陈群英、
　　　　丘启川
宣　传：林铁汉、李警魂、何可人、周之武、梅宗焕、
　　　　沈屏夷
征　收：李　龙、黄镜波、林水都、刘保生、林金源、
　　　　吴加篆、何若稽、林己巳
评议部：张志成、徐赞周、陈钟灵、陈仲赫、傅剑秋、
　　　　黄连锦、陈云祥、洪锡福、林登庸、雷振新、
　　　　陈御卿、黎直卿、曾国汉、陈绍平、黄文儒、
　　　　李海国、陈汉生、陈美全、黄卯寅、杨秋毫、
　　　　陈正忠、魏声亩、龚　　效、陈玉着、朱棹棠、
　　　　何笃生、曹焕翔、周之武、黄　秀、张　　复、
　　　　许麾力、林一叶

第二节　扩充会务

（一）戊申秋九月，特派居正与陈仲赫入滇边谋实行，无效，顺道至干崖。见力山先生坟身破裂，重为培土，且具酒礼，

为文以祭之。

祭秦先生力山文并序

居正　陈仲赫

先生事绩，不知其详。谨将从游于先生之见闻所及略陈之。先生姓秦，字力山，又号巩黄，湖南长沙人也。年十九，父欲为之受室，已纳采涓吉，先生慨然曰：男子志在四方，娶妻适为累耳。遂不告其父而出。奔走扬子江上下，与唐浏阳[①]合谋，专从事于光复事业。庚子之役，唐在汉口，运动满奴张之洞以勤王为名，就中反正。已成约矣，适张之洞有幕某诘其事，张不应，某遂耸之曰：吾固知大帅不为此，事败受祸无论，事成未必唐某英年肯下于大帅。张默然，遽收唐浏阳诸人下狱。唐事既败，而先生亲率大通之响应军，势难骤退，会清兵至，先生身与之战，杀退清兵，进据形胜，坐待康妖之接济。（时康妖在南洋，以勤王为名，已运有巨款，除充私囊外，只以少数汇诸所委办粮台之狄楚卿，而狄楚卿又复吞尽）康妖贪鄙背盟，全师瓦解。先生子身走洞庭，匿于芦苇丛中，凡三十三天。

当时清奴大索先生，先生竟无恙。然夜行昼伏，劳苦实甚。潜至日本，留学三年，毕业后，返上海，与朱某共办译书局。甫数月，朱某一病不起，先生心伤之。又闻广西陆亚发起义，先生乃将其书局招顶与人，束装南下。才抵香港，闻陆亚发兵败，身为岑汉奸所戮，先生大失所望。《中国日报》耳其名，欲屈先生，先生以不能实行杀虏为憾！区区口诛笔伐，非其所愿。且闻海外热心爱国者甚多，欲大为运动，卷土重来。航至星洲，大受欢迎。先生亦有所建白，复闻缅甸仰光大埠，有一中国伟人甘泉公者，即日泛舟抵仰。晤甘泉公，一见如旧相识，挥笔谈心，夜

---

① 指唐才常。

以继日。先生见缅甸之华侨，明民族主义而又能实行如甘泉公者，实所仅见，于是乃著《革命箴言》二十四章，凡六万余言。出版后，风动一时。旅缅华侨，民族心理之萌芽，实由此始。是时为先生之莫逆者，尚有银安、赞周二人。仆之得见先生，亦于是始。有时于甘泉公及银安、赞周同志聚谈，纯用笔代。先生以一人而应三人，犹多余暇。

寓仰数月，会星洲有同志创办日报，力请先生任编辑，先生义不容辞，乃就道。及至星洲，为事所阻，报未成。先生返道来仰，与同志谋入内地实行，将首途，而吴烈士炸五清奴之事发。满贼风声鹤唳，各处通商口岸，查禁綦严。先生以道路梗塞，遂转方针，入中国边境，萃该处居民，以办民族学堂为入手。从先生者五人，仆亦与之。至该学堂成立，时丙午春初。开课时，学生三十余人，所授之功课，悉发挥民族大义，学生咸为动容。

居无几何，以不服水土，先生与仆皆染瘴气，病甚。越数天，仆病痊。而先生之病时愈时发，犹复力疾上课。迨十月九日，病益加剧，至十一日，竟溘然长逝。呜呼痛哉！

先生自十九岁离家，卒时二十九岁。此十年中，一以光复为任务，并未忆及家事。先生之志坚行单，洵足为革命党模范。生平著作甚富，不自收拾，无由搜集。然只鳞片爪，已可宝存。梓而傅之，以俟异日。先生葬于干崖之地。客岁以旅行故，拜先生之墓，见坟身破裂，葺而封之。复以酒醴奠于墓前，为文以祭之。

呜呼先生！产自衡湘。天赋聪颖，倜傥非常。痛彼建虏，盘踞中原。毒我汉族，天日为昏。力图恢复，以报国仇。乃走江淮，与唐合谋。岁在庚子，虏丧北京。乘机大举，功几告成。汉奸保妖，迭相破坏。死灰复燃，倒悬莫解。关逾伍员，浪破宗悫。居东三年，克勤厥学。毕业返申，撞自由钟。秘密结社，荟萃群雄。广西义起，仆不旋踵。登高一呼，天下震动。星洲播种，未竟其成。复耳仰光，有甘泉公。共振木铎，人道昌明。实行进取，开化土民。方图根据，卷土重来。昊天不吊，泰山其颓。呜呼哀哉！先生革命，尽瘁鞠躬。生为人杰，死为鬼雄。英灵在天，不爽不昧。俟抵黄龙，献俘大祭。呜呼哀哉！伏维尚飨。

（二）再派居正、陈仲赫入缅甸各属为宣传员，并具有公函列下：

缅甸仰光同盟会分会：谨以民族主义，放大光明，我旅缅甸同胞莫不额手称庆。惟以前途之担负，系我国民之任务，深恐不能普及，有负一般爱国热心志士。今特派居正、仲赫等，亲临贵处，宣传种族大义，并就地筹集光华日报股本，以发扬我大汉之先声，光复祖宗本有产业。各界同胞，于诸人到埠时，妥为照拂，不胜铭感。顺候

义安！

　　　　　　　　　　　　　　年　月　日　会长　庄银安

（三）居、陈所过之地增设支会列下：

埠　名	主盟人		埠　名	主盟人	
木各具	陈虞卿	郑跃蒸	敏　建	周子器	陈绍平
新彪遵	陈就正		猫　宇	蔡寿民	邵树日
				李景兴	
沙　巳	陈延谟	陈引玉	渺　咯	苏细仕	
瑞　帽	陈巽南	李广福	居　脉	杜启仁	
绕彬九	陈振玉		洞　遇	陈国珍	杜子乾
榜　地	区伯扬		洞　枝	黄锡三	
兴沙搭	陈颇阵	杜明敲	勃　卧	李宣琳	
密　沙	陈章逊		蒙　摩	尹寿生	
仁兰姜	郑庇		勃　生	陈子卿	

毛淡棉　丘伯钟　朱绰叶　　力不丹　丘景芳
卑　谬　杨景藩　常寿山　　瓦　城　陈太高　杨名声
　　　　林幼雨　　　　　　　　　　刘观于
彬文那　朱昌衮　杨明察　　知　亩　卢省三

（四）缅甸内地，所设分支会，多不敢公然写同盟会三字，以书报社为盟者有之，或仅以个人主盟耳。今将其各列下：

埠　名	书报社	埠　名	书报社
仰　光	觉民	望　濑	启智
绕彬九	振华	密　沙	兴汉
杰柳巾	演进	毛淡棉	汉声
木各具	爱群	吉　桃	义民
猫　宇	振文	土　瓦	务民
洞　遇	益华	勃　卧	培民
瓦　城	振汉	秉礼光	智民
勃　生	汉兴	仁兰姜	协汉
知　模	汉群	丹　老	新民

第三节　筹款捐助

（一）开办费，戊申春三月起，冬十二月终，开销达七百元。

（二）秋七月，筹办《光华日报》，首次达一万三千余金。此报由始至终，计开一年而亡。共开销二万余元。

（三）冬十一月，开筹汪精卫带往星洲之款二千八百元。

（四）同十一月，开筹陶成章出爪哇款一千元以上。汪、陶之筹款，曾发给优先债票。其票式列下：

汪发票式

特别优先捐执照	兹　收　到 　　君特别优先捐　　　　　　元正， 按照本分会章程第七条，得与战时助饷享同一价还之 权利。特先填发优字第　　　　　　号执照，付 　　　君收执，日后持照向 　　中华民国军政府领取，按照原本加四倍偿还。除 通告总会本部及南洋支部外，合行给此为证。 天运岁次　　年　月　日　　　中国同盟会 　　　　　　　　　　　　　　　缅甸分会给

（注意）如有特别优先捐款而无此项执照者，日后本分会不负其责。

陶发票式正面

凭 单	今　有　收　到 　　义士赞助江、浙、皖、赣、闽五省 革命军费并布置决行团一切费用金　　　　元正。 　　（注意）本会募款简章及一切偿还办法，均有专 条详章程册本上，伏希查照 　　为荷 天运　年　月　日　代表陶成章押　　　浙江同盟 　　　　　　　　　　　　　　　　　　　会分会印

背面

本简章因另印不便，故附于凭单背后。

信禾简章：

第一条　本光复会由来已久，乙巳夏，由总会长蔡、湖南分会长黄，从舆论众望，请孙中山先生为会长，开会日本东京，改名同盟会，而以本会附属之。但该时浙江内地，势力异张扩张，章程发布已久，更改为难，故内地暂从旧名。然重要事务员，均任同盟会职事，故又名浙江同盟会分会。本会前日办事一切费用，均由内地同志担任。近因事务扩张，费用不敷，故商之总会，遣人至海外，以求海外同志人等赞助焉。

第二条　本会办事所在地，虽以浙江为根基，而于江、浙、皖、赣、闽诸省，皆有所布置。即于去岁徐烈士事可见一班，故即以江、浙、皖、赣、闽五省，为本会办事区域。

第三条　本会办事方法，分为三门，不便诸列于此，可询之代表人。

第四条　本会既为同盟会分会，故本章程订定后，移知东京总部及南洋支部。

第五条　诸义士所赞助之款，其偿还法，悉照同盟会总章，俟办有成效后四倍偿还。其所得款数，亦移知东京总会及星洲分会。

第六条　劝助款项之人，以熟悉内地情形者充之，对于出款之人及总会有责任。

第七条　助款之人，不愿写真姓名者，听其自便。

第八条　听给凭单，盖印三颗，为其符号。

（五）己酉春初，孙中山先生因经费不足，派胡汉民到仰筹款，发汪所定票据，计得二千元，三月中旬得函复如下：

仲赫我兄大鉴：

弟于昨上午已抵星加坡，而喻君亦适于是日到坡也。闻君将与觉生兄入东吁，所事如何？广东人（指广府一属言）已有入会者否？前入东吁仓猝过疲遽行，此弟最不歉意事。弟行后，各区长已举定人否？撙节费用一层，弟顷有书致吉甫（银安字）君已言之。未审于意云何？若不能节省，究难支持。寅支卯粮与挖肉补疮，均非善法也。此次带出之款，才得星银六百八十元。以济要需，相去犹远。不知仰光继此尚能筹措否？而尤以迅速为妙。

弟濒行，见曹美致会长书，具有条理。广东一方面事，洵能任之。会长亦甚赞美其言。以弟观仰光之会务，究可无忧，现时视公事重于家事者尚不乏其人。虽其间办理或有未宜，尽可改良求善。至于或有意见，尚非私意不睦，而正可彼此相竞，双方并进。闻粤东人言，皆谓自治章程若办得有精神，则会必有大进步。以仰光普通人性质论之，此亦必非虚语。到坡得港函，知港地机关甚有进步。粤省前经挫折，今益振奋。以内地办事艰难如彼，而同志之奋励如此，吾人逍遥于外，尤当共勉矣。

陈昌渊有无后文，林振宗得信后有无回话？中山先生不欲递予林信，盖欲一视其得弟等前函，作何言语也。兄意谓然否？弟舟行数日，犹见有一矮小其躯，艰瘁其面偶手曰：陈仲赫者，在我左右，君真感人之深，而我有数言为君规者，则以君克苦太甚，而君身体本弱，此乃非宜，若庶务有事，亦尽不妨以车代步。若在常人，弟又欲其时以步代车。至于沈郁太过，忧能伤人，此虽浅俚，而感情深者，亦常不自觉。弟于足下，纫敬实至，愿一察夫所言也。专此。即候

大安！

弟汉民顿

赞周、玉着、海国诸先生均此，不另。精卫兄犹在香港。

（六）秋七月初旬，初次《光华日报》因冲突停办。继续筹办第二次《光华日报》出版之款，开全体大会。一夜之间，共得入股者一万三千余元。

（七）冬十月，杨秋帆入永昌实行，发优先债票，筹得二千元。

（八）夏五月，黄克强到缅甸，筹款千元。

（九）庚戌春二月，《光华日报》歇业。第三次组织《进化报》，前后出版仅八阅月而停版。需款共五千元。

第四节　保妖为难

（一）戊申秋八月朔日，《光华日报》出版，一班保妖视作眼中钉。其党先锋队刘醒汉（粤人）一试其技，思复（杨秋帆）赋珠江相命，辄然片甲无存。"藏退国（缅甸中华商会总理）皇帝登场，生公（居正）论说原怪，即刻缩首敛翼。腐败教员傅维壁（闽金门恶绅），压制学生军，赞周傅作群芳先生，中华学堂全体教员归顺。载湉母子毙命，卢喜福副长电北京，争立汉人为帝。根究打电，小奴（满清顺民）出丑（争较失败）。"于是清廷与英公使重缔打电新约。以后缅甸侨民有电要达政府者，不得代为转递。至今尤存，即当日之老例也。

（二）保妖屡次挫失，刺激丛生，遂行浸润之谮，诉诸报社股东，以图破坏机关为目的。其中股东或有非同志者，乃请开股东代表会议，幸而恶感尚浅，虽会之开，风潮即息。妖党初时自鸣得意，以为此谋足制吾党死命，孰料计成画饼，于是毒心更炽，复谋其党徒，致公呈于清廷，请简派驻缅甸领事。

（三）清廷衔争帝电之怨，得此机会，辄派萧永熙（川人）为驻缅甸领事。既至，吾党于墨弹笔枪之下，倍增锋利。攻击一端，不遗余力，清领惟有忍受而已，亦无奈我何。

（四）己酉秋七月，萧奴（即领事）得点主（闻俗人死立一小木牌，作纪念品，谓之神主。必请有名望者举朱笔点斯主之上，始称荣耀）机会，乃暗中伸其势力，胁制七股东代表，议决停止《光华日报》营业。七人签其六，独李海国一人不签。无法维持，于是银安解经理之职，而报社停版拍卖。

（五）保妖意存保〔报〕复，暗中使人购得此报全盘机器，作妖党机关，改其名曰《商务报》。吾党知不另组机关，难免被制，故开全体大会，筹办第二次《光华日报》股款。延至冬十一月朔日，始得出版。司经理者，初任陈仲赫、次任黄水田、三任陈汉平。主笔政者仍为居正、吕志伊二人。妖报主笔政者，张石朋号顽石、李牙聪名聋子。

（六）我光华与妖报一接触，再开战端。生公（居正）说法，顽石点头；天民（吕志伊）示威，聋子投地。开战及数月，不仅妖党无地缩藏，则妖报与时皆亡，人心称快！夏杪，妖党余孽，天良丧尽，置种族大义于不顾，遂行最毒手段，与清奴永熙计谋，贿赂当道，辄下逐客令。应受拘逐出境者，则居正、陈汉平二人。百般营救，终不得其收回成命。拘逐出境之令，与等闲异，乃直押至广东，交清官办理，至为危险！幸得星洲同志，聘请辩护士与政府理论，始得改直押为自由出境。

（七）居、陈去后，会长庄银安亦避去槟城。于是妖党淫威倍增，散布流言，百般恐吓，一时风声鹤唳，草木皆兵。其所存守报社者，为吕志伊、陈钟灵。收拾会场残碎者，即徐赞周、陈仲赫、陈允洛、苏汉亭等。《光华日报》第二次停办，开销不减初次。

（八）下过匝月之间，其时为庚戌春三月（即民国纪元前二年），李海国、魏声宙、陈震川、邱思道、吕志伊、陈钟灵等，锐意重兴第三次机关报。徐赞周乃出疏通滇、粤、嘉应州诸同志，蒙多数表同情，即日出版。改光华曰进化。陈钟灵任经理，吕志伊司笔政，鼓吹力之猛烈，三年如一日，曾不少馁。适林海山因河口失败，逃亡至此，重兴会场，举邝光熙为坐办。

（九）全缅华侨暨滇边西南一带，经此当头三棒，大都觉悟种族心理矣。最不解者，小数保妖，妖氛未尝稍衰。《进化日报》出版仅八月，又被假查账为名，而摧残之。需款约五千余元。屈指三次办报，统计开销五万余元。再查会员，未满两千，平均每人担负义务，不为不多矣。以此暂时停顿。呜呼！保妖之肉，其足食乎！

第五节　返国实行

（一）己酉夏六月，林春华（滇人）由滇永昌来缅甸，通内情。

（二）冬十月，杨秋帆解职入滇，谋大举，缓不济急，热血攻心，手指足趾皲裂，血流不止，死于永昌府，痛哉！同月吕志伊到缅甸，继杨秋帆编辑之任。

（三）冬十二月，居正、陈仲赫等继入滇边，事无成回缅。

（四）庚戌春三月，陈仲赫谋暗杀救精卫，技〔投〕香港机关，居数月，因病回掉〔棹〕养疴。

（五）夏六月，吕志伊介绍黄克强与寸尊福（滇人）相见。寸愿助万金，作滇边起事义饷。将行，适缅甸匪首貌产与英官为难，各处戒严，途无所出，折回。

（六）冬十一月，机关报停办，吕志伊出槟城，而各同志奔走滇边，卒无寸功。缅甸自开办同盟会以来，其零落未有甚于此时也。

（七）辛亥孟春，得粤东风潮告急，本部会员李雁南、郑亚坤（嘉应州人）同方近仁（浙人）登途从征。三月二十九日，凶耗传来，广州义军失败，李雁南殉节，郑亚坤足中弹获救。

附录一　徐赞周先生传

钝　庵　敬撰

当夫虏焰方张，义旗屡仆，缅甸接壤滇边，诸志士间关万里，辗转来兹者踵相接。维时民智未开，侨情尤涣，蛮烟瘴雨之中，无非胼手胝足之辈。但知鸡鸣而起，孳孳为利，绝少有国家观念者，更何论于夷夏之大防，与种族之严辨。间有一二厕身士林，侨众称为耆宿者，又多脂韦成风，熏心利禄，忘九世之公仇，目革命为大逆，可谓风雨晦冥，天地否塞之极矣。幸而羲轩式凭，贤豪辈出，弦高救国，起自商人。卜式助边，不忘汉族。胆薪时厉，艰苦备尝。马牛任呼，毁誉不计。尽兴亡匹夫之责，奏三户亡秦之功。睹日月之重光，庆河山之再造。革命之母，竟属华侨。而赞周先生亦即其中之一，乌可以无传?! 敬为传曰：

先生徐姓，讳赞周，原名根藤，益黄其别号也。世居福建思明县之徐厝乡。巨头方口，体格魁梧，一望而知为伟丈夫。为人坚忍卓绝，耐勤劳，尚俭朴。壮年即来缅甸之仰光，为人司禺〔榆?〕荚。慕同侨曾广庇翁（侨商中第一殷富者）"蟾园方两度，获利几万缗"，奋志苦斗，夙夜操作不稍懈。不数年大得东家信任，委赴星洲任分行司理。初至，埠人士设筵相款，且召妓侑觞，先生局促，几难终席。人或笑其愿，① 先生弗顾也。未几，仍返仰任理商务，筹握之暇，留心世务。自以早出经商，学殖尚少根底，归选手一篇，藉以补省。遇有学问者，折节师事，敬礼不稍衰。对于兴学培材，尤三致意焉。居尝语人曰："日本战胜强俄，归功于一乡村小学教员。"其志已不凡矣。

时侨商中在仰负众望者，如陈春元、庄银安、陈朝初、张永福、李海国、陈玉着、李永响、林荣朋、林振宗等，咸与先生相友善，过从无虚日。诸人多雄于助，而精明强干，练达人情世故，尚让先生出一头地。故有所谋，惟先生马首是瞻。民国纪元前九年，与诸友创设中华义学于仰光，缅甸华侨之有学校，此其嚆矢也。先生被举为副监学。同时另办一益商夜学，旋改日学，先生始终董其校务。越数年，清廷派萨君陆来仰视察侨校，中华义学被改为中华学校，且得其臂助，向诸侨商募捐大宗款项为基金。先生素愤虏廷官吏腐败，早抱有改革思想，至是因该校已受清廷羁縻，羞与哙伍，遂与该校脱离关系，专心从事于所办之益商学校，身兼董教，不辞劳瘁，十数年如一日。历聘国内学者陈

---

① 原文如此，疑有误。

仲赫、曾玮清、陈允洛诸先生主持校务。光复后，改名共和学校，现为埠中男校之一。先后由该校毕业出而服务社会者，指不胜屈，而张耀琪、雷太声、陈瑞璧其尤著也。

先生既抱革命思想，痛祖国之沦亡，奔走国事，不遗余力。前后谋国志士莅仰者，如刀安仁、秦力山、张石泉、杨秋帆、居觉生、吕天民、胡汉民、黄克强、汪精卫、陶成章、吴应培等，先生咸倾衾雅接，置腹推心，共图义举。大小诸役，靡不参与密勿。戊申三月，王群由东京赍到同盟会证章，先生与陈钟灵、陈仲赫诸人首先加入，致受亲友指摘，且有因而绝交者，甚至所份瑞隆公司股份，亦被强迫退股。尔时侨众，对于革命事业，不但绝少赞同，且虑事败被累，避之如蛇蝎，有如此者，先生弗恤也。同年，与陈守礼（春元先生哲嗣）、林金源二三晚辈开同盟大会于仰光大贺胥园，先生实主其盟。设机关于益商校内。夏五月，与诸同志开办《光华日报》。九月，汪精卫先生为孙中山先生筹川资到仰，寻陶成章先生亦到，乃请汪、陶二先生改订同盟会章程，十一月正式选举职员，会长为庄君银安，先生长参议部。旋《光华报》被反对者阴谋摧毁，一再停版，改办《进化报》，寻亦停歇。居、吕诸君，且被迫离仰。

辛亥武汉起义，设筹饷局，先生任局长，继组参谋部，先生任部长，无不悉心筹画，茂建勋猷。未几捷讯遥颁，河山幸告光复。孙中山先生已任临时总统，给先生以旌义状，号码列二百三十二。向之诅革命为大逆不道者，至是无不踊跃争先，以图攀龙附凤。而先生以种族革命已达目的，退而专心一志于营业与著述，绝口不再谈革命，并以市隐代其名而韬晦焉。杜诗云："功成失所往，用舍何其臧"，不啻为先生咏也。

当英政府奖抽红烟入口关税之年，红烟来源为绝，先生思制纸烟为替代品，当可获利，遂就仰开设新国烟草公司。讵因机械原料不合，亏资无算，几至一蹶不振。幸得诸友情厚，贷以资本，改营鼎新书局兼印务，躬操其劳，令家人子女分任务职。数年间，不但宿负以偿，且积资至巨万，家道称小康。苦心毅力，殊不可及也。先生勤著述，营书局后，以参考书多，益勤编纂，原著《缅甸地理》、《缅甸物产》诸书，久已风行。又著《缅甸历史》，累经考订，荟精聚神，为生平最得意之杰作。曾经前《仰光日报》总编辑傅光闳先生润饰，近经出版，足以传矣。先生治家严，家庭教育尤所深重。子若女均善承庭训，所学各有相当成就。先生于民国十八年冬，病殁于仰光，年六十有三。元配陈氏，子三人，长名日新，以操劳过甚而亡。次名三民，继承遗业，尚称克家。幼名四民，毕业于缅甸华侨中学，曾于去年回国，肄业福建厦大。女五人，长未及字殁，次适刘，余尚幼。

钝庵曰：世之人，略谈革命，自翊功高，偶识名流，便跻贵显。居市井者，囿于什一之是图，罔知书史为何物。识之无者，拘守斯文之形式，不能趋赴于事功，比比然也。以视先生认革命为应尽之天职，功成不居，不为地位所限，克至振拔，家贫业商，只身客万里外，究心商业而外，兴教育，谋国事。名著绅商，不以是而骄傲侪辈；交遍伟人，不因此而自高位置。实事求是，卒能建业成家，著述名世，其间相去何远哉？余旅缅未几，即耳先生名，衣奔食走，末由把晤，然心仪者久矣。民四任某号司牍，所处与先生邻近，遂相晨夕。蒙不弃，勖勉有加。每过访，见先生终日操劳无稍辍。年已知命，尚精神矍铄，所谓精神愈用而愈出，其先生之谓也。先生尝谓余体屡多病，由失运动所致，心韪其说，然终不能改也。近年来余因改就他职，过从稍疏，然犹时一见先生，虽满头白发，而精神渊著，健步如飞。万不料于十八年冬一病，而竟归道山也！痛鲁灵之遽折，趋矩矱以无从。每思阐述幽潜，以风末世。会先生哲嗣以《缅甸中国同盟会开国革命史》将告编成，欲刊入先生行谊，以光先德，属余为传。爰敬就所知，撰文如右。廷击之讥，知不免焉。

附录二 庄银安先生

杨景藩

银安先生，字吉甫，号希复，姓庄，闽同邑之祥露乡人。性慈而志高，急公而好义，善计然术。自少能文，弱冠南渡，居仰经商，好为人排难解纷。素明种族大义，疾满清政治腐败，因是革命思想沛然而生。故与诸同志倡办义学，以开风气。戊申春，康有为由印入仰，鼓吹保皇，设保皇会，强先生为会长，先生不就，且与其友陈春源、徐赞周，鼓吹民族革命以与对抗。康虽百计笼络，卒不得逞。附康者流，目之为叛逆。而先生革命色彩，则愈浓厚。嗣后革命空气，磅礴于海内外。当时同盟会军事计划，欲以云桂为根据地。同志之由缅甸、越南潜入者，每就先生擘画一切。及河口失败，先生知时机未至，遂与诸同志创办《光华日报》，聘居正、胡汉民、吕天民诸同志主持笔政，大著言论，读者倾向。清廷大恐，即向北京英使署交涉。英政府乃令仰光巡抚逐居正、陈汉平二同志出境。先生时为同盟会会长，乃避出屿，与诸同志续办《光华报》。二处之有党报者，胥先生为嚆矢焉。辛亥革命军兴，华侨汇款数十万到闽，推先生为南洋总代表，赞襄光复事业。闽都督咨为顾问，厦门参事会亦举为议长，兼财政长。二次革命失败后，先生再渡仰光，为大同油厂经理，数年间得资巨万。凡遇公益事，莫不筹资赞助。嗣后以年老返国，建园休养。前年党军入闽，省政府委为侨务委员。办事认真，劳绩不少，足为青年模范。今春重莅仰光，于秋初适林义顺先生来此，委托先生与会君瑞开，办理采访中国同盟会革命史料，遂与徐赞周先生所编之缅甸华侨革命史原本合编，以成信史焉。

附录三 汪精卫函

泽如、心持、赤霓同志尊兄大鉴：

自芙蓉车站握别后，历吉龙坝、罗庇能诸埠，以入仰光，居将两月。昨始回星加坡。闻先生及汉民兄述及兄等之慷慨任事，为之纫佩不置。关于仰光之运动始末，谨举其概要，奉陈于左。

数年前有秦君力山者（力山湖南人，革命思想发达甚早，与章太炎、邹容同时，而力山曾于庚子之年在大通起义，事败走东洋，来南洋），由星加坡至仰光，晤仰光商人陈君甘泉（福建人）。甘泉为人深沈有大志，以革命为己任，与秦君定议，秦君入云南，运动诸土司，而陈君与其友庄银安君等集资数万，开垦缅甸荒地，其意欲垦田以积谷，裕军饷之源，且可以开垦之名，招罗死士，平时屯田，临时率以入内地。此等死士，既无家，又久养，可得其死力以济事云云。其规模弘远如此。嗟夫，数年前言革命者，寥寥无几人，其能言之者，则必为卓荦奇伟之士。又以此等事业不能望之庸庸之人，常能引为一己之事，悉力以谋之。今言革命者遍南洋矣，然人云亦云，初非有能负重任而趋之志，所谓群力反不如前此一二奇士之独力也。陈甘泉君抱负弘伟若此。惜垦荒之事，遇大失败。数万资本，付诸一掷，力山又不服水土，竟病死于滇边。甘泉既悲死友，又叹所业之艰阻，且以垦荒故，驰驱于蛮烟瘴雨中。力山病殁未几，而甘泉亦遂抱病，终以不起，此其可为痛惜者也。自两君死后，余庄银安君等三数同志，处风气晦塞之世，保其艰贞，直至去年星加坡风气浸开，有同志陈先进君（即吉美）等，与仰光商人至有瓜葛，因得通同党之情。仰光商人赞成者亦渐多，于是陈玉着（新永盛福建人）君等始谋创设《光华报》于仰光，犹不敢明揭革命之宗旨，欲先以和平鼓吹。适有同志刘觉生、杨思复两君自东京来，入仰光《光华报》主笔政。两君坚持鼓吹革命之方针，出版后数日，大受商会之反对。两君不屈不挠，坚持如故，卒致反对者无所施其破坏之技，会事渐以萌达。弟入仰光时，已有同志一百三十余人矣。唯此一百三十余人中，广东人只有一人，其闭塞可想。弟等到后尽力鼓吹，居两月，演说四十余次，革命之理，渐至家喻户晓。弟离仰光时，福建同志已三百余人，广东同志已二百余人。此皆有事业之人，然后介绍其无事业以为生者，则介绍必慎之又慎，防其入而为蠹也。仰光之地，集会自由，故同志竟设定事务所，高树天日之旗，每礼拜余有事集议外，逢拜三拜六两夕，必于事务所开演说会，到者恒五六百人，其朝气之盛，即此可见。《光华报》股本二万盾，每日销行于本埠者约四百份，人数足与出数相抵，无岌岌动摇之虑（以视中兴报之朝不谋夕，终岁不能解决存亡之问题者，真觉仰光同志能一劳而永逸也），此仰光分会之现在情形也。弟照直叙说，不为过誉之言，亦不掩其美，想兄等闻之，亦必拊掌称快。

弟等之意，缅甸地近云南，仰光分会，能发达隆上，则云南之事有其后援，且可为军事之策源地。故拟邀东京军事上之同志多人，共赴仰光，以立经营之基础。弟临去仰光时，与办事之同志提议及此，诸同志已诺任供给之费矣。至于仰光洪门公司，以十数计，忘其反清复明之宗旨，以互相保护为目的，以泄忿寻仇为手段，腐败已极。弟等到后，彼中有心人闻演说，稍稍感动。仰光同志又入而运动之，已大有动机。弟为拟一联合自治会开办条议，大意谓各公司大者举代表五人，少亦一二人，以组织联合自治会，略如联邦会议之制，遇甲公司与乙公司有争议，不得擅自开衅，须布告联合会，请各公司代表出而调处。遇与外界有争议时亦然（其章程务求切实可行）。此议若成，仰光洪门可无争斗之事矣。现已有三四大公司赞成，须陆续运动得十余公司之同情，方可开办也。弟见仰光分会已立，基础已固，后此循已定之方针，以为进行，可望日上。故于前礼拜离仰光，留应培兄，俟过新年乃行。弟到星后，拟趁轮赴日本，料理《民报》事，过数日成行矣。仅述仰光大略一闻。此上。即请

大安！

弟精卫谨启

戊申十二月十九日　　西一九〇九年一月十号

回忆辛亥前中国同盟会
在美成立的过程

温雄飞

编者按：本文及《辛亥前我在檀香山同盟会和〈自由新报〉工作的回忆》、《回忆辛亥时我在归国途中以及在上海和南京亲历亲见亲闻的事》三篇回忆录，均系作者本人的亲身经历。作者温雄飞是旧金山土生华侨，也是美国同盟会重要成员之一，先后参加编辑或主编《美洲少年》、《自由新报》等革命报刊。所记辛亥革命时期美国华侨的思想动态，华侨青年向往革命，积极开展革命宣传、支援国内革命运动等事迹，具体生动，可补史实记载之不足。温雄飞于辛亥革命后归国，解放后任广西文史馆馆员。

前　言

美国旧金山大埠的中国同盟会表面上名义上是成立于一九一〇年的春天，然而事实上实质上这个革命小组早于一九〇九年春就秘密组织成立了。这个秘密革命小组取名为"少年学社"，表示为这组少年彼此向学术方面探讨、互相传习的意思，实则内容就是同盟会一个小组，或是一个雏形运动，因为当时反对党保皇会在华侨社会上还握有一部分经济上的实权，我们自顾羽毛未丰，未便大张旗鼓，显与抗衡，招其反对，所以取名为"少年学社"，目的在专向有新思想的少年华侨中鼓吹，俟势力充足，然后揭开面幕，表露出中国同盟会的真正面目。

这个少年学社的中心人物是李是男、黄伯耀、李旺和我四个人。四个人之中，都是当地的土生，都是新宁县人（民国后改称台山县），又都是同源会会员，而我和黄伯耀又都是同源会的职员，我任中文书记，黄伯耀任西文书记，因此每晚我们差不多都可以在同源会的大厅里见面，有事时则交换意见，无事时则随便谈谈，从同源会本身和华侨间的切身问题起，溯源到中国政治地位的衰弱，影响到海外华侨地位的降低，以致到处事事都受美国人的歧异待遇。因此，久而久之，渐渐谈及中国政治问题，保皇和革命问题。我们两人都是土生土长，又没有离开过旧金山大埠，所有一般华侨之向背，对于保皇、革命两派的政治信仰，我们比任何人都有进一步深刻的了解。那时保皇党不仅在诓骗华侨方面已到了露形露骨的丑态，而且酝酿到了公开的分歧。我们预测到保皇党已到末路穷途，四分五裂了，但又深忧革命的新势力在华侨方面尚未建立起来。

那时，虽有致公堂的组织（即内地三合会会党）总算是在华侨方面的革命势力的代表，可惜是：是他们那封建性的迷信组织，封建性的思想，都同同阶层有新思想、进步的知识分子格格不相合，表面虽觉谐洽，精神终归不能投契。《大同日报》是致公堂的机关报，在当时说，总算是受进步思想的影响而成立的，然而整个致公堂，尽管拥有会员甚多，却找不出一个真正热心于致公堂反清复明思想的知识分子来主持记者的论评著述，因而尴尴尬尬地延聘保皇党机关报《文兴日报》的记者欧矩〔榘〕甲来勉强兼任。不久欧矩〔榘〕甲因事弃职潜逃，由是《大同日报》记者席位空缺，致公堂迫不得已请孙先生荐人，孙先生介绍刘成禹来继任。即此，足以确认致公堂方面内部人才的空虚，还有待于我们几个土生少年。

一 酝酿的过程

自一九〇五年春间，一般土生开始认识到有组织土生团体的必要，由是彼此间互相传达，我和黄伯耀被推举为组织土生团体的宣传工作者，迨同源会正式成立，我和黄伯耀都被选为中文书记和西文书记的职位。黄伯耀是我的儿童时总角之交，街头巷尾抛砂掷石的小朋友。稍长，在私塾是同学，在英文远东学校和汉文大清书院也是同学。他是永生寿板店的少东，幼年丧父，未几，即管理店务，他又是致公堂成员，因此，他认识人很多。自从我和黄伯耀当选为中西文书记后，差不多每晚都在同源会见面。同源会的会址在企李街某号二楼，会址交通极方便，有兴就来，兴尽即走。同源会的会员都是少年人，少年人谈话的题材极多，有谈音乐的，有谈衣服穿着时装的，有谈英文发音规律和某些名词翻译为中文有些错误的，也有谈英文某报刊登某些华侨的消息有诽谤的恶意的。独我和黄伯耀谈话的题材都是中文报上刊登的国内消息，有时也谈到港沪报上的议论等等。大抵到了一九〇五年的冬间，中国同盟会在东京成立的消息，已在美国华侨间传播开了。不久，中国同盟会的机关报《民报》第一号已在《大同日报》代售了。那《民报》第一号上的发刊词，是孙中山先生揭布其三民主义的纲领了，民族、民权两个主张固然令我意惬，其民生主义尤为令我神契。在此以前，我对西报刊登某处某种罢工消息，工人们提出增加工资的要求，因为事不关己，不大了解其征〔症〕结所在，往往淡然处之，及至读了这个发刊词后，才了然于同盟会罢工和社会党、工党等提出种种主张和要求，都是有所为而为，并不是故意好闯乱子的。在此以前，我也得到许多提倡革命的书籍来读，尤著者，如章炳麟的《驳康书》、邹容的《革命军》等等，议论虽属精辟，但尚不能超过民族、民权两主义的范围，至于民生主义，确实是一般时流还没有倡导，而为孙先生独到的见解。自从《民报》发刊后，不独我和黄伯耀每天晚上谈话的题材增辟了许多，而且使我们对于革命的见解和信仰有着进一步深刻的认识。那时我们谈话谈到兴高彩〔采〕烈、得意忘形时，恨不得同盟会有专人来到美国宣传革命，即乘机请其介绍加入同盟会，使得在美国宣传工作得尽一臂之劳。可惜在整个一九〇五年冬天和一九〇六年的春天，我们都碰不到一个同盟会的专人来美国工作，或是华侨中有加入同盟会的。

　　未几旧金山大埠罹了一场空前的大灾难，即四月一〔十〕八日的晨早五时许的大地震，大地震之后，继以火灾，供应全市用的水圹〔厂〕给地震震破，水源枯竭，消防队无能为力，只有任火灾蔓延。初时由工厂区起火，仅四五处，因水源崩竭，无法扑灭，任其燃烧，渐渐延及商业、银行金融区、唐人埠即全体华侨商业住宅区，最后连西人住宅区都焚毁了。这场大火连续三日三夜，烧到市区的偏僻住宅区才自行熄灭。约计全市精华尽毁和居民第宅毁灭三分之二，整个唐人埠付之一烬。在三日三夜的火灾中，一般华侨都是露宿街边，三日火灭之后才有消息，通往邻埠之交通已经开放，但只准出不准入，我也是那时全家迁到离旧金山大埠最近的邻埠屋仑居住。这场火灾不仅给全金山大埠的一般商业和居民生活以一个短时期的停顿，连我华侨一般商业和一般居民的生活也不例外。幸而火灾炽盛时，市政当局已感觉到单凭警察之力已不足以维持全市的治安，由州长宣布全市戒严，把全部治安置于军队管理之下。那日大地震是由上午五时开始的，约五时半左右，即有四五处，或七八处同时发生火烧，那都是在工厂区一带，全市消防队全体出动，奔赴火场，初时开放水

龙施救尚有水射出。不久已无水发射，探询原因，始悉水圹
〔厂〕储水因地震崩裂，渐无水了。由是全市消防救火工作移交
军队施救。军队采用开辟火路的办法，把距离火区约一两条街之
间，划为防火地带，用炸药爆炸，来开辟一条防火路。可是工厂
区一带的建筑物都是砖楼大厦或是钢骨水泥的大厦，起码都是四
五层高，或七八层、八九层的建筑物，内中存储的工业原料大都
是易燃性的东西，爆炸一过，火区的火苗即随着爆炸的空气，立
即窜到爆炸区内燃烧起来。由是退后几条街，从新再爆炸开辟一
条新的防火地带，可是每炸开一条新的防火地带，火苗立即随之
窜入，仅仅两三小时，整个工业区纵横二三十条街道的高楼大厦
的工厂转瞬间化为红炉，烟柱直冲半空，掩蔽日色，由是不久就
波及到商业繁盛区，再进而波及到金融业银行区。唐人埠就在商
业繁盛区，金融业银行区之侧。大约到正午十二时左右，已有军
队开入。唐人埠初时仅口头劝导一般居民要赶紧离开，免受火灾
包围，不久，即划定一条封锁线，由军队把守，作开枪欲射状，
只准出此封锁线，不准复入，入者射击。同时另有一部分军人沿
门逐户通知，强迫居民立即离开每个建筑物，同时只准许携带随
身细软，径出封锁线外。在这种情况之下，不只整个唐人埠，连
繁华的住宅区，一般居民住宅区，都同时付之一炬，整整两个昼
夜火头才开始没有蔓延，到第三个昼夜余烬才息灭。由是军队和
一般逃难居民的年壮者们，共同清除灾区里街道口的残砖烂瓦，
使逃难迁出灾区的难民和邻埠赈济物品运入的物品容易输出和
运入。

自火灾熄灭后，大埠市政当局即号召全体商民和市民，立刻
在原有的地点恢复起来，而一般华侨有产业权的商店当然自己无
可卸责，努力争先，而没有产业权的商店也马上和业主商量，在
原有的地址上继续固定租赁下来。而且在图利的原则支配下，一
般的正式的工商业者没有业务经营，当然是没有利可图的，而且

就是借产权以图利的业主，如果不早日修复建筑物，租赁出去，也是无利可图的。所以，在这个图利的原则支配之下，全市一般建筑物在几个月之间，已有七八成的修缮完毕，商店恢复旧观，市面渐渐兴盛了。而唐人埠也不例外，一般建筑物有八九成修缮好，商店大都在旧址复业。同源会也都在旧日的地址上继续租赁，恢复办公。那时我也是在一九〇六年的冬天，由屋仑迁回大埠居住了。自从大埠火灾熄灭之后以至恢复这一段时间，我和黄伯耀极少有碰头的机会，就是偶然在大埠或屋仑的某处的路中，或在屋仑的同源会临时会所碰见，也只谈谈他的永生寿板店的继续租赁权发生棘手，大发牢骚而已。我们两人谈论革命的思想发展，就是这样地渡过这一年。

至一九〇七年我和黄伯耀两人谈论革命的思想发展渐渐有了中心了。我迁回大埠后居住在万国通信便览公司的后进，这个公司是我一个旧熟朋友黄金筹办的，那时还没有成立，只是在筹办之中，他约我迁入他那个公司后进的两间房居住，订明他不收我的租，但请我在他的公司筹办期间，义务替他撰拟些宣传稿件，俟公司正式成立期间才给我报酬费。我应允他，因此我每日都在他那个办公处，义务帮忙撰稿，每日约一二小时。本来宣传性的稿件是不多的，可是，这个办公处，因公司事务来接洽的人倒少，而登门找寻黄金有所请求的人却多。在这些有所请求的人之中，先后有两个人为我所结识，后来发展成为初期同盟会的中心工作人物。这两个人，一个为黄芸苏，另一个为黄超五，他们都是那时的秀才，受新思潮的感动，愿意自费来美求学。到大埠后，各有亲友倚靠，暂维生活，但都不是长久之计，总要谋一个长久的生活办法，才能达其留学的志愿。因此，他们大抵受亲友的指示，登门亲访黄金表达其志愿的，黄金本来是有"路头土地有求必应"的称号，当然当面答应，并且乐为奔走。此后，这两个人隔日或每日必来这个办公处找寻黄金听候消息。他们每来，我们必聚首大谈特谈，真是从个人身世遭际谈到国家前途大计，无事不谈，谈必精辟。大抵不够旬日之间，我已彻底了解他们两人各别的品质和志趣了。黄芸苏自成为秀才后，本来志求上进，因废科举，遂考入方言学堂，后来转入游学预备科，毕业后可以官费留学，不知因什原故，中途停办，因此留学志愿受一挫折，遂转念头到美国去，设法筹款，自费留学。他志趣纯洁，性情真挚，而且手段超豁，应酬圆熟，能入俗而不困于俗，能应世而不囿于世。他来找黄金是有目的有计划的，他到大埠不久，已了解到华侨社会的儿童教育机构尚在缺乏，他向黄金建议，华侨应该设立一所两等小学，教育一般华侨子弟。如果这所学堂成立，他可以当个校长，那就可以自费留学了，这是他的志趣。黄超五也是一个秀才，大抵自考中后，不能上进或不求上进，他自己没有披露，又没有进入某所学堂，似乎一般的新思潮，对他没有什么感动，他有魏晋名士的作风，不矜细行，而无其操守建树，成为与时混混随波逐流的恶劣作风，又入世早，接触面广，时俗嗜好，都成沾染，成为一个无行文人。据黄姓朋友说，他向来嗜好甚深，有"四淫齐"的浑号，见钱即用，随处告贷，为债主讨债所困迫，迫得把自己卖身作猪仔卖到南洋某处去。迨到南洋某处工作场所，不堪苦虐，始把本身成分出处吐露出来，当时仍在封建宗法社会思想统治之下，一般新宁的黄姓工人大为同情他的处境艰难，相互捐款和向新宁黄姓有势力的富商呼吁，始相互设法把他赎出，资送回国，方了这个公案。他这次到美国来，虽扬言是自费留学，然而年龄已三十三岁了，还能慢慢地作几年英文的准备才进学校吗？我认为他把自费留学这块招牌作个幌子，而骨子里却是在筹一笔自费的费，[①] 解决目前生活是第一步，至于能进学不能进学，学成学不成，倒是第二步。他这次登门找寻黄

---

① 原文如此。

金就是抱着这个目的而来的。他初次见到黄金，出室倾谈之后，翌日，他亲自又到办公处来，就空间的办公桌上取纸笔亲自拟稿，后经黄金过目，斟酌修改，以至抄正，都是他自己亲手办理；至于由何人具名及发向何人，都是黄金自己亲自动手，后来效果怎样，我不便作摸底的向他们两人询问，当然是不知的。即此，黄芸苏和黄超五的优劣，于此可判。可是，我很爱和他们两人谈天，两人也很健谈，一谈往往达一两小时之久，由谈文艺到政治，也谈到时局和中国前途，也谈到立宪论和革命论之激战等等。黄芸苏认为立宪论言之甚易而实行则难，执政几个大老和满族亲贵都是顽固派，而西太后尤为顽固派的首领，彼辈执政诸大老只知暮年行乐而已，哪里复知有国家，更不知有国家的强弱和前途。如果立宪能实行，为什么有戊戌政变？单就戊戌政变而论，就足以证明立宪难于实行了。至于革命虽觉得实行甚难，近年报纸所载，屡败屡起，毕竟是人心趋向，假定如果全国人心都趋向，又不能说是难了，这样国家的富强和前途是有把握的。我听了他的议论，总是报以会心的微笑。黄超五论政亦同此旨，但他却喜爱文艺，尤爱谈佛典，大抵他看佛经不少。我问他为什么爱看佛经，他答佛经是魏晋六朝文学的别开生面的一支生力军，文体夹杂在文言白话之间，许多词料，为一般文人所使用，若不熟读佛经，对于新颖的词料，不知其意旨所在是吃亏的。我很爱接近这两位新来的朋友，每见面必有许多话题提出，互相研究讨论，或互相辩难订正，总要弄到话题如剥春笋，层层剥落，剥到话题最深处，才一笑而罢。二人之中，我尤爱接近黄芸苏，他初到大埠时是暂居在他的朋友李伯眉家里，距离唐人埠颇远，交通不便，往返一次须徒步几十分钟，不久他就移寓迁入广东银行大楼二楼后排宿舍居住，那里的宿舍是专供独身少年居住的，幽静清洁，对于读书的少年尤为适合，黄芸苏迁居这里就是为准备补习英文的，因此我和他接近更容易了，几乎可以说每日可见一两次面。

同时，同源会方面那一两年也由香港来了两个会员，一个是李旺，一个是李棠，两人都是新宁人，也都是土生。李旺是同源会一九〇五年成立时加入的，何时回国去我们不知，但一九〇七年夏间始由香港回来；李棠是和隆靴店老板李佑宽的儿子，六七岁或七八岁时由其父亲送回中国读书，现今长大，其父已老，拟将和隆靴店的商务交给他管理，故于一九〇八年春间回到大埠来，他本来不是同源会会员，由黄伯耀的介绍加入，因此晚上他也常到同源会谈天。我知道他们两人都是从香港来的，益复多和他们亲近倾谈，并询问内地各处的老百姓对于革命的倾向怎样。他们两人都是热爱倾谈革命的，他们谈省港渡一般卖东西的和叫卖有输送革命思想的报纸刊物、文艺小说和戏曲小品等，群众怎样欢迎、踊跃争先购买的情况，讲得尤为特别热烈高兴。他们也谈到广州省城和一般大市镇的茶楼酒馆都是高谈雄辩，昌言革命，无拘无束的，甚至一般商店的伙计，每当生意清淡时也是畅谈无忌的。李棠所谈的更为精细入微，他谈革命性的文艺，如新戏曲、粤讴、南音、龙舟歌之类的东西，对于一般社会和一般文人影响特别广大，几乎不论何处何时，都是把这些文艺中的精妙语言或突出的人物作为题材，提出来作为谈天的谈话资料，这样革命的思想就无形中深入人心了。真是随所到的茶楼酒馆总可以听到这样的议论，或是听到有时低声唱一两句有革命性的粤讴或戏曲曲文，难道这就是触犯文网吗？就是有巡警老爷在场也不敢干涉，只好作聋装哑不理，借此落场，如果他是不知趣，要摆出官样，讲一两句干涉的官话，马上就惹起一场风波，人人反对怒骂，或者笑声讥讽，弄出一场没趣，无法落场的笑话。李棠又谈到写这些有革命性的文艺小品中的一个突出的人物，是黄鲁逸先生，他是擅长于写粤讴、龙舟歌、班本曲词等等的，他的作品有叫座能力，每一脱稿，各报馆争先刊登，每一出版，各处都争先抢购阅读，有精辟的曲句时，立刻就有人低声按拍来唱了。那时香港和省城的报纸都是注意把谐文小品稿件的选购，出奇制胜来竞争销路的，谁家的谐文部分编辑得精彩，谁家的销路马上就高涨起来，谁家的谐文部分编辑得不够精彩，它的销路就马上萎缩下去。因此，香港和省城各报的编辑部，对于这些写谐文小品的文人，每每予以相当的待遇，而黄鲁逸总算是其中的特出的一个，他不只是一个家无恒产的寒士，而且是一个身无半文的穷人，他嗜赌，必赌到身无半文才归寓，归寓才构思属稿，不久各报馆的索稿人都来了，那些先期付款预约稿件的先得稿，没有先付款预约稿件的，则看鲁逸构思属稿的情况怎样而定，如果鲁逸文思佳时亦可能临时多写一两件小品应酬，文思不佳亦只能勉强对付先付款预约的稿件而已。鲁逸所写的作品大抵有个原则性，一是反对旧道德那些以上虐下以强凌弱的恶劣行动，他是同情弱者的；二是同情反抗恶势力的，凡政治上社会上有什么残酷压迫的行动，鲁逸都是同情群众反抗这方面的。如果有这类的题材，他总是一唱三叹，粤讴、戏曲无一不有，一而再再而三。他文思敏捷，就是索稿者环坐室内，他一面应酬谈天，一面构思写稿，写一句即低唱一句，往往不到二三十分钟，即一篇完稿。李棠谈黄鲁逸的作品时，往往举出其精警独到的句子，用平喉低声唱出来，真是博得在坐的人齐身叫好，哄堂绝倒。他虽是个新会员，但群众对他的感情非常好，他虽加入同源会不久，但不久即被群众选举为中文书记了。同源会每天晚上一般会员有空闲时间，都到会里来谈天，自从李棠加入后，他来谈天时倒觉得虎虎有生气，他不来嘛反觉得有些沉寂。有时群众提议去请李棠来，让我们增加些活泼气氛，至于请李棠来的差使，不是黄伯耀去，就是我去。可是李棠也是忙的，他新近从他父亲的手接过来这间和隆靴店全盘生意，也不能不全神经理注意，实在每日他的空闲时间没有多少，所以我们去请他来同源会谈天，他有时是能来，有时是不能来；可是有时他本是能来的，然而他反不愿意来，倒是留我们在他那里谈天。他说：不要回去吧！在我这里谈天，人少静些，比较舒服。我们也愿意在他那里作个静局来谈天，人少谈话比较有个范围，因此，我们都在他那里留下了。他于是把店里的事情料理清楚，如果他父亲还在店里，则先向他父亲交待，然后叮嘱伙计照料店面，才和我们一道出门。我们三人随意漫谈，随意闲行，本无一定的目的地，但向僻静人少的街道去，遇有宵夜馆便进去找个房间，要些食物来做个话头，我们的谈兴便开始了。

自从李棠加入同源会之后，每次和我们谈天的话讲了不少。我概括他谈话的内容确实是言中有物，好像是神龙见首不见尾，有时是东一鳞西一爪地偶尔露些出来。他只是单纯地认识这些专写革命性的文艺小品的文人吗？他自己也自认有时也写革命性的文艺小品去投稿报馆。他自己也是一个单纯地写革命文艺小品的文人吗？我专从这方面来推勘他谈话的内容就发觉，他应该有些东西还没说出来，这些东西究竟是什么呢？一语可破的就是与同盟会的关系，他认识这一群专写革命性文艺小品的文人之中，总有若干人是同盟会会员。更进一步推勘下去，我恐怕李棠也是同盟会会员。所以我和李棠谈话有时总是单刀直入，开口就问，这一群写革命性文艺小品的文人之中，恐怕总有几个人是同盟会会员罢？不然，也和同盟会有关系。李棠对于这一类的疑问，却答得极其自然，既不肯定，也不否定。他往往都是这样说：这很难说，也很难决定的，我所认识的那些专写革命性文艺小品的可能有些是同盟会的人，也许不是同盟会的人，因为说到同盟会的关系而论，非他们同盟会内部的主持人以外，谁人能够有这个本领，能说出某人是或某人不是同盟会的人。就是以真的是一个同盟会会员而论，他也不是乱向别人表示自己是同盟会会员的，不只广州省城，就是香港也都是遍地侦探的，稍一不慎，危险就随之而来，所以单从表面或基于某种观点的推测就断定某人是否同盟会会员是危险的，也是靠不住的，但不能因此又从反面论断证实内地没有同盟会活动，那也是错误的。同盟会在内地的活动是肯定有的，因为是秘密运动，在没有举义之前，不为世所知而已。若最近潮州饶平黄岗之役和惠州七女湖之役不都是同盟会的会员在那里主动吗？他对于我们的疑问往往都是这样答辩的。不过，我对他这样的答辩，虽说是宛转曲折而又具有至理，但我又深思一层，这番话决不是局外人能够空想杜撰的，非实际有具体经历的人，怎能设想到这样曲折的情境，其内幕掩蔽总是有一物。此物是什么呢，是一个谜，我认为多猜几次，这个谜总有揭晓的一日。从此而后，我们这几人谈革命性的场合渐渐不在同源会而移于和隆靴店了，其实也不在于和隆靴店，而实在于临时凑合兴趣碰到的某一个宵夜馆内。那时我们已经介绍黄芸苏和李棠认识了，所以这类的宵夜局有时黄芸苏来到和隆靴店谈天时也临时加入。不过，那时黄芸苏自己的事务也忙碌起来了，他的理想目的自费留学已经达到，一部分侨商筹办的"金门两等"小学已经成立，由黄芸苏主持已经开学上课了。他日间忙于上课，夜间忙于补习英文，能抽出时间参加谈天，实在不多，故这类宵夜局有时是三人，有时是四人。约计自李棠加入同源会后，我们认识了不久，便发生有这类临时性的宵夜局。初时仅仅是广泛地谈谈有兴趣的革命新闻而已，渐渐李棠表示他常写革命性的文艺小品投稿报馆刊登，又表示他和一般写革命性的文艺小品的文人有来往，和黄鲁逸熟悉等等，由是我也渐渐认定李棠是一个同盟会会员，要不然，也是和一般同盟会会员有密切关系的。有时我也禁不住径直向他提出疑问：你是不是个同盟会会员，或者和香港某一个同盟会会员有密切关系。他总是惝恍迷离地答复。有时他也径直的反诘，你这样问有什么意思？我也是坦率地答复过：无非是要加入同盟会嘛！难道同盟会要图天下，不与天下人共图之吗？大抵那时我们几个人的谈天，已到了互相投契的境地，莫逆于心了，所以掩饰的不嫌掩饰，而坦率的也不妨坦率，有时碰到质直的询问和坦率的反诘时往往都是不答之答，相喻于无言，一笑作罢。这类的宵夜局绵亘有半年，由夏到秋，突然由李棠自己揭破这个谜。

　　大抵冬初，有一晚我在路上碰见黄伯耀，问他忙吗？他说没什么事，我约他一同到李棠那里谈天，我们遂一同到和隆靴店，恰值李棠在料理店事，他约我们稍等候，俟料理了店事，到外边作个宵夜局谈谈。我们等候了不久，他遂和我们一道出门去作宵夜局。闲谈不久，他自己就说：我现在才告诉你们，我实在是个同盟会会员，早几个月你们一向对我的盘问，我也一直是含糊掩饰，因为那时我们是相交不久，对你们两位还没有深入地认识，我不能不采慎重态度，这里金山大埠虽说是美国领土，未必有满政府的侦探活跃，但这里是有保皇党的，他们虽不当侦探，但不见得他们是能替我们保守秘密的；经过这几个月的深交后，我了解到你们两位都没有问题的，开始我对于雄飞是颇有疑问的，认为你住在黄金那个万国寄信便览公司的后进房间，他不要你的房租，你义务替他撰拟宣传稿件，在这个条件上，我颇怀疑你是个保皇党党员，但我又从别方面了解，你这几年来一贯都是替社团做义务宣传文章的，你却没有半句话是替保皇党讲好话的，你倒有许多赞扬革命的文章，不断在《大同日报》上发表，从此点而论，已足够证明你不是一个保皇党党员了。所以你们这几个月的行动，已足够证明是热心趋向于革命的资格了，假如我们都是在香港的话，我就立刻介绍你们加入同盟会了，可惜这个地方究竟不是香港，只有我一人在此，没有机关向谁介绍呢！现在的办法，只有把你们两位热心倾向革命工作的情况向香港机关报告，问它们怎样办理，作为在香港加入呢，还是作为在金山大埠新开局面，在大埠加入，看他们的意思怎样决定。今晚约你们两位

来，就是为此，你们同意吗？如果同意，我就这样办。我们两人
闻他这段话，真是喜出望外，当然同意，没有什么意外要求，只
有埋怨着他，为什么延迟到今日才揭破这个谜，令我空费几个月
的心思，白白提出许多疑点来要揭破你这个谜。李棠也笑着说：
慢些慎重些，耽迟不耽错，总是一件稳阵的事情。我们的同盟会
关系是严格地对内的而不是对外的，就是要介绍一般的外人入
会，也要最低限度上了解他几个月之后，证明他不是一个坏人，
而且愿意热心参加到革命运动这边来，这样才可以让他知道自己
是个同盟会会员。凡事是要慎重的，现在大埠是海外，比较好
些，但是我们做的事，是要回内地去的，总是要小心的，万一不
小心，个人祸福是小事，但因此而暴露出党的行动，那就是大事
了。我当时在香港加入时，主盟人也对我说了许多小心慎重的
话，所以我也全盘告诉了你们，请你们诸事小心。今晚的话，只
许我们三个人知，就是黄芸苏也是暂时不可令他知道，因为他究
竟是个秀才，将来应该公开给他知时，我自然公开给他知，但是
暂时还是对他守秘密的。

这晚的宵夜局和从前的宵夜局有天渊之别，从前的宵夜局里
他所谈的话，我们总觉得他有些要保留的东西，总是对他讲话中
的疑点提出疑问的；但这晚的宵夜局他自己首先揭露他自己的谜
底，我们对他的谈话已觉得没有什么疑义，当然没有什么疑问可
提，所以他说了一大堆的话，我们是接受，已是到了水乳交融的
境界了。那晚的谈话不觉到了宵夜馆夜阑熄灯收市了我们始觉，
大笑而出。

二 少年学社的成立

大约在李棠发了信向香港机关报告请示之后，约在两个月的
时间左右，即一九○九年的春天，我们就开始向他询问香港方面

有没有信来，他的答语总是这样：恐怕不能这样快，大抵总要两个月多些罢，如果有信来，就是你们不来找我，我也要去找你们的。这样的问多次了。有一晚我们照例到和隆靴店谈天，他说：你们来得好，有信来了，你们看罢！他就把香港回复他的信取出来给我们看。那信的上款是写给李是男同志收，下款是李海云署名，还盖了一个方形的香港支部的图章的。信内的大意是欢迎他到大埠仅仅在最短的时间里就能介绍有若干名热血少年加入本会，如果加入本会的人数众多，可以从支部办起，如果人数不多，则先办分部。信内同时附有支部章程、分部章程各一份，和盟书式样一纸。信末则注重新会员加盟的仪式和工作要点等，大意是按照党章新会员加入是要有介绍人和主盟人签名才作准的，可是现在大埠只有你一人是本会同志，这次新会员的加入，可以变通，由你同时做介绍人兼主盟人，以后统由新会员做介绍人便可以了。新会员加入时应该告诉他们应负的义务，现在各地方的会员一律都负有宣传和筹饷两种任务，目前还是注重在宣传，筹饷则俟有实行计划时由本部统一通知办理。新会员有能力的可筹办一间报馆，作为本会的宣传机关报，如能力不能自办一报的，亦要多做宣传的文章，送交各友报刊登。至于筹饷则俟有实行计划时，由本部统一通知办理云云。我们两人很仔细地看了好几次，觉得没有什么窒碍行不通的地方，只有连声称好。倒是李棠谦虚的说：你们觉得有不妥的地方，不妨提出来共同修改，免得将来加入的人多了时就难于修改了。我们觉得李棠这番话虽是有理，但章程还没有实行，怎能够在没有实行之前看出有不妥的呢？仍旧主张俟将来实行有不妥时再说。李棠还解释他在同盟会里用的是李是男名字的原因，他笑着说：他因为好写革命性的文艺小品，在那些小品文章上他往往署他笔名为"是男"两个字，因此一般爱好谈革命的朋友都称他为是男，被介绍入同盟会时当然用李是男这个名字了。说至此，他的面容又复庄严起来说：身家财产的观念那个没有，用个别名，说不上有什么保障，但究竟总是有点小用处的。我明白李裳这番话的意思，好像是示意我们：你们如果害怕危险，可用个别名来加入。我当即笑着答他，我是没有财产的，雄飞就是我的笔名，就用这个名写上盟书就可以了。黄伯耀也抢着答：伯耀还是我的真名，就用这个名写上盟书罢。我当时忽然想起一件事来，就问李棠说，我们加入同盟会后究竟公开给人知道，还是守秘密。李棠答：要守秘密的，不能一下子就给人知我是已经加入了同盟会的，同时还要看谈话的对方，如果谈话的对方是出于至诚，出于热心，还要试验再三，确信其谈话的内容是出于至诚热心的，然后才劝告他参加同盟会，使彼此的言谈动作，取得一致的行动，这样革命的大业才能成功的，应该采这样的态度。我当时觉得这番话是对的，但我还有多少忧虑，我就接着说：不能一下子给人知道自己是个同盟会会员是对的，要试验对方的谈话是出于至诚热心，然后给他知道，也是对的；可是，我们几个人常常聚谈，究竟为什么事，我们当然守秘密，但熟悉我们几个底蕴的人，恐怕瞒〔瞒〕不过他，假使他一定要了解我们的秘密时，他何难找出另一个人来和我们接近，只须花上两三个月的光阴，我们谈革命，这个人也谈革命，我们试验他的至诚热心，这个人也伪装至诚热心，万一混进了这样的一个人，恐怕我们全盘的秘密都给这个人泄漏出去。我提议我们现在组织的同盟会，不妨表面上另外改上一个名称，免得外人对我们常常接近发生许多猜疑，猜这猜那，都是不好的。我们现在几个都是少年人，少年人见面谈谈文章，谈谈诗词歌赋，谈谈词章小品是没有错的，又如谈英文翻译、修词语法、词义辨异这些都是正大光明，有进步思想的。不妨把同盟会的对外名称，暂时称为"少年学社"，这样一则可以免去一般顽固的保皇党的嫉视反对、阴谋中伤等等毛病，二则可以使一般有进步思想的少年人同我们接近。同我们接近的少年人中，如果有热心而又对革命的见解和我们相同或相近的，我们都可以设法介绍他加入的。黄伯耀也同意我这个提议，他说：这是好的，对外我们称为"少年学社"，是可以杜绝保皇党的阴谋破坏，此后我们介绍新会员一般都是从本来熟悉的少年中介绍，他们家里的长辈和亲戚等有没有和保皇党有密切关系的，我们都是比较地了解的。反正，我们介绍的新会员，主盟人如认为某个被介绍人的态度或来历有可疑时，可以拒绝其加入的。李棠也认为暂时把同盟会对外的名称改为"少年学社"是好的，也是有利无弊的。谈至此，"少年学社"的名称遂决定。其次，我们就谈到写盟书的地点，当时大家都考虑到和隆靴店是不方便的，同源会也是不方便的，这些地方都是人来人往，不能严守秘密的，倒是黄伯耀爽快，他提议不如夜深到他那个永生寿板店去，我和李棠都了解他那永生寿板店夜深确实没有人去，也没有人敢去，遂笑着说：好罢，我们都赞成。黄伯耀接着说：我现在介绍李旺同时加入可以吗？我们都了解李旺的政治信仰，都同意，说可以。黄伯耀遂和李旺于夜深一齐到永生寿板店去，李棠则带香港寄来那张盟书式样，陈列案上，要我们照写。那盟书的式样如下：

具愿书人某某某当众发誓，驱除鞑虏，恢复中华，创立民国，平均地权，矢忠矢信，有始有卒，倘有食言，任众处罚。

天运己酉年　　月　　日

介绍人

主盟人

我和黄伯耀、李旺都照写一份递与李棠，他在介绍人和主盟人之下，自己签上李是男三个字。我们笑着说，你不是李棠是李是男了。接着我们又问，怎样宣誓。他叫我们站起和他对面而立，举起右手，向着主盟人，自己宣读誓词一遍。接着他依照香港来信的大意，向我们作了一些训词式的谈话，大意你们现在已是同盟会会员了，同盟会对你们的要求有两个任务，一个是筹饷，一个是宣传，筹饷则俟有实行计划时，由本部统一通知办理。至于宣传，我们在自办报馆的范围内，设法想想办法，然后定个办法来筹办，如果实在不可能时，可多写宣传革命的文章，送给我们的友报等等。他说毕就和我们亲切地握手，表示亲密。我们还接着问，听说同盟会是有秘密口号和手号的，是吗？他说是有的，是口号三种和手号一种。他马上和我们表示用手号的式样和三种口号的意义。又说，这只是于内地实行时，才有意义，若在海外这里是用不着口号、手号的。你要了解某个人是否会员，只问主盟人便知的，难道同时有几个主盟人，又彼此都不相认识，彼此不相往来的吗？说至此，大家遂哄堂一笑而散。

紧接着加盟后那几天里，我天天都到黄伯耀的永生寿板店和他商量办报的办法，我们都觉得要办一个如《大同日报》那样的类型的报是最好不过的，可是需要的资本大约概算总是在五六千元以上或是一万元以下的资金，才能算勉强像个样开办的。我们几个人怎么有这个能力能凑集这么多的资金，确是一个不容易解决的问题。但次一等我们不办日报，而办个隔日报吗？檀香山的报纸都是这个类型的，都是隔日出版的，有的星期一、三、五出版，有的星期二、四、六出版。可是檀香山是个小地方，华侨不多，这样的类型是适合的，有鼎足并峙之势，无相形见绌之丑。但在金山大埠汉文的日报已有四家，有致公堂办的《大同日报》，有保皇党办的《世界日报》，也有无党派人士办的《中西日报》和《国魂日报》。在日报林立之中，我们办个隔日报实在是难看，不要说业务方面难与竞争，就是阅者也看不起，所以隔日报这个类型我们可以不谈。此外还有两个类型可以选择：一个是月刊，一个是星期刊。那时金山大埠有一个月刊叫做《光报》，是教会的刊物，它的编辑宗旨是宣扬教义，而它的阅者又都是教会人士，这类专门性的刊物，我们不必仿效。至于《民报》是党中央的刊物，是宣扬三民主义的，我们没有这样出类拔萃的人才，也不是在党中央担任宣传工作的责任，当然不必去效颦的。现在只有唯一的类型可以取法的是星期刊物这个类型，我们最好取法巴黎《新世纪》这个类型，它是排成十六开版的书页，而不装钉，单张发行的，让阅读者自行装钉久藏。但我认为仿效其版式排成十六开版，并装钉成册，然后发行，这也是于华侨读者方面方便的。一般华侨读者多半是工人，他们都是在工余之暇才读报的，若果仿《新世纪》的式样，排成十六开书页式，不装钉而单张发行，那种页数颠倒相对，阅读也不方便，所以我主张装钉成册然后发行，这不只是阅读上的方便，而且于销路也大有关系。谈至此，黄伯耀对于我所指出那些类型的选择，他亦首肯，但他颇怀疑这个星期刊物没有新闻可登，就是勉强选登也是明日黄花了，过于陈旧，恐怕不受读者欢迎。我向黄伯耀解释说：这是我们这刊物的体裁问题，体裁决定后，然后才决定新闻内容的去取，或新闻内容的编辑方法。我的意思是这样：议论文章占三分之一，谐文小品也占三分之一，新闻纪事也占三分之一。那议论文章和谐文小品当然是为宣传革命而写的，不怕写出有不中肯的，至于新闻纪事，我们须订立一个范围，或者订立一个标准，不合这个标准范围的如邻猫生子之类的新闻，当然不选。至如苛捐杂税，残酷搜刮，使一般贫苦老百姓不堪其虐的，这类的新闻不要一点一滴的片断刊登，我们必须多用些精神，重新编写，综合全局，有本有末，条理贯通，作通信式的体裁，然后刊登。这样虽属明日黄花，但读者读后，总是很容易得到一个整体的观念，比那些日报它们虽然能抢先刊登，但都是断断续续的，读完之后只是些模模糊糊的，联缀不起来的片断观念而已，是不同的。这两种不同的编辑和不同的写稿方法，是给人以不同的感觉的。他认为一般有程度的读报者，他们都要求有条贯而又全面的纪事，而不大欢迎那些片片断断的。我现在极力主张办个星期刊物，还有一个重要理由，凡无论做什么事都要用自己所长，而不用自己所短，我们少年学社寥寥这几个人，所长的是什么？人人都能拿起笔来写稿，亦能拿起笔来译东西。所短的是什么？就是经济能力薄弱，目前只有你和是男二人比较活动些，能筹出几个钱来，此外能筹出钱的人就有限了。所以，在这种经济能力环境之下，筹款办日报，固然是难，就是筹款办星期报也是难的，不过，筹款办星期报的，虽说是难，但还有解决的路子可找，总胜于筹款办日报无法解决的可比。办日报要自己有印刷设备，单就铅字和机器两项，已耗去固定资本不少，若办星期报只须向友报搭印，自己不须购置印刷设备，即此已轻松不少了。这是我主张办星期报的唯一理由。

以上这一套办报理论是我们加盟后那十天八天内决定自己办报时产生的，每次碰头讨论研究，片片断断的谈论得出的结论，觉得除此以外，别无其它更好的办法，关键就是在于筹款问题。在此种情况之下，再酝酿若干时日，李是男和黄伯耀都终于决定办一个星期刊物了。可是这个刊物取什么名称呢？黄伯耀提出这个刊物取个名称叫《美洲少年》。我们这个秘密的中国同盟会，对外既取名为"少年学社"，则这个《美洲少年》刊物，有心思的人一望便知它是和少年学社是有关系的，岂不是相得益彰吗？黄伯耀更提出这个刊物封面要有一个图案，这个图案要表示出美国的少年，图案中心画一只大鹰，大鹰两爪抓着两支旗，一枝是美国的星条旗，另一枝旗是同盟会的青天白日旗，这样把我们的对象和作用都在这个图案上显示出来，省得将来有坏人向美国政府告密，说我们有某种阴谋，我们本来都了解美国政府对于无政府主义者，或同情无政府主义的人都是深恶痛绝，要驱逐的。黄伯耀这个提议我们都同意。

大概这个《美洲少年》的星期刊物的研究办法至此已告一段落，以后入于实行的阶段了。我们三人之中，按各尽所能的原则，由各人自己认定，或由他人提出：我担任整个刊物的编辑，另外负责评论文章的撰稿、选择和新闻纪事的重编、选择；李是男担任谐文小品的撰稿和选择；至于有关英文的翻译的论文或新闻，统由黄伯耀担任。这只是编辑方面的工作，此外还有购置庶务和发行工作，都由黄伯耀担任，而在金山大埠市区内的派报工作，则由李旺同志担任。这样分工之后不久，黄伯耀就把那个封面的图案托一个美国美术家绘画出来，神采奕奕，并且是李是男亲笔在那个图案上题上"美洲少年"四个汉字的报名，然后交由黄伯耀再把这个图案拿去制成锌版，候印报时排版使用。至于这个《美洲少年》刊物向友报《大同日报》搭印是不成问题的。印费多少呢尚未确定，由黄伯耀亲自向《大同日报》经理详细商量，取得一个最廉的印费价格。据《大同日报》经理谈：这个价仅仅是收回工料费而已，不能再让，再让必致亏本。当时我们几个对这个廉价都感到满意，不再争执了。究竟这个廉价印费的数目字是若干呢？现在距离年代有几十年，回忆不起来了，至于每册的零售费和一年的订阅费的数目字都是回忆不起来了，合并在此交代。这个《美洲少年》的编辑处和发行处是合并一起租广东银行大楼的二楼前排一个大房间来办公的，这里邮差可以直接送信和报纸到编辑处，不要转折。地点适中，交通方便，亦大方，亦便宜。

诸事筹备到此，我便敦促李是男，请他早日通讯香港本部把金山大埠党事的进行向它报告一切，并把我们这里已决定自己办一个报做宣传同盟会宗旨的机关报，取什么名，报社地址设在何处，请它立即通知香港和暹罗、星加坡、仰光各处的机关报，早点寄报来和我们交换。这样，我们这个《美洲少年》才有纪事新闻，供我们选择，我们才有材料出版的。李是男对我这一意见，立即采纳，答应在一两日向香港本部发信。不知是谁的提议，要《美洲少年》在公历七月四日美国独立日出版第一期，其理由是表示我们的态度，是以美国公民的身份来劝导中国革命的，用来防范美国政府向我们找麻烦。我们觉得这个主张也对，我们索性把美国独立时那篇煌煌大文《独立宣言》译来作为论文之一，也是对题点景的一篇绝妙文章。因此，我们请黄伯耀把这篇东西找出来，译成汉文；译成后我们还请黄超五把这篇译文来润色一下。黄超五的文笔本来是刚劲简练的，这篇译文经他润色一过之后，不只词严义正，宛如对一般独夫民贼声罪致讨的一篇檄文，而且亦琅琅可诵，一般有文学修养的读者多交口称赞不已。

第一期《美洲少年》印刷装订好送到报社后，由黄伯耀点收完毕，并打发李旺派送报刊外，他自己也忙于寄发外埠的报刊。我不及帮助他们的发行事，径取数册，带到和隆靴店找李是男共同欣赏。我们两人一言不发，聚精会神细细阅读自做的或编的文章，同时也细细阅读同志们做的文章，感到颇为心满意足，虽谈不出有什么堪称脍炙人口的作品，但也指不出有什么尘秽不堪入目的述作。因为我们几个人都是年轻人，对于著述出版事业，还没有什么经验，虽平日常常代人撰拟稿件，一般都是轻轻松松，一挥而就，因此，对于稿件的好坏，不大发生责任感，因责任是在用稿的人，而不是在拟稿的人。这回撰写《美洲少年》报刊的稿件就不同了，当然文稿的责任由作者自负，这仅仅是一个表面上的话题，我们内心却另有一番见解，这个刊物在表面上固可以说是我们几个好事的少年自己办来遣兴的，然而内心上却不是这样的，我们这个刊物是为同盟会而办的，办得好是同盟会的光荣，办得不好是某一个人的错误。正当我和李是男细细阅读刚出版的第一期报刊，感到无什么瑕疵能够指摘，正当满意之际，忽而黄伯耀也拿几册第一期报刊进来，我们还问，报刊寄完了吗？还没有人来订报，你是怎样寄的？他答：我是把平日认识，是爱好革命的朋友，就把他们的住址记下来，今日就寄去给他们，还在包纸上写上"请介绍推广"几个字，看看效果怎样再说，我想总有大部分是有效的。接着黄伯耀更说：我想登个广告在第二期上，请爱读本刊的同志们，转展介绍亲友订阅本报刊，并早日将全年报费寄来，借供周转等语。李是男觉得是应该的，但好像早些，可否延至第三期才登，黄伯耀也无争执。我忽然想起一件事，亦接着说：我们何不印刊一张世界名人画像或中外名人画像来赠送，凡订阅《美洲少年》一年的阅户，一律赠送名人画像一张，我想这样可以吸引一般的阅者注意，能增加长期的阅户。李是男和黄伯耀都认为这个办法是对的，可以增加阅户。但有两层困难，第一，在匆忙中，怎样能够搜集那么多名人的画像；第二，我们的经济能力还要考虑，不过这个还容易解决，最难还是名人画像搜集问题。我答：这个名人画像的搜集问题倒不困难，有两个来源可供大家选择，这些来源都在我掌握着。第一个来源是在上海发刊的《国粹学报》，这个《国粹学报》已发刊好多年，好像现在还发刊着，它是每月一期，每期都有名人或学者的相片两幅在报首。这个报是两个广东人黄节和邓实办的，它表面上是提倡国粹，而骨子里却是抬出春秋的攘夷大义，来表彰宋末、明末那些反抗异族的爱国志士，适合这个标准的有骨气的人士，他们都搜罗介绍，刊上报首，好像文天祥、郑所南、张煌言、史可法、黄梨洲、顾炎武、王船山、颜习斋等等，应有尽有。我认为选择这些人物在名人画像之中，是与我们《美洲少年》的宗旨相符合的。第二个来源是一本《世界》杂志，这本《世界》杂志是在巴黎发行的，那些主办人好像和《新世纪》的主办人是同一机构，或者是同一鼻孔出气的。我得这本《世界》杂志是在黄金那个万国寄信便览公司的残废字纸堆里找出来的。大家都知黄金是金山大埠美国邮政局管理中文信件的事务员，他是个保皇党党员，而且是有偏见的。如果那个刊物是保皇党办的，即使包皮的住址写得不合式，只要有人名，他都亲自送上门去，交给收件人。如果那个刊物不是保皇党办的，只要包皮的住址写得不合式，他就认为无从投递，自由处理，那他就拿回自己住所，往地下一掷就算了事。人人都可在他那一堆废刊物里把东西拿来看，也可以把刊物带走，他向来是不理的。我能够得到《新世纪》来看，能够得到《世界》杂志来看，都是从他那堆废刊物里得来的，现在这本《世界》杂志还存着在家里。这本《世界》杂志的体裁是把世界上的杰出的科学家和发明家做一个概括的介绍，每人一幅画像和附一个小传，极为详细，我认为从这个杂志上选择出的人物来做我们拟议中的世界名人画像中的人物，是符合我们《美洲少年》报刊的宗旨的。我想这幅世界名人画像的出版，是受到一般有思想的读者的欢迎，如果在广告上声明：订阅一年的阅户，即赠送一幅，我想是可以增加报刊的销售数量的。这幅画像叫《世界名人画像》也好，叫《中外名人画像》也好，我是没有成见的。在世界名人画像中加入一部分中国人并不错，这部分中国名人和外国名人相比并不见得是不相配的。至于中外名人的称号，自然是名正言顺，没有什么可供指摘。不过，好像有些界限，倒不如世界名人稍为含混些。我这个提议得到李是男的同意，他认为办报刊的目的是要人看的，这个名人画像总可以吸引一些读者，只要能达到增加二三百份的销路，则我们增刊名人画像的目的就算达到了。至于叫做《世界名人画像》也好，叫做《中外名人画像》也好，还是一个次要问题，多和几位同志斟酌一下自可解决了。主要问题还是估价制版费和印刷费需要多少而定，如果不超过五十元之数，就不妨举办，这事最好还是希望黄伯耀去估价一次就可解决了。

　　大抵时间过了个把月，这幅世界名人画像居然出版了，在报刊上登上广告，立刻就有人来长期订阅，索取画像一幅而去，连原已早订阅的长期阅户也来索补。在大埠的固如是，在外埠的也不例外，除赠一大部分外，尚余一小部分，怎样把它赠阅推销出去。当时有这样一件事，一九〇八年阴历十月二十一日和二十二日，满清两个大酋：西太后那拉氏和光绪载湉先后死去，由宣统溥仪继位，醇亲王载沣监国摄政，称监国摄政王，整部清史，只有两个监国摄政王，仰光《天南新报》当时曾就此事拟长联征对，其文云："摄政王兴，摄政王亡，清国兴亡两摄政。"此联颇有意思，但颇难对，叠用三个摄政和两个兴亡，我觉得这个长联可以介绍在《美洲少年》报刊上，使美洲一般有思想的华侨，动动脑筋。美洲华侨本来就有嗜好作对子的习惯，主脑在对联社。那时的对联社的代表如蜚声社、输香社还存在，大抵每月一会，由对联社的主办人拟题征对，以二毫子应征，集合应征的对子若干对，则送交某某会馆的主席某某老师评阅，评定冠军、亚军、三、四、五，以五十或一百，或一百五十以至二百名，殿以殿军。每期取录名次多少，大率以应征入会的对子多少为比例，评定名次高的得奖金多些，评定名次低的得奖金少些，不入评定没有奖金，反而把应征入会每对对子二毫的基金也亏了。对联社对每次评定的对榜，必用精楷誊写石印，由冠军以至殿军，全榜一名不漏，同时附以老师评定的批语，更附以下一会征对拟题，邀请有兴的加入，这张东西叫做对榜。凡入会的不管对子取录与否，每人一张，并向街上张贴，号召没有加入的踊跃加入。我本来是了解一般华侨是有对对子的习惯和嗜好的，与其让他们劳心思于风云月露的构思，不如引导他们对于国家政治、民族前途，开动其脑筋，所以大胆地敢于向《美洲少年》介绍《天南新报》这个长联征对。也是限期一月，声明评定佳联一律赠以《世界名人画像》一幅和《美洲少年》一年。当时我们几个人之中都自信自己的词藻韵语的修养，不如黄芸苏和黄超五两人之久有经验，惟是二人之中，以黄芸苏为较忙，他只应付一个金门两等小学已够他忙了，他晚上还要补习英文，所以评定这次征联的工作，异口同声，都推黄超五担任。于是一切应征长联的稿件，都给黄超五评阅，有时我也参末议。其实这个长联，并不易对，那应征几百对对子之中，过半是勉强堆砌成对的，求其吐属自然，对仗工整而又有政治思想的，并不多见。在勉强评定之下，黄超五仅取录五十名，我们觉得几多就是几多，好词句能脍炙人口的本来是不多的，就这样决定。其首唱我还能记忆，其文如下："驱胡者豪，驱胡者杰，汉家豪杰再驱胡。"这个对子的出比和对比，用旧眼光来说，可说是工力悉敌；用新眼光来说，可说是大有生命力和战斗力。这个对子是用笔名发表的，可惜当时没有查询这位作者的真姓名，当面失之交臂。这个征联的动作有无效果，基本上是有的。至少有几百个受过旧教育、有词章修养的人，敢于向有革命性的报刊，应征联句，来打交道，这就是当时的效果。

自一九〇九年七月四日《美洲少年》第一期发刊以来，至十一月约有将近半年的时间，究竟在这段很短的时间内有没有效果呢？概括地说是有的，可分两方面说明它。

1. 就金山大埠说

《美洲少年》是提倡革命的机关报，然而它并不单纯地是一个提倡革命的机关报，它是代表一个有革命性的有机体——少年学社。因此一般爱读《美洲少年》的少年都不禁要疑问这个少年学社究竟是不是同盟会？我们对于这种疑问的态度，大率分两种不同的答复。如果其人是本来认得的，亦略了解其人格意态真挚，无虚伪迹象，每答以表面是少年学社而内容实际是同盟会。如果其人是素昧平生，而其言语举措有些不够诚实的，则径答以少年学社就是少年学社，和同盟会没有什么关系，有时且杂以游戏的语调：同盟会可以提倡革命，难道少年学社就不可以提倡革命吗？大抵当时有思想的少年，感于这半年来受《美洲少年》宣传革命的鼓动，人人皆思投身到革命这个洪流中来参与活动，苦于不得其门而入，所以发生少年学社是不是同盟会的疑问。现在就我回忆所及，当时接近少年学社的同志，有的径直加入少年学社因而就是同盟会会员，有的只是亲近而没有加入少年学社，而后于一九一〇年终于加入同盟会的，现在不为区别，统列其名于后，其为回忆，所忆不起的则缺之。最先接近的是黄芸苏、黄超五两同志，稍后有张霭蕴、赵昱、许炯藜、伍平一、刘鞠可、卢仲博、刘博文、李绮庵、朱本富、黄杰亭、李禄超等等，人数不多，主要是少年学社取谨慎态度所致，我们取友的态度虽平易近人，乐与为善，然终于深忧误交一坏人会泄漏秘密，所以在平易近人的态度中，终不能不战兢自守也。

2. 就各埠通讯联系说

自《美洲少年》出版后，没有多期，即有各埠爱读的同志来函嘉许，有介绍同志订阅报刊的，有报告他那里的同志愿互相联系的，我们大抵都是随问随答，亦有不答的。现只就回忆所及，略举几件比较有趣的谈谈如下。

甲、云高华崔通约来讯。他自称是同志，汇款订报一分，并称数月后拟来美国，晤面匪遥等语。我们都不认识此人，更不知他是否同志，独黄超五略知多少，说此人是教会人，又是康有为的学生，但所知亦仅此而已。我们有些相信他后来是个同志，因此在新闻栏中登载一则简讯说崔通约有数月来美国之讯等语。

乙、檀香山《自由新报》卢信来讯。来讯大意：读你们报刊好多期了，钦羡你们议论正大，能执笔写作的同志有几人，希望你们派一位能写作的同志到《自由新报》工作。他素有胃病，只自己一人工作有些沉重，希望有同志来帮忙等语。我当时生活困难，表示愿意去《自由新报》，但又恐《美洲少年》的基础未够巩固，拟稍俟《美洲少年》基础巩固后才去。李是男和黄伯耀都同意。这封信由我答复，大意是我早有游檀之志，目前因《美洲少年》的基础还未巩固，未能成行，约俟数月后，定当践约的等语。

丙、芝加哥梅乔林来信。来信大意告诉我们，他们芝加哥和附近邻埠一共有几十名同志都愿意订阅《美洲少年》报刊的，他们都认为《美洲少年》提倡革命，宗旨纯正，汇款订阅，并将订阅者的住址寄来，同时并表示如果少年学社要设立分社的话，他们那里的同志可以加入等语。我们复函希望他介绍同志订阅刊物，至于少年学社分社一事，目前还没有决定，如一旦需要，一定通知你处云云。

丁、美东各处专函介绍订阅《美洲少年》。美东各处专函介绍订阅《美洲少年》之函件有好几次，有介绍订阅一份，有介绍订阅几份，也有介绍订阅十几份的。此类信件统由黄伯耀复回，因此地名、人名都不能记忆。

戊、孙中山先生从美东某处来信。来信的大意是：刚从欧到美，得晤美东各处的同志，由各同志处得悉你们办《美洲少年》刊物鼓吹革命，宗旨极为纯正，本拟即到美西和你们一面，惜此间有事要办，要耽误几个月时间，才能到美西来，先此函达，希多多努力办理报刊，共维大业，余不多赘等语。此函由李是男复，具言他在香港已经加入了中国同盟会，回到美国适遇有志同道合的同志数人，要求加入中国同盟会共图革命，因此，把情形向香港支部报告，月余，香港支部复信，准许在美国开展工作，办理美洲支部等语；现在已有同志某某等若干人，办《美洲少年》报刊，已出版若干期，因人少力薄，恐敌党反对，故对外取名少年学社，内容就是中国同盟会，希望他早日到美西来主持一切，无任欢迎云云。

旬日后，孙中山先生又来信稿指示，从某期的《美洲少年》上载有崔通约有不日来美之讯等等，崔通约从前的确是我们的同志，但后来他似有异图，你们亦不必揭穿他的行动，仍旧可以以同志相称呼，但不要把内部事情通知他，免致泄露，贻误大业云云。此函亦由李是男复，大意是把崔通约介绍阅报的经过，因他有不日入美之说，故作为新闻刊登耳，我们这里也有同志说他是康有为的学生，不知是否，仍希早日来此指示一切云云。

就大埠本处联系和各埠通讯联系合两方面来说，可见《美洲少年》的发刊仅仅是几个月的时间，还不到半年的光阴，其联系的方面，越推越广，有风起云涌之势。盘据多年在华侨心理中的统治思想的立宪说，已不敢明目张胆揭示出来。那时的《世界日报》（《文兴报》的后身，一九〇六年大火灾后改组为今名，仍为保皇党机关报）主编者梁某，平日的笔名都以神龙两字标志，比及《美洲少年》诘难指摘，窘迫得不敢在报上公开答辩，并把他的笔名"神龙"改为"臣聋"，任凭你们怎样指摘，他总是不理，把臣聋来做免战牌，这还不是文坛上的一个佳话吗？

大约在那年的公历十月中旬的左右，黄伯耀告诉我说：《中西日报》的邓翼云托我问你，现在檀香山新办一间报馆，叫《启智报》。那《启智报》的经理人邓秀隆托他在金山大埠聘请一个总编辑到檀香山去，每月工资是五十元，川资船费已汇了来，如果你愿意去的话，就可以到他那里拿川资船费起程了。我听了这段话立即回答黄伯耀说：去檀香山是有意义的，亦有可能性的，我是愿去，只要看看《美洲少年》能不能让我去，我们内部还要商量商量。因此，我便到和隆靴店和李是男商量，看他同意不同意我去檀香山当《启智报》的总编辑。他说：这个报不知他的宗旨是谈什么的，这样贸贸然去，万一它是个保皇党的报，难道你是同盟会会员给一个保皇党的报替它鼓吹保皇立宪吗？这是个笑话呀。我笑着说：如果我这个同盟会会员去保皇党的党报里，替它们鼓吹保皇立宪，那确是个笑话，怪不得你要提醒我注意，实在告诉你罢，早几月檀香山《自由新报》卢信不是有信来，请我们《美洲少年》派一个能写作的同志到他那里去吗？那时我本来要去的，为什么没有去呢？一来是没有路费川资，不能去；二来我们《美洲少年》的基础未有巩固，所以没有和你谈。现在《美洲少年》的基础巩固了，投稿的同志每期都有增加，不怕稿件缺乏，那我就可以腾身出来去檀香山应《自由新报》之急。我们《美洲少年》和《自由新报》大家都是党报，他们那里缺人工作和我们这里人多工作，由我们这里派个人到他们那里工作，不是应该吗？问题是在于这里，没有川资路费不能成行。正好恰巧有个《启智报》来聘请记者的机会，已把船费汇来，由《中西日报》邓翼云来敦请，我正好利用这个机会，先把船费拿过来，就乘船到檀香山的《启智报》，当一两个月的总编辑，借个题目拈出干涉言论自由方针的问题就可以辞职入《自由新报》了，这样《自由新报》就可以省去船费而得到一个能写作的工作人员了。所以我去檀香山表面上是去《启智报》，而实际骨子里是去为《自由新报》工作的，请你了解我这个心事。李是男沉思有顷，似了解我的意思，但他还放心不下，继续说：你说在《启智报》当一两个月总编辑，然后借个题目离开，我怕你没有题目可借，脱不了身，岂不是陷没在保皇党势力范围之内吗？我笑着说：不会这样的，世上只有找饭碗是困难的，绝未有要抛弃饭碗而抛弃不了的，如果真是这样，摆脱不了，你们可以来函诘责质问，甚至可以登报驱逐出党。说至此更触动我一个隐衷，我更直捷痛快吐露出来。我再说：我现在住在黄金那个万国寄信便览公司的后进，你是知的，他不要我租钱，我却义务地替他写宣传稿件，这你也是知的，可是我们办《美洲少年》的态度鲜明了，却中他之忌。他是个热心的保皇党，你也是知的。但这人表面和蔼，心里阴险，这是你不知的。我现在却怕他请我搬家，那我真是困难万分了。你设想我住在不要租金的房子里，我的生活才勉强可以维持，若果要住在要付租钱的房子，我的生活就难于维持了，到了生活难于维持的时候，难道我还要伸开两手向同志们请求帮助吗？当初谈办《美洲少年》的时候，大家曾有同担义务的约言，我因找不出其他的工作，所以只尽写作的义务没有承担财政上的支出，久已负愧于心，这是无可奈何的。幸而现在有这个机会，《启智报》要请我，正好利用这个机会，我先到檀香山去，迟个把月再把家眷搬去，摆脱黄金这个关系，省得这个人要说我的风凉话，这真是一举两得的事。自然，我离开《美洲少年》，这里是失去了一个得力人员，但我到了《自由新报》，那里又何尝不是多加一个得力人员吗？说句良心话，金山大埠是我土生土长的地方，是舍不得离开的，现在我们少年学社的社员彼此都是志同道合的同志，又怎能够提出离别来。可是，就是因为住的地方是黄金包租下来的，万一他翻了脸，要我搬家或要收我的租，这都是我的经济能力负担不了的。如果真有这样不幸的事发生，那我岂不是被迫要向同志们请求援助吗？我认为同志们负担《美洲少年》报刊的印刷费是应该的，至于负担我的生活维持，那是不应该的，所以我总觉得早一日离开黄金那个地方，是避免我刚才设想的那种不幸事情的最好方法。你们还不同意我去檀香山吗?! 说至此，李是男有些了解，遂笑着说：你收了船费应该交若干作你负担《美洲少年》印刷费的义务。我答：我还没有见到邓翼云，如果他给的路费有富裕，我自然交出若干作我负担《美洲少年》印刷费的义务。最怕他交出的只是买船票费，那我就没有办法可以承担这笔印刷费的义务了，还是请你原谅罢，我是个初出门的，当然书籍要带，衣服铺盖要带，谈不上行李装潢，但是简朴的行李也有必要的东西要添置，这样恐怕没有余钱拿出来作为承担的义务。

　　过几日，我到《中西日报》找邓翼云，他说：你愿意去《启智报》正好，他那里正在等人；经理人是邓秀隆，他的报是中立的，不谈革命，也不谈保皇，只谈开通民智；邓秀隆最近还有信来，说：报纸已经出版，没有人主持，催我早日替他找人，并催早日起程等语。他一边说一边拿出邓秀隆催他早日请人的信给我看。同时也拿出七十五元银币给我，并说：这是他寄来的路费，请你点点数目收起，你是准备坐哪只船去请你通知我，我也通知他们，让他们到船上相接。

我自己一打听，这七十五元路费刚好就是一张头等船票由金山大埠到檀香山的票价，如果要买一个箱子装书籍，另买一个手提皮箱装衣服，这两项就需要二十元，难道到一个陌生的埠头，身上不带若干零用费，和留在家里的若干生活费吗？除下这几项之外，我只能买一张三等舱船票到檀香山，哪里还能筹出若干作负担印刷《美洲少年》的义务呀！我把这种情形向黄伯耀谈谈，黄伯耀也表同情，他说：这样只能乘坐三等舱去，三等舱是很乱的，如果不懂情形，连饭都找不到来食。况且你又没有坐过三等舱的，这件事最好找林华耀来帮你忙，他认识的人多，他可能在同源会会员内找到有经验而且坐船往来惯的会员和你作伴，彼此帮忙，这样事事皆通，如果不是有人和你作伴，一个人乘坐三等舱，又不在行，够你麻烦。

果然我依照黄伯耀的指示，马上找到林华耀，告诉他我要到檀香山去，但只能乘坐三等舱，要他设法帮忙找个好伴侣，结伴同行，彼此帮忙，免得在舱内事事不懂等语。林华耀一听立刻爽快地答应下来，他说：不只替你介绍一个船上的好伴侣，而且连移民局领取出入口护照和购买三等舱船票都可以替你包办，并且乘船那日，我陪同你一道到码头，介绍和你同船那位黄某某同志见面，一切放心罢，诸事我都能替你料理妥当的。真是，大约一个星期左右，林华耀替我料理各事，事事妥当，我遂乘船离开旧金山大埠到檀香山去了。

三　中国同盟会的成立

（以上第一、第二两段是我亲身经历的，现在这一段是根据

李是男、黄伯耀的通讯报告的）

孙中山先生是于一九一〇年约一二月间由美东到美西旧金山大埠的，他在未动身前先有函通知《美洲少年》，谓将于某日某时间到达等语。李是男和黄伯耀二人接函后因接近阴历除夕，各人有事，没有通知各社员，只由他两人亲往车站迎接，同时并接先生（当时少年学社各人都以师礼事孙中山先生，称谓间都称先生而不冠姓，示敬也）到唐人埠某新旅社居住，取其地点接近，容易商量党事之故。大抵初到那一二日间，李是男和黄伯耀两人把少年学社怎样成立，因什缘故对外取名少年学社，现在共有社员若干人，和《美洲少年》怎样筹议发刊，一共到现在共发刊了若干期；一般来说，《美洲少年》的宣传能力颇为广泛，凡属有新思想的少年，都视《美洲少年》的议论为转移，现在拥有阅户若干；撰稿人本来不多，初时只有自己的社员写稿，如果一个人写有二三个稿件时，就多用几个笔名来发表，这样，好似有很多人写稿，其实骨子里只有我们自己几个社员；近来，基础巩固了，阅户扩大了，写稿送来刊登的也增加了，《美洲少年》可说是拥有相当组稿能力的。当李是男和黄伯耀报告少年学社和《美洲少年》的发展过程中，先生每日不厌其烦地盘根究底地询问，务使原因结果清楚明白然后已。先生等他们两人报告完毕后，开始和他们谈他这次来到旧金山大埠的宗旨。他说：现在机会到了，自从西太后和光绪死后，宣统嗣位，载沣监国。自载沣监国后不久，即另编禁卫军，由载沣自己亲统，同时派载涛（即载沣之弟）、毓朗（亦皇族）、铁良为专司训练大臣。又派耆善、载泽、铁良、萨镇冰筹备海军。又载沣自己暂行代理大元帅，又设军谘处，派载涛管理。又派载洵（亦载沣之弟）、萨镇冰为筹办海军大臣，又遣载洵、萨镇冰巡视沿江沿海各省武备，旋又往欧洲各国考察海军。这都是一九〇八年冬天至一九〇九年一整年的事。从这一系列的事实里可以看出一个问题，是什么问题？是一个皇族集权问题，而且集中于总揽军政大权。你看他三兄弟，一个是监国摄政，暂行代理大元帅，是一切军权都操纵在手了。一个是管理军谘处，军谘处就是德、日的参谋本部。另一个是筹备海军的海军大臣。这样就可看出海军、陆军和参谋作战计划等等大权都在他们三兄弟手中了。这更说明他们也感觉到皇室和满人地位的危险，深恐大权旁落，满人将受汉人的宰制，无以自存，他们就趁今日监国的机会，先把军权抓着到自己的手里，巩固皇族的大权。然后渐渐借政治上的力量来排汉。所以今后的形势，汉不排满，满也排汉了。我们中国同盟会自一九〇五年成立以来，已经起义若干次了，虽是每次都失败，但排满的大义深入人心，屡败屡起，百折不馁。从前和我们联络通声气伺机爆发起义的以旧式军队巡防营等为多，近日渐渐不同了，和我们联络通声气，伺机爆发起义的不仅是旧式军队，而且发展及于新军了。唯其发展及于新军，我们更应该利用这个时机多与联络，企图达到一夫发难，各处响应的形势。所以今日海外同志的工作要点应该着眼在此处，务必做到宣传与筹款同时并重，海外同志对内地的实行情形总多少有点隔膜。当时本部同志曾谈这点，实行工作由内地同志担任，宣传、筹款则由海外同志担任，这是适合的。你们在此处成立少年学社，内容即中国同盟会已有一年了，刊发《美洲少年》也有半年了，是有成绩和收效的，这样做是应该的，我也是钦佩的。可是，你们对于少年学社社员的加入，采取杜渐防微的态度，恐防混入了什么奸细，在旧年是对的，但在今年可以不必了。因为今年的形势和旧年不同，今年是革命风潮高涨的一年，自从载沣监国以后，他的排汉面目已暴露出来，而同志们之在军队中平时和我们联系通声气的，见此种情形，人人都有自危之感。万一这种排汉的辣手，排到他们的头上，那他们被迫不能不爆发以图自救。但既有爆发，总须有响应，方成牵一发而动全身之势，这样方能有济，贯穿全局。策划响应当然在于本部之发号施令，而加强此发号施令的效力，还有赖于款项之接济及时，假如接济不及时，固能误事，或者已经有事发生需款待用，而尚束手无策，不知怎样筹款，那岂不是自己误自己的事吗？所以你们办少年学社采取谨小慎微的态度，在旧年是对的，在今年是不对了。今年应该采取大刀阔斧、明目张胆的态度，不怕汉奸混入，只怕同志不来，而且要公开称中国同盟会，这样和我们志同道合的同志自然源源而来，省却一切绕弯子闪闪缩缩的质问与查询，这样人多加入，革命势力自然增加，有起事来，急于筹款，也是容易的。《美洲少年》是适合有思想的少年阅读的，但对于一般华侨而论，好像还有些不够普通。最好还是把《美洲少年》改组〔版〕成为一间日日出版的日报，这样方负起大张旗鼓尽力宣传的义务。你们不要以为办日报资金难筹，其实会员众多，自然容易，向这一条路子想想是通的。扩大少年学社公开为中国同盟会是体，扩大《美洲少年》改组为日报是用，有体有用，我们党的宗旨和作用才发挥出来，两件事就是一件事。你们想办法把这两件事办好，这就是我来金山大埠的宗旨。

李是男和黄伯耀两人听了先生这番话，当然只有接受，没有什么迟疑的，可是黄伯耀想到这个日报的报名，主张这个日报的报名要表示出和《美洲少年》是前后相承有关系的，他主张这个日报应该取名为《少年中国日报》。但他同时主张与其办个日报，不如办个晨报，因为一般华侨办的报都是叫日报，其实都是下午出版，在本埠下午才看报固不便，而在外埠要隔一日或两日才看到更不便。他坚决主张办个晨报，只要工作人员的工作时间变更一下，是可以把当日的重要新闻，翻译编辑于晨早付印出版的。因此，这个报就定名为《少年中国晨报》。

公开成立中国同盟会的过程大略是这样，先租定一个办事处（地点回忆不起），然后再租赁 Lycum 拉森戏院作成立大会公开演说的场所，预期登报，公告中国同盟会于某月某日开成立大会，并请总理孙中山先生演说，有志人士，务望依时惠临，无任盼切等语。

拉森戏院坐落在坚尼街近唐人埠边缘，由唐人埠任何地点，约行五分钟可到，开会日全体少年学社社员和新加入的同盟会会员都来了。开会时由李是男同志主持，先致开会词，大意是从前的少年学社即是中国同盟会，因为那时恐防有坏人混入，不能不小心隐秘，对外取名少年学社，就是为此，并没有其它作用。自经先生到来后，启发我们这种隐秘实无必要，而且还妨碍前途的发展。所以我现在在这里宣布：凡是从前的少年学社社员，一律都是今日的同盟会会员，凡没有参加少年学社的同志，我们就希他早日立下决心，加入同盟会共同负起革命大业，使革命大业早日成功，这是我们无限欢迎的。我的开会词到此完毕，现在我请先生发表他的意见。

在大会的掌声中，先生起立演说，大意是：革命的理由，我想不在这里多费唇舌，请大家多看《民报》和提倡革命的书籍及各地发刊的党报，玩索研究，自能得出革命的理由和它的条贯性来。我想在这里简括地谈谈革命的形势，而且这个形势还可以说是有利于革命的形势。自一九〇八年冬天西太后和光绪两人先后死去，宣统继位，载沣摄政以来，我们看见一系列的皇族亲贵总揽军政大权，好像载沣是大元帅，大元帅就有统率海陆军的大权；载洵是筹备海军，又是海军大臣；载涛是管理军谘处，按他们新订的官制，这个军谘处就是将来的军谘府，它的内容和职权，就比拟今日德、日的参谋本部。他们这个统揽军权的目的究竟何在，这不须〔需〕要什么明眼人就可以看得出的，简括地说，他们就是要反对革命，就要排汉。他们这种做法能成功吗？肯定的说，是绝对不可能的。同盟会自一九〇五年成立以来，我们运动革命的方法就是运动会党和联络军队两个方面，在军队方面，排满空气非常浓厚，一般中下级军官佐，几乎有过半是和我们联络的，如果他们一旦觉悟到自己是个被排的对象，如砧上肉，任人宰割，他们岂肯有束手待毙，而不思铤而走险，联络大家，共同爆发首义以求生存吗？我们对于军队有无限的潜力，这种被迫铤而走险的情形，已有报告到达我们的手里。这座满汉互相排挤的火药库，它的导火线随处皆是，任何一处，只要稍为接触就会爆发起来。我这次到这里来的宗旨就是要向大家报告这个有利的革命形势。我们既然了解这个有利的革命形势，就要设法利用它迎接它，不要让它飘然逸去，坐失良机，殊为可惜。我希望在坐还没有加入同盟会的同志，早日加入同盟会，增强我们的革命力量，这样，驱除鞑虏，恢复中华是必能达到的。

接着黄芸苏也起立简短地发挥迎接这个有利的革命形势的重要性的一小段讲话，立即请没有参加同盟会的人马上参加，会场上备有笔墨，立刻可以填写盟书加盟。会上填写盟书的人很多，填罢遂散会。

案：这里所填的盟书和在少年学社时的盟书有些小的不同，少年学社时的盟书是整张由参加者自己照抄的，这里的盟书是印刷好空出名字由参加者自己填上姓名的。盟书的中心内容亦有四句和三句之分，这留待另一篇，我在檀香山补写盟书时详细再叙。

中国同盟会在金山大埠公开成立后，进行了有若干种工作，我也从李是男和黄伯耀给我的信中回忆起来，积集成若干件事，每件事记上个甲、乙、丙、丁的符号，这样眉目清醒些。

（甲）组织全美旅行宣传团

这个名称是我给他们拟议出来的，内容是这样：先生提议要派出几个人到全美国凡有华侨集居的大小埠头，不管华侨集居有多少人，三五个人也好，七八个人也好，总要向他们集居的地点去宣传革命，把我们革命的宗旨向他们解释，并欢迎他们加入同盟会等等。先生说要贯彻这个工作，要推出四个人来执行，每两个人当一路，要分两路从金山大埠出发到纽约集中，然后再行由纽约复回金山大埠。先生自己担任一个，大家推举黄芸苏担任一个，张霭蕴担任一个，赵昱担任一个，一共四个人。他们出发前，当然做许多预备工作，如路线的安排，某处华侨的姓名和居住地点都要小心调查，才能出发。至于何时出发，何时归来，现在已回忆不起，只好从略。

（乙）组织本市周末街头宣传队

有人提议：既然有全国的旅行宣传团，自然应该也有一个本市周末的街头宣传队。这个提议一提出，立刻就有许多人赞成。街头宣传的组织和形式，大略取法宣扬基督教救世军的模样。救世军每次作街头宣传时的形式是这样，全队约十余人，旗帜两面先行，大鼓手一人，小鼓手二人至四人次之，歌赞队若干人又之，主讲传道者最后。在街头进行时，又敲，又击，又唱，大显热闹。到街头人多看热闹的地方，全队就围成一个大圈子，让传道者站在中央，偃旗息鼓，传道者就开始对着热闹的群众，大讲其基督教救世的要旨，这是他们的街头宣传工作。我们街头宣传队就是模仿他们的组织。旗一面先行，大鼓小鼓继之，宣传队全体又继之，凡同盟会会员只要有时间，虽不参加讲演，亦要参加助势。每次讲演员一人或二人轮流推举，大率都是李是男、黄伯耀、黄芸苏、黄超五、赵昱、张霭蕴、刘鞠可、李禄超等。黄伯耀每谈到这个宣传队时，辄称旗手、鼓手某某等神采奕奕，惜其姓名已回忆不起了。

（丙）一次紧急的筹款

有一次先生使人找李是男、黄伯耀到他的寓所有要紧事要说。等到二人赶到先生寓所时，先生对他两人说：现在有要紧事，党需要一万元使用，这个责任交给你两人，限于二十四小时内完成，不管你们用什么方法去筹，这是我对你们的要求。
两人接受了这个命令，退出来想办法，两人谈了一整日，面面
相觑，束手无策。最后，李是男垂泪说：我只好做个不孝子，
冒受家庭的责骂，现在只可在店内款项里拿出五千元来应党的
急需，暂时用账目掩盖，如果将来被老人发觉，严厉询问，我
只好承认，应党之急需，拿去用了，准备给老人骂就是。他就
在店中款项内取出五千元和黄伯耀两人送到先生处，亲手交与
先生。

至于黄伯耀这方面怎样交待，他没有谈过，我只能写至此
而止。

（丁）《少年中国晨报》出版

依照先生的指示，把《美洲少年》改组为《少年中国晨
报》，经过一番筹备，已出版了。从前在《美洲少年》参与过编
辑撰稿的，一律吸收在《晨报》工作，黄芸苏、黄超五尤为卖
力，每日都有稿件刊登，黄伯耀则总揽全报的经理事务。他全神
贯注在晨早出版的工作制度上，力矫一般日报午后出版的迟缓，
在华侨报业史上，日报改为晨报，自是进步的改革。后几年，同
源会由林华耀主持也办一间《金门晨报》，可说是受《少年中国
晨报》的影响。李旺兼管寄报发行和派报。李是男仍是主持一切
大事，并撰编谐文小品等等。改为日报后言论方针一如既往，提
倡革命，益复发扬，而对于康梁之私人奢侈生活，更为尽情揭
露，促使保皇党人之迷而知返，参加革命共成大业。黄芸苏揭发
此类生活的佳文甚多，兹举回忆所及的一小段于下，以见一斑。
其文云："圣人之居，早见群雌粥粥；饮冰之室，何惭夏屋渠
渠。"此文盖为康纳华侨何某某之女何莉莉为第三妾，携之往返
各处，挥金如土，华墨公司之股款，亏折殆尽，事在早几年，盖
追述旧事而讽刺他们的。

改为日报后不久，黄超五在私寓，不知怎样不慎中煤气毒，

窒息而死。那时大埠的华侨，晚上照明，不是电灯就是煤气灯，少有用煤油灯的。黄超五大抵用煤气灯，睡前关闭不密，致有煤气逸出，因而中毒。出师未捷，贤哲丧亡，可云不幸。幸而那时人才众多，不致影响于报纸出版。

（戊）与洪门共同筹募革命军饷

我认为先生这次到美国来最重要的宗旨，就是设法鼓动洪门人士筹募一笔大大的革命军饷，这实在是一篇杰出的好文章。先生早年就加入洪门，与洪门各方人士多有接近。一九〇四年先生从日本取道美国往欧洲，路过金山大埠时曾有短期的逗留。那时金山大埠的致公堂的要人多与先生有往还，并且用致公堂的名义，标贴长红，请先生在某某戏院演说时事等语。那晚听众颇多，黄伯耀去，我亦去，但是我们两没有碰面。先生演说慷慨激昂，把满清政府庸弱无能，酿成庚子之祸，辛丑条约，丧权辱国等等发挥无遗，并号召群众早日参加革命，团结一致才有机会推倒这个满族的国家，我们汉人方有出头之日等等。据闻当时致公堂的中心人物曾向先生请教怎样改良洪门的加入仪式，适合有新思想人物的接受。据说先生这样答：洪门的加入仪式，有些像宗教的迷信，如果简化了，无异把这个迷信破弃了，这恐召来全部涣散，宁可社会上没有香烛供应，亦要自造香烛来用以维持这个迷信等等。当时先生劝告他们要自己办个大报宣传洪门宗旨和革命宗旨，这样表示自己有新思想，自然不怕有思想的人不加入洪门的。《大同日报》的筹办，未始不是由于先生这番话而起，可见先生的言论对大埠致公堂主要人物影响之深。这次先生又来美国，对于致公堂怎样帮助筹募革命军饷，自然有一个通盘计划，我觉得好像先生没有把通盘计划彻底和李是男、黄伯耀谈过。所以他们两人向我通讯时只谈同盟会这方面是怎样，而致公堂那方面怎样则谈之极略，因此我的回忆只能是同盟会详，而致公堂略，此系限于当时的资料来源不够全面而受限制的。现把同盟会和致公堂共同筹募军饷的详情分成几个小段落，加以子、丑、寅、卯几个小标题说明它。

（子）号召同盟会会员一律加入致公堂

先生这一号召对于筹募革命军饷这一工作根本上起重大作用的。把有革命思想的同盟会会员加入致公堂之内，这样，使致公堂吸收了这些新血液，将不期然而然地把致公堂全部精神面貌和思想都发生了基本上的变化，因而助成了筹募革命军饷的大业。这是抽象的理论上的推断。其实从具体的事实上研究分析，其作用还是在于致公堂中心人物这方面。据我所知，海外华侨所组织成立之致公堂，其拥有发言权的中心人物多半没有固定的职业的收入，其生活的维持端有赖于新丁（即新加入的）的加入。新丁加入的费用大约每个人付出七八元之间，公堂局面大的多些，局面小的少些。这七八元的用途是这样：公堂堂底费若干，香油费若干，大佬（即主盟者）个人收入若干，做野（即加入的仪式）时的助手共若干。从这可以看出致公堂中心人物对同盟会会员加入的心理了，与其说是吸收新鲜血液，无宁说是增加自己个人的生活收入。俗语说：鸡髀打人牙咬软。致公堂全部中心人物对于同盟会会员的加入，早已心满意足，所以共同筹募革命军饷的工作，只有赞成没有反抗。水到渠成，瞬息千里，先生这一号召是起重大作用的。

先生亲自当舅父（即介绍人），带领同志们到致公堂做野，先生此举诚恐同志们中有和洪门中人有夙怨的，据洪门规矩，洪门中人如果打听出和他有仇怨或有争执的人，要入洪门，他就可以到场，等你要入门的时候，他可以有权向你提出许多质问，令你难堪，甚者拒绝加入，当众逐出。可是，如果带领入围的舅父是有面子和有势力的，可以立即解释或担保。但有面子和有势力的舅父，亦没有人敢向他带领的新丁加以麻烦的。据黄伯耀来信，先生分好几次带领同志们去做野云云。可见先生爱护同志们的周到。

（丑）成立革命公债债券局

这个机构是同盟会和致公堂共同成立筹募革命军饷的。这种债券的形式是仿照美国货币的形式印刷，票面是五元一张。但有一点和美国货币不同，美国货币是张张独立的，这种债券是钉成一本，有存根，编号码，骑缝处还盖有图章的。另一面是中文印上发行和使用条例，局长署名是李公侠，可能是李是男的化名，先生亦署上孙逸仙的英文签名。这种革命债券我是有几十张的，认为可供纪念，值得保存的，但几十年来南迁北走，已不知失落在何处了，可是辛亥前曾经旅美的华侨必会有保存下来的，希望能够发现，也可算辛亥革命时代的文物之一。

这个债券局究竟发行了若干债券，募得若干现金呢？大抵这个债券局结束时是有清单的，李是男必知，而在债券局做实际工作的同志也必知的，可惜李是男同志早于一九三七年抗战前因患肺结核病，在广州逝世了，而在债券局作实际工作的同志，我连他们的姓名都不知，所以这项债券的发行数目，就无法得知了。

此外在一九三五——一九三六年间，南京伪党部曾经设立一个"辛亥革命债务调查委员会"，是由李是男、黄伯耀两人来主持的。会址是设在南京城北傅后岗，和我的城南工作地点和住处相隔辽远，只是每个星期日下午才到傅后岗去看他们一次。我和李是男没有相见已是二十多年了，二十年前那些英俊豪迈之气好像已经消磨殆尽，虽未感到发苍苍齿动摇，然而谈吐之间已表现出万念俱灰的悲观态度。他觉得一事无成，却不要紧，只是少年学社那段历史过程，没有用笔墨把他记录下来，颇为可惜，大有死不瞑目之概。

当时我还这样安慰他，说：这有什么难，我们三个人都是能拿得起笔杆的人，只要每人把自己所做，或自己所知的事一点一滴地写下来，然后把这三篇东西合而为一，删其重复，补其缺漏，岂不是天壤间一篇真实史料吗？两人都以为然，黄伯耀尤为兴奋。他即说：我带领的街上宣传队，旗手某同志举旗合式，神采奕奕，鼓手某某同志手法娴熟，步伐整齐，每每由会所出发到街上宣传时，越人多的地方，他的精神越兴奋，鼓声响亮，群众不期然而然地跟随着来了，到我们宣传地点时，群众就围绕成一个大圈子，听我们宣传了。当讲演员讲到满清大吏的受赃枉法或丧权辱国，又或讲到满汉两族的大吏互相倾轧时，群众动辄发忿大骂，恨不得马上革命成功，把此辈误国昏弱无能者一扫而空，可见当时我们的宣传之力，深入人心等语。谈至此，我忽然有所忆，问他两人说：你们还存有当时的《美洲少年》吗？黄伯耀说：当时的是没有，但根据当时的样子复制出来的封面倒是有一张。他随即找出多年的《美洲少年》封面的复制品，拿出来给我们欣赏，他还告诉我这是从某某同志（有姓名只是回忆不起）珍藏很久的《美洲少年》原本上复制出来的。

可是我提议每人都把自己的经过写下来的意见，虽被他们采纳，却是很久都未有动手，绝不料到李是男的生命如是短促。他是患有肺结核病，而且到了严重阶段，他是没有向我谈过。所以在整整几个月的时间内，我差不多每逢星期日的下午，必到革命债务调查委员会内去看望他们，我们见面所谈的都是随兴所到，却没有贯注到辛亥前在《美洲少年》时那段事迹，连他生平事迹的最大的表现在债券局的事，都没有和他倾谈。所以今日要回忆这个债券局究竟发行若干债券，和募集得若干美金，可以说一无所知。假如当时我是了解他患有肺结核病，而且到了严重阶段，自然不需要他自己把经过的事实记录下来，我是可以效劳的。可惜当时没有这样做，今日追悔无已，幽冥之下有负良友。

（寅）致公堂变产助饷

这是共同筹募革命军饷工作中一个杰作，这件事的过程是这样：先是由于加入了洪门这一部分有进步思想的少年向致公堂中心人物提议，得到了中心人物和一般叔父们（资格老并有财产或经营有商业的）的同意才执行的。这件事是一帆风顺，抑或有波折，经再三疏通才成功的，现在已无可参考。致公堂方面热心于变产助饷的工作当推唐琼昌（《大同日报》的创办人并主持人）、黄三德（金山大埠致公堂的大佬）二人。究竟致公堂变产助饷实际筹有美金若干抑或港币若干呢？这个实数现在已无可参考了，但可约略估计。据黄花岗一役起义后，香港总机关统筹部出纳科科长李海云的统计，海外各地捐款，共收到十五万七千二百十三元，其中美洲侨胞捐款就有七万七千元之多。这里的七万七千元，就包括两柱大数，据我所知，致公堂变产助饷就有两处，一是金山大埠致公堂，二是加拿大属域多利致公堂，域多利致公堂变产助饷的收据，已陈列于广州市某处博物馆，据《羊城晚报》摄影该收据的数目为三万元，依此估计，则金山大埠致公堂变产的数目当亦相当于三万元了，这个估计可以认为是近于事实的。而李海云之统计数，除此两大柱外，所余之一万七千元可视为债券局实际募得的数目。

（卯）**粉墨登场演剧筹募军饷**

李是男本来是没试过粉墨登场的，大抵由于他好写曲文班本之故，竟有同志向他提议何不粉墨登场，筹募军饷，使宣传与筹饷的工作合而为一。可是李是男是没有学过唱戏的，写曲文是可以的，清唱是可以的，若果配以弦索，能否应弦合辙，在那时李是男也是没有信心的。此外还有台步、动作、神情等等，都没有学过，怎能登场。初步的心理，是不同意这个提议的。但继续向他提议粉墨登场的，越来越多，有的勉以大义，有的劝以基于革命形势的要求，有的动以筹饷急迫的任务，也有的愿意介绍个戏班的艺员来谈谈，作初步的试探，看看这个粉墨登场有无实现的可能性，结果李是男接受了最后这一个意见。

经过几次和戏班艺员清唱排演之后，李是男觉得台步、动作、神情等的难关，并不是没法掌握的，是渐渐可以学会，达于神悟之境的。因此，他认为粉墨登场，是可以不妨大胆尝试的。可是，还有困难问题发生，唱戏要有配角，单人独唱，是不能成戏的；而且李是男的喉底是生喉，只能串生角，哪里来个能唱旦喉的同志来串旦角呢！恰巧同盟会里有个许某某同志，是驻金山大埠清领事许芩西的儿子，他是能唱旦喉的。征求他愿意粉墨登场筹募军饷的意见，他慨然答应，至此配角的问题解决了。于是他们两人再经几次戏班艺员指点清唱排演之后，已觉他们两人的配合，唱酬应对，没有生硬的痕迹，达于自然融洽的境界。至是，李是男认为可以一试，也可以多试几次。

这个演剧筹饷的工作于是分为剧务、财务两部，剧务由李是男主持，财务由黄伯耀主持；他们两人分途并进，约两三星期间各事筹备妥当，遂定期公演。公演之日因为有同盟会的会员粉墨登场，真是全埠震动，门票早已推销和抢购一空。那时中国旧剧戏院，还没有对号入座的办法，只有先到的有坐，后到的站立，以至于立无隙地；幸而剧情编排适宜，每场都有精彩之点，演生的潇洒自如，演旦的也婀娜多姿。由于他们热血爱国，不惜牺牲色相，粉墨登场，现身说法，筹幕〔募〕军饷，都是为民族的将来，因此博得群众称赞，不唯叫好，而且叫值。

李是男在傅后岗的时候对我说：他在美国时的同盟会工作，以演剧筹饷这一幕为最精彩，认为演剧为筹饷的最好的方法，这是皮相之言，但谓演剧为宣传的最主要的方法，是中的中肯之论。我们举办的演剧筹饷有几次之多，与其谓为收效于筹饷，不如谓为收效于宣传。我们同志中能担任主要角色的，只有二人，

难道生旦两角就可以独演一台戏吗？势必加添配角。同志中既然
没有做配角人材，自然不能不向戏班的艺员请求帮忙，同志演剧
筹饷，可以当义务，戏班的艺员演剧是他的生活来源，难道叫他
们也当义务吗？势必不能不给他们以报酬。在这种形势之下，使
用全班的艺员当配角，使用锣鼓弦索，使用戏箱，使用前后台打
杂人员，无一不须给以报酬。这样，我们演剧收入固多，而因此
付出的开销也不少，所以演剧可以说是宣传的利器，而不是筹款
的良方。

（辰）义卖助饷

义卖是这样一个过程，一方是把他的珍爱品、美术品、手工
艺术品、刺绣品、编织品捐助献给公家，由公家把这些捐献品拍
卖给另一方取得现款。清末一般公益事筹集款项多用此法。

正当筹募军饷高潮的时候，就有些同志提议举行义卖筹募军
饷，大家当然赞成，主张举办。原来这个提议是有目的的。那时
候加入同盟会的女同志人数日渐加多了，女同志中有很多精于刺
绣、编织手工艺品的，在提议者的原意是希望这些女同志中每人
牺牲少些劳动时间和少些物质，把制成的艺术品捐献给大会，此
外各同志也可以捐献物品交给大会。大会积集这类物品至相当数
目时定期公开义卖。女同志捐献的艺术品只是心思设计和手工劳
动，其成本少的一角、二角，多的也不过三角、五角，大会评定
义卖价格总在十倍之间，人多参加则花样层出不穷，成本轻微，
虽屡捐而不竭。大会对各同志的捐献品，在义卖前评定出品的甲
乙，于义卖后发给奖状一张，以志感谢。至义卖那天，在场的执
行任务人员，也一律给以奖状，感谢其相助。义卖的场所多在同
盟会的会所举行，这类的义卖举行有好几次云云。这段史料是我
胞妹温征德于今年来函相告的。她现在是在上海外语学院当讲
师，她参加义卖时当售卖物品的工作的，也获有奖状一张，那时
她的年龄才十岁云。

（巳）先生离开金山大埠

先生这次是一九一〇年二月间到金山大埠的，在他指示下，同盟会已由秘密的变为公开的，事事进行得有条有理，至和致公堂共同筹饷这一工作，亦已做到彼此没有间言。先生遂于七八月间离开金山大埠前往檀香山。

辛亥前我在檀香山同盟会和
《自由新报》工作的回忆

温雄飞 口述　李　智 笔记

一　由《启智报》转去《自由
新报》的经过

一九〇九年秋冬之间，我在金山大埠接受了《启智报》的旅费，乘坐三等舱来檀香山火奴鲁鲁（Honolulu）埠，就《启智报》总编辑之职。《启智报》是保皇党一个旁系振华公司的人办的。我去做总编辑，并不是真的去为他们工作，而是想利用他们的钱来檀香山，然后设法脱离转到《自由新报》做同盟会的工作的。

原来在《美洲少年》出版后，檀香山《自由新报》就有信来给我们，除给我们打气之外，还要求派一个能写文章的同志去帮忙。当时因为《美洲少年》新办，一时不放心抽人过去，而且不便开口向他们要旅费，所以只好复信婉词推延，待以后有机会再说。这次《启智报》专诚托《中西日报》的编辑邓翼云聘请人员，并且汇来旅费，工资又相当，我认为这是"过桥"去支援《自由新报》和解决我那时经济困难的好机会。经过和李是男、黄伯耀再三商量，于是决定我到檀香山去。

在《启智报》开始工作以后，由于时刻不忘来檀初衷，很快就自己去找到《自由新报》社。该报的主持人是卢信，过去没有见过面，由于同盟会的同志关系，一碰头就视如亲人。他十分关切地问我近况和来檀目的。我据实以告，并诉说要拿《启智报》做桥转过《自由新报》帮忙的意图。

我说："经一段时间之后，我借故闹一场风潮，就可以离开《启智报》转到你这里来。"

卢说："很好，就怕你不敢闹，也怕你闹不成。"

"一定敢，一定伺机而动，找个题目，闹翻了就过来。"我坚决地笑着回答。

《启智报》的主持人是邓秀隆，是亲近保皇党的分子。我出去回来，他问我曾去何处。我觉得已没有隐瞒的必要，就老实告诉他是去《自由新报》。他觉得不对头，即对我说："檀香山坏人很多，你须得小心，不可乱走。"从此，他们就对我戒备起来，注意我的行动，并用"出去要有人作伴，免得为坏人所算"之类的话来恫吓我。

不久，传来"宣统做寿"的消息，大清领事馆贴出布告，要华侨张灯结彩来庆贺。我认为这是一个可做文章的题目，就撰文论述，说小孩做皇帝，这是天生有福，我们汉人是天生的奴才，是应该向皇帝祝寿的，在字里行间，明捧暗讽，并故意挑起同胞的气愤。

这篇文章一发表，邓秀隆非常不满，马上亲自来找我，怒气冲冲地质问我："你为什么写这样的文章？"我说："拜万寿呀，我们汉人是奴才，还不应该给皇帝祝寿吗？你是保皇党的人，我们报纸是应该这样说的。如果你认为是说错了，现在已经印了出来，实在无法补救，以后我不这样就是了。"他气犹未消，仍说"不应该这样说"不已。我接着说："不讲保皇，讲革命如何？"他说："不讲保皇，也不讲革命，以后你不能乱来！"我不能再说什么，他也无话可说，只是不欢而散，可惜未能闹翻。

又不久，清筹办海军大臣贝勒载涛出国考察海军，由美返国，经过檀香山。清领事馆又布告华侨张灯结彩，表示欢迎欢送。我认为这又是可闹的机会，于是又撰文论述，行文讽刺，更为露骨。大意说：满洲人真有本领，才二十多岁，就懂得海军，就能出国考察。不但如此，而且什么都懂。我们汉人，真非服从满洲人不可！我更进而追溯历史，说满洲人入侵中国，到处都驻防有镇压汉人的旗下人，真够威风。如广州旗下街，谁敢走近那里呢？这篇文章刊出之后，使邓秀隆更加恼火，不过，这次他不再亲来找我，却用别的办法对付我。

我在《启智报》没有什么谈得来的人，只在楼下帐房那里有一位写字的，叫做郭玉亭，和我颇好，我有空的时候，常下楼和他攀谈。该文发表以后，有一天有个烂仔（粤语，意如暴徒）闯进帐房，一见我就高声大骂，如邓秀隆一样质问我为什么写这样的文章。我用反问的口吻厉声说道："不对吗？和事实不符吗？满洲人不高贵吗？我们汉人不是奴才吗？"我又说："即使我不对，也不干你的事，也轮不到你讲话。"他听了更加暴躁，就挥拳在柜台上一拍，骂得更凶。

这样挥拳一拍，广东人叫做"放台炮"，在美国的粤籍华侨，亦复如是，凡是放了台炮，就什么都没有得谈了，就从此决裂了。在此一炮之后，我察觉在马路那边似乎有人在指使，我见借题闹翻的目的已达，又怕会吃眼前亏，就不和他吵，立即跑上楼去。

那暴徒走后，我即拿起帽子下楼，到帐房对郭玉亭说："刚才那个烂仔是邓秀隆主使来和我闹的，我不能再在《启智报》做总编辑了。"意欲由他把这话转行告诉邓，算是我不辞而行地走了。

我旋即到《自由新报》去见卢信，把事情的经过告诉他。

一见面，我首先说："够了，有理由离开《启智报》了。"略谈之后，卢说："好得很，我找个人给你搬行李去。"毕竟是卢信想得周到些，他为了避免两报间的无谓磨擦，就叫一个排字工人代我把行李搬到卖布匹、针织品的悦生祥商店去，要我在那里住十天八天才到《自由新报》来。悦生祥有个股东叫黄堃，是同盟会的同志，由他在店里招待我。大概过了几天，卢信就来接我，把我搬到《自由新报》的宿舍里去住了。

我在《启智报》的时间，最多只有两个月。我就这样借题发挥，寻岔闹翻，利用保皇党《启智报》的钱，来檀香山为同盟会《自由新报》工作了。

二 《自由新报》的状况和前前后后

《自由新报》的宿舍不和报社同在一个地方，位于火奴鲁鲁（Honolulu）的住宅区，是一座很漂亮的西式平房，是同志特别为《自由新报》租的。环境很好，绿草如茵，非常雅致。同志对《自由新报》的重视，于此即见一斑。我给卢信由悦生祥接到那里去住，精神就首先得到安慰和鼓励。

当时同在这座宿舍住的，有卢信、孙科（中山先生的儿子）和我三人。孙科那时在教会学校圣鲁易斯（St. Louis）学院读书，兼在《自由新报》做英文翻译。孙利用课余时间，在报社和卢信同在编辑室工作。我到宿舍住下之后，卢信就和我到编辑室交代工作。孙科由学校回来，卢即给我们介绍认识，并对我说："他英文很好，中文稍微差些，他译的东西，你可以改的。"（后来孙科在国民党做立法院长，曾邀我到立法院工作，就是由于这段关系，这是后话）

《自由新报》的编辑室不大，只有两张办公桌，原来是卢信、孙科各用一张。我去以后，卢很客气，让他的办公桌给我用，并恳切地对我说："我有胃病，不能耐劳，早就希望有人来代替我。你来正好，就请你坐我的办公桌，老实代我挑起总编辑这付担子吧！"为了同盟会的工作，为了使同志休息养病，对卢信的吩咐，我实在义不容辞。于是，我就老老实实坐下去了。

自从我坐了卢信的办公桌接上了工作之后，他就索性不来办公了，有时来了，也是稍谈即去。不过，在开始那两天，他还是陪我在一起，详细给我介绍情况，并陈述《自由新报》的家底。

为什么定名为《自由新报》？那是有来历的。

据卢信说：他原来在日本东京宏文书院读书，在东京加入同盟会后，为了发展宣传扩大影响，由孙中山先生介绍他到檀香山《隆记日报》（或是《民生日报》，我不记得了）做记者。由于报社经理干涉他的言论自由，无法开展宣传，不久他就辞职离开，搬到旅馆去住，准备买船票回东京复学。后来这事给檀香山的同志知道了，就来旅馆挽留他，要他不要走。他们说他的言论很受欢迎，很起作用，走了可惜。

卢信说："不走又怎么办呢？除非你们有条件筹办一报，交我负责，任我自由发挥，不受干涉，并在十天内拿出办法，办得成功，我就留下来。倘若过十天不成，那我只好走了。"

挽留卢信的同志们十分热情，不到十天，只是五六天的光景，他们就搞起报馆来，并先行另租地方给卢信住下来，逐步办成《自由新报》。这个报名是卢信自己定的，取言论自由、革旧迎新之意。

办报之初，卢信吸取过去经验，曾和出资办报的同志"约法三章"，说明要由他自由发挥，不得干涉。同志们很好，立即干脆而爽朗地回答："绝不干涉，由你自由发挥。无论赚钱蚀本（粤语即亏本），也由你办下去。赚则任你使用，蚀则我们包起。"同志们如此热诚、如此豪爽，当时使我十分兴奋。

《自由新报》是檀香山销数最多的一家隔日出版的中文报，

印数一千多，除在本埠和邻埠销售外，还远销至南美洲、非洲各地，影响颇大。那时在檀香山的华侨不多，销售千多份，就算很多的了。

那时的编辑工作，并不怎样麻烦，每天只是搞两三小时就行了，我能够愉快胜任，还有余时做别的工作，写些文章。当海船到埠的时候，我常去采访新闻，孙科又由英文报刊翻译一些，内容就颇为充实了。

《自由新报》除了本身的业务之外，还搞一个有掩护作用的《大声报》。这个《大声报》，我在金山大埠时就见过，是和《美洲少年》互相交换的报纸。我原先以为这是别人另办的报，还问这报的社址在什么地方，卢信说："就在我们这里。"详谈之后，我才知道是这么一回事。

在檀香山办报，也不是那么自由的，言论不合统治者的口味，也要受到控诉封闭的处分。《自由新报》为了有备无患，就搞这个《大声报》仿《美洲少年》的式样出版，当《自由新报》觉得有某篇文章不甚妥当，或会因此被控诉和封闭的时候，就把这篇文章登在《大声报》上面，即使挨封闭，也封不到《自由新报》。卢信说："《大声报》的发行人是许棠，他是我们同志谭遂开的汽车修理厂的技工，钱就是他们凑的，文章是我们写的。"

除搞这个《大声报》外，《自由新报》还另有一笔专款搞些单行的刊物，和《自由新报》一起销售。《自由新报》和经过檀香山的海船的船员有密切联系，他们经常代为向乘客销售报刊，并带到外埠推销。他们来到报馆，除要《自由新报》外，还要单行刊物，这种另印的单行刊物，无论他们付款与否，我们都尽量供应。给钱就是购买，不给钱就算赠送。横竖已有专款，而且志在宣传，收钱不收钱，那是不在乎的。

这样的单行刊物，在卢信手里刊出过两种，都是三十二开版，约二三十页。一种是《自由言论》，就是《自由新报》出的言论集,已出两集;一种是《人道》,是卢信自己出名写的,他懂日文,根据日文杂志译述而成。我接手后,也写过几篇论文印成单行本发行。《自由新报》自己有印刷设备,印这些单行本是很方便的。

我接用卢信的办公桌,曾在清理抽屉时发现三个同盟会的宝贵文件。因有历史价值,特略述于下。

第一个是《革命方略》,是手写复印本,后来在辛亥年(1911年)印出来。这是同盟会的秘密文件,用来指示在内地起义工作的。重要内容有如《安民告示》等的各种文告,如何占领地方,如何接收机关的指示,人事安排和会员组织等项。大概是同盟会东京本部写的,分发各地,作为实行起义工作的准备。

第二个是电报密码,也是东京本部编的。这本密电用拉丁字母a,b,c……等做号码,分别代表页数、直行、横行,只凭三个字母,就可以查出一个字。常用字多已编入,字数虽不多,但可够用。

第三个是《海外通讯人名录》,所录都是在海外的同志,南洋、非洲、美洲……各地的都有,有的地址姓名具备,有的只有地址没有姓名。

我发现这些文件之后,觉得这样放在抽屉里不是办法,因问卢信说:"这样重要的东西不加关锁可以吗?要找个保险柜来放才好吧?"卢说:"没有关系,在报社里面的都是同志,而且我们的门禁颇严,外人是进不来的。"

《自由新报》星期日不出版,晚上常有同志来座谈。来的多是檀香山同盟会的骨干,也是《自由新报》的重要支持者。在我脑海中至今不忘的,计有下面七人。

(一)曾长福,对同盟会对《自由新报》都非常热心。他不是香山人,也不是客家人,听口音,大概是东莞人。他很有钱,还年轻,那时才二十三四岁。他的岳父刘佛良,是檀香山华侨最富的人。他岳父是文盲，须他帮忙做文字工作，他自己也兼做些生意，他手上常有十万、八万，要三五万随时都可以拿出来。他对卢信很信任，卢要什么都可以。

（二）谭遂，香山人，前面已提过，是汽车修理厂的经理，资本几万元，伙计十人八人，每月可赚几千元。慷慨虽不如曾长福，钱也没有曾的多，但也肯拿出来给同盟会和《自由新报》用。

（三）黄堃，也是香山人，前面也已提过，是悦生祥的大股东，股份占有半数以上，过得去，生活好，对同志热心帮助，也肯慷慨拿钱出来用。

（四）杨广达，是地道的商人，经营出入口业务，也很有钱，能帮助同盟会和《自由新报》，但不大肯公开承认。很肯实际出力，是暗中的骨干分子。

（五）钟宇，年纪较大，是孙中山先生在檀香山的同学，兴中会和同盟会都参加，可说是一位忠心耿耿的元老。他开设檀香山锯板厂，厂址离报社较远，资本有十万八万，生意很好，身家殷实。有大事找他肯出钱，小事我们不去麻烦他。我去过他那里，我们都很敬重他。

（六）许广，美术家，也是香山人，年轻，经营照相馆，办得很好，除照美术相外，还出外照风景相，吸引游客。他找得些钱，很慷慨，捐钱肯捐，为人疏爽。

（七）梁海，香山人，独资开设和悦生祥那样的卖布匹、针织品的商店，相当有钱，也很慷慨。他是檀香山同盟会的会长，除主持开会外，对《自由新报》帮助也很大。

除了这七个人以外，还有蔡增基、陆基、黄积厚、卫梓松、刘明（归国后叫刘维炽，跟孙科做过官）、阮渭樵、林彪、古柏荃等人，有的是当时的学生，有的是社会活动分子，他们也经常到《自由新报》来座谈，多是来报告新闻和秘密消息，对《自由新报》帮助很大。

以上这些同志，对同盟会的事业，尤其对《自由新报》，真是十分热心。要钱出钱，要力出力，从不犹豫，他们这种热诚，给我很大感动，使我工作更为积极。从《自由新报》的前前后后看来，侨胞热爱祖国和渴望革命的热情，在海外是到处洋溢的。

三 《自由新报》内外的书及其影响

我在《自由新报》编辑室办公桌抽屉内，发现同盟会的几个文件之后，又在桌面的上层找出一些很有意义的书。这些书，对我的思想和行动，都很有影响。

首先找出的一套是《荆驼逸史》，这书是一个隐名的有心人写的，他把明朝遗老所亲身经历或耳闻目见的满人虐杀汉人的事实，一一如实地记录下来，编为一套丛书。内容很有意义，都是满清入侵中国和同胞受欺侮压迫的史话。我看了，使我对满清王朝更为愤恨。

稍迟，在桌面格子里，我又找出一叠小册子，红色书皮，书名为《社会主义问答》。这是英文普通宣传的通俗读物，文字很浅，道理说得明白，著者姓名忘了。都是问答式的，解答什么是社会主义，什么是社会党等等问题。我为这些新事物新道理所吸引，很快就把这些小册子看完了。

我很想知道这些小册子的来源。卢信回来，我就问他，卢又要我问孙科。孙说："这是用一元钱在街上买来的。"那时我们知道社会主义的党不叫共产党，只叫社会党，这些红皮书就是社会党出的。我接着又问："这里也有社会党人吗？"孙答："有的，你要见到他们不难，只要你到街上去，就很容易听到他们的宣传和买到他们的书。"

我那时要写文章来解释三民主义中的民生主义，觉得很难下笔，常常解释得不透彻。我很想多看这类书，想多得些材料，拿来讲解民生主义。我对孙科说："看熟这种书，写文章可以偷师文（粤语，意即向人学习）啦。"孙说："你要看容易，而且不必单看这种书仔（粤语，即小书），你可以参加图书馆办的读书会，一元一月，入了读书会，可以进书库翻书，爱借哪本就借哪本。"

由于红皮书的刺激和孙科的指引，我就参加读书会，就跨出《自由新报》到外面借书来看。在半年之内，我就看了不少社会党的书，如《社会主义评论》、《科学的社会主义》、《马克思》等，我都看过。这样，使我为《自由新报》写的文章，在内容上大为丰富。这是一件事。

另外，在《自由新报》对外营业的帐房里面，还代售一些东京和上海方面出版的宣传革命的书籍，因为有这种代售的书，就使我去做了半年的老师，也对学生起了一定的影响。

事情是这样的：有一位教会的朋友，名谢已原，是我原来不认识的。有一天，他来找卢信，卢不在，我代为接待。他说他是同盟会员，从中国来，现在这里做传道。彼此认识了。后来我去回访他，表示礼尚往来。他在长老会工作，是长老会的传道，也住在那里。长老会附设有图书室，他带我去参观。我认为教会的图书室有什么好看，还不是一些宗教的书？虽没有拒绝去看，态度就难免不出现敷衍的样子。他看出我的神情，即对我说："里面不尽是宗教的东西，还有些中国的旧书。"果然不错，在那里有不少旧书，却包含有许多满清虐政、压迫汉人的史料，如《满洲源流考》、《大清会典》、《皇朝经世文编》、《圣武记》等是。我借这些书出来看，对我又有一定的影响。由于彼此往来，我和谢已原的感情很好。后来，他就和我谈到有人请我去教书的事。

在檀香山有一个学校，华侨叫"爹文书馆"，如照英文译出，则为"中太平洋学院"（Mid – Pacific institute）。大概由于创办人是美国人爹文，华侨就叫做"爹文书馆"。这个学校是爹文去各地捐钱办起来的，在什么地方捐有钱，就收什么地方的学生，所以各地的学生都有。中国学生也有，约百人左右。谢说，那边想请我去教中国学生。我问是不是爹文本人的意思，谢说："虽不是爹文出的主意，也没有什么问题。里面有中国教师，中国学生的中文，必须中国人去教。想约你去教，是在那里的中国教师邓光恩对我说的。"接着，谢又把学校的情况告诉我，说学校办得不错，爹文很有手腕，居然能交涉得敷设一条电车轨到学校附近。要我教的是一班华侨学生，时间不多，只是每天下午上两堂，教什么书，可以自己选择，选定了就由学生买来用。我见这很有意思，就和谢到学校去看看。

爹文书馆设在市郊山中，我们坐电车到附近，还要走一段路才到达。到后，邓光恩亲来迎接，并陪去看准备给我教的那班学生。我们到班上去，见学生有四五十人，都是华侨，他们对我很欢迎，我问教什么书好，他们说："什么都可以，由先生选定好了。"

究竟选什么书来教呢？这确是一个问题。我回到《自由新报》，筹思颇久。后来在帐房代售的书籍中，见有陈去病编的《历史教科书》，这是反清的书，历史由明末清初写起，讲满清由长白山入侵中国和扬州十日等等。我就决定选用这书来教。此外，还选一本文选式的古文读本，和历史教科书一起拿去教。书选定后，即向学生宣布，要他们到《自由新报》来买。存书不多，旋即售空。还有几个人买不到，后来才设法在上海买给他们。海外学生热爱祖国的书和祖国的文化，使我感动，使我尽心尽力去教。

在爹文书馆教了一个学期，由一九一〇年秋季始业，直教到放寒假。教得还好，没有受到干涉。后来因为实在忙不过来，才辞去不教。这半年我的教学活动，对于以后同盟会在檀香山的发展，是有一些影响的。

四 孙中山先生到檀香山

孙中山先生，大约是在一九一〇年六七月之间由金山大埠到檀香山来的。他将来时，先有电报到《自由新报》给卢信。卢得电后，即和我们一起进行筹备欢迎。

卢的计划很好，为了便于发展同盟会的工作，他不用同盟会的名义组织欢迎，只用香山同乡出头，带动华侨去迎接，并用华侨的名义请孙先生演讲。在檀香山的华侨，香山籍的最多，香山人一出动，华侨就去了六成以上。

这样分别开欢迎会，分批请孙先生演讲，连续搞了好几天。经过两三天，卢信才请孙先生到《自由新报》来，也是分天分批和同志们见面的。

在接见以前，我没有见过孙先生，只是在金山大埠时常听见李是男、黄伯耀他们谈到，对于孙先生的容貌和神态，我早已相当熟悉。我的名字，孙先生也是已经知道的。见面握手，真有一见如故之感。

《自由新报》的编辑室外面，是个大客厅，孙先生和我们初在编辑室见面谈话，不久他单独叫我到大客厅外面去谈，要我重写盟书。我不明白，因而询问："我在金山大埠不是写了么？"孙先生说："写了也要再写，这是新的，每人都得重写，李是男、黄伯耀他们都已再写过了。"说罢，他就拿出稿来，嘱我照抄重写。

新盟书的全文，记得大约如此：

×××当天发誓，同心协力，驱除鞑虏清朝，建立中华民国，实行民生主义。矢忠矢信，有始有卒，如或渝盟，任众处罚。主盟人×××，介绍人×××，加盟人×××。

这和旧的盟书比较，前后都相同，只是中间的内容不同，旧的是"驱除鞑虏，恢复中华，建立民国，平均地权"四句，新的是"驱除鞑虏清朝，建立中华民国，实行民生主义"三句，字数却比旧的多了两个。

我重写了之后，还问孙先生："现在都一律是这样写吗？"孙先生说："是的，都一律用三句式代替四句式。新加盟的就照这样写，旧会员见一个重写一个，一律都换成三句式的。"

孙先生来檀香山以后，我们的事情就多起来了，欢迎啦，陪去演讲啦，发展会员啦，相当的忙。檀香山郊区有一种叫"山坝"的地方，是农场工人和工厂工人的集居点，常常派人到《自由新报》来欢迎孙先生去演讲。这是开展宣传发展工作的好机会，我们当然要请孙先生去。

孙先生去山坝演讲，都是我陪同前往。知道了地点，我就去找一架汽车，带些印好的盟书，请孙先生上车起程。去到时，多是人已集中，并见有一张围上白布的桌子作为讲台。一般都是我先做开场白，即请孙先生演讲。

孙先生的演讲，很受大众欢迎。他分别对象，用香山话来讲，讲些满人侵略、满汉对立的事实，以及必须反对满清和实行民族主义的道理，听的人很受感动。有时又由我结尾，说一些劝告加入同盟会和以后热心捐钱赞助革命的话。这样的演讲，三几天就有一次，有些是素不相识的，也来请孙先生去演讲，而且要求加入同盟会。

在演讲之后，有些事先已有了解的人，就跟着办理入盟手续。那时入盟颇容易，盟书是印好的，加盟者只要在留空的地方填上名字，再由主盟人、介绍人在后面分别签名，就算写好盟书。有不会写字的，名字可由别人代填，签名也可以代签，只要本人在名下划个十字就行了。写了盟书，接着就是站起来，宣读盟书，和主盟人亲切握手，这样，就算完成了加盟手续。

由于孙先生来檀香山，到处演讲宣传，又简化了加盟手续，就发展了很多会员。在檀香山加盟的盟书，都放在《自由新报》编辑室。我见这样放不周密，曾向卢信提过意见，主张寄去东京本部保存，不然也要找个保险箱或去银行租个保险箱来放。卢信对我这个意见，当时没有接受，说办事的人太少，要编好搞好这么多盟书，一时是不容易做到的。那时同盟会迅速发展的情况，于此可见一斑。

孙先生在檀香山住了个多月，其后就转回日本再到南洋去。那时孙先生已被统治者注意，行动已不如从前那样不受拘束，故他在檀香山的住址就不怎样公开，回东京的行期也不得不保守秘密，并且还得化名上船。这些情况，是事后卢信才告诉我的。据说，在孙先生要去日本时，曾与日本领事接洽，原先不许，几经交涉，才默认他可以用日人名字上船，但不许张扬。于是孙先生即用"中山樵"的名字购船票到日本去，以后我们按址写信给他，都称他中山先生。

孙先生在檀香山的住址，我没有也不便明问，只听见卢信说是住在钟宇的家里。上面提过，钟是孙先生的同学，开锯板厂，有条件招待孙先生。在檀期间，孙先生曾去希炉岛（檀香山五岛之一）住了个多星期，探访旧友。希炉岛有火山，风景很好，孙先生去那里，一方面是旧地重游，另方面是为了避人耳目。他由希炉岛回来，接着就到日本去，连我们也不知道。

孙先生在檀香山这段时间，有几件事给我的印象非常深刻。兹就记忆所及，述其概略，这也是很有意义的。

孙先生演讲时，习惯不喝开水，也不喝茶，只喝一种未成酒的葡萄汁（grape juice）。每次去演讲，必先叫人买几瓶带去。后来给人知道这个习惯，请他去演讲的也有所准备，买好这种葡萄汁来招待。因此，我们陪去的人也常喝到这种葡萄汁。为什么演讲时要喝这种饮料，我曾问过孙先生。他说："这种东西润喉最好，喝了可以讲两三小时不致变声。你们年轻还不大要紧，我已到了中年，必须注意保护喉咙。"

孙先生很讲究卫生，烟不抽、酒不饮。凡吃东西，硬的有渣的都吐出来。我问其故，他说，硬的有渣的东西吃了不消化，没有营养价值。他还豪迈的说："为中国前途，也不得不讲究些。"他还以卢信为例，说他就是因为不注意吃东西而患胃病的。

有一天，卢信在《自由新报》对我说，孙先生请吃饭，要我中午不出去。约定的人，只卢信、孙科和我三个。孙先生来到《自由新报》和我们一起去，请去檀香山最大的餐馆杨氏饭店（Young Hotel）吃西餐。那家餐馆相当高级，东西很贵，顾客多是有钱的服装漂亮的上等美国人，华侨很少去，我们都没有去过。招待人员（侍者）都是日本人和中国人，本地土人没有资格当。孙先生带我们到这样的餐馆去，很有气概，昂然直入，选择中央的座位，请我们入席。中午来用餐的人很多，周围都坐满了。我们要全餐，每人一份。原先招待还好，坐定后，刀叉餐盘跟着送来，后来人越来越多，情况就变了。邻座有比我们后到的，都已有菜来了，而我们仍迟迟不来。孙先生环视四周，随即拿起餐刀连续在餐盘上猛击几下，"当、当、当、当"的响亮声，突然在颇为安静的餐厅里振荡起来。这么一来，全座为之惊震，大家都把视线集中到我们身上。餐厅的管理人马上跑过来，问是什么事。

孙先生正襟而坐，庄严地说，"我们是来用餐的，不是来看别人吃的。"

管理人知道错了，立即道歉，并另调人专责招待，不许离开。不但原定的菜很快送来，而且要什么有什么，非常客气。这虽是一件小事，但给我的印象很深。我觉得孙先生在外国人面前有一点不屈服的气概，真不愧他是一个党魁。

孙先生每到《自由新报》来，多是在早上。他很健谈，对问题谈得很详细。他对我的工作，在谈话中给予很多指示。他说写给华侨看的文章不必多谈理论，只谈满清侵略我们、压迫我们的事实就行了，华侨程度浅，多谈理论是没有什么用的。

关于谈理论的问题，我曾这样问过孙先生："拿社会主义的理论来谈民生主义好不好？"他说："我们中国和西欧不同，社会主义的理论，要在已有阶级的情况下才好谈，我们还没有资产阶级的压迫，待我们革命成功后再谈才妥。"他又说："中国不同美国。美国已有钢铁大王、煤油大王等等，已成垄断局面，工人处在水深火热之中，在美国是应该讲社会主义的。中国现在没有什么大王，只有一个皇帝，还没有到谈社会主义的时候。"他劝我少谈社会主义，只有多讲民族问题，华侨才易接受。

那时，孙先生还劝我看书要看得宽一些，不要单看社会党的书，他说，无政府党和提倡土地单税者的书也可以看看，他们有他们的理论，也都为穷人着想。他还留些带来的如《面包掠夺》（俄国无政府党人写的）和"土地单税"提倡者亨利·佐治（Henry George）写的《进步与贫乏》等之类的书给我看，并且还简单介绍"土地单税"的理论给我们听。他以师友之情待我，使我十分感激，领益很多。

孙先生很注重宣传工作，他认为同盟会在檀香山单有《自由新报》这样一个宣传机构还不够，主张增加宣传的方式方法。孙先生是教会中人，他知道教会有专人卖宣传品的办法，因而提出要我们学教会那样找一专人来卖宣传书刊。这个办法是这样的：宣传书刊全部免费给这专人，由他拿去街头或小埠去宣传出卖，所得全部归他所有，并规定一个报酬定额，如卖得的钱超过此数也不收回，不足则补够。经过商量，我们决定找这样一个专人，并商决报酬定额为每月二十五元，这个最高限度（二十五元）由几个骨干分子分摊承担足额，准备即使完全卖不得钱，也可以照额给酬。关于人选，当时由谢已原介绍原来在教会担任这种工作、也是同盟会同志的杨宽（香山人）担任。原先杨有顾虑，恐怕革命的书刊不如宗教的好卖，而且又不习惯宣传革命，后经我们力劝，他才答应下来。专人决定了，我们即在《自由新报》帐房代售的革命书刊中抽出一部分小册子，配上自己印的《自由评论》之类的宣传刊物，又由上海买些受人欢迎的如《革命军》等等流行书刊，杨宽就做起卖书的宣传者了。后来因卖得不多，杨也不习惯搞这种工作，大概只搞了三四个月，以后就不搞了。

孙先生对于扩大同盟会的影响和筹募革命军饷的工作，始终都很注意，我来《自由新报》不久，就接得李是男和黄伯耀通知加入致公堂，以便扩大影响进行筹募工作的信。我了解这是孙先生的意思，接信后就进行找舅父（致公堂叫入堂介绍人为舅父），准备在檀香山加入致公堂。后来因为情况复杂，虽然找好了舅父，一时也决定不了入堂的事。当时檀香山的致公堂，情况和别处不同，别的地方只有一个致公堂，而檀香山则有三个都是致公堂的团体。一个是以香山人为主的国安会馆，一个是以客家人为中心的和安会馆，一个是多数是四邑人的致公堂。他们知道我要入堂，都表示欢迎，而且各说各的好处，会馆的人说他们是革新的，做野（加入仪式）可以简单些；致公堂的人说他们是正式的，和各地的名称相同，可以互相联系，各有各理。我正不知如何选择，恰好孙先生来檀，我就将情况汇报，并请求指示。孙先生经过考虑，即作出决定，指示我暂时不必加入。他说，在这样的情况下加入，不起什么作用，待以后到别处加入好了。

我们在檀香山办过一间华文学校，这也是在孙先生来的时候搞起来的。我在爹文书馆教过一段时间书，觉得在学校对学生做宣传很收效，因而想到最好我们自己办个学校。这事我向卢信提出，他也赞成，趁孙先生在檀的机会，我们就正式向孙先生建议。孙先生采纳我们的意见，并同意"请商家出钱由我们来办"

的做法。于是，就由孙先生出头，找钟宇、杨广达等人领衔捐款，进行筹备工作。这事有了眉目，孙先生就离开檀香山。不久，学校办成了，名义是华商公办，实际上是同盟会的同志主持。记得学校在一九一一年春天成立，旋即开始上课。有四班学生，请了四位教师，其中两位，我们由香港请同盟会的同志谢英伯（谢已原之弟）和吴荣新来担任；其余两位，则由商家介绍杨耀焜和程宸臣充当。学校办得很有起色，对同盟会的宣传工作有相当帮助。

此外，孙先生在檀香山还有两件事，给我的印象也很深刻。

那时在檀香山加入同盟会的人很多，前面提过，盟书管理是个问题。我认为如果没有个办法把盟书整理放好，要找会员的地址也不方便，因而想照《革命方略》中的组织原则，建议会员分组设置组长，把盟书加以整理，并把会员严密组织起来。我先和卢信谈，卢说不好办。后来孙先生来了，我又和孙先生谈，请示可以不可以这样组织起来。孙先生当即明白指示，说《革命方略》中分组联系不相串联的组织方法，只适用于内地，在海外华侨地区用不着这样做。又说："我们在海外的工作，主要是宣传革命、筹备军饷，我们在海外捐钱，可以打锣打鼓，公开宣传，不必保守秘密。"他这样分别情况处理问题，十分使我信服。

那时在日本横滨有个同盟会同志叫林清泉，他在那边开设行口，代《自由新报》采办印刷材料和器材，也代为销售宣传书刊。有一次，除运来印刷用的东西之外，还附有十张八张弓来。我们知道这是锻炼身体用的，各人都拿一个来拉，由于没有学过，各人的拉法就自然不同。这时，恰好孙先生来到，看见我们这样乱拉，就笑着对我们说，不是这样拉的，跟着，他就接过弓来拉给我们看，教我们拉，告诉我们怎样站弓步，怎样左手张弓右手拉弦，并解释说这样才可以练臂力腰力等等。在孙先生拉弓时，我们发现他束有一条特别的腰带，束得颇紧，我问其故，孙先生说，要束紧些才好练功，太松了就练不出腰力，而且到了中年，束紧些才不致肚子肥了。他既庄又谐，说得我们都笑了。从这些地方看来，我们知道孙先生是很注重锻炼身体的。

五　孙中山先生离檀香山后的同盟会活动

孙先生离开檀香山以后，我们比较觉得清闲一些。但对于孙先生在檀时给我们的种种指示，我们是念念不忘的。根据孙先生指示的精神，我们曾经或明或暗的展开不少同盟会的活动。兹就印象较深的事件，追述一二于下。

关于《自由新报》的宣传方针，孙先生曾指示要专在汉满对立上面立论。当时我接受了他的指示，扭转了过去多谈社会主义的做法，但是，只在民族问题上讲汉满对立，我总觉得讲得不很多，材料掌握不够丰富。因此，我根据指示的精神，学陈去病编写《历史教科书》的方法，搜集满人入关以后虐待汉人，迫害汉人，残杀汉人的历史资料，编写成白话通俗的东西，一方面在《自由新报》发表，另方面又利用这些排好的版再印成三十二开的单行本，扩大推销宣传。我为了这个需要，曾翻阅了不少旧书，找出一些合用的材料。

当时上海《国粹学报》有附属印刷旧书的出版社，翻印《咫进斋丛书》，内有一本《禁书目录》，是专门登载清室要查禁的书目的。内容有四部分，一为"违碍书目"，二为"禁毁书目"，三为"抽毁书目"，还有一部分我记不得了。我依靠这本《禁书目录》来做线索，专门找禁书来看，从中找出我要找的资料。

就记忆所及，当时我看了不少也编写了不少这样的东西，如《扬州十日记》、《文字狱》、《焚书》等，就是其中比较重要的。

这些事，原来华侨都不大知道，经过这样编写发表，很多人都知道了，对满清统治者更为愤恨。我这样的文章，除在《自由新报》刊登并印成单行本外，有些还在上海同盟会的机关报《民主报》转登出来，收到相当的宣传效果。

经过这样的宣传之后，满清领事馆想在华侨中施行些什么事，就不像从前那么便当了。不但如此，同盟会在暗中展开一些反对满清领事的活动，也就容易得多了。如檀香山华侨注册的风潮，就是在这样的情况下搞起来的。

事情的经过，大概如此。（在卢信于一九一○年底公开离檀赴日秘密转行回国以后，同盟会在檀香山的工作，交给我来负责，其中情况我知道很清楚）卢信走后不久，檀香山清领事馆来了个叫做梁国英的新领事，据说这人没有什么做官的经验，做领事是捐官得来的。他上任之后，糊里糊涂地就请了檀香山保皇党办的《新中国报》的总编辑陈仪侃为幕僚，经常和陈商量政事。大概由于陈的献议，搞出一件华侨注册的事来。由领事馆出布告，要所有华侨都办理注册，交美金一元二角五分的注册费，并声明所收注册费，全部拨来办明伦学校。我们经过调查，知道虽说要把明伦学校交给华侨公办，其实是保皇党要搞这个学校和同盟会办的华文学校对抗。我们了解到这种情况，觉得保皇党十分可恶，非寻谋对策来反对不可。

怎么办呢？我们首先在《自由新报》发出反对的言论，劝华侨不要去注册，这种文章用我的笔名来写，说收注册费没有根据，注册以后有后患，把我们的底子弄清楚后，我们的辫子就给别人抓在手里，随时可以把我们抄家。当时华侨是最怕抄家的，这样一说，就很能打动他们的心，加上同盟会在檀香山的势力很大，这样一搞，虽然领事馆把册子放在中华会馆，方便人们注册，华侨也无人应命。后来领事馆又出布告，说了不少威胁的话，并限期注册。我们当即拿出对策，极力反对，并运用同盟会的关系，力劝华侨坚持不去注册。结果，无论领事馆怎样威胁，华侨仍然没有一个去注册的。

由于领事下不了台，又找不到反对华侨注册的主使人，就暗中诬告一个在檀香山非常规矩做生意的商人许广（不是同盟会同志那个许广）为革命党人，说他阻挠华侨注册，行文到两广总督那里，请求在香山县查抄他的家。

梁国英领事在国内诬告许广的事，我们原先是不知道的，后来有华侨拿着一本《香山旬报》来《自由新报》找我告知其事，我才间接知道内情。那时华侨的故乡，多办有登载地方新闻并作与海外华侨通讯之用的小册子，如《四邑旬报》、《香山旬报》、《新宁杂志》等是。《香山旬报》有一栏"督辕抄"，是专门摘录官厅的告示、批词的。在华侨拿来给我看那本《香山旬报》上面，就载有对控告许广的檀香山领事梁国英的批词。说什么"来禀悉，除饬香山县查抄外，特此批复"等等。这本小册子寄到檀香山，华侨就互相传阅，许广被诬的事，很快就传播开了。因为许广是非常守规矩的老实商人，他受冤被诬为革命党，大家都为他抱不平。其中最为愤激的，就是在檀香山经营三记商店几十年的赵锦。赵是新宁人，在商界中是老资格，为人公正，既不是革命党也不是保皇党，是华侨领袖之一，华侨对他很有信仰。他带头一闹，事情就闹了起来，由原来的问题就变成大的风潮了。

大家激于义愤，就不约而同地到中华会馆去，要求告领事诬告贤良，要找领事讲道理。我们见时机成熟，就暗中主使许广设法在公园召开露天的群众大会，又暗中主使教书的和传教的非同盟会同志在大会上讲演，并通过通电，由大会主席署名发出，寄去华盛顿满清公使馆告梁国英，要求派员来檀查办。

这样的群众大会，当时在檀香山是可以召开的，美国人也很重视，凡是开过群众大会的事件，他们都要往上报告。大概由于我们的通电说了些"群情愤激"之类的话，加上美国人也有所上报，才迫使华盛顿清公使馆派出大员来檀查案。

派来的大员是梁联芳，记不得他是什么官衔，只记得他是比梁国英会做官得多的相当高级的官员。梁来檀香山查案的方法也对，他四出找老资格的商人调查，并特别向赵锦查询。赵力说许广不是革命党人，阻挠注册全无其事。赵说檀香山的情形他很熟悉，谁是革命党他都知道，但敢担保许广不是，如说许是革命党，就没有哪一个不是了。赵除在梁面前为许广据理辩明外，还请梁到中华会馆开会，邀约很多正式商家来参加，使大家都证明许广是既老实又十分循规蹈矩的老资格商人，并无犯法行为。梁联芳见群情如此，也觉得梁国英搞得不妥，在檀逗留不够十天，就匆匆回华盛顿去了。

梁联芳回去之后，大约又过十天的光景，就见梁国英宣布离檀返国。虽然领事馆没有说出是为了什么，但我们在《自由新报》就发表消息，说他是被革职而去的。这是我们在华侨注册问题获得的胜利，也说明了同盟会在檀香山战胜了保皇党。

在华侨注册问题的斗争中，还出现梁国英告洋状"唔衰揾来衰"（粤语，意为原不倒楣却自找倒楣）的插曲。这事颇为滑稽，且足以说明满清官僚失格投诉的低能，故也顺为一叙。

在召开露天群众大会通过通电告梁国英之后，梁怀恨在心，总想设法报复，可没有好的办法。大概又是保皇党陈仪侃的献计，使梁领事还是拿不是同盟会员的许广来出气，在檀香山的美国地方法庭起诉，告许广阻挠华侨注册，请求治罪。美国地方法庭予以受理，票传原告、被告到庭公开审讯。开庭审讯那天，我为了了解情况，曾抽空出席旁听。看见堂堂一个中国领事坐在美国法庭的原告席上受审，真是啼笑皆非，又见那些趾高气扬的美国人高踞法官首席，对我们的领事和同胞审讯，使我羞愤交加。但在旁听席上，又在他人统治之下，只好忍气吞声地看下去。

照例于问了原告、被告的姓名、年龄、籍贯之后开始审讯，虽然双方都请有律师，我们的梁领事也不得不在原告席上站起来申述告许广的案由。被告方面随即申辩，诉说梁领事收注册费没有根据。美国法官随即问梁："你收注册费究竟有无根据？"梁答："有"。法官又说："拿出来看看！"梁说："拿不出来，这是公文，拿不出我的衙门"。法官似有意讽刺地说："你收注册费的公文既然拿不出你的衙门，那你就不必到我这里来告状，我看不到你的收费根据，就得宣布你控诉无效。"这样，梁领事向美国人告状就宣告失败了，真是"唔衰搵来衰！"

在这丢人事件的另一方面，却有同盟会为革命精打细算和华侨同胞热烈捐输的动人事件。这些事比上述的有意义得多，特也为之一叙。

上面说过，在《自由新报》原有一本同盟会的电报密码，是用拉丁字母编的，有三个字母就可以得出一个汉字。这本密码用得久了，恐怕有泄密可能，而且照当时美国电报密码的收费办法，计费还不合算，因而在孙先生离檀后不久，又由李是男、黄伯耀在金山大埠另寄一本密码来使用。这本新密码也是用拉丁字母编的，编法与旧的不同，旧的由任何三个字母得出一个汉字，新的则是用四个字母，而且一定配上元音（如 a、e、i、o、u 等），始可拼出音来。按照那时美国电报收费的规矩，有音节（子音元音相配而成）的字，以十个字母作一字收费，否则以五个字母作一字计。用旧密码拍发，属于后一种计费标准，付一字的钱，平均只打得一又三分之二个字。改用新密码拍发，则平均可打得两个半字，比前省钱得多。换用密码虽不是件大事，但也可表现同盟会的干部在如何为革命精打细算了。

也是在孙先生离开檀香山不久的时候，李是男寄来两本革命公债债券局的债券，要我们进行筹募。这种债券是五元美金一张的，有存根，编有号码，正券的形式印得和美钞差不多，只是有一面是中文，上面印有革命公债的发行条例，还有孙先生的英文签字。我们接到债券，经过酝酿计划，于一九一〇年底至一九一一年初展开筹募，成绩很好，到三月二十九日黄花岗事件发生以后，华侨捐输更为热烈。我们募得债款后，即照孙先生的指示，汇去香港同盟会总机关，因而没有寄去金山大埠债券换来新的债券（规定要寄钱到局才照数发债券的），以致一时无券使用。可是华侨的爱国热情很高，无券也照样捐输，捐款仍然源源不断。有些低工资的华侨工人，每月工资只二三十元，却捐到一二十元，当他们把钱送来时，真使我感动得几乎要流出眼泪来。

六 《自由新报》和《中国日报》

《自由新报》和《中国日报》，都是华侨同志出钱办的同盟会的海外机关报，前者在檀香山，后者在香港。两个报都由卢信搞过，我也直接或间接地参与其事。

《自由新报》由卢信一手经营，筹款、办报、编辑、事务等等，都由他搞。我来檀香山后，他把编辑业务交给我，筹款他仍负责。卢走后，把筹款的事交给一向出钱最多的曾长福，凡是报馆要用钱，都去问曾，集中由曾设法，或直接由自己筹集，或再找谭遽等人共同筹划。

卢信离开檀香山，大家很舍不得他。他没有必要像孙先生那样要化名上船秘密离去，可以公开宣布离檀赴日，那时大家还给他开欢送会，并且送到码头看他上船。我们很多人都是在海外出生长大的，就采取檀香山本地人的习惯，买花串（用小绳把鲜花串起来的长花带）去送行，我也买了一串去。照习惯，送去码头时，就把花串向他颈上挂，挂多了，他要用手捧着才走得方便。这虽是小事，也可以说明华侨对同盟会的人是怎样的热爱。

卢信先去日本，旋又奉总部之命到香港去。卢到香港后，有信给我，说革命起事的机会很多，要我们准备随时捐输支持。卢在港的通讯处为青山某处（确实地名已忘），第一次来信就已清楚说及，并告诉写信给他要用双信封，外封写某人收（姓名已忘），内封才写卢信，那时在海外通信，为了革命工作，还得相当保密的。

不久，卢信来信详述《中国日报》的问题，并要求檀香山的同志设法支援解决。事情是这样的：《中国日报》的主办人是香港颇为富有的同志李煜堂，因他办报没有什么经验，没有广泛组织基本订户，光靠他自己和少数华侨同志出钱支持，逐渐就觉得不够开支，大有难以维持之势。卢到香港和同志见面后，李素知他有办报经验，在檀香山很得同志们信任，因而提出要卢接手办《中国日报》。卢没有立即答应，只说想得到办法就接，想不到办法也爱莫能助。卢写信来檀香山，就是想这个接办《中国日报》的办法的。

卢信提出要我们想的办法也简单，不要我们特别为《中国日报》筹款，只要我们推销《中国日报》，扩大组织基本订户。我记得他在信中给我提出一个任务，要我负责推销好几百份（确数记不清了，大概是近千份），报费全年预付，按比率折合美金收取。我们为了多帮助《中国日报》，就化零为整折得高一些，记得定为二元五角美金一份，恰为梁领事拟收不成的华侨注册费数字的两倍。

我为了这件事，曾召开一个会，把有力量的同志都请了来，说明情况后，就把近千份的《中国日报》分摊推销。大家非常热心，每人分担几份、几十份不等，认识人多的或钱多的就分担多些，否则少些，但至少也订阅一份。有些同志真使人感动，他们承担就等于包下来，慷慨地说："推销得去就把钱收回，不然就自己出钱，请人看报就是，为了同盟会，那是没有问题的。"就在这样的热烈响应革命的气氛下，一次会就把定额分摊完了。

我们把钱收齐，立即汇去香港给卢信，卢得到这笔汇款，随即决定接办《中国日报》。听说接办时，由李煜堂和卢在形式上订了一个合同。以象征性的一元代价把《中国日报》的全部财产让给卢信。这是一九一〇至一九一一年间的事。经过年终的报馆整顿之后，第二年开始卢信就正式接管《中国日报》，切实抓住了《中国日报》的大权，使这个报更加成为同盟会的机关报，更为发挥同盟会的宣传作用。我当时虽没有到香港去给《中国日报》工作，后来一九一二年《中国日报》迁入广洲〔州〕，我曾担任总编辑，也算是曾参与其事了。

在《自由新报》方面，由于孙科离檀赴美读大学，使我的工作负担加重了。上面说过，孙在圣鲁易斯（St. Louis）读书，兼在《自由新报》做翻译。他虽年轻，在工作上也能帮忙。他于一九一一年春离开，到临走时才对我说，他为升学而去，大家无法挽留他，也来不及给他开欢送会。他说走就走，他的工作一时自难另行找人接替，只好由我兼了起来。当时同志们很关心，问我对工作有没有影响，要不要另行找人。我见报馆的经费也不太充裕，能撑得下就不必费钱另行找人了，就一直这样兼了下去。当时我还年轻，身体也好，一天多干几小时工作，那是不成问题的。

七　黄花岗一役后的点点滴滴

一九一一年三月二十九日，辛亥年的黄花岗之役爆发了。虽然我们远在海外，对国内这样重大的革命事件，还是十分注意的。当电报传到檀香山，华侨同志立即纷纷来问是怎么回事，并问是不是我们搞的，还问又怎么失败了。他们热情洋溢，真是令人感动。对他们所问，我当尽其所知，尽量回答。关于是否我们搞的，虽然事前无法知道，但我却根据情况判断和卢信来信的暗示，肯定回答侨胞，说："当然是我们搞的。"这样说法，当时可起鼓舞作用，事后查对，也与事实相符。

对于"三·二九"之役的失败，檀香山的侨胞觉得非常可惜。为了准备再次起事，同志间就发动捐钱，集款待命，侨胞们的热情很高，即时就捐了不少，捐款的确数已记不清了。后来香港同盟会总部有电报索款，我们就把钱汇了过去。

大约是"三·二九"后一两个月，香港总部有封相当厚的报告文件的信来，有十多页既薄又韧的纸，用毛笔写的正楷小字，关于收到汇款多少，如何使用，怎样筹划，怎样失败等等，写得颇为详细。从头到尾细看一遍，得花两三小时。同志们知道有这封信来，很多都到《自由新报》索阅。我怕党内机要不能过于暴露，原先只许骨干分子晚上在报社内看，不准拿出去，毕竟要看的人太多，我们只好开一次会，专门讲这封信的内容，侨胞对"三·二九"事件的关怀〔注〕热情，于此可见。

开会讲这封信的内容，也无法全部讲完，只是选择来讲。主要讲汇款收支，筹划经过，起事前后等等。对于失败原因，我只讲客观的情况，不讲主观因素（如用人失当之类）。虽然如此，也还不能不发生一些问题。

例如，同盟会骨干谭迺，看信后就不满意，有一天他找我谈，并且再次要信来看。他对总部派人去日本购买枪械，因怕海关查获而将买来的枪械全部沉入海底这件事，尤其表示愤慨。谭说："明明买运枪械的关键在于偷过海关检查。没有偷过关的本领就不要去！"言外之意，即在责备总部用人失当。对于其他的事，如军事负责人赵声急病死亡，也有人怀疑，并有向我发牢骚的情况。

我对这些问题，由于远隔重洋，自然无法介绍清楚，因而只好对大家说："和我谈也没有用处，最好我们能够派人去香港、上海等地联系了解，那就搞得清楚了。"大家对我这个提议，都以为很对。从此，我对香港、上海各报所登载的文章和消息，就更加予以注意。大概是一九一一年四五月前后（确期已忘），上海一报（已忘其名，是和《自由新报》交换的）在地方新闻栏登有这么一段消息：法租界某小旅馆来了许多人，据说是"三·二九"之役失败后的逃亡者，生活非常困难。我见这事与我们同盟会有关，当即把这段新闻剪下存好，以备参考。

通过这段新闻，又使我联想到同盟会香港来信的内容。该信说过有关善后问题的话，对于失败的幸存者的生活是给予照顾的。因此，使我发生这样的疑问：既然有照顾，为什么又有一批人流浪到上海，而且生活非常困难呢？是不是善后办得不好？还是钱不够用呢？对于这些问题，我自己当然无从解答，只能存下和同志商讨之心，并引起最好能回国看看的念头，也引起要为革命多多捐款的想法。

有一次，谭逵到《自由新报》来，我见他对革命非常热心，又是同盟会的骨干分子，就和他谈论上述问题，并拿出剪存的新闻给他看。谭看了之后，又一次表示不满。他说："这就证明香港办革命的人不大负责，至少也证明我们汇回去的捐款用得不当。"因而，他就直接向我提出"派人回去看看"的主张。

不久，十月十日（阴历九月十八日）的武昌起义爆发了，华侨同胞得到消息，又和"三·二九"事件发生时一样，非常高兴，非常热烈，也一样涌到《自由新报》来，问这问那。老问题，"是不是我们搞的？"又照样提出来了。我为了鼓励大家的革命热情，也照样回答："当然是我们搞的。"我还说："我们同盟会人才济济，有文有武，很多同志集中在日本士官学校学军事，他们回国后都在新军里面带兵，军队里中下级军官多是我们的人，这次起义，一定又是我们搞的。"同胞们听了，个个都眉飞色舞，兴高采烈。

又来一次捐款备用，同志们和同胞们又是照样热烈捐输。这次不但在檀香山本埠火奴鲁鲁（Honolulu）捐钱捐得多，就是在外埠（侨胞对除本埠以外属于檀香山的小埠叫外埠）对捐钱也非常热心。例如道威（Kauai）埠，就有人找到《自由新报》来，要我到他们那里捐钱。这人也是同盟会同志，我至今还记得他叫李祥，是新宁人。他对我说："外埠的同胞很多都想捐钱，只要有人去捐，一定捐得不少。"他并表示愿意陪我前往，保证成绩不差。由于他的热情使我感动，也由于同志们对我这个主盟人的信任，使我不得不短期离开《自由新报》，到外埠去做五日左右的捐款活动。

由李祥带领，分别到侨胞比较集中的地点去，我也学孙中山先生那样，先是讲演一番，讲完吃些东西，随即捐钱，捐完又到别的地方去。我这次共走了几个小埠，捐得好几千美金（确数已记不清了），回来交给曾长福，由他保管，等待汇回国内。

在去小埠捐款的时候，《自由新报》的工作，我交给刘明、陆基和蔡增基三人负责。刘是孙科的同学，回国后名刘维炽，他的中文很好，由他搞编辑，写社论。陆、蔡二人的名同有基字，我叫他们做"两基"，英文翻译等事由他们两人负责。五天左右的试办，他们都搞得很好，《自由新报》照常出版，一点也不受影响。这样，就使我有可能离开《自由新报》。

八　海外同志关心祖国派人返沪联系

由于海外同盟会同志对国内情况不明了，对革命事件发生很多疑问，武昌起义后又捐有不少钱，因而在同志间就逐渐酝酿成熟"派人回去看看"的想法。为了谈这些问题，同志们开过几次会，都没有什么结果。有一次由谭逵发动开会，连前辈钟宇也来了，在这次会上竟作出派人回去的决定。

在这次会上，大家都谈革命的前途。我说武昌起义事件，对我们来说，确可乐观。大家在高兴之余，就具体提出派人回上海联系，并看看武昌起义后的形势。派人回去是决定了，派谁去呢？这倒是个问题。谭逵对我很信任，主张派我回去。谭一提出，众人就把视线集中在我身上，并问我敢不敢回去。当时我年轻好胜，马上回答："如果公推，当然敢。"钟宇老成持重，认为事体重大，须得郑重其事，是否派我回去，应该举手表决。不等钟宇说完，大家都把手举了起来。不举手的，只我自己一人。钟宇对我说："如果你愿意，自己也可以举手。倘若你有顾虑，虽然大家都推举你，你也可以不去。毕竟这是冒险的事，与性命有关，你是应该重新考虑的。"我又马上回答："既是决定我，我敢去，决定去，不须考虑。"钟仍不以为然，要我回家和家眷商量然后决定。我笑着说："不用商量，我坚决要去。"这样，就算决定派我回国了。

又是谭逵的主张，要买头等船票给我回上海，并在捐款中提出一千元美金给我做费用。关于《自由新报》的工作接替问题，大家主张从华文学校把谢英伯调过来，同时也找刘明、陆基和蔡增基他们帮忙。他们一过来，我就办理交代，以便随时可以离开，但因仍须秘密，对外也不声张。

后来，曾长福来说有日本邮船会社的大型巨轮地洋丸去上海，要我准备起程。曾是搞经济的，替我想得很周到，把一千元都替我买了旅行汇票。这种汇票只五元或十元一张，使用者要在存根逐张签字，按预定计划在指定地点领用，领取时须在汇票背面签字，要和存根的签字相符才付款，按比率折合当地货币付给，即使在路上丢掉，可以挂失，别人也不能冒领，很是方便。我的行李不够，同志们又给我凑些，并送了很多纸卷烟和雪茄烟给我，这种情谊，使我久久不忘。

谢英伯来《自由新报》后，我曾和他深谈一夜。他说我空手回国是不行的，必须有介绍信和委任状带回去，才能找得到人。于是，他就为我连夜起稿、抄写，用同盟会的图章办好这些东西。他告诉我到上海后到《民立报》访于右任，并问郑赞臣在哪里。谢写信给郑，又写信给于右任。还说："如万一都找不到，就得转去香港，到港结志街某女校（校名已忘）找莫杞彭，事情才办得通，因为郑赞臣曾来过香港，广州由莫杞彭作陪，莫杞彭也是到过上海、长江一带的。"

一切准备妥当，即依时上船。因为离檀须守秘密，临走时不露一点声色，行李另由同志送去，我则轻装上船。记得船是下午五点开行。我四点半还在《自由新报》门口和人谈话，表示并无他去之意。上船后，恰好遇见爹文书院的美国人爹文，他问我到哪里去，我只好回答道："回上海去"。他笑着对我说："祝你此行成功！"这样，汽笛一声，我就和檀香山告别了。

（1964 年 6 月，时年八十岁）

回忆辛亥时我在归国途中以及在
上海和南京亲历亲见亲闻的事

温雄飞 口述　李　智 笔记

一　太平洋上的海船里面也有斗争

　　我是在海外出生的华侨，在辛亥革命前，只在美国统治下的旧金山和檀香山两个地方生活和工作，从来没有出过远门，更没有回过祖国。

　　我和各地华侨一样，虽然身居异域，却十分热爱祖国。我们华侨的老一辈都不忘祖国和家乡，除了给我们下一代受当地的洋人教育外，还要学会祖国文字和家乡语言。因此，我在年轻时，对于英语和中文、广东话，都是相当精通的。也是由于热爱祖国之故，我在旧金山加入了同盟会。曾在檀香山同盟会机关报《自由新报》工作，并对保皇党搞过不少明争暗斗的活动。在辛亥革命前夕，海外华侨同胞更为关心祖国，于是，我就被推派返国联系，领取了华侨捐款一千元美金，由檀香山乘巨轮驶向上海了。

　　由檀香山坐船经过日本返回祖国的上海，是我有生以来印象较深的第二次海上旅行。第一次由旧金山到檀香山，因为旅费不敷，坐的是三等大舱。这次却坐得相当阔气，坐的是大邮船的头等客房。两相对比，真有天渊之别。

　　船行约九日，到达日本的横滨。照船上的规矩，在横滨停船三天，一方面为了装卸货物，另方面让家住横滨的船员回家团聚。我也利用这三天时间，上横滨而且到东京去走了一转。

　　同盟会在横滨是设有机构的，记得似乎叫做横滨支部，负责人之一是林清泉。林和檀香山《自由新报》社有往来，曾代办印刷器材并代为推销宣传刊物。过去我们虽未见面，却已互相知道姓名。我按址往访，便一见如故。

　　他的住址是一商店，外面做生意，里面就是同盟会的机关。我对林说明来意后，并表示希望见见同盟会东京本部的负责人。林说很多人都回国去了，恐怕不易找到。恰好有一人进来，林遂当面介绍相见。这是早已知名的夏仲民，他是粤汉路风潮的先锋人物，于失败后跑来东京的。夏也说同志们多已回国，去东京也找不到什么负责人。但他为了不使我失望，也陪我到东京一行。我在东京夏处住了两天，得见苏无涯和柳××（已忘其名），他们都异口同声地说负责人都回国去了，不必去找了，而且说他们很快也要走了。问及革命形势，他们都说很好，各地纷纷起义，国内很需要人用，主张我回到上海立即参加工作。在东京玩了两天，夏又送我回横滨上船。

　　这样上岸一走，回船就多了很多事了。原来船上有很多中国海员，有不少家住横滨，他们在林清泉处得知我是同盟会员，回船后就派代表来找我，说原先他们不知道，没有招待我，非常抱歉。于是，他们就请我吃他们自己做的中国菜，说这是表示不忘祖国。又说大舱客大多数都是华侨，要我下去对他们演讲，谈谈革命的情形。我见既已暴露身份，机会又这样好，便应邀去演讲一番，乘机请大家捐些钱赞助革命。华侨同胞对祖国真是十分热心，经我这样一劝，大家都慷慨捐助。我们捐钱的办法很简单，由海员找来一个箱子，把捐的钱放进去，用封条封好，到上海后由海员派代表直接送去给同盟会负责人接收。真想不到，在旅途中也为同盟会做了些宣传和募捐的工作。

也许是由于我这次演讲的影响，竟有两个海员同胞于演讲后不久跑来找我，说他们要回国去做革命的敢死队，要我为之介绍。这两人的姓名，现在我怎样也想不起来了，但对他们的容貌，至今还很有印象，一个年纪大些，一个岁数不大，那位年纪大的称年纪小的为"郭仔"，想必是姓郭的。他们提出要求后，我曾劝他们郑重考虑，说这与别的事不同，敢死队是会牺牲性命的。他们都说尚未结婚，没有什么牵挂，愿为祖国献出生命。我为他们感动，终于答应到上海后负责为他们介绍。

真是在海船里面也有斗争。大概在船上的同胞中，除大多数倾向革命的之外，还有些站在满清方面的保皇党分子，我在大舱公开演讲，他们自会听到；两个海员同胞来找我介绍回国参加敢死队，他们也不难侦知。想必是由于他们捣乱，竟然因此而发生些更为罗嗦的事。这两位海员来找我回去不久，旋即传来他们两人在船上被捕的消息。

据说在海船上，船长的权力很大，他可以下令逮捕船上海员，船上还有监房来执行监禁。听说船长得到这两位海员决心回国参加敢死队的报告后，即以破坏合同、不安心工作为理由，宣布予以逮捕。这事发生之后，海员又派代表来找我，要我出面找船上负责人，交涉立即释放被捕海员。他们说，这事可以直接去找船长，也可以先找掌握全船财政大权的事务长，这些船上大员都是欧美人，可用英语谈话。他们对我提出这个要求，我觉得是我义不容辞的应做的事，于是，我乃挺身而出。

我以头等乘客的身份去找洋人事务长，照例，他对头等乘客是要相当客气的。见面后，我劈头就问有无逮捕两位中国海员的事。他也直爽，承认确有其事，并伸述逮捕的理由。我随即据理反驳，说他们两人欲离船返国参加敢死队，现时只有决心，也即只有动机，尚无行动，在法律上说，是不能依据动机来逮捕人的。我还说他们有这种动机，是由于我演讲宣传革命而来的。我又说："中国乘客和中国船员闻知祖国革命日益发展，他们踊跃捐输，或者想回国参加敢死队，这都是很应该的事，并不触犯任何法律。而且，中国革命发展，是乘客、船员和日本人、欧美人都高兴的事，为了表示你们也赞成中国革命，务请立即释放被捕的两位船员。"这位洋人先生说不过我，只好答应立即释放。这两位同胞一度被捕又获自由，不但他们自己高兴，而且所有中国乘客和中国海员，除了保皇党分子之外，都为之高兴。

这场斗争结束不久，船就到达上海吴淞口。看见到处扯起白旗，表示上海已为革命党占领，大家更高兴，在船上为之欢呼雀跃不已。我们那两位决心要做敢死队的海员同胞非常机警，船一舶〔泊〕定，即首先从船尾乘小艇离船，以免船上大员再给他们麻烦。他们两人走后，立即就有人来告诉我："他们先走了，在岸上等你。"我含笑点头示意，心中默然祝他们此行成功。我由檀香山归国的旅行，也就在这样胜利的气氛中结束了。

二　两壮士敢死却不死

先我上岸的那两位要做敢死队的海员同胞，因我无法记起他们的名字，只好简称他们为"两壮士"了。他们做敢死队的壮志终于实现了，由于他们敢死，结果却不死。

到上海的大邮船，只停在吴淞口外。客人上岸，用小火轮转驳。我在四马路码头上岸，两壮士已在那里等我了。他们是到过上海的，情形还熟悉，问我是不是要住旅馆，并说他们可以带我去先找地方住。我因他们志切参加敢死队，而我也要先找到同盟会的机关才好住下，于是，我们便同坐人力车，到设于法租界三茅阁桥的民立报社。

我们大约是上午九时左右到达民立报社，我拿出介绍信找负责人于右任。社里的人说于未来，我没有别人可找，只好暂为等候。在等候时间，里面却出来一个会讲广东话的人给我招呼，这使我喜出望外。询问之下，知道这人就是后来曾做孙中山先生大元帅府秘书长的马君武。他是广西桂林人，却说得一口广东话，对我这个不会说普通话的归国华侨来说，当时真是帮助太大了。我为了想早日使两壮士如愿以偿，即乘机向马打听参加敢死队的事。马说上海现时不需要敢死队员，要参加敢死队，就得到武昌去，那边十分需要。至于介绍手续，他随时可以办理。两壮士见我和他们的初步要求都已实现，我已到了《民立报》，他们也有了介绍去当敢死队的门路，他们就和我道别，出去准备到武昌去了。

南北议和后，我又在上海见到两壮士，他们把别后的情况告诉我，使我知道他们敢死却不死的经过。

他们和我道别后，很快就办好介绍手续到武昌去，并立即在黎元洪部下当上了敢死队员。也许是黎元洪特别关怀照顾归国侨胞，几次上火线，都没有答应两壮士报国的请求，都说重要的任务还在后面，要把他们留在后来才用。南北议和后，敢死队解散，两壮士仍回上海，重操海员旧业，他们就这样"敢死却不死"了。

两壮士是"违约"离开日本船地洋丸回国当敢死队的，自然不能返回原船，但他们得到同行的介绍，很快就分别在别的船找到工作。两年后我由粤经港赴京做参议员时，我还在香港碰见他们一次呢。这些是两壮士的事，就这样交待过去。下面，得转回来谈谈我自己的。

三　以笔代口和以电报代枪炮

我这个初返祖国的华侨，在上海首先遭遇到的困难就是语言不通。在民立报社里，除了能和马君武谈广东话外，和其他的人谈话，不是要马做翻译，就是以笔代口，用废旧报纸写字笔谈，真是觉得十分不便。

在檀香山回来时，谢英伯为我准备在上海用的介绍信只有两封，一在《民立报》直接找于右任，一要通过《民立报》找郑赞臣。找到民立报社，我就必须候见于右任。两壮士走后不久，于右任终于来了。于看了我带来的介绍信，即以同志相待。可是我和他语言不通，只得以笔代口，彼此笔谈颇久。他知我不想住旅馆，经过商量，即雇黄包车把我送到牯岭路某号（大约是三十六号至四十号之间，记不清了）楼上暂住。

这些初还祖国的情况，我至今还有清晰的印象。牯岭路那个地方，是一个三楼三底的洋房，楼下是有人办公的机关，大概是江浙联军的后方机构，楼上就是宿舍。几个人住在一起，不另外有厕所，人小便都解在马桶里，用完又放进床底。这样做，对我这个在国外用惯抽水马桶的人来说，实在觉得不便。尤其不便的，是在那里没有会说广东话的人，谈话还得以笔代口。连指定招待我的人，对我也是只能进行笔谈。谈得较多，竟至很多废纸都用完了。这位较为固定的招待者叫郑养源，安徽人，是我要找的郑赞臣的兄弟。笔谈之后，使我知道乃兄不在上海，要迟些时才回来。要找的人找不到，真有些使我不安。

在这样不安的情况下，竟然又有使我意想不到的事情，有个广东人持信来找我。更想不到的是，通过这位广东朋友，竟然会做出当时轰动香港和广东的以电报代枪炮的所谓"京陷帝崩"的事件。

四 "京陷帝崩"事件的内幕和前后

这位广东朋友叫李文卿，南海人。我本来不认识他，是他拿刘筱云的介绍信到牯岭路来找我的。刘筱云我也没有见过面，只是名字早已知道，算是神交的朋友。刘是《新宁杂志》（台山同乡编印给海外侨胞看的刊物）的创办人，我在旧金山大埠办《美洲少年》时曾为《新宁杂志》写过文章，彼此曾经通讯。刘由粤来沪，经常和于右任来往。我在《民立报》见于之后，刘因离沪赴港请于吃饭，在席间于把我来沪的消息告刘。事有凑巧，刘因已购船票即须上船，不能亲来看我，遂写信给李文卿带来致意，并由李代他招呼我。这样，我就和李文卿结成朋友。

我住在牯岭路，因同住的人和我只能笔谈，生活习惯又不相同，使我觉得相当苦闷。得李文卿来，能用广东话面谈，确是喜出望外。李文卿差不多天天来看我，一谈就是连续一两个钟头，因而什么都谈到，使我知道他的身世很详。李是前清的秀才，原来是清末上海道蔡乃煌的幕僚，专为蔡"搞报馆"，疏通报界，使报纸为蔡吹捧或不发表对蔡不利的新闻，每月得银二百两，生活很好。后来蔡乃煌去职，李遂丢掉了这份优差，渐至连生活也成问题。

象李文卿这样的人，在当时上海来说，也可说是一个"报馆通"。由于他为蔡乃煌做的工作是疏通报界，所以他对上海所有的报馆都十分熟悉。他除了来牯岭路找我谈天之外，还带我去可称为上海"报馆林"的望平街走动，使我大概知道上海报界的情况。那时上海的报纸不多，总数还不到十家，除《民立报》和《天铎报》外，其余的都集中在望平街。《民立报》是同盟会的机关报，是我来上海后接头的地方，用不着李文卿带去。《天铎报》设在广东路（亦称五马路）与江西路交接处，是李文卿带我去才认识的。《天铎报》是与同盟会接近的报纸，但因不是同盟会办的，故同盟会人不大承认他们为同志。《天铎报》的经理为招商局买办陈止澜兼任，总编辑为前清进士李怀霜。陈是广东新会人，李是广东高州人。因为彼此能用广东话交谈，我和他们很谈得来。大概由于既是同乡又是同行之故，我和李怀霜尤其谈得融洽。李有高州才子之称，文章写得很好，原来在北京做京官，据说因有参加革命之嫌掉了官，才来上海办报的。我在无聊的时候，常去《天铎报》找他们谈谈，得到许多消息。

我在上海见到李文卿时，他只靠为香港《循环报》拍发新闻电报过活，名义上算是《循环报》的电报通讯员，月入只数十元，生活大不如前。他把家眷送回广东，个人搬到三洋泾桥的泰安栈去住。在客栈他只开饭不开菜，自己随便煮些汤送饭过日，生活很苦。关于他的拍发电报新闻的工作，我知道是很起作用的。当时在香港共有七八家中文报馆，只有《循环报》有专人在上海拍发新闻电报，其他各报联合组织一个香港报界公会（或公社，记不清了），向《循环报》购买电报新闻，以公会名义用油印分发各报，谓之报界公会电讯。广州同样有报界公会，他们向香港报界公会买电，又印发各报发表。因此，李文卿在上海拍发的新闻电报影响很大，不但香港《循环报》登，而且香港各报都登，连广州各报也登。

那时，正是武昌起义成功，上海树了白旗，而广东尚未宣布独立的时候，我了解到李文卿这个电报通讯员所能起的作用，乃想在他身上作出些对革命有贡献的事来。于是，我更加与李接近，逐渐和他谈些革命的问题，知他亦极为倾向革命。我有意挑逗他说："我们应该对满清也打几下。"他说："打是应该打，可是我们没有枪炮，奈何！"我说："我们有枪炮，你的电报就是枪炮，你可以用电报代枪炮来打。"我随即给他分析广东方面的情况，说现在正是人心思变，清廷官员惶惶不安的时候，如果你由上海拍个使人震动的电报回去，香港和广州各报都登了出来，这就等于给清廷开了一炮，说不定就能把它轰倒。他很同意我的说法，因而共商具体的措施。

经过商量研究，决定立即拍发一条以"京陷帝崩"为主要内容的新闻电报回去给香港《循环报》，说北京已经给革命党攻陷，清帝已崩。具体电文我已记不得了，只记得在商量时李文卿还不够大胆，主张只用"京陷帝奔"，我则极力主张一不做二不休，干脆用"帝崩"，不用"帝奔"。

电报发出后，香港《循环报》并不立即发表，旋来电给李文卿查询此电的根据。李得电后，立即持电来找我，说："糟了，《循环报》不信，打电来追问，连饭碗都要打破了。"我见情况很急，乃再为设谋献计。我说："你即复他京电不通好了，保险不会再查。"果然，"京电不通"的电报复去后，就不再有电来查问了。

据事后了解，香港《循环报》得此两电后，乃大印"京陷帝崩"的传单，并在门前用大字标贴，香港报界公会也跟着印发这样的报界公会电讯，各报马上登了出来，广州也复如是。香港同胞热爱祖国向不后人，自《循环报》发出传单后，他们就大放鞭炮，以示高兴。不两天，在广州的满清大员就纷纷溜走，水师提督李准先跑，两广总督张鸣岐随之。到了九月十九（公元1911年11月9日）广东就宣布独立了。广东独立，自有各种促成的原因，不能说由于"京陷帝崩"这样一个假电报使然。但是，对于振奋我方和动摇对方，这个假电报是多少起些作用的，是可以当作枪炮来打一炮的。

这些情况，是我在第二年（辛亥次年壬子）由沪返粤经过香港时，《循环报》的经理温俊臣告诉我的。俊臣与我同姓，又与我为新宁同乡，故见面亦能无话不谈。他述及当时十分怀疑，故去电查询，并又疑是革命党搞的鬼，或出了大钱收买李文卿。后来得到"京电不通"的复电，才决定毅然发表，横直于祖国有利，管他是真是假。我笑着对他说："确是革命党搞的，就是我搞的鬼，但是我没有钱收买人，你不要冤枉李文卿呀！"彼此会心，大笑不已。

李文卿的确是个对人忠心耿耿的朋友，他见我在牯岭路住得不方便，遂于我住了约半月以后，为我在四马路鹿鸣旅社（或旅馆，记不清了）找到较为舒适的房间，并帮助我搬了过去。这是后话，这里不多谈了。

五　郑赞臣谈柏文蔚和攻南京的情况

我要候见的郑赞臣，于我还住在牯岭路的时候，终于来找我了。郑是同盟会员，安徽人，到过广东，视察广东革命的形势，勉强可以说一些广东话。我那时也学会说些普通话，两人拼凑起来，加以用笔代口补充，还可以直接谈话。他在牯岭路和我整整谈了两天，几乎什么都谈到了。

郑赞臣为人爽直，很有革命精神，"赞臣"是在满清时代取的名字，后来他见封建气味太浓，就改名"赞丞"。他忠于同盟会，也忠于他的同乡柏文蔚，故在和我两天的谈话中，以谈柏文蔚和为柏文蔚设法为主。

关于上海某报曾载黄花岗之役后有人逃亡到上海生活困苦的事，因这是我奉派回国要查询的，我见到郑赞臣，就首先问及。郑说这事是有的，但并不如报载那么严重，只是招待得不好而已。并说事已过去，而且那些人都已找到工作，不必追究了，嘱我写信给檀香山的同志解释。有关上海同盟会的组织情况和是否有分裂现象等等，我也问及，但郑只是笼统回答，亦说事已过去，而且现在革命已起，大家一致为国，也不必谈了。谈谈别的，他还是转回到柏文蔚身上来。

郑赞臣所以这样专谈柏文蔚，固然由于在他看来柏是个有为的军人，由我看来，也因为郑有些地方主义，要把柏捧起来，以便建立自己的派系。在旧社会里，如果没有自己的派系做本钱，是无法在政治上搞风搞雨的。

郑赞臣对我说，柏文蔚在安徽的地位，虽然比不上号称六君子之一的大绅士孙毓筠，但柏是军人，现为淮军司令，年富力强，前途无可限量。革命以后，柏文蔚极有希望总揽安徽大权。后来，柏文蔚果然做了安徽都督。

郑为柏文蔚吹嘘一番之后，又说柏现在统率的淮军，直属江浙联军，是一支实力颇厚的部队。江浙联军的总司令是徐绍桢，联军在上海的办事处就设在我住处的楼下。当时攻打南京的任务，就由联军担任。郑是由前线回来的，为我叙述南京方面敌我的情况颇详，我至今还记得一个大概。

据郑赞臣说：当时清朝在南京的大官为两江总督张人骏和将军铁良。统率江防军的张勋也颇为重要，而且他忠于满清。徐绍桢原为江北提督，兼第九镇（一镇相当于一师）的镇统（相当于师长），因秋操才调过来。徐是广东人，但他的军队属江苏系统。第九镇是新军，镇标下的军官多为同盟会分子和受同盟会运动的人。徐绍桢也赞成革命，曾独立率第九镇攻南京，因子弹缺乏，溃退镇江。后苏浙沪会商重组联军攻打南京，大家仍推徐做江浙联军总司令。

郑又说：在江浙联军下面，有沪军司令洪承点（或典），苏军司令刘之洁，浙军司令朱瑞，镇军司令林述庆，粤军司令黎天才，扬军司令徐宝山等，和柏文蔚的淮军一起，统受联军总司令指挥，攻南京以镇军、浙军、沪军、粤军为主力部队，直攻天保城（紫金山某处最险峻的地方），以扬军、淮军由镇江渡江西进，攻略苏北，并以苏军为总预备队。联军攻占天保城后，即架炮向南京城内轰击，清兵不支，乃投降。据说，是旧历十月十二日攻下南京的。

郑还说：清兵失败后张勋的江防军也溃退，张由浦口出走，恰好给柏文蔚从后面赶上来，截得张勋的军械很多，连张的行李和爱妾小毛子也给柏文蔚获得了。关于小毛子颇有一些笑话，且留到后面再说，这里只谈些关于柏文蔚的。

大概由于柏文蔚的实力大有发展，郑赞臣就极力劝我助柏，具体要我写信回檀香山为柏捐募些军费。当时我也为郑所动，立即为之发信回檀设法。

六　我见到陈其美和柏文蔚、孙毓筠

我回国先到上海，是很想见见同盟会在上海的负责人。郑赞臣来看我后，我即向他提出这个请求。郑说上海同盟会的负责人有宋教仁、陈其美、谭人凤等，宋、谭都很忙，而且都不在上海，不容易找得到，陈其美在上海，是可以立刻见到的，但他也很忙。

过了两三天，郑赞臣来，带我到上海城小东门都督府，介绍入见上海都督陈其美。郑对我说："你见了就知道，他的确是很忙的。"不错，陈其美确实很忙，忙到不能在客厅接见我。那时陈以同志待我，算是自己人，故在内室办公处一面办公一面和我交谈。我见这种情形，没有什么必要谈的，就客套几句算了。当时我还不会讲流利的普通话，和陈其美仍多是用笔来谈。谈了不久，我就想告辞出来了。谁知陈其美对我这个归国华侨十分客气，一定要留我在都督府吃饭，我虽辞谢，他亦不许，还说，如果不是忙，还要请我去吃花酒呢。旧社会吃花酒的恶劣习惯很流行，我们这位号称革命的都督，也不免沾染这一套。

又过几天，郑赞臣来告诉我，说柏文蔚和孙毓筠微服到沪，住在西藏路二马路三马路之间的旅泰旅社（即后来的一品香），要我去看看他们。还是郑带我去。由于事先有了介绍，见面相谈甚欢。柏一见面，首先谢我为他筹募军饷。我说，钱未募到，先不要谢，因为捐募已多，华侨景况已不如前，募得多少，尚无把握。我虽如此说，柏仍致谢不已。从表面看，柏文蔚确是年富力强，前途有望，他至少和大绅士孙毓筠不同，没有抽大烟。

孙毓筠是个抽大烟的，我见他时，他正在烟床横卧。略谈之后，他问我抽不抽大烟，并问及华侨同志抽不抽。我见有些无聊，就答说："我们华侨老一辈是有些抽大烟的，到我们后生一辈就都不抽了。"似乎在他看来，华侨也应该和他一样抽大烟才对。我经他这样一问，当时心中实在有些难过。

对于孙毓筠，我除了亲眼见他在烟床抽大烟之外，还见他有不少也使我觉得很不顺眼的地方。他无论到那里，都带有一个随从的当差人员，就是微服来上海，也不例外。这个随从除为他打大烟，把烟枪送到他口边去抽之外，还为他料理一切起居饮食的事，甚至穿衣着裤，也要这个当差的为他拿来并为他穿上。他是前清大学士孙家鼐的孙儿，是名门的少爷，生活实在腐朽不堪。除抽大烟外，他还有许多所谓嗜好，如玩戏子、买古董等等，他都无所不好。我后来在一本五四前后出版的作文范本里，发现他写的一篇忏悔书，知道他曾受聘于袁世凯，每月得袁致送一万五千元，因而使得他"嗜好"更多，以致他毫无独立能力。到袁氏阴谋帝制的时候，他只好听从指使，成为筹安会六君子之一，出面劝进，自己承认无丝毫抵抗能力了。袁死后，据说他迁居天津，因为没有了袁氏致送的钱，以致生活无着，潦倒而死。由孙毓筠的事例看来，足见生活腐化也是政治堕落的一个原因，实在是令人深思的。

见了柏文蔚和孙毓筠后，郑赞臣请我吃饭，就在旅泰旅社开.条子去叫安徽菜来吃。事前郑问我吃不吃鱼肝肺，说他们安徽人最会做鱼肝肺，这是安徽的名菜之一。经我同意之后，他就叫了安徽名菜鱼肝肺来。我吃了觉得非常好，味道极为鲜美，认为是我平生吃到的最好的菜。后来我自己也到安徽馆子去找鱼肝肺吃，找遍了都说没有。我再问安徽的朋友，才知道由于我没有把菜名搞清楚。原来这个安徽名菜在馆子里叫"秃肺卷菜"，写四个字就有两个菜。我照他们所说去尝试，果然能得到可口的享受。这又是闲话了。

回忆见孙毓筠这个抽大烟的场面，同时使我想起我们同盟会另一个抽大烟的同志，也顺便谈一谈。这个人叫范鸿仙，是《民立报》的记者，很能写文章，不知后来怎样搞起军队来。联军攻克南京后，他居然自称"铁血军司令"，在南京下关大观楼旅社挂起铁血军的招牌。我到南京先到下关，就在大观楼旅社见他在烟床上大吹其烟。"铁血军司令"也抽大烟，当时心里真有一种说不出的味道。在今天我们的后代不知道抽大烟是怎么回事的时候回忆这些事，使我觉得新社会的青年比我们老一辈幸福多了。

七　在上海取汇款和送款入南京

檀香山华侨对祖国真是十分热爱，我去信代柏文蔚筹募军费，不几天即电汇二万元来。汇款到后由郑养源陪我到银行领取，并由联军办事处派两个熟练点钞的人同去，并兼作护卫。据说当时上海颇不平静，如不小心，领取这么大一笔现款，是很容易出毛病的。我们四人同去，总算安全把这笔钱领回来了。领回后寄存联军办事处的保险箱里，准备及时送去南京给柏文蔚。

恰好那时联军攻下了南京，已通车三四天，我即与郑赞臣携款乘车送往南京。那时柏文蔚住在浦镇，我们不能直接到那里。我们得先到下关住一晚（住在大观楼旅社），然后交涉坐小火轮过浦口，再换铁路的手摇车才到浦镇。那时战争方停，浦口到浦镇的火车，因被张勋劫走很多车头，尚未通车。要不是郑赞臣熟悉情况，我一个人是毫无办法。

见了柏文蔚，交了二万元华侨捐款，我松了一口气，柏却十分高兴。那时浦镇还算是战地，秩序尚未完全恢复，招待像我这样一个华侨，他们觉得很不方便，因而只留我在司令部吃一顿便饭，就叫郑赞臣立即送我到南京，找地方好好招待"温先生"了。

我们用原办法回到下关，即坐小火车进城。先在八府圹三江公所暂住，旋又迁往南城白下路侯府。据说侯府是明朝大官的府第，是南京很出名的大房子（后来是国民党伪立法院的院址），确是名不虚传，府内亭台楼阁俱全，还有大观园式的花园。我住在花园中一所精致的房子里，又有凌毅、凌铁庵、钱秣陵等人招待，的确十分舒适。

在侯府住约十天，接上海转来的电报，也是檀香山打来的，说电汇二千元，要我转给洪承点〔典〕。大概由于谢英伯介绍，亦由于洪曾在广东工作，是广东新军赵声的部下，和华侨颇有关系，有门路得此汇款。我得电后，即独自去上海，第二次领取华侨汇款。

这次的款较少，又已领过一次，用不着找人作陪，一个人就去领回来了。我到上海仍住鹿鸣旅社，领得汇款寄存账房，第二天又送款入南京。

回南京我仍住侯府，问明洪承点〔典〕的司令部在陆军中学，即请马车按址把款送去。洪会说广东话，和我谈得很亲热。他得到这二千元，钱虽不多，也很高兴，盛赞华侨同胞热心爱国。我说大家都爱国，在前线打仗流血的比华侨更为爱国，他甚为欢笑。他要招待我，我说已住在侯府有人招待了，遂乘兴辞出。

我两次为攻南京的部队在上海领款并往南京送款，这就算是我回国后为革命做的一些工作吧。

八 南京见闻点滴

我这个在外国生长的华侨，对于明故宫所在地的南京，一切初次见闻，都觉得颇为奇异。有些印象深刻的，至今仍记得相当清楚。

我第一次送款往南京，正迎着下雪，在外面走动还不觉得怎样冷，一到侯府住下来，接着是雪溶的时候，就觉得味道不同了，老是离不开火盆，而且还觉得冷。恰在这个时候，李文卿介绍一位在小火轮做管带的钟鼎来看我。大家围炉饮酒，钟见我神色不同，过来摸我穿多少衣服。他见我穿的是西装夏服，外面只有一件西装秋大衣，没有卫生衣裤，更没有皮袍。他发觉后，竟至惊叫起来，说我这样的衣服，是不能在南京过得冬的。他即把他的外衣脱下，给我暂穿保暖。这事给招待我的凌铁庵等人知道了，很快就传给柏文蔚。柏即叫人在截得的张勋行李中，选一些衣服送来给我，其中重要的是一件很好的皮袍。我穿上这件皮袍，感觉和以前真有天渊之别，不但不见冷，而且连火盆也不大想近了。这件皮袍我一直保存下来，至今仍未破烂。

由张勋的皮袍，使我自然联想到张勋的爱妾小毛子。上面提过，柏文蔚在作战中，除截得张勋的军械之外，还获得张的行李和爱妾小毛子。关于小毛子的被截，在南京曾哄动一时。据说小毛子原是南京秦淮河边钓鱼巷的名妓，生得非常漂亮。对于小毛子如何处理的问题，大家很有意见。听说陈其美竟然主张把她送到上海张园去陈列，酌收门票，可以筹十万元的军饷。我那时还年轻，也跟着叫唤一番。后来还是联军总司令徐绍桢想得周到，派津浦铁路的要员送小毛子到徐州还给张勋，张则放还扣去津浦铁路的几十个火车头和很多车厢。这样一交换，南北遂得以通车。一个小毛子竟有那么大的价值，当时我是觉得颇为惊奇的。

在侯府里面，也有一件使我至今不忘的事，就是那一大屋子散乱满地的古书。我住进侯府的第二天，即发现有间很大的房屋，里面满地是一函函的古籍和古色古香的空书箱。看样子总有一二百箱，没有一箱不是书和箱分离的，看来必是经过搜劫，又被弃之不取。可能这是张勋的辫子兵溃退时干的，以为箱里有好东西就把箱子打开，及至发现是书，就抛得满地都是了。我见这太可惜，就向郑赞臣提出，请他派人收拾保护。他们还算听我的话，随即派出枪兵守卫，并找来几个老先生进行整理，总算把这屋子的书又保存下来了。

这屋子的书被保存下来之后，有一天我见到郑赞臣，向他又作这样的建议，说有些同志是爱好书的，是不是可以在这些书中选出一两部给他，作为攻入南京的纪念品？郑说这事他不能做主，要问过宋教仁才能决定。不久，郑给我答复，已问过宋，说可以取多少留念，惟宋想拿这些书办个图书馆，不宜随意多取。在选书的时候，郑又特别对我说："你是例外，可以多要一些。"我对线装书十分爱好，因而就选了三四十部，装满一个书箱，带回上海。返沪后，很快就见到李文卿，他问我在南京何所得，我告知得了一箱书。李是读书人，对书也十分爱好，我遂送了一部给他。后去《天铎报》，李怀霜亦同样问我，我又送了一部钱谦益的诗集《有学集》给他，并告知他这是曾被满清政府宣布过的禁书。我得来这箱书，就是这样分送给爱书的友人送完了。其余未被取去的"侯府书"，听说宋教仁被刺身死后，给同志们拿来上海，作为纪念宋的宋园中图书馆的藏书了。

在我被招待的时间里，他们还陪我去游览了明孝陵、玄武湖、清凉山、雨花台、血碑亭等处名胜。我没有什么特别的印象，只觉得南京那时还是一个古老的都城而已。无关重要，这些就不多谈了。

九　在上海再见孙中山先生

我在海外是见过孙中山先生的，而且还在檀香山陪他去对华侨宣传演讲多次。这次我在上海和他再见，是我回国后的第一次，印象非常深刻。

我在南京听到孙先生返沪的消息，当即赶回上海，即去都督府问陈其美，得知孙先生住在法租界宝昌路某号（大概是一百多号，是三位数字的，记不清了）。

当时人们把孙先生在上海的临时住处也叫做公馆，我没有别的叫法，也就跟着称为公馆了。我坐黄包车到宝昌路，找到了公馆。见那里有安南巡捕守卫，孙先生住在三楼，由横门出入。在三楼进口处，有一个穿长衣的人接送名片并负传见的任务。那时要见孙先生的人很多，名片总是不断的送进去，我也照例请那位穿长衣的人送入名片。我的名字送进去不久，旋即出来一个汉子，老远就大声喊我在檀香山写文章的笔名，说："非非君，你来了呀，我们没有见过面，但闻名久了，快进来，先生叫我来招待你。"走近一问，原来这位来者是在海外未见过的出名的"斧头仔"朱卓文。

朱卓文是广东香山人，过去是旧金山的"斧头仔"人物，现在是孙先生的重要警卫人员。他的手枪打得很准，据说这边枪响，那边人倒，是枪无虚发的。所谓"斧头仔"是海外华侨对于这一种人的称呼，这种人可说是以替人打架或以打人杀人为职业的，他们接受了一笔钱，即可按指定去打人甚至杀人。这种人是有黑暗组织的，出了事有人承担责任，有人去打官司，他们里外勾通，往往可以脱身法外。因此，在海外华侨中，"用斧头仔对你"这句话，是很吓人的。朱卓文本来是这种人，后来改邪归正，加入了同盟会，发挥他的长处来保卫孙先生。他做孙先生的警卫者相当久了，大抵是由一九〇九年在美东开始的，无论孙先生到什么地方，他都跟在身边。

朱卓文对我说，孙先生非常忙，来见他的人又多，我们自己人，且不先占他的时间。我进去后，不马上找孙先生，只和朱卓文聊天。朱又告诉我，孙先生现在这个公馆，是上海都督陈其美设置招待的，有人来可有地方住，还有西餐厅，朱即要我也搬来住。后来，我终于见到了孙先生，见面很热情，问我什么时候来的，住在那里。他也要我搬来住，以便有时间详细谈。当时我还有华侨给我回国的钱未用完，没有搬来住，仍住鹿鸣旅社，但常来吃西餐，多找机会和孙先生见面。

有一天，从加拿大回来的也是孙先生身边重要人物的冯自由和我详谈，也说孙先生的确很忙，我们自己人不必多打扰他，以后大家在一起的时间还长，要做的事情还多。他极力主张我不要回檀香山，留下来跟孙先生工作。

大概孙先生到上海住了六天，在南京选举孙先生为临时大总统的消息就传来了。接着，选举委员会就派代表来上海，通知孙先生当选，并准备了专车接孙先生入南京就任。

孙先生当选为临时大总统准备入南京的时候，冯自由又来找我，务必要我和孙先生同去。那时我不知怎的，觉得总有些不是味道，虽然没有决定不去，也和冯自由争执一顿。我半带幽默地说："我们做了官了！"冯说："这就得大家都帮忙。"我说："我不会做官呀！"冯又说："不会做也得做，我们干革命就是为了做这种官。任何国家总统府里面像秘书这类的官，都要自己人做。同盟会的同志不去，难道要找外面的人去吗？不要说我们人多，瑞士的总统府也用两三万人哩。"我说不过他，只好承认〔同意〕随去，但不想同坐专车入南京。冯不便相强，只嘱我不要迟过三天而已。

我为什么会有这种不大愿做官的想法呢？我自己也不大明白，大概由于我有些孤僻的思想，看不惯当时的逢迎世态。我见孙中山先生在未成就时，有些人把他当作洪水猛兽，敬而远之，就是同志，也是秘密往来，不大敢接近他。现在他当选为临时大总统了，大家都来热烈亲近他。在上海公馆里，有这么一件事，我见了真觉得十分感慨。

有一天，在接近孙先生的一群人中，冯自由拿一封孙先生吩咐作复的信来找人写复信，即有一位先生出来说："我写，我写。"但他接过去看清楚，跟着又说："我只会抄写，请起好稿才给我写。"结果，冯自由还得拿来找我起稿。我接过一看，是一封四六对偶极工整的来信，我即说我不会做这样的官样文章。冯说："没有人会做了，你不会做也得做。"我迫于无奈，只好勉强拟个散体的信稿。我一脱稿，经冯自由看过，那位先生就来抢着拿去抄写了。对这样的人，我实在看不惯。

这又是闲话了，得拉回来。我为了同盟会的关系，终于在送走了孙先生入南京的专车后不久，我也自己乘车离开上海，再到南京去。

十　再入南京和辞职返粤

孙先生的专车，记得是一九一二年一月一日开入南京的，一到南京，孙先生即就临时大总统职。那天我在上海送车，知道冯自由和一大群人都乘专车同去。

大概是再过两天，我把存在鹿鸣旅社的行李一起带走，准备入南京跟孙先生"做官"了。在上海的同盟会同志，也有些和我一样不乘专车去的，我在车上碰到不少。和我同车厢的有一位叫石瑛的，给我的印象最深。石是欧洲的留学生，为人彬彬有礼，我和他可以用英语来谈。我们到下关后，即转小火车进城，那时小火车的秩序远不如现在的好，很多乘客的行李就摆在座位上面，而且绝不自动搬开放好让人坐。上车的人多，座位又给行李占去不少，有些人只好站着。石瑛很有些为人民服务的精神，对人态度又好，他把放在座位上的行李逐件问清是谁的，很和气的代为放上行李架，使座位空出来，让很多人都因此有座位坐。

我们在小火车上，探知临时总统府设在原日的制台衙门，车到制台衙门站，我们即下车直趋总统府。到了大门，为卫士所阻，我们说要见孙大总统，卫士说时间已过，大总统不见客了。我们有些不习惯这一套，而且又有些烦躁，竟有人发起牢骚来，大声说："做了大总统就不见客了！"我也挺身出来，说："大总统不见，冯自由总得见呀！"于是，乃传片请见冯自由。不久，冯自由出来了，手里拿着一个襟章式的白布条子，一边招呼大家进去，一边走到我面前，把那个白布条子往我胸前用扣针扣上。我一看，见上面竟写着"临时大总统府秘书处"几个字。

在总统府住下后，我即找冯自由来谈做秘书的事。我说："我过去做报纸编辑，写文章可以，写官样文章却不会，怎能做秘书？"冯说："你非做秘书不可，秘书是不能给外面人做的。你不会写官样文章，你就给孙先生写信好了。"我又说："普通的信我会写，官样文章的信我还是不会写。"我坚持不答应，冯也奈何我不得。我未开始工作，就往外面跑，去侯府找熟人谈天。后来冯自由想出个要我翻译外文电报的主意，使我不得不开始工作。

冯自由对我说："你什么都推说不会，译电总不能说不会了吧？"我无话可说，只好跟他到译电处去。在译电处已有一个人坐在那里，让我坐他的对面。冯自由给我们介绍，指我对那人说："这位是温秘书。"这样，我就做起总统府的秘书来了。

坐下来了解，知道我的译电伙伴叫李骏，广东梅县人，也是同盟会会员，他译电比我熟练，做事也肯担当。有一次，有个荷兰文的电，我们两人都译不出，我以我的外文知识来看，只知道是个贺电，我主张不必呆板直译，可以意为之，意译出来交差。他见别无善策，也就大胆同意。那个时候外电以贺电为多，译来译去，差不多都是那一套。我在译电处干了大约十多天，就觉得厌倦了。

在工作上觉得厌倦，再加生活上又有不安，就使我不想继续做"总统府秘书"了。当时的总统府，房屋不多也不大好，只是中间有座小洋楼较好，用作大总统的办公室，其余多是旧式房子，大家住得很挤。作为总统府秘书的人，也得和几个人住在一个房间里，而且还没有专用的客房，有同盟会的同志来，只好以我们那个住房做临时客房。故我的床铺很不固定，为了让给来客暂住，经常得东移西移，有时下办公回来，就见有客睡在我的床上了。尤其讨厌的，就是床上一些零碎东西如手电筒等，往往因此不知给放到什么地方去了。这种流动式的住法，对我这个在国外生长，过惯舒适生活的华侨来说，当时实在很不习惯。那时我还没有什么一切为革命的思想，在工作上和生活上有了问题，就动了"不干"的念头。

恰好上海转有卢信打来的电报，说广东有工作等我去做，如我能离开，就要我回广州去。我的祖籍虽在广东新宁，但我没有到过广东任何地方，我自然很想回广东看看我的祖祖辈辈生长之地，加上我已有不想做总统府秘书的动念，我就持卢信来电去找冯自由和孙中山先生。初时他们都不同意，后来经我一再说明苦衷和怀念广东故乡的心情，他们才允许放行。孙先生说得好："这样，你就回广东看看吧！"于是，我就很轻松地离开南京，再到上海。

事情又有料想不到的，我刚到上海，跟着就接得冯自由电报，说孙先生的胞兄孙眉来沪入京，派我代去接船。我早就知道孙眉曾在檀香山希炉岛住过很久，对孙中山先生有过很大的帮助，我们都叫他做眉公，可是我从来没有机会见面。这次我奉命接船，自然十分乐意。

接了船，即送眉公到法租界宝昌路公馆去住，后来还陪他去南京。看来眉公大约比孙先生大十岁以上，那时他已有些老态。记得在上海我陪他去浴室洗澡，给人修甲，他说这事最为舒服，理由是老了胖了，自己难修剪趾甲了。眉公在上海只住一天，随即就到南京去。我既在上海接船，自然也得送他去南京。后来得知眉公即将南返，我就索性候他几天，和他同车出上海，同船到香港。到香港以后，我们就分手了，他去澳门，我回广州。记得眉公和我离开南京的时间是一九一二年一月底，那时南北已议和了。

我这篇回忆，本来到这里可以结束了，可是，提到南北议和，又使我想起一件亲闻的颇为"有趣"的事，故也附在这里，作为我的回忆的有趣结尾吧。

南北议和后，袁世凯在北京做大总统。南京的临时大总统府，于一九一二年四月一日全部结束，由唐绍仪前来接收。当时跟随孙先生工作的一批年轻同志，认为奔走革命多年，为革命牺牲了学业，希望孙先生设法使他们继续求学，最好向北京政府提出，公费保送他们出洋留学。这事孙先生同意了，来接收的大员唐绍仪也答应了，允许把名单带回北京请求照办。后来留学名单发表，除原来有同盟会会籍诸人外，凭空多出一个宋子文，大家为之惊异不已。彼此私相询问，都不知道宋子文在何处加盟。这事闹到教育总长蔡元培那里，据说蔡也表示不满。后来查知宋子文就是孙先生随从女秘书宋霭龄的胞弟，孙先生为之极力支持，并派胡汉民向大家疏通，众人才不多说。这批公费留学生广东人不少，我现在还记得姓名的有黄魂〔芸〕苏、张霭蕴、刘鞠可、赵显、卢维溥、刘博文（女）等人。如果他们还健在，都可为这事作证。

关于宋子文冒充革命由孙中山先生提名保送留学的事，我于解放前夕还得到一个旁证。广西已故的同盟会老同志刘崛（也是广西文史馆员），于解放前夕由南京回到梧州，那时我也在梧，路遇苏无涯，他告诉我刘住在竹安路某处，遂同往访。刘原在南京任国民党党史委员会重要职务，对国民党史资料很熟习。我问他是否该会的资料也搬去台湾，他说是的。刘于答我所问之后，还十分气愤而感慨地说："搬去又有什么用？如证明孔祥熙、宋子文等人有二十年革命历史的假资料，恐怕你也不会相信吧！"的确，据我所知，像宋子文、孔祥熙这样的人，一开始进入政治舞台，就是假革命的。

从这些事件看来，在旧社会里，即使是像孙中山先生这样的资产阶级领袖人物，也还是免不了有讲人事私情的地方……

（1965 年 10 月）

孙中山三赴纽约

吴朝晋 口述　李滋汉 笔记

编者按：本文作者吴朝晋是旅居纽约的华侨，纽约同盟会支部的负责人之一。本文主要叙述孙中山于 1904 年、1909 年、1911 年三次莅临纽约等地，向旅美华侨宣传推翻清王朝的宗旨及其在华侨中募集经费的情况，也记述了孙中山与康有为所组织的保皇会之间进行斗争的情况。事为本人亲历，其中有许多史实又为他书所不载，故刊出以供研究。对文中误记或附会之处均加以订正，费解之处均未擅改。本文由江苏省南京市博物馆马砚详、葛玲玲整理。

孙总理提倡革命，驱逐满虏，还我山河，光复汉族，虽在国内遭多次之失败，而终不灰其志，前仆后继，精诚无间，百折不回，至有挺身而来美洲传播革命种子，唤醒侨众，厚集力量，为推倒满虏还我汉族山河之举。总理自抵美国各埠，所经过之运动革命情形及其言行事迹，自有各该埠当年参与其事之同志叙述。朝晋亦是当年追随总理厕身其中之一员，兹承中央党史委员会诸同志委托，单将总理在纽约时朝夕亲与言谈之所得，及耳濡目染之事迹，爰本斯旨据实汇述后，由李滋汉同志笔记之。然而挂一漏万，诚所难免。其他在各埠经过繁情琐事，恕不具述。

孙总理于一九〇七年五月间由三藩市到纽约,① 偕行招待者有黄三德（黄为台山石坂潭村人，向在三藩市致公堂当会长）。总理抵纽约埠后，即行造访致公堂，道达来美之意旨，斯意致公堂深知。总理亦属致公堂会员，与反清之宗旨相吻合。而忽然间得到此革命领袖遥临为启发指导革命之途径，窃为之庆慰不置，招待有加矣。

总理随又造访其香山县人。斯时该县之旅居纽约者虽有百余名，而一闻"革命"二字，多已避之若浼；后仅结识黄麟思（即黄溪记）、唐麟经二人而已。

迟一星期，由致公堂担任租借华埠宰也街九号之华人戏院开演讲大会，宣述满虏入关窃据我汉族土地垂二百余年之由来，今须实行革命，驱逐清虏，还我山河。在未演讲以前，侨界夙闻总理为革命首领，及一睹言论丰采，乃至座无余隙，甚至宫墙外望者不计其数。后查悉到听者多半属于保皇会会员。

纽约之有保皇会，自康有为戊戌变政后，越年，康即派其徒徐勤首先来美鼓吹保光绪万世一系为皇，组织保皇会，宣传效法于德、日、英、俄君主立宪。斯时纽约之商家及侨界踊跃加入，深中其毒不少。迟数月，梁启超又到纽约，除组织保皇会鼓吹勤王，实行效法于德、日、英、俄虚君立宪之外，并乘机向侨界招股，开设华墨银行，庇能米绞之运动计②。当时侨界附股甚多，梁在纽约收集股款，东归时，特留向在三藩市《民兴报》（保皇会机关报）当编辑之区榘甲又来纽约演说。此徐、梁二氏系先于总理年余到纽约也。

总理自在该戏院演讲之后，侨界到听者多已深怀对满虏入关

---

① 此处记述有误。1907 年 5 月前后，孙中山一直在河内一带从事革命活动，未曾有过美洲之行。从吴朝晋回忆的内容来看，应是指 1904 年的事。

② 原文如此。

窃据我汉族土地垂二百余年，强迫我汉人蓄发留辫，及屠杀我汉人之愤慨。斯时侨界已充满民族革命思潮。自总理作第一次演讲之后，适值向在三藩市充当《民兴报》总编辑之区榘甲氏逗留纽约，担当游埠鼓吹保皇之任务。区斯时见总理在该华人戏院演讲革命，大为不满。区氏及保皇会乃于翌日亦租借该戏院演讲，反驳孙总理，倡革命必流血及招瓜分惨祸的言论，并请总理解释革命之真理。

又翌日，总理再在该戏院申论保满清异族为虚君立宪之非计。彼此互相辩论，一连十天。侨界多已明了革命确能救中国，觉悟保满清为皇、甘心为奴隶之失当。由是该戏院院主恐生祸端，对双方均不肯借给戏院作演讲场，双方亦停止辩论矣。

自该戏院院主不肯再借戏院于两方演讲辩驳后，遂有保皇会人员赵万胜、谭州、周超、彭芳、伍积勋等十余人用设在勿街九号楼上的东方俱乐部的名义特设茶会，柬请总理到该部共同辩论革命与保皇之执优执劣，及中国之应当行革命或应当行虚君立宪等题目。

总理见该俱乐部邀柬，便欣然允诺前往。斯时各会员及致公堂之人多泥其行，并主张派人陪同前往，以防叵测。但总理主张独自单身赴会便妥。（后闻说该俱乐部见总理独自一人赴会，甚觉惊奇）及开圆桌会，双方将所拟定之题目辩论后，卒被总理如舌战群儒一般，各个折服，面面相觑，即肃然起敬。闻总理随亦以和蔼之词色，作互相切磋，彼此勖勉后，兴辞而返。

查该俱乐部诸人自命为"维新派"，侨界目之为"有辫会"，专好与西人交接，自命为番话咕〔国？〕中人矣。后闻该俱乐部诸人之柬请总理开谈话辩论会，初时系自命不凡，恃自己各人英话流利及英文太高，欲设法难倒总理，湔雪在华人戏院前日双方驳论之见负。讵反为总理一驳便倒，并引证各国革命过去历史为譬喻，所以该俱乐部诸人皆为折服。于此足见总理之词锋及其革命之真理矣。

　　自总理应该俱乐部之敦请赴会，双方系以友谊诚恳态度相待。自经此回辩论后，未几该俱乐部之周超先生反首先加入同盟会，① 遂被推选为会长。闻努力捐款有加。其余伍积勋、彭芳二人至国民党初成立时，便加入为党员，依附三民主义。此也一段趣闻也。

　　斯时康有为适由国内逃亡抵加拿大云高华埠多日，正欲乘车来纽约鼓吹保皇。该会会员见总理正在纽约鼓吹革命，乃去电暂止康氏前来，诚恐到来又生辩论，反为不美。康氏接电后，亦候孙总理离纽约始启程而来矣。

　　自此以后，总理亦未招有人入会及组织同盟会。② 又迟两星期，即偕同黄三德离纽约，赴古巴、墨西哥及南美洲等国去矣。③

　　向者旅外华侨对于国家兴废及时局关系，观念甚为薄弱，不加注意，亦未有爱国伟人、知识巨子由祖国出外将国事宣传过。自经戊戌变政之后，康党多逃亡海外，纽约方面则由梁启超、徐勤先后到来宣传那拉氏之专政④、组织保皇会之后，侨界及商界纷纷加入，财政既丰厚，会务又甚为兴盛。朝晋及黄麟思于是时亦属保皇会会员之一。及后，孙总理到来演讲革命真理之后，侨界之视听又为之一变，渐知保皇之非计，而逐渐趋向于革命之途径矣。

　　是年九月尾，总理又由南美洲等国复回纽约。⑤ 朝晋自前次聆孙总理演讲革命真理之后，即已潜移默化，及闻孙总理回埠，并探悉总理在华埠勿街四十九号溪记处为来往聚话之所，即修函

---

① 此处记述有误，此时纽约尚无同盟会组织。
② 此处记述与前记周超入会互相矛盾。
③ 无论 1904 年还是 1907 年，孙中山均无游中、南美洲事。
④ 此处有误，梁启超等不可能宣传那拉氏之专政。
⑤ 从以下所记内容来看，应是指 1909 年事。孙中山于 11 月 8 日（农历九月二十六日）抵纽约。

嘱黄溪记代为转交，作为先容进身谒见之意旨矣。黄溪记着我明晚八时再来等候。总理果于是时着一皮衣，冒雪到来，彼此相见握手后，总理和我同登溪记三楼。彼此道达寒暄毕，朝晋略述景仰之下忱，并将"革命"二字之危险或伤残人命及流血之质疑为询问。总理即将满虏入关，窃据我中土，扬州十日，嘉定三屠之种种事实，缕述无遗。并谓伊之行革命系如汤武之革命，顺乎天应乎人，不得妄杀无辜，草菅人命。计总理斯时与我个人攀谈历时约有三句钟之久。我即对总理称谓："此后愿跟随从事革命，服从一切矣。"斯时总理反向我问难："倘从事革命，一经被满清政府捉拿及查抄家产，果无怨否？"我当时答之："坚决志向！此后甘愿以我之一切，从事于革命工作。"遂加入为会员矣。是时，总理即席取一块净白纸，亲手写数句入会誓词，叫我起立宣读。此是十月中旬，在溪记三楼，系我为纽约第一个加入同盟会，加入革命战线，信仰三民主义之人矣。斯时，总理并吩咐我为纽约同盟会招收会员及主盟之人。总理当时并告诫我："凡加入革命战线者，切勿将自己当作顾客，是来帮衬我的，须知人人当尽国民革命一份责任可也"云。

迟数天，我偕同数位相好者往见总理，有的为好奇心胜，故亦前来一聆革命言论，但沉默不表现态度，及辞出后便不复回；有的亦顺意答允加入。于此一端，可知凡事草创，招收会员之难也。

又迟数日，则有黄麟思（即溪记）、周植生、陈永惠、赵哀涯（即公璧）、赵悲涯、钟性初、唐麟经、李铁夫、郑金睿、黄就、梁谦、李语文、马寿、黄蔡氏（即黄麟思夫人）、吴赞诸人次第加入。[①] 我与黄麟思斯时磋商，择定于十一月廿五晚作为初

---

① 据《开国前美洲华侨革命史略》记载："同盟会在美洲成立者，首在纽约，加盟者有钟性初、赵公璧（士观）、吴朝晋、陈永惠、黄溪记、吴赞、唐经纶七人。"

次召集及成立之期。果于该晚由黄麟思出资设筵一席于溪记三楼，作为一叙及成立纽约同盟会之创举。即时以上诸人在座，即席选出黄麟思为会长，钟性初为书记，赵悲涯为会计。选举毕，即由总理主席，宣告成立纽约同盟会之宗旨及工作，系协助革命进行，专做倒满兴汉救国工作。并勖勉在座各人："此后招收会员继续努力，毋馁尔志，务期革命之成功"云云。

计自该晚（即己酉年十一月廿五晚）草创成立斯会，即系播革命种子于纽约之先声。但自从该晚参与筵宴之后，有的竟不再涉足其间一步。斯亦可见有的当时贪高兴而来，后知责任之繁重，无形中卸却仔肩，斯可见革命之担子不容易担也。

记得该晚筵席终后，总理对各人称谓："余将去美西三藩市，亟欲筹一万五千元，直汇回香港胡展堂收，为预备起事之用矣。"斯时，我等闻言，计思区区十六名会员，那得筹偌大之巨款？各人只亦竭尽绵力，仅得一千五百元呈交于总理手收而已。

迟星期①，总理由此间直搭车去三藩市，先将皮箱由快车寄去，交与三藩市之某街某楼同盟会接收。讵该送货西人则误交该楼楼下之中国领事馆收。领事许炳榛暗中开了该箱，革命文件累累，及在纽约创设之同盟会会员名册亦存在该箱。许既私开该箱后，欲没收之。孙总理随亦抵埠，即追查得悉该箱之所在，即质问私行开箱之不当。初时，许尚抵赖，后乃道歉了事。闻三藩市之党人，当时对许氏此举大为不满，有誓不干休之势。后来经总理劝解，许氏亦道歉，始行了事。（此段事系总理下次回纽约对我等言及之）

自纽约同盟会成立作第一次输捐革命饷糈，及闻总理所言广州预备起事等口气，乃暗中日盼消息之来临。果也，于一九一〇年（即庚戌）旧历正月新军在广州反正，军官倪映典烈士失败，

---

　　① 原文如此。

以身殉难，以为总理所言广州将起事之一证也。

后来我等仍属秘密工作，未便十分张扬，因保皇会势力高涨之故也。我们是一面做革命工作，一面招收会员，随后则有杨华、吴朝陞、汤义聘、吴龙、吴庄、赵义、赵煜入会。

又迟至一九一一年（即辛亥）二月间，孙总理乃携同朱卓文由三藩市沿美中各埠再来纽约与各会员相见。① 至是纽约算成立一个革命机关，较于过去工作略胜一筹矣。总理斯时在会叙谈，便首先问及："由初时成立之十六名会员，联到今日，再有添加否？"我等答之："统共廿余人而已。"斯时总理表示一种快慰之意，随又忽露不快之色，乃徐对我等言曰："昨汪精卫先生在北京谋炸载沣失手，不幸被捕，已被监禁，将来必无幸免，此即无异断吾臂也。"随又谓："以前在国内失败多次，犹处之泰然。汪先生今下正如身探虎穴地狱而超众苦，所做去的难，留回易的于我做矣！此后唯有希望你等继汪先生未竟之志便是。"②而斯时我等聆悉总理之一番训话，只有互相勖勉，努力向前，而对汪先生之被捕，尤唏嘘不置也。

是晚总理又吩咐我等即筹款项，迟数星期便有消息可听。斯时我等又只有遵从，毫无迟疑地便再行筹措耳。

是时因国内革命空气紧张，催促汇款接济急于星火，总理特与本会会员及致公堂执事相商向侨界运动筹款进行办法，特假座中华公所开会，预标长红，敦请各社团及侨胞赴会，兼演讲国内革命风云紧张，亟需筹款接济等词。讵斯时中华公所主席陈宗璜欲阻止孙总理在该会馆作运动筹款演说，而又无法可施，迫得跑

---

① 据《孙中山年谱》，孙中山于 1911 年 4 月 19 日（农历三月二十一日）抵纽约。

② 汪精卫因参与谋炸清摄政王载沣，事泄被捕之事，系发生于 1910 年 4 月 16 日。作者记忆有误。

见清政府驻纽约总领事杨郁琼①，欲请求用领事馆名义出一布告，贴于会馆门首，欲假借官威以压止之。不意杨郁琼反申责陈宗璜不应出此下策，并谓"倘革命首领孙文今下来借我之领馆开会，我亦不能拒绝之"等词。斯时，陈宗璜见杨郁琼态度如斯，只有垂头丧气回来，一任中华公所礼堂由总理演说开会。陈自己既远避他方作抵制之手段，而各社团及侨界莅会亦甚冷淡。

是时保皇会听闻孙总理复回纽约筹款，接济国内革命党，特由其保皇会内挑选数位善于言语及辩论者到中华公所聆听总理演说，其意在乎阻止总理之筹款计划。斯时各社团之人及侨界到场寥寥无几，已不成演讲会矣。总理即变更办法，改开圆桌谈话会，讨论筹款。总理宣布该谈话会旨趣及筹款接济国内革命事宜毕，并请在座各人发挥意见。随由保皇会会员林云汉提出难题数条质问，总理即时将满虏入寇中国，窃据我汉族土地垂二百余年于兹，弄到内政窳败，卖官鬻爵，外患纷乘，丧师失地，并说明各国图谋瓜分中国之惨祸逼于眉睫，"倘若不实行革命，驱逐满虏，还我山河，实行三民主义，建立共和政府，无以救中国之危亡矣"。斯时欲难倒总理之林云汉偕来之数人，聆听总理一番言辞之后，颔首称是，不敢谓保皇之是而谓革命之非。由是总理睹他等之态度大非昔比，林并口口声声表同情于革命，乃即席首先叫该等数人捐助饷糈，作为表同情于革命之诚意。而林云汉等当时虽多方饰词推诿，而总理促其即席认捐，以作表征。林知无可诿卸，即由囊中取出二十元以作捐助矣。斯时总理对之大为嘉许："这算作为有诚意帮助革命矣"云云。

查该晚之圆桌谈话会人数，计同盟会数人，致公堂数人，保皇会数人，统共不够廿人，除林云汉勉强捐助二十元，余外则未有认捐，足证筹助革命军糈之不易也。细想是时纽约保皇会成立

较久，基础巩固，会员众多，商家及所谓知识界分子加入，根深蒂固，其所派来之林云汉等数人素具苏、张之舌，欲难倒孙总理，谋打破筹款之进行，阻止革命之进展，不意反为总理三寸不烂之舌所折服，斯亦奇矣！

此次总理鉴于国内革命运动成熟，行将举义，故特再来纽约运动筹捐。但除同盟会会员努力及致公堂捐助些少外，其余所谓侨界个人及社团捐助者微乎其微，百不一见也。而在中华公所所开之谈话会筹捐，更毫无成绩。

迟数天，总理为着国内革命党人催款急于星火，个人又要离纽约他往，仆仆风尘，四处做运动筹助饷糈工作。而朱卓文于斯时未能跟随而去，独逗留于纽约数月矣。

果也，三月二十九晚，七十二烈士在广州起义、谋炸督署失败之消息传来，侨界对于革命真理逐渐明了矣。

自三月二十九晚一役，七十二烈士殉难，革命失败后，凡我党人中固已太息兴叹，尤磨砺以待。侨界对是次之役同情最多。而抱悲观者，大不乏人。纽约同盟会书记钟性初君（广东鹤山人）对于是次革命之失败即抱悲观，日叹革命成功之艰难，乃潜往干地底仑某旅馆吞服芙蓉膏毕命。后该旅馆主人发觉报警，转知中华公所，而中华公所据情仅循例贴长（？）于通逵："有华侨在某旅馆吞毒自尽，请侨界认领殓葬"等词而已。

自此消息布公后，本会各人均感觉钟同志连两日不曾来会所一叙，当时有疑之者，随有同志往其书记台内搜出遗诗一首："大局如斯，虽生无益；中原已矣，不死何为！"自发觉该遗诗后，即知钟性初同志为对革命及国事之热情过于鼎沸，以致抱厌世之心，而服毒毕命。但观钟同志寥寥之数句遗诗，则情见乎词，闻者惜之，随由本会会员醵资厚殓而葬之。当钟同志该首厌世绝命诗披露后，此间之保皇会《维新周报》即将钟同志死事登载，并将同志遗诗改为："同事如斯，虽生何益；盟誓已矣，不死何为！"等句作为讥笑，闻阅者多鄙而不满之。

自三月二十九日一役失败后，我等由秘密做事，转而公开，每星期日下午二时，则在华埠勿街、夹丕路街通逵演讲革命，希冀侨界表同情及灌溉革命种子。计每次担任演讲者，则有马小进、朱卓文、吴朝晋三人，其余则担一"同盟会演说"字样标旗。每逢星期日，侨界莅临华埠甚拥挤，而听者亦众。但斯时之恶劣势力及反革命者仍暗用烂生果、臭鸡蛋向人丛中掷来，我等亦毫不介意。

又至六月时，我国海军大员程璧光、汤廷光两人驾海圻战舰乘载洵〔振〕赴英贺英皇佐治第五行加冕典礼。是次我国之正代表为载洵〔振〕。查参加庆贺典礼完毕，载洵〔振〕及随员等先乘西伯利亚火车回国矣。而程、汤两舰长遂驾该舰赴古巴、墨西哥及南美诸国观光及考察，旋于六月间来纽约，寄锭〔碇〕于乞臣河。我等便欲趁机到该舰演讲革命，并分发革命书籍。在未往以前，曾与律师商量，万一不测，请为援救之准备。但该律师则主张勿往为佳，称谓："若到该舰上即系清政府势力之所在，万一他硬将各演讲员载回中国，无异送羊入虎口，后悔莫及矣。"后来我等竟不顾一切冒险前往。既到该舰上，便先请求水兵代为通候程、汤两舰长，道达晋谒之意。斯时程璧光适上岸，独汤廷光延见。汤和蔼可亲，彼此通问姓名毕，相叙片时，适值美国之陪舰舰长将到来拜候，汤廷光于斯时又须分身整肃预为布置及招待。该美舰舰长到海圻舰时，各水兵列队以迎。及其与汤舰长相见，辞别回其所坐之舰时，海圻则鸣礼炮十二响欢送之。我等于此时便在舰上向各水兵演讲革命真理，将各革命书籍分送之，又嘱各水兵有暇时可到勿街十二号楼上同盟会座谈。随后每日则有水兵十余名联袂到访。盖该舰寄锭〔碇〕于纽约乞臣河面，统共有三四个月之久。

溯该海圻舰初抵纽约，寄锭〔碇〕于乞臣河面之翌日，各

国人士欲一新眼帘，纷纷到乞臣河河边，放眼一瞧中国战舰军容
如何。有的纷纷到舰上游览，该水兵等则制造馒头糍发售，每个
五仙，购买者甚众。斯时《纽约时报》除预先登载海圻舰抵乞
臣河寄锭之消息外，是日复用大字标题称谓："中国全海军势力
已在我纽约乞臣河面"，并有"到舰之观众轻步践踏，免使该舰
动摇受震荡"等词（揣其意大为幽默，即讥笑我全中国之海军
力量只有此不满万吨之一巨舰也）云云。

　　最后孙总理又遥领策划国内革命事业再起，又携同朱卓文由
三藩市沿美中各埠来纽约有所策划。迨至武昌起义之晚，孙总理
由美中剪化埠搭车到圣蕗埠某旅馆过夜。是夜在该旅馆一睡至上
午十一时方起床。迨盥洗毕下该楼之餐厅用膳时，并在该楼之报
摊一瞧，即见各西报用标题载有"革命军于昨夜在湖北武昌省城
起义，占据城垣，总督满人瑞澂逃走，系奉孙文之命令起义及号
召"等字样。

　　是时孙总理用朝膳毕，即由圣蕗埠该旅馆改穿日本装赶程直
搭车来纽约①，驻于纽约埠西边二十五街的夏令顿旅馆五〇二号
房矣。

　　该晚总理即令朱卓文来同盟会告知于我，称谓："总理于昨
夜已复回纽约，驻于西边廿五街夏令顿旅馆五〇二号房矣。"我
即与马小进、赵哀涯三人按址往见。我三人斯时一见总理身穿日
本服装，彼此大笑不止。总理即对我等称说："一生最快慰的就
是昨夜，竟全夜未有睡过，而毫不疲倦。"及复言前一夜在圣蕗
埠某旅馆过夜，竟一睡至上午十一时方起床，及种种经过情形。

---

①　此处记载有误。1911 年 7 月 21 日，孙中山于旧金山发起成立美洲洪门筹饷
　　局（又称中华革命军筹饷局），并于 9 月 2 日离旧金山，偕筹饷局演说员黄
　　芸苏、张霭蕴、赵昱等赴美国各埠筹款。10 月 12 日，孙中山从美国报纸上
　　获悉 10 月 10 日武昌起义的消息，13 日自圣路易斯（即圣蕗埠）抵芝加哥，
　　20 日抵纽约。11 月 2 日离纽约赴伦敦。

我等遂请问何故如此快慰，总理复说："湖北武昌革命军起义，汉阳及汉口同时占领，迭接消息，革命军声势大振，此之为快慰也！"

总理于此时又赶于译电、回电，工作甚忙。斯时回电数封，因电费过巨，我当时即由怀中交三百大元与总理，为敷支拍电之费。此时为早晨八九时也。

是时总理并即亲手写一通告文稿，交给我三人回华埠再用白纸大字写一张贴于华埠墙壁，并嘱及非十分心腹同志，勿使其知伊在该旅馆及戒防外界知之。该通告中系"昨日革命军在湖北省会武昌起义，总督满人瑞澂潜逃，各省革命军蜂起，次第响应独立，声势大振，请全体侨胞周知"等词。

总理随又着我等即时召集各同志在华埠勿街、夹丕路街演讲。计是时侨众聚而环观以上之通告消息，既欢喜无量，又群聚聆听演说，欢欣异常，愈聚愈众，向所未有如此之佳景。

是时纽约华侨并未创有华字报，所以各消息甚多窒碍。就以此次革命军在武昌起义独立之偌大消息，尚多懵然罔觉，无怪乎奔走革命，呼号驱逐满虏之艰难也。计是时纽约之华文报纸，独有保皇会由日人手承来之《维新周报》一种而已。该报既为其机关报，而对于革命军起义系驱逐满虏、还我汉土此点与其宗旨相背，不合口味，当然更不喜欢记载此等消息，代为宣传及张声势，况又系每星期始出版一次。查曩时之旅纽约华侨阅报之兴趣甚为薄弱，不似今下渐趋于浓厚也。

连日我们数位同志在该旅馆晤谈革命军进展之消息，洋洋得意之际，独总理面露不愉快之色。我等敲问其故，总理遂答谓："这回革命一起，不旬日已有十三省次第响应独立。独立如斯，太过迅速、容易，未曾见有若何牺牲及流血，更不知前仆后继之人及共和之价值，而满清遗留下之恶劣军阀、贪污官僚及土豪地痞等之势力依然潜伏，今日不能将此等余毒铲除，正所谓养痈贻患，将来遗害民国之种种祸患未有穷期，所以正为此忧虑者也"云。

自武昌起义之第三日，择定星期一举行巡游庆祝，计是日路程及秩序如下：（1）警局派出马队四匹开道；（2）中美两国旗帜；（3）西人音乐队全副；（4）中华学校童子军全队，由教员朱兆莘领导（后来朱氏于华侨竞选参议员时始加入同盟会）；（5）自由车八架及侨众百余人；（6）同盟会会员全体首先在中华公所门首集合列队启程（波士顿、费城之同盟会员亦有前来参加），由勿街入布捋韦列市政厅门前，随转柏路而回华埠各街道游遍，然后散队矣。

自巡游庆祝完毕，斯时纽约侨界除保皇会会员外，均额手称庆，驱逐满虏，还我山河，光复汉族，湔雪二百余年被满虏征服作奴隶之耻辱。而斯时侨界之留有长辫者触目皆是，迨至巡游庆祝之后，侨界方知满祚告终，而向来守着身体发肤受诸父母，不敢毁伤之误解，是时亦豁然明了，陆续自行剪除，只云此后可免留辫之麻烦及蠲除一切污垢。而此时仍有少数顽固保皇派挣硬头皮，迟延至二三年之久，方肯自愿剪去矣。

迨至巡游完毕之晚，同盟会已即时组织一革命筹捐〔饷〕局。而孙总理【已将】先在三藩市印币局印就之金纸币十元、五十元、一百元三种带来，交与本筹〔饷〕捐局向侨界推销。是时各侨界方始踊跃认购革命军债票，而有的更自动携款来会所捐助矣。计纽约之廿余名同盟会会员，除历来捐助饷糈不计，是次努力有加，认捐千元者有之，数百元者有之，统共连侨界大约系认捐得万元左右。斯亦可见筹款之不容易，环境之使然，前后情形不同也。

总理自驻于该夏令顿旅馆后，除同盟会会员每日因事谒见外，侨界无一人知之，盖守镇静、秘密之故也。独每日则有不知国籍之西人数名到总理寓所倾谈而已，但所倾谈何事，我们概无从探悉。

最后总理在该旅馆屡接到革命政府之电，催促归国，主持北伐大计，所以不得不束装就道。当总理秘密携同朱卓文搭英国轮船，假道欧洲英格兰回国之前一日，各会员又再尽量捐助，但亦仅集千余元而已，乃如数缴交总理手收。计斯时总理及朱卓文两人之船费及需用，需要二千元左右方能敷支。于是总理又着我个人垫移四百元（美金）以凑就，我慨然立就，如数垫出与之。我当时顺问总理："于动程登轮之时，尚须我们会员前来欢送握别否？"总理即面示机宜，并曰："无须出此。"我记得总理此回逗留纽约统共系六天，即西历十月十六日便携同朱卓文秘密搭船离开纽约向欧洲而去，假道英格兰回国矣。

总理最后来纽约驻宿于夏令顿旅馆五〇二号房，为时共六天，在该旅馆署番名为"作打荣"名字，而在该旅馆寓内每日均穿日本装，大抵欲避人耳目之故也。我常见总理在此六天时间中，每日工作甚忙，除与西人倾谈外，几乎终日系翻译收到之电报，及又要回复，所以此回并未来华埠一行，亦甚少出该旅馆门外也。

总理住宿于该旅馆既署名为"作打荣"，上至该旅馆司理，下至一切杂役，均不知之为何许【人】及执何业，自携同朱卓文秘密搭船离纽约之后一天，方始知之。斯时消息一播，埠中政治家及各西报访员乃纷至该旅馆，仍欲找寻总理谈话及摄影，以冀获得对于中国革命之进展情形。还有的政治家多谓未得一见此革命导师之丰采为憾，而尤以各西报访员为甚。而此时该旅馆主人则仅答曰："不知。"遂指导来华埠勿街十二号二楼之同盟会询问。或我等于此时亦诿为不知去向。又有一售军火商人挟其各种军械种类图式特来请介绍而见总理，以作销售之机会，并称云："前时古巴及墨国革命均为该公司之军火供给，或赊借一切均所迁就"等词。斯时该售军火商人既憾恨不能面见总理，只留交该等军械图式托我代为照交。但总理已离去纽约矣，只有如言允之而已。

而纽约《世界报》更将总理之全身肖像绘在总理所住过之夏令顿旅馆五〇二号房之外墙窗口，一脚跨过中国武昌之黄鹤楼，其含意即系"总理身虽在美国之夏令顿旅馆，而心则在中国也"云。

后来侨界中知道总理住过该旅馆，深具有一种光荣历史，直至今下久而久之，渐趋于淡然忽视之矣。

以上所记系总理共三次莅临纽约，运动革命所经过之大概情形也。

附　纽约同盟会之起源及改为国民党之经过略志

总理于己酉（1909 年）十月尾第二次来纽约。十一月某晚（星期一）在勿街四十九号溪记二楼筵席上，经手主盟正式成立同盟会时，统共会员十六人，已成雏形。又至翌年（1910 年）旧历正月，广州新军反正，倪映典烈士殉难之消息传来后，又有数名加入。此时仍属在秘密进行革命工作，完全未敢悬挂同盟会招牌。又至辛亥三月廿九日，七十二烈士在广州举义失败之后，始由勿街四十九号溪记二楼迁来勿街十二号二楼矣。斯时为第一次乔迁，只挂出一个扇面款式之"少年学社"招牌而已。斯时亦增加会员数名。到武昌起义，总理第三次到纽约，驻于纽约东边廿五街夏令顿旅馆时，总理用红纸亲笔写一"中华革命总机关"字样，交我等携回贴起，除去"少年学社"招牌矣。总理于此时吩咐我等：改贴此"中华革命总机关"后，即须向上至领事下至侨界及保皇会，均要向诸捐助革命军饷方合也云。此为纽约同盟会完全达于公开之时期也。又迟至南京共和政府成立后数星期，乃宣布正式成立同盟会，为兼开幕典礼及完全改挂"同盟会"匾额矣。当开幕之日,适革命巨子蓝天蔚游抵纽约,特敦请蓝同志莅会演说。以上皆为同盟会由运动革命秘密时期,及至武昌起义时由秘密达到公开及经过种种情形。计至此时亦仅增多会员数名,前后统共三十人左右。自此因现在之会址窄狭,不敷开会时之用,乃又迁来同街之二十号头层办公室矣。

开国前美洲华侨革命史略（节录）

李绮庵　梅乔林

> **编者按**：本篇和下面《辛亥前美洲之革命运动》、《孙总理三度游美事略》、《北美洲各埠欢迎总理筹款事略》等四篇资料，提供了辛亥革命前同盟会在美洲活动情况，结合本书所载温雄飞回忆、冯自由《华侨革命开国史》和本资料集所载《中国同盟会文献》、《李是男事略》等等资料，更可以了解美洲同盟会建立的经过、旅美华侨为祖国革命而奋斗的历史以及他们支援祖国革命运动的功绩。这几种资料是从台湾出版《中华民国开国五十年文献》一书中辑录，原为节录本。

美洲华侨为首次赞成革命者

中山先生抱大无畏之精神，百折不回之志愿，出而提倡革命，以三民主义为宗旨，以救国救种为天职，我美洲华侨得先生指导最先者，为檀香山。谨据先生自传所云："甲午中东战起，以为时机可乘，乃赴檀岛、美洲创立兴中会，欲纠合华侨，以收臂助；不图风气未开，人心锢塞，在檀鼓吹数月，应者寥寥，仅得邓荫南与胞兄德彭之二人，愿倾家相助，及其他亲友数十人之赞同而已"云云。由此观之，中山先生之心目中欲先输革命思想于华侨，于此可见一斑矣。

邹容《革命军》一书之影响

戊戌冬，梅乔林游美，始闻前二年中山先生由檀岛赴美洲，之伦敦，被囚于清公使馆之事。是时美洲华侨谈革命者尚少，除致公堂稍做形式工作外，罕有闻见。己亥年，保皇党在美洲随处设会，大肆活动，华侨多趋向之。然亦有华侨以为外人盛倡瓜分中国，实满清无道召之，惟恐革命之不速，遑论保皇也。迨庚子联军破北京，同时又有邹容《革命军》一书，传到外洋，争相购阅，时人心奋兴，舆论沸腾，华侨有志之士，知非追随中山先生革命，不足以救祖国之危亡，于是华侨之革命思想日炽。乔林亦受外潮冲动，又得邹烈士《革命军》一书，日夜捧诵，革命思想油然而生。

美洲同盟会之动机

乙巳春，中山先生揭橥三民主义、五权宪法为号召，而组织革命团体焉。于是开第一会于比京，开第二会于柏林，开第三会于巴黎，而东京同盟会亦相继成立矣。当是时，侨美人士闻风景仰，盼望先生之切，若大旱之望云霓也。丁未春，有李是男奉香江同盟会命，赴美洲筹设革命机关，乃于三藩市约黄魂〔芸〕苏、黄超五、黄伯耀、张蔼蕴等组织少年学社，以伯耀商店为社址，而黄杰亭、许炯黎、温雄飞、卢仲博等，亦相继加入。是男等又出资创办《美洲星期报》，鼓吹革命，致函梅乔林约加入。乔林于芝加古约梅光培、曹汤三、李雄、梅就、梅友火、梅赐璧、梅天宇八人组织革命团体，以会英楼为机关，与少年学社互通消息。赵煜亦于卜技利设立少年学社，皆以鼓吹革命为目的。

美洲同盟会之成立

己酉秋，中山先生由欧洲抵纽约，芝加古同志闻讯，即致电欢迎，电由钟性初转。性初者，经商纽约，是先生知交也。电去后，蒙复函谓先生拟先之三藩市。后芝加古同志等乃再表诚恳，并述已设机关，始蒙许可。先生于十月八日莅止，华侨热烈欢迎。九日，在会英楼设筵，开欢迎大会。赴会者留学界居多，虽康有为之干儿亦与焉。先生于席间演讲革命之必要，有五六小时之久，座皆感动。宴后同志等更环而领教，夜以继日，如听如来说法。说者谆谆，而听者津津，于是由先生介绍入同盟会。加盟者有萧雨滋、罗泮辉、程天斗、曹汤三、李雄、梅乔林、梅光培、梅就、梅天宇、梅赐璧、梅友伙、梅彬十二人，公推萧雨滋、梅乔林为会长，梅光培、曹汤三充书记，梅麟耀、梅耀富、梅寿、谭赞、梅冠豪、蔡进、曹起鹏、梅捷迺，梅鹿鸣、伍颂唐、梅乃衡、伍耀三等相继加盟，梅寿充司库。十一月，致公堂宴请中山先生演讲革命。先生此次来芝以麟耀之泰和号为会所，此地侨商入保皇党者十居其九，独泰和一家欢迎革命，当时保皇毒之中于华侨可谓深矣。然芝加古一隅之地，几成为梅氏聚族而居，欢迎革命者梅氏固多，而反对革命者梅氏亦最烈。

十三日，中山先生起程，至十二月二十九日抵三藩市，华侨欢迎较芝加古尤为热烈。庚戌年一月七日成立同盟会，加盟者李是男、黄伯耀、黄魂〔芸〕苏、许炯藜、黄超五、李旺、李梓青、李其、卢仲博、温雄飞、黄杰亭等十五人，公推刘成禺、黄魂〔芸〕苏、李是男为会长，吕南任书记，朱卓文旋亦加盟，追随中山先生左右。

同盟会在美洲成立者，首在纽约，加盟者有钟性初、赵公璧（士观）、吴朝晋、陈永惠、黄溪记、吴赞、唐经纶七人，其次成立则芝加古，又次则三藩市矣。

《少年中国晨报》出世

自同盟会成立后，即将《美洲少年周刊》改组为《少年中国晨报》，党员额限认股若干元，乃于庚戌年七月十四日出世。而各处机关报，亦先后设立，风起云涌，如火如荼，鼓吹革命。兹将报名、地点、设立时期及当事者列表于后：

名　称	种　类	发行地点	设立时期	主　持　者	备考
美洲少年报	星期报	三藩市	丁　未	李是男　张蔼蕴　黄魂〔芸〕苏 温雄飞　黄超五　黄伯耀 访员　李绮庵 通讯记者　梅乔林	
少年中国晨报	日日报	三藩市	庚　戌	总　理　黄伯耀 总编辑　黄超五　黄魂〔芸〕苏 编　辑　李是男　张蔼蕴 　　　　崔通约　伍平一 访员　李绮庵 通讯记者　梅乔林	
大同报	致公堂机关报	三藩市		总　理　唐琼昌 　　　　欧矩〔渠〕甲 第一期总编辑　欧矩〔渠〕甲 第二期总编辑　刘成禺 第三期总编辑　冯自由	
自由新报	日日报	檀香山	庚　戌	总编辑　卢　信 编　辑　温雄飞 翻　译　孙　科	

名　称	种　类	发行地点	设立时期	主　持　者	备考
大汉报	日日报	云高华	庚　戌	总编辑　冯自由 翻　译　黄希纯	
公理报	日日报	菲律宾	庚　戌	总编辑　李汉胜	
新民国报	日日报	域多利		总编辑　李公武	
民气报	日日报	纽　约		总编辑　赵公璧	
民号报	日日报	菲律宾		创办人先烈　李祺礽 第一期总编辑　李思辕 第二期总编辑　冯百励	

美洲同盟会组织宣传队

自《美洲少年报》鼓吹后，继以《晨报》之大声疾呼，而一部分华侨风气已开，亟宜宣传，以期普遍。于是三藩市、芝加古同盟会，组织宣传队，日向华侨密集地鼓吹革命，借以灌输革命思想于侨胞。三藩市宣传员李绮庵正在演讲之际，为同宗反革命者仇视，被殴，几遭不测，而芝城亦有同样之事发生，吾人深为抱歉。有保皇党梅某者，诋诽革命，且敢抗阻在中华会馆演讲，梅乔林叱之，双方争持，几动杀机，即召集党员在中华会馆公开会议，拟责以大义，而教训之后，经侨商排解道歉乃了。想吾人以鼓吹革命为天职，职责所在，抱不淫、不移、不屈之精神，勇往直前，莫之能御，初眼底未尝见有何者为障碍物，渺尔保妖，反颜事仇，认贼作父，实为人类无耻之尤者。须知吾人对于国人赞成革命者，虽私怨，亦引为同志；反革命者，至亲视为仇敌。此何故？救国之事，即人人应肩之责任，既不负责，又复公然反对，大义所在，虽灭亲亦不敢辞也！

各埠同盟会相继成立

庚戌（一月三日），新军既举义于广州，侨美同志闻风鼓舞。时黄魂〔芸〕苏、张蔼蕴执华侨学校教鞭，暗中灌输革命思想，于学生于保皇之子弟一变而为革命。保党恐慌，即辞黄、张教席，而李是男、李伯眉出资设立革命学校，以魂〔芸〕苏、蔼蕴、崔通约、刘博文、卢仲博任教员，而保党之子弟又多趋向之，自此父为保皇而子作革命者所在多有。加以机关报之鼓吹，宣传队之演讲，数月之间，影响之大，收效之速，有不可思议者。三藩市同盟会乃乘于三月一日开成立大会，各方派代表参加，并开广州新军追悼会。是日赴会及加盟者接踵而至，有雷祝三、司徒介臣偕同志五十人同时加盟入会。当是之时，华侨革命空气弥漫新大陆，于是各地侨胞函电纷驰，争先恐后，邀请中山先生驾临彼处，而同盟会相继成立者二埠有黄俊之、邝鸣相等（屋伦）、郑占南（胜普）、梅捷乃（美利获技）、梅彩乃（波士顿），由宣传员李绮庵召集。当时加盟者有阮伦、刘辉、伍学垣、陈孟智等（砵仑）、陈侠夫、李炯、雷瑞庭、朱伯平（舍路）、陈汉民、陈汉子、伍瑞龙、伍是民、陈相宗等，及后同盟会成立者多不胜数矣。而加拿大党务同时亦极发展，中山先生命冯自由代加盟，加盟者云哥华有余玉屏、黄傅杏、周盛、司徒汉民、黄希纯等，满地可加盟者有黄贤熹，域多利加盟者有黄伯度、李公武、高云山等。而云、域两埠先后倡办《大汉日报》、《新民国报》，鼓吹革命，党务进行，蒸蒸日上。而檀香山、古巴、菲律宾等处，同盟会亦先后成立。于檀岛有卢信、谢纪元、杨仙逸、孙科等先后办理党务，并办有《自由新报》，主持卢信。信著有《救苦救难》一书，为华侨欢迎，其开华侨风气为力甚大。古巴宣统元年有黄鼎之与美国少年社函件，鼓吹革命，极力筹款。三月二十九事后，黄鼎之、洗烂云、吴曜初、劳莲舫、黄汉一、关席儒、陈炯裳等因筹革命军款，故组织三民报社，由三民报社改组同盟会，极一时之盛，为南美洲之先觉者。而菲律宾同志李祺礽，由美洲返国，道经斯土，于最短期间即成立同盟会，加盟者王忠诚、黄清杰、李汉胜、郑汉洪，公推王忠诚任会长，并创办《公理报》，其主事者李汉胜。

此时，美洲同盟会可谓极盛时期也。是年秋，满清亲王载涛游美，道经金门，佐治邝与朱卓文欲刺之，未遂，卓文幸脱，而佐治被捕，判监禁十四年。

广州三月二十九之役筹饷之情形

华侨为党国奋斗之精神，不独能鼓吹以图革命思想之普遍，并能捐输财物，以利革命事业之进行。溯自中山先生倡革命以来，屡次举义，其发难费多出自华侨；至三月二十九之役，华侨更当仁不让，勇〔踊〕跃输将。除南洋、美国同盟会筹饷外，则有域多利、云哥华、都郎度致公堂最为努力。而都埠致公产业变尽，以应军需，其主事最力者，为胡汉明、许一鄂、吴麟兆、吴能、吴庄数人。于是巨饷已集，乃有广州之举。是役也，集各省革命之精英，与彼虏为最后之一搏，事虽未就，而国内革命之时势，实以之造成矣。独惜当时三藩市致公堂与同盟会时相龃龉，因之筹饷落后，远不及加拿大，诚憾事也。

广州举义后胡汉民之报告

广州三月二十九之役，为中国有史以来所仅见，而其悲壮伟举，轰动全球，浩然之气，充塞天地，影响所及，武昌起义，遂覆清社，当年之功业，正与日月争光也。当此之时，中山先生于

三月三十夕，偕朱卓文抵芝加古，而广州失败之事，西报已传之
遍，先生即致电香江机关慰问，借探消息。电之发而未见回
文。先生此时万分悬念矣，虽连日赴会演讲，而颜色略见不豫。
至四月六日，始接胡展堂同志复电，命梅乔林译电文，首句"克
伯展归"四字，先生忽见笑容曰："天下事尚可为也！"当时同
志均莫明其妙。先生旋告曰："克者黄克强，伯者赵伯先，展者
胡展堂也。吾所虑者，同人尽遭不测耳。今得安全，余心慰矣。"
继将全电译竟，文曰："克伯展归，克夫（何克夫）、克武（熊
克武）、执信（朱执信）力战出清（清字不明），佛山起毅（胡
毅生）或在，彼死者姓名后报"云云。翌日又接胡来电，文曰：
"恤死救亡，善后费重，奈何！"先生曰："展堂等亦极担忧矣。
惟筹善后费，是在同志之努力而已。"于是此处及各地同志，先
后电汇巨款接济，办理善后。是役虽一时失败，而华侨见国内同
志牺牲如此其热烈，因激发其奋斗之精神，更加努力，预筹更巨
之饷，以图再举。中山先生更乘势于四月六日通电全世界，布告
革命宗旨。

革命公司之经过

自广州党人作大牺牲之役后，民气膨胀，已达极点，虽外国
舆论亦多表同情。时机已熟，可无疑议矣。当是之时，以筹饷进
行最为急务。芝城同志尝请教于中山先生，指示方策。先生曰：
"若得美金二百万，为分途发难费。倘一方得手，即就地因粮筹
饷，革命成功可翘足而待。至筹饷之法，各地不同。同志诸君，
当体察情形，思一善策而行之可也。"于是梅乔林献议设立革命
公司，冀得巨款，以应军需，因察知一般侨胞对于爱护祖国，人
同此心，而革命足以救国，亦深表同情，劝其助饷，亦多应命，
若邀其加盟，则未敢遽诺，盖其意以为一旦加入，恐为世所指

名，将来归国，或有未便，故宁出财不出名。有此情形，应设立革命公司，每股收美金二百元，若得万股，为数已足。海外华侨之众，动以感情，责以大义，区区万股，不足集也。凡认股者，则认其为同盟会会员，惟股票不书姓名，只填暗号。待中华民国成立后，凭证以纪实之，其股票倍价收回。似此一举，而义利兼收，应无不乐为者。办法拟定，请示于先生许可，并亲撰缘起文（文稿存余处，现已遗失），录于捐册，并着同志积极进行。四月九日先生乃偕朱卓文赴波士顿。革命公司正进行中，接中山先生复李绮庵函，着股款未可急收，现谋借洋款可望事成云，因此暂缓收股款。及后，先生与致公堂大佬黄三德等磋商联合同盟会，设立筹饷总局。

中山先生复李绮庵函

绮庵义兄大鉴：

　　来示并阮伦兄信已得收读，敬悉一切。飞船习练一事，为吾党人材中之不可无，其为用自有不能预计之处，不独暗杀已也。兄既有志此道，则宜努力图之。[①] 上海敢死团之发现，想为愤激之士一时之感动耳，恐难长久。其宗旨内容，弟一概不知。惟以意推之，上海所发生之团体，向无能坚持长久者，料此团体亦不能免蹈此弊。以上乃以上乘方面观察之之言也。若以下乘方面而观之之言，则此等团体，多属纯盗虚声，揣摩风气之士之所为，不是不久销灭，则是先出种种之怪象。幸勿造次通信，请静观其后效如何。革命公司只认得数十份，则不必急于收股金。总要认及有半，乃可行之。急收则令人生疑，且阻进步。况股分未及半

---

　　① 以下从"上海"至"后效如何"共140字，台湾本删去，今据原函照片补
　　　　上。——编者

数，则收股金亦无济于事。故弟意此时只宜猛力鼓吹，使多人乐认。俟认有成数，乃定期收银。庶可免人怀疑，且无流弊。幸为转告同志可也。

弟现时正谋借洋款，事甚有望，但何时能实收成效，未可知也。如弟谋可成，则亦无容革命公司之款矣。故拟倡此公司，乃预防洋款无着，而为财政之备耳。

此公司之事，现在正为鼓吹时代，须要由近及远，得全美各埠之多人赞成，乃始施之实事，则人心必勇往向前而事乃易成也。

弟或于下礼拜一赶出西美，未定；若果赶出，则恐无暇停留贵埠矣，顺望转告各同志周知。此致。即候

各同志义安！

弟孙文谨启
西五月卅一号

同盟会致公堂之联合

美洲同盟会成立多年，提倡三民主义，不遗余力；革命风云，尤以三藩市为总枢纽。后更消除门户，联络大群，结合致公堂，共襄大业，开创之功，良不少矣！

同盟会与致公堂联合布告
以下布告俱照原文抄录

洪门为中国提倡排满革命之元祖，而大埠致公总堂之改良新章，更与本会三民主义宗旨相合。原可互相提携，共图进取，惟洪门内容含有秘密性质，而本会会员多未入洪者，故不免窒碍。今得孙总理驾抵金山，主张联合，而致公总堂专开特会以招纳本会会员之未入洪门者，本会集议全体赞成，特此布告各埠会员，

一体遵照，以成大群，合大力而共图光复之大业，是厚望。天运辛亥年五月二十二日。三藩市中国同盟会启。

致公总堂广告

孙文大哥痛祖国沉沦，抱革命真理，遍游五洲，驾抵金门，与众义兄聚集，倡议与同盟会联合，结大团体，匡扶革命事业。同盟会员热心祖国，全体公认其未进洪门者，一律入围，联成一气，本总堂叔父、大佬、义兄等，备极欢迎，开特别招贤之礼，以示优遇。尽释从前门户之分别，冀赞将来光复之伟业，扫房廷专制恶毒，复汉家自由幸福！仰我洪门人士一体知悉。须知招纳天下英才，本总堂之主义，特此布告，统为鉴照。天运辛亥年五月□□日。美洲大埠致公总堂启。

筹饷总局之成立

辛亥年五月，同盟会与致公堂联成一气，成立筹饷总局于三藩市，兹将总局职员列后：

总 办 员　朱三进　罗敦怡

监 督 员　黄三德

会 计 员　李公侠（是男）

核 数 员　司徒文烻　李务明

司 数 员　黄杰亭

中文书记　关缉卿　刘鞠可　黄任贤

西文书记　唐琼昌　黄伯耀

董 事 员　黄达仁　朱逸庭　李　寿　黎利生　伍平一

　　　　　区秀山　刘达朝　林朝汉　梁泽霖　林　元

　　　　　黄伟臣　许炯黎　刘冠辰　伍　寅　陆天培

　　李洪宇　廖达生　黄佩兰　邝文迎　刘学泽
　　伍梓楠　陈观光　曾进德　江　总　冯乾初
　　梁日东　余森郎　刘日初　郑超群
演 说 员　黄魂〔芸〕苏　张蔼蕴　赵煜

芝加古同盟会预祝中华民国成立布告

　　公启者：武昌已于本月十九日光复，义声所播，国人莫不额手相庆，而虏运行将告终。本会谨择于二十四日开预祝中华民国成立大会，仰各界侨胞，届期踊跃齐临庆祝，以壮声威，有厚望焉！此布。天运辛亥八月二十二日。芝加古同盟会启。

辛亥前美洲之革命运动（节录）

廖平子

　　己酉，清学部派侍读梁庆桂赴美劝学。三藩市、砵仑 Portland，舍路 Seattle、芝加古 Chicago、纽约 New York、波士顿 Boston 各中华会馆，遂设中华学堂，以国文及普通科学教授华侨子女，礼聘朱兆莘、程祖彝、张蔼蕴、黄魂〔芸〕苏等为教员，独张、黄主革命，未几辞职。蔼蕴以《大同日报》虽间有民族主义之宣传，而华侨对之不痛不痒，亟欲发起青年团，以见诸实行，以李是男有排满观念，乃就商之。适是男已有香港同盟会之任命，正欲秘密活动。从此李是男、温雄飞、黄超五、黄伯耀、黄魂〔芸〕苏、张蔼蕴遂结秘密社团以为基础，创办《美洲少年周刊》。

　　庚戌，总理抵美，张蔼蕴诣曰："革命事业，首贵宣传，尤贵实行。今美洲华侨方面，徒有报纸之鼓吹，而无实事之经营，窃以为未足。亟宜罗致海外有志之士，结社加盟，以成党势。至革命进行，则前仆后继。若终其身，而大业不成，则后世子孙赓续奋斗可也！"

　　总理曰："所见略同，此行正为此耳！"遂创立同盟会，首次加盟者仅十余人耳。

　　总理抵美时，驻三藩市清总领事许炳榛遣人私启其箱匣，欲盗窃秘密文书，以报清廷。事发，又亲往谢罪。总理斥之而退。总理登陆，由黄伯耀、李是男等照拂，寓粤东旅馆，盖华埠一廉价之旅馆也。空气光线虽足，惟地方颇狭，仅容床一张、小桌两张、椅三四张而已，总理行李萧条，尝自洗濯内衣，其自奉俭约如此。同志商借三藩市华人长老会教堂，请总理演说。业已布告，而牧师伍盘照临时爽约不纳。卒租屋仑 Oakland（在三藩市东，相隔一海湾，轮船电车共计四十五分钟可达）德国人会堂，作一度热烈之演讲。

卜技利 Berkeley（与屋仑相连，加省大学所在也）求是学社（留美学生团体）赵昱等，开会延总理演说，听众皆留美学生，而加盟者寥寥，甚者嗤之以鼻，不终会而退。可见当时基督教徒及留美学生，对于革命之态度矣！合全美留学生而计，先后参加同盟会者，只有刘成禺、马小进、程天斗、卢维溥、刘菊可、邝辉、伍进、周茂、萧遵约、邓家彦、赵昱、黄魂〔芸〕苏、张蔼蕴、李禄超。至教会牧师之赞同革命者，只有陈翰芬、高畴、萧雨滋。其余如李箕、黄杰亭、周朝泽、林朝汉、黄富、刘冠辰、李活生、余森郎、刘日初、赵肇邦、甄同相及其母陈意诚女士、李钧衡、杨汉魂、胡租、黄兆、赵昭森、李旺、余文伟、刘康、王冠洲、张洛川、朱汉儒、高廷槐、欧永福、苏少男、周林、许炳垣、余桂章、卫一新、叶殖兰、雷蕙泉、李奕振等，皆热心会员也。先是程祖彝、黄魂〔芸〕苏、张蔼蕴、黄超五等组织金门学堂，由三藩市宪政总会借用会所为校址。自同盟会成立后，蔼蕴专从教育上弘扬革命真理。时校董为保皇党人，大为不悦，同事教员，亦有责言，谓："说革命当在同盟会，不当在绝对的相反之宪政会会所。"蔼蕴答谓："君等以宪政会为主体，而金门学堂为客体；我则以金门学堂为主体，而以宪政会为客体。吾人所教育者学堂也，宪政会不过校址耳。"不恤。保皇党遂集非常会议议决，驱逐蔼蕴。而芸苏力争，乃并逐之。而学生除保皇子弟约占十分之一二外，余皆退学相随。李禄超、陆文澜等，皆当日追随之学生也。革命与非革命之教职员，亦由此分裂。魂〔芸〕苏、蔼蕴另租校址续办，仍用原名。复于屋仑设立求是学堂。蔼蕴与其妻曾步规于同埠另创明新学堂。此后高悬革命学堂旗帜，男女生徒加入同盟会者日众。是满清时代三民主义之教育也。然而学生之家长，因反对或畏忌革命而退学，或相戒不前者亦不少。从此个人家庭生计颠连困苦极矣。自维非革命成功，恐无归国之日，惟有力战环境，以自造运命而已矣！

缘美洲同盟会时代，经费异常拮据，职员多尽义务，且自备舟车费及缴纳会捐。与民元以后国民党之党势发达、薪水优渥不啻霄壤也，即革命环境同盟会与国民党亦大相悬殊。自民国成立，保皇党固天然淘汰，致公堂亦后起乏人，今则美洲国民党成为独一无二之势力矣。

张蔼蕴尝指导屋仑粤班锣鼓剧，排演《徐锡麟起义》，训练剧员乔扮孙中山、徐锡麟、秋瑾及代表其发言。李是男复组织新舞台，编演粤剧而自为生角粉墨登场，乘间灌输民族主义于观众，并藉此筹集革命军饷，是能辅助学校教育、报纸言论所不及者也。美洲革命言论机关，三藩市致公总堂则有《大同日报》，撰述者为刘成禺等；同盟会则有《少年中国晨报》，撰述者为伍平一、黄芸苏、张蔼蕴等；加拿大温哥华 Vancouver 则有《大汉日报》，撰述者为冯自由等；檀香山则有《自由新报》，撰述者为卢信、温雄飞、谢英伯。而保皇言论机关，纽约则有《维新报》，三藩市则有《世界日报》，撰述者为徐勤、欧榘甲、梁朝杰等。革命、保皇时有笔战，但多肆意谩骂，就中以魂〔芸〕苏之《斥徐勤》一文为最有价值。三月二十九日之役后，芝加古同志发起重刊魂〔芸〕苏之《斥徐勤》及蔼蕴之《革命之道德》两文为小册，以广宣传。冯自由叙述历次革命举义详明核实，刘成禺稔知世界大势，伍平一法理湛深，皆革命文坛之健者也。

三藩市同盟会成立后，纽约、芝加古、委林墨 Winnemucca、罗省 Los Angeles、北加非 Bakersfield、轩佛 Hanford、非士那 Fresno、沙加免度 Sacramento、葛仑 Courtland、埃仑顿 Isleton、士得顿 Stockton、屈臣委利 Watsonville 等埠同盟会相继成立，而以三藩市为总会，举张蔼蕴起草章程。蔼蕴以同志当实习民主政治，而以同盟会内容之组织当如民国政府，乃根据美国宪政法，三权鼎立，期实现共和之精神，以作美洲三藩市中国同盟总会章程。

美洲三藩市中国同盟会总会章程

第一章 大 纲

（一）本会为中国同盟总会之一，平时有权与所属支会商议会事，与各总会立于平等地位。

（二）革命军进行时，本会与各总会共商一合宜之地，以为办事处，由各总会选派代表员临驻该地办理一切。

（三）本会定名美洲三藩市中国同盟总会，直接统辖美洲支会。

（四）本会以博爱、平等、自由为宗旨，实行中国民族、民权、民生三大革命为职志。

（五）本会会员须谨奉宗旨，亲写盟书当天发誓，以表真诚。

（六）新入会员，即交入会费银二元，取回底票为据。

（七）本会豫立共和政体基础，故会内分设立法、行法、司法三部。

（八）立法权属之议员，行法权属之会长，司法权属之裁判员。

（九）本会会员皆有选举权。

（十）被选举员资格：一、通中国文字者，二、勇于任事者，三、交足军务费及地方费者，四、入会后三阅月者。

（十一）本会议员、会长、裁判员、司库员、司数员、核数员皆公举。此外属于立法部职员（如立法部书记等）由立法部公举；属于司法部职员由司法部选举，由议员赞成；属于行法部职员（如书记员、演说员、调查员、稽核员、纠仪员、干事员等），皆由会长选举，由议员赞成。

（十二）本会职员定例每年选举一次，并每遇会员增至一倍时选举一次。

（十三）凡由会众公举之职员，若在同一之部，不能连接三任。

（十四）各会员皆有介绍同志入会之权。

（十五）凡会员能解释宗旨明白者，皆可受任为主盟人，惟须得会长之许可凭证。

（十六）凡主盟人接收同志入会后，须将盟书缴交总会注册收存。

（十七）各会员有担任军务费及当地会所费之义务。军务费每人每年纳银二元，分两期交足，第一期二月以前收齐，第二期八月以前收齐。当地会所费，则由当地会员依预算表每月均分担任或量力担任。

（十八）凡会员如遭境遇困迫万难完纳军务费及当地会所费，当由会长派员查实，又经议员多数赞成，可暂豁免当地会所费，若过六个月之外仍须再议。

（十九）凡会员能完尽本会义务者，平时固有互相亲爱、互相扶持之义务，至遇有患难，本会又当设法救助，无论在内地或外洋为本会办事被难，本会当集众助恤其家人。

（二十）凡会员领有底号及完尽本会义务者，至革命成功之日，得列名为中华民国创建员，以垂青史而永志念。

（二十一）本会会员皆侨寓异邦，凡遇同胞受人凌虐，皆当伸公理以拒强权，及赞助一切公益之事，使人人知革命党人，无在非爱国、爱种、爱自由之举动。

（二十二）本会欲使会众团体密切，声气灵通，特仿革命军队编制之法，以联结会众，其帙如下：

以八人为一排　内自举排长一人，共八人

以三排为一列　外自举列长一人，共二十五人

以四列为一队　外自举队长一人，共一百零一人

以四队为一营　外自举营长一人，共四百零五人

（二十三）凡事关于本会者，会员皆有调查及报告之权。

（二十四）凡会员欠军务费或月费过六阅月外，不能享本会一切之权利，过十二阅月外，不得入会听议事。

（二十五）会员职员权限，除会章规定外一切平等。

（二十六）会员如离甲埠往乙埠，如乙埠已有会所，该会员可依乙埠会所之章程尽其义务，而享其权利，而对于甲埠会所之义务、权利，即于是时停止。

（二十七）本会女会员之入会费、军务费、月费皆比男子会员折半缴纳，其余一切义务、权利，男女平等。

（二十八）本会每星期晚由八点钟至十点钟开寻常会议，如有急务，则由会长布告开特别会议。

（二十九）凡会员勤劳会事，及介绍同志十人入会者记功一次，百人者记大功一次，捐银拾元者记功一次，百元者记大功一次，由会长暂给功牌表志，至革命成功之日，得与军士一体论功行赏。

（三十）凡会员同时不能兼两职员。

以下支会：

（三十一）凡外埠会员既成支会，必须将该支会章程一份寄存总会，由总会司法部察核无违本会大旨，先由议员公认，次由

会长签押方可。该支会既受本会公认，则嗣后该支会如有改章法亦如之，惟不背本会宗旨者各支会均听自治。

（三十二）凡入会费及军务费，必须缴交总会存贮，设法生利，若非关于军务与全体利害不得滥用。

（三十三）支会会员，对于总会亦有选举权，惟须俟总会初选举后，将候选职员名册分寄支会，由支会察核公举，依限寄交总会。

（三十四）支会有权派员随时稽核总会之入会费及军务费。

（三十五）总会对于各支会有提携之义务。

（三十六）总会对于各支会有管理入会费及军务费之权。

（三十七）支会有代总会收各会员入会费及军务费之权。

第二章　权　　限

（甲）立法部（即议会）

（一）议员定数以每届选举期会员人数定之，由在任议员届时酌量增加。

（二）如议员有因事离任，即以候补议员补充，若仍不足，则由会员另举充数，至少须有议员定数三分二在位。

（三）议长以副会长充之，若正会长不在位，副会长则摄行正会长之事，议院可举临时议长。

（四）议长当议员决事可否各半之时，有判决议案之权。

（五）凡议员告假过一月（即四星期），众议员能体察情形，由会长报告以候补议员以次补实。

（六）凡议员或其他职员有作汉奸、侵公款及不称职、背章程之事，经会员向司法部告发，俟得裁判员判决罪名，及经议员三分二同意，即令议员或职员离任。

（七）议会议事经议员议决者，即由议会书记记录，惟秘密事件则体察情形不使记载。

（八）议员有筹款或借款之权，惟须请理财职员先列预算表，布告会众，由本会通力合筹，惟所筹之款须关于本会全体重要之事。

（九）凡会员有欲提议之事，须于未开议之前详列所议事件，自署姓名，交议长或议员，临时提议由议员多数取决。

（十）凡议案通过，议会交会长签押，则作为成议，会长无论赞成与反对，须略将己见当众宣布。会员如有反对即起立驳论，惟只有驳论权，而无取决权，且驳论之时会长有权令其停止。

（十一）凡议案经会员驳论之后，会长有权裁判。如会长仍赞成议案，则会员不能再驳，如会长反对议案，则交议会再议。如议员有三分二赞成者，无论会长签押与否仍得施行。

（十二）凡议员非在会所或非集众开会，所议均无效力。

（十三）议会对于议决之后，非有显背章程，各职员不得阻挠，各职员办事非有显背章程，议会亦不得阻挠。

（十四）议员辩驳时，有溢出议案范围者，议长有权止之。

（十五）凡裁判员作汉奸、侵公款、不称职、背章程，经会员向议院告发，确凿有据，议员有三分之二之同意，即交会长宣布斥逐。会长若不认可，则交回议院再判，议员仍有三分二赞成斥逐，则会长不能阻挠。

（十六）议会书记当会议时记录议案，散会后列入议案册，垂诸久远。

（乙）**行法部**

（一）本会公举正会长一员，副会长一员。

（二）正会长对于外界及会内于法律范围有代表全体之权。

（三）正会长对于已决议案，有督令实行之权。

（四）正会长有任用庶务员之权，惟须议会认可。

（五）凡会员违背本会章程，由裁判员拟罚，正会长有权减轻其罚或竟免之。

（六）在议会闭会之期，如遇有急务，正会长得随时召集议员开会。

（七）议会议案送正会长签押施行，如正会长反对，得驳回再议，惟议会再议后，仍得议员三分二赞成，则无论正会长允否，仍得施行。

（八）正会长有临议会听议之权及交议案与议会提议之权。

（九）外来公函除正会长外，他人无权拆阅。

（十）副会长平时作议长，若会长不在位，则副会长履其位，执行正会长之权。

以上正副会长。

（十一）本会公举司库一员，凡遇集会期必先到会收取入会费、军务费、月费。

（十二）司库员存款不得过百元之数，若百元以上，即与正副会长会同签名存放银行。

以上司库员。

（十三）本会公举司数一员，每遇集会期须先到会，将进支数目与司库员校对清楚。

（十四）凡会员交费用与司库员，由司库员发给收单后，由司数员登部。

（十五）每月终清理进支数目一次，交核数员核过，即对众宣布。

（十六）每六阅月由司数员列一会员欠经费表以供众览。

（十七）每岁终统计，刻征信录以供众览。

以上司数员。

（十八）每月清理数目及岁终统计后，由司数员交核数员校核，若皆符合，盖以印记。

以上核数员。

（十九）外事之关系本会者，由调查员设法侦探，务得真确消息，尤以神速为贵，布告本会。

以上调查员。

（二十）议事时由稽核员稽查，凡非会员阻止到场。

（廿一）稽核员当集会时，各职员之不到或迟到或先期出场者，皆列表记之，散会后告知裁判员。

以上稽核员。

（廿二）纠仪员当演说议事时，禁止不守规则之行为及一切有碍会场之事。

以上纠仪员。

（廿三）凡会场之整洁及布置，皆干事员主之。

以上干事员。

（廿四）行法部正书记一名、副书记一名，办理各埠及内地通信与会员注册及一切抄录撰著之事。

以上中文书记。

（廿五）凡关于西文及与西人交涉之文件，一切撰著及记载，由西文书记任之，或交中文书记翻译中文存据。

以上西文书记。

（丙）司法部

（一）凡职员有违背本会定章，裁判员依法审判之。

（二）凡支会章程或增改章程寄存总会，由裁判员察核其有无违背总会大旨。

（三）裁判员除司法外，不得干涉立法、行法两部之事。

（四）凡会员超权利之要求，由裁判员按例核夺。

（五）参同立法部第六条。

第三章　增改章程

（一）凡议员有三人同意提议增改章程者，议长即提为议案，由会员公举临时议员，其数比现任议员之半数与现任议员合议有四分三赞成者，方得交会长取决，若会长反驳而赞成如故，即可施行。

（二）凡与支会有关系之章程，由支会提议增改，须有三支会提议方得提议，得四分三之支会赞成方得施行。

（三）所增改章程，总会不能改变（实行中国民族、民权、民生三大革命事业之职志）。

（四）增改新章，必须留存旧章以资查考。

附章二则

（甲）选举及交代

（一）时期　除会员增至一倍选举外，每年以十一月终礼拜晚为初选举。

（二）初选举　选举时由干事员发票，各会员择其有会长资格者任书二名于票上，后由干事员收齐汇交开票员唱名，由书记录出；以票数最多之四名为候选会长。如上法各会员择其有议员资格者任书若干名，即照议员定数于票上，开票后最多之若干名，即比议员定数多一倍为候选议员。如上法选候选司库员二名，举时只写一名。如上法选候选司数员二员，举时只写一名。再如上法选候选核数员二名，举时只写一名。

（三）复选举　初选举之后四礼拜为复选举，初选之后即以候选职员编列一纸，分给各会员以行复选，每纸书以号数，书记员记录某员取某号，以便查收汇齐之后当众开票，除议员须多取数名为候补议员外，其余依职员定数取足为止。

（四）新选职员补选后一礼拜当职，当职之先各职员对众宣誓曰："吾恪守本会章程，忠诚任事，图会事之发达。"

（五）旧职员须交代清楚，方能离任。

（乙）会议及会场规则

（一）稽核员于开议五分钟前，稽查在场者是否会员。

（二）届聚集时稽查职员名册，有不到者记之。

（三）届议事时有仪容不端、声浪嘈杂者，纠仪员得纠正之。

（四）议会或会长录议案于板上，俾会员一体周知。

（五）届议事时，议长朗诵议案三遍复坐，议员或解释，或伸论，或问难，或反驳，须虚心商榷，以底于至善，言必起立，每次言不得过五分钟。

（六）议长于议员辩论后，停止一分钟外，方请各议员举手，或投票取决议案。

（七）凡议院已决之议案，由议长交会长宣布。

（八）凡议院已决之议案，经会长宣布后，各会员均可辩论，惟无取决权。

（九）聚会时，凡有咳唾于地、吸烟、交头接语及一切暴动无礼之事均作犯例论，由纠仪员向司法部告发，判决议罚。

（十）罚款由银一毛至一元，不得滥罚。

（十一）寻常会议，由晚八点至十点一律聚散。

（十二）倘有要事，虽过会议定时，会长有权留各议员议事，不得却之。

美洲三藩市中国同盟总会章程，由会员大会通过后，分发各埠分会及海内外同志，皆复函称善。旅英同盟会吴稚辉，尤为赞许，由伦敦复函，有"金山同志名不虚传"之语。同盟会之革命运动突飞猛进，黄魂〔芸〕苏、张蔼蕴、赵昱、高才雄辩，有美洲三杰之誉，常率同志排队出发作露天演讲大会，非议清廷政治，发挥民族主义、共和学说及革命真谛。有一次同盟会露天演说后，排队返会所，有旅美德国无政府党人某君随众返回谈话谓："中国革命为世界历史必经之阶级，但宣传主义宜注意儿童。"关于人民自由幸福则谓："如日、俄战役势不相下者，实两国帝皇耳。何不只令日、俄二皇决斗，以免涂炭两国生灵乎？"此亦项王谓汉王天下匈匈〔汹汹〕，徒以吾两人之意也。女会员曾步规演说主义于大会，勉男女侨胞赞助革命，而美国日报及社会党称之。由此可见在美之无政府党、社会党及美国舆论，对于中国革命之同情矣！

清亲王载洵赴美考察军政时，华商大张电灯于康庄大道以为欢迎。同盟会则借其灯光辉煌而开露天大会，大倡排满之论，舆论为之丕变。翌日邝佐治欲伺载洵于道而杀之，为美侦缉所觉察，检查其怀枪，拘而讯之。佐治直认不讳，遂以有意杀人罪判禁十四年，民国纪元后省释，入狱四年耳。露天演讲为反革命派所忌，嬉笑怒骂，甚至恐吓，然不为所动。彼党尝贿使美国警察当演说至兴高采烈之际，借口阻碍交通，驱逐听众。盖美国言论自由载在宪法，不轻于干涉演说者也，然而听众散乱则演者自止。后由会派朱卓文往警署交涉，彼初仍指责所树旗帜不并树美国旗，盖通例在他国树自国国旗，当以驻在国国旗并树。但当时所树者，非中华民国三色旗，只系白布旗帜大书演说二字耳，卒获许。今见外人居留我国，汽车前任意独树彼国国旗，飞扬招展，当道不知作何感想。

清大臣李经羲抵美，赵昱于露天演说抨击之，语涉李族，三藩市李陇西（李家公所）借口侮辱全族，集议对待。李绮庵以同盟会会员兼宗亲之谊，欲向李氏调停，而遭殴打。绮庵现任南京侨务委员会委员。美国各埠华侨多有两个以上之斗杀团体，名曰堂号。其成立之始，因华侨多从乡间赴美，乡村宗法社会·思想太深，其流弊为大族姓欺压小族姓，小族姓乃结堂号以对待之。故西美一带有合胜堂、萃胜堂、秉公堂等；东美一带有安良堂、协胜堂，皆势均力敌者也。初时本为锄强扶弱，然而日久不问是非曲直，只知有堂友，黠者遂借堂滋事作恶。若遇对方属他堂者，则两堂启衅谓之"堂斗"。当甲乙堂斗时期，甲堂人与乙堂人互相伺机暗杀，杀风牵连各埠，蔓延几省（美国分四十六省），平均每年死于堂斗者，至少数十人。堂号财雄势大，利用美国刑法之宽弛，法界之黑暗，警吏、公家律师（检察官）、陪审员、法官、省长可以贿通，故杀人者常得免刑，此种恶风为旅美各国人种所无，独华侨有之，固为美国政治之污点，亦我中华民族之奇耻大辱也！

逊清末年，美洲之革命运动奔腾澎湃，保皇党以为隐忧，遂相率而加入秉公堂，是堂本洪门支派而为堂号性质，在西美一带势力殊大。保皇党利用之，对于同盟会固仇视，尝因堂员雷祝三加入同盟会，乃殴打而革出之。直至民国初年祝三再赴美经檀香山时，由檀岛国民党招待。秉公堂阅报得悉，使人向三藩市移民局诬其曾充堂号打手。当审讯时，祝三又负气与局员冲突，遂判拨回籍，旅美三藩市国民党总支部派黄伯耀交涉无效。祝三为同盟会热心会员，回籍后曾充广州市警察第十一区分署长，现充广韶铁路课长。秉公堂即对于致公堂亦树敌，盖致公非堂号性质，不轻动杀机，故有时亦为所困。

秉公堂之势力以在沙加免度 Sacramento（加省首府，省长驻跸）为最大，常交结省长及其他高级官员。因反革命，故与同埠致公堂将肇血衅，声势汹汹，危机一发。而当地同盟会黄晋三仍邀请总理至。总理与黄伯耀、张蔼蕴抵埠后，始知履险，乃责晋三冒昧，即偕伯耀往言和。秉公堂主席刘三才悦服，总理并制止致公堂好事者不得暴动。和议成，三才召集茶会欢迎总理与蔼蕴，演说革命救国于秉公堂时，讲座对壁尚高悬"本堂手足不得加入同盟会"之谕也。后三才卒以是不容于堂，辞退主席而皈依民党，现在香港业医。由此观之，当时革命环境异常恶劣，同盟会迭受摧残，同志之奋斗艰难可想见矣！

黄晋三本为侨商，热心忠诚。民国纪元后，曾一度充革命政府会计处主任。卸职后返美山爹古 San Diego 华侨铺户作厨夫。邝佐治在美暗杀载洵不成而入狱，为国牺牲，其志可嘉。美政府对之当与普通刑事犯有别，其在狱读书作工，复能安守本分，故获减刑，现仍在美作西餐厨子。吴朝晋慷慨尚侠，自纽约同盟会、中华革命党以至国民党，曾历任会长、部长及党办《民气报》总理，对于党事二十年如一日，前后捐输美金巨万，同志如汪精卫、张继、邓家彦、赵士觐、谢英伯、黄魂（芸）苏、赵昱、张蔼蕴等，皆曾于贫困患难中受其资助。且通达时务，与西人论事，有识皆为之惊叹。今仍在纽约设洗衣馆，朝夕洗熨衣裳，自食其力，不积资产。张蔼蕴自民二由总理特函袁世凯给予官费留学美国，毕业太平洋大学及加省大学，至民十三归国历任广东大学、广东国民大学教授。赵昱于民元曾充广东临时省议会议员，返美读书作工，现任上海致公堂总理。伍平一则在上海充律师。其余当年效力于同盟会，而民国成立后，仍操工商、教育、法律、医药、新闻等旧业者大不乏人，皆革命之不言禄者也。

孙总理三度游美事略

廖平子

　　总理为扩张党势，及募集款项，前后凡三度游美：第一次为丙申岁（清光绪二十二年），是时因乙未革命失败，知非向有团体有主义之人说其合作，必不为功。美洲三合会至众，其主义为反清复明，与革命宗旨合，远渡太平洋，实本此意。其行程由檀香山抵旧金山，登岸后，乘火车横过美洲大陆，以达太平洋〔大西洋〕西岸之纽约，沿途经沙加缅度、芝加古各城市。所到之处，或留数日，或留十数日，向各华侨殷勤开导，演说革命救国，及异族如何苛待，痛快淋漓。讵言者谆谆，听者藐藐。此中盖有原因：一则总理虽为革命发起人，但此时尚未正式加入三合会，华侨门户之见颇深，以于会外人不肯帮忙；二、三合会虽以反清复明为主义，但不过徒有其名，于"革命"两字，实未尝洞晓。又以识字者少，不能锐入，演说者口如悬河，亦苦枘凿不相入。总理知其如此，遂居留四阅月，即行舍去，转赴伦敦，而有使馆被囚之事（使馆被囚另为一事，兹不具录）。

　　第二次游美，为甲辰春间，总理鉴于前度游美之无成绩也，知非联络洪门，不足以增加势力，乃从其舅氏杨文纳之劝告，毅然加入三合会，于是一跃而为洪棍矣。然虽加入三合会，抵旧金山时，仍不免保皇党之构陷。盖保皇党此时正入寇三合会，惧总理之来而发其复，乃用先发制人之策，使同党之税关译员，阻勿登岸，向三藩市移民局攻讦，谓所持护照乃伪造者。移民局遽信其言，将总理禁于畑治埃伦木屋者一日。卒由美国致公堂总会总理黄三德、《大同日报》总理唐琼昌等援助，以五千元保出候讯，遂乃无事。总理此次游美，渐趋活动，在檀香山组设《檀山新报》（后改名《民生日报》），在旧金山设《大同日报》，皆伸张革命主义，力与保皇党各机关报宣战。其成绩最著者，莫如游历各埠，鼓吹洪门总注册。盖美洲华侨，属致公堂党籍者，占十之八九，除旧金山总堂外，各埠设立分会者，尚有百数十处。惟分堂对于总堂，向少联络，团体日涣，威信渐失。加以洪门重要职员，多染保皇余毒，忘却反清复明面目，非重行注册，实事联络不可。于是手订致公堂新章程凡八十条（章程八十条已散见各刊物，又非本篇主体，故不录）。此八十条章程倘能实行，凡洪门会员，皆须一律缴纳注册费，全美致公堂会友逾十万人，此项收入，为数不赀，大可供给内地革命军之用。此议经旧金山总堂赞成，并推举总理及黄三德遍游南北东西百数十埠，劝告各洪门人士，实行反清复明，及总注册之利益。奈此时洪门各会员，尚多不明瞭革命大势，对于注册一事，阳奉阴违，延不举办，遂成画饼。然注册之事虽不成，经此一番提撕警觉，其影响殊非浅鲜也。此次总理留美四阅月，以效果尚少，旋以党事委于黄三德、唐琼昌等，而有欧洲之行。

第三次为辛亥春间，当时总理既为同盟会首领，又取得三合会洪棍资格，故此次游美，声势异常浩大。至其主旨，则为合同盟会、三合会于一炉而冶，并筹募巨款，以为革命之用也。抵岸后，同盟会、致公堂，皆分张布告，其布告如下：

洪门为中国提倡排满革命之元祖，而大埠致公总堂之改良新章，更与本会三民宗旨相合，原可互相提携，共图进取。惟洪门内容含有秘密性质，而本会会员尚多未入洪门者，故不免窒碍。

今得孙总理驾抵金山，主张联合，而致公总堂专开特别会，以招纳本会会员之未入洪门者。本会集议，全体赞成，特此布告，各埠会员一体遵照，以成大群，合大力而共图光复之大业，是为幸望。天运辛亥年五月二十二日。三藩市，中国同盟会启。

孙文大哥痛祖国沉沦，抱革命真理，遍游五洲，驾抵金山，与众义兄聚集，倡议与同盟会联合，结大团体匡扶革命事业。同盟会员，热心祖国，全体公认，其未进洪门者，一律入闱，联成一气。本总堂叔父大佬义兄等，备极欢迎，开特别欢迎之礼，以示优遇，尽释从前门户之分别，冀将来光复之伟业，扫虏廷专制恶毒，复汉家自由幸福。凡我洪门人士，一体知悉，须知招纳天下英才，本总堂之主义。特此布告，统为鉴照。天运辛亥年五月□□日。美洲大埠致公总堂启。

同盟会与致公堂联合后，于是同立在一条战线，为革命事业，其第一级即向各处募款，策应内地各同志。盖值三月廿九黄花冈一役之后，各处革命潮，奔腾澎湃一日千里也。于时总理亲自出发，与张蔼蕴、黄芸苏、赵昱等，周游各埠。当时致公总堂，派员游埠演说，筹饷布告云：

本总堂首次提倡筹饷，为空前之伟举，我洪门人士，虽羁身海外，而二百六十余年亡国之惨痛，刻不去怀。今者风云急矣，时机熟矣。筹饷之议，全体赞成，同肩责任矣。现经印就捐册寄呈各埠，复派演说员两队，孙文大哥、黄芸苏君为一队，周流美国之北；张蔼蕴君、赵昱君为一队，周流美国之南，分途遍游全美，演说劝捐，发挥本堂宗旨，务达实行目的。该员等所到各埠，凡我同志，务祈优礼欢迎。并望各埠职员叔父，鼓励同胞，慷慨捐助，巨资麋集，大举义旗，十代之仇，指日可复，不特我洪门之光，抑亦汉族之幸也。

孙文大哥与黄、张、赵三君游埠演说路程大略：

孙文大哥、黄芸苏君，于七月初二日动程，先往拨仓、次舍路、士卜顷、抓李抓罅、追加失地、杭定顿、南巴贝士卜忌、爹罅、恶顿、梳力、洛士丙令、剪化、恳士失地、圣藟、士卡古、先仙拿打、必珠卜、保利么、华盛顿、费路姐化、纽约、乞佛、士炳非、保士顿、保夫卢、企里仑、积彩、乜地慎、胜普、棉答步路、柯未贺、地高打掌慎、积活比令士、笠巴士顿、气连打、猫失地、委墨林、底利古、李糯，至卡慎而还。

张蔼蕴君、赵昱君，亦同日动程，先往孖写、次孖且罅、非士那、轩佛、子打厘、北加非、汝路士、巴士杰、委林士、夫冷士令、云士路、巴梳、恳寅失地、火活、统麻笃西、圣藟、茵陈答步士、先仙拿打、加杭亚壬、必珠卜、纽约、费路姐化、保利么、华盛顿、罗利卡杭比亚、士湾拿、昃臣委、墨简、亚连打、孖敢厘、比路么、纽柯连、布满、山多寸、把梳、水路花失地、罗珠卜、企粒顿、古碌、片臣、子笥、非匿夭马、力运、粒巴洗、山班剪打、罗省、山姐姑、笃市拿、山子罅、山地巴罢、杭卜和老比、山藟比市布、市彝打、山古罗司、挖臣委利、山多些、尾利扮，至山多酒而还。

北美洲致公总堂启

自是而后，每抵一埠，当地致公堂分堂，即向总堂报告，皆言演说员何等热心，与及捐助者何等踊跃。计总理与黄、张、赵三君，当日购长途车券，与铁路公司接洽，限期九阅月，期内依划定路线，沿途各埠，随意下车逗留，不得阻止。由辛亥夏历七月初二动程，甫及三阅月，而武昌革命爆发。翌日，两路演说筹饷员，不期而遇于恳士斯地（Kansas City，美国南部都市），闻武昌起义已得手，不禁大喜。总理于是不复依原定计划按埠进行，直往纽约办理外交矣。余黄、张、赵三君，则仍按路程由恳士斯地而圣藟，而芝卡古，而纽约。

黄、张、赵抵纽约后，关于革命进行，与总理策画月余，略觉就绪，总理先赴欧，经南洋群岛，抵香港，然后赴南京，就临时大总统职，黄、张、赵三君，则承总理命，依原路程返三藩市，而后归国服务。

自筹饷局布告筹饷员七月出发之后，分道扬镳，游埠约五阅月。至十一月杪，赵昱先抵粤，张蔼蕴、黄魂〔芸〕苏亦先后抵宁，时临时政府已成立，总理任临时大总统已匝月矣。是行也，据筹饷局公布，进款总数，为美金一十四万四千一百三十元四毫一先，皆汇交香港《中国日报》及金利源店（见《美洲金山国民救济局筹饷征信录》）①，以后则交三藩市中华会馆（华侨总机关）办理。

此编所述，以第三次游美为详，记者昔随总理时恭聆所说，谨忆梗概，余则本诸张蔼蕴同志笔述，并志于此，平子志。

---

①　全名为《美洲金山国民救济局革命军筹饷征信录》。

北美洲各埠欢迎总理筹款事略

廖平子

总理亲莅美洲凡三次，皆所以经营革命事业也。然迄第三次，乃获当地华侨之欢迎，不似从前之冷落。所以然者：一、侨胞渐明种族大势，知非革命不可以图存。二、保皇党诱惑侨胞之诡计逐渐破露，群悉康有为辈之不足靠。三、总理此时已投身三合会，同盟会与致公堂正式合并，感情毋复隔阂也。于是总理所至之处，无不备受侨胞欢迎。辛亥五月，美洲大埠致公堂，既已将总理克期出发北美各埠筹款之事布告，各处同志于是万众一心，争相努力。总理驾发后，所到之处，当地同志，即将事实向大埠致公堂报告。计所报告如下：士得顿函云："孙公逸仙偕赵君昱、张君蔼蕴，抵士得顿 stockton 埠。致公堂同志，备自由车，往站迎接。先到公堂少憩。该埠萃胜堂，开周月纪念，并欢迎孙公大会。是晚，席上演说，先由主席宣布开会宗旨，随请张蔼蕴君演说，大意述清政府压制汉人之苦。次请赵昱君演说，大意述外国欺凌中国人之苦。末请孙公演说，大意谓堂号有合群之性质，有保护同群抵抗外侮之勇敢，更宜本其爱群之心，以爱四万万之同胞；本其抵抗外侮之心，以抵抗异族专制政府。演毕，鼓掌之声不绝。次日，乘车往渴市地臣演说矣。"

埃仑顿 Isleton 云："孙公逸仙，抵埃仑顿埠。该埠洪门手足甘余人，亲到码头欢迎。万仑、活梧两埠同志，先到该埠候驾，汪古路亦发电话邀请。即午开茶会于该埠会新楼。接见各同志，大有应接不暇之势。是晚七点半钟，在致公堂演说，附近园口，纷纷到听，座为之满。先由主席宣布开会理由，次请孙公演说，发挥三民主义，及革命难易问题。末由黄芸苏、张蔼蕴二君继演讲革命为国民之义务，同心协力之易成功，不革命之招瓜分。演说毕，座中热心志士，多愿担任劝捐军费值理，人心踊跃，可见一斑。次午，会宴毕，即乘自由车往汪古鲁矣。"

葛仑 Courtland 函云："葛仑同盟会开幕，并欢迎孙先生。濒行时，全埠梓里请宴，备极热烈，可见该埠全体之趋向革命矣。由葛仑至活吾埠，经一度演说，至二埠。同盟会本决定某日开周年纪念，并欢迎孙先生会，后因各团体轮流欢迎，争先恐后，甚至一日赴欢迎会数次者，同盟会为之改期，二埠之人心，又可概见矣。二埠同盟会开会后于各团体。假座会燕楼，先由会长摇铃静场，宣布开会宗旨。张蔼蕴君演说，大意谓'各国革命，以致富强者，不可胜数；而印度、高丽、安南等，不早振奋，遂为奴隶，吾人当及早为计'等语。随请孙先生演说'革命免瓜分问题'、'革命难易问题'，兼痛论革命流血之少，而不革命遭清政府有形或无形之杀戮，流血之多，何止百数十倍。时座为之满，听者鼓掌不已，继以顿足。演毕，欢呼而散。"

砵仑 Portlond 函云："革命首领孙逸仙先生，与黄芸苏君，驾抵砵仑，致公堂备车欢迎。先到致公堂稍憩，随往拜客，各同胞相见甚欢。在西人亚伦可跳舞堂演说，听者五百余人，为埠中空前之大会集。先由致公堂总理宣布开会宗旨，随请魂〔芸〕苏君演说，专发挥种族问题。略谓：'多数文明智种，贴服于少数野蛮贱种，为古今万国所无之耻辱'云云。次请孙先生演说，痛陈亡国之悲惨，及革命之利益。略谓'美国之如此富强，亦革命之良好结果，而华人且受其赐。以美国之革命，尚可以利及华

人，吾国内地之蕴蓄，地皮之生产，皆胜于美，倘吾中国能革
命，开浚财源，到其时美人且往中国觅食，吾人尚何须作外人篱
下之寄邪'云云。每次演毕，鼓掌吹口之声，震动檐壁，可谓盛
矣。现本埠华人多往鱼湿，留埠者不过千人，而听者竟达五百过
外，若各鱼湿收工，人数不止三千，其踊跃情形，当加倍蓰。是
晚致公堂请宴后，复在该处演说，我同胞之欢迎革命可想矣。"

舍路 Seatle 函云："本埠自革命领袖孙先生，与黄魂〔芸〕
苏君到埠演说后，人心倾向革命，如水就下。即平时最不喜谈革
命者，至今亦连声诺诺，以革命事业为救国之唯一上策。复连演
说两次，孙先生将历年革命之历史，及将来革命之方法，解释无
遗。听者均为感动，且担任力助革命事业，以期速成。是日致公
堂请宴，到者六十余人。席上演说后，次日各商店复请宴，宾主
一堂，更形热闹。"

士卜顷 Spokone 函云："今年来本埠同胞，无论农、工、商
界，皆热心趋于革命之途，捐款尤以工人为多，且有无工栖身而
借债捐助者，人心足见一斑矣。"

抓李抓罅 Walla Wallu 函云："革党领袖孙逸仙，与黄魂
〔芸〕苏先生驾临本埠，各商家备车多乘，到站迎迓，且备宴洗
尘，宾主甚欢。连晚开演说会，一般老农老圃，均辍耕来听。孙
先生以保皇比之孝敬仇敌，革命譬之孝敬父母，听者于革命、保
皇之是非，始豁然领悟，无不欢忻鼓舞，担任赞助革命事业。"

恶顿 Ogden 函云："孙逸仙、黄魂〔芸〕苏君，由卜忌罅抵
本埠，洪门各手足，赴站迎迓，先到公堂小驻。翌日，会见各手
足。晚间演说，西人闻其事，亦踊跃观听，且盛称其事，盖本埠
皆有西报访员也。随迭接李糯及委林麦同胞函电多次，催促孙、
黄两君先到该埠，然后他往，二君以其意诚，已允之矣。"

卡臣斯地 Carson City 函云："六月十六日，孙先生抵本埠，
公堂手足，竭诚欢迎。一点钟，在公堂演说革命真理，听者满

座，踊跃非常。先生以埠多路长，勾留一日，即晚返李糯。同胞间有为工羁身，不及一瞻丰采，无不叹息。自兹以后，虽平日反对革命者，亦转而归化，人心大有可为也。"

李糯 Reno 函云："孙逸仙先生偕黄芸苏君驾抵本埠，致公堂手足，与同盟会会员，预先往车站候迎，同到哥路顿大旅馆憩息。翌朝，各同志备自由车数辆，到旅馆迎往公堂聚会。少顷，随往各商店拜客，各商家欢迎之色，达于眉宇，大有相见恨晚之慨。下午三点钟，本埠市长厘非路，及警察长昙到访，嗣与各同志、各商家同乘自由车，周游本埠名胜。至晚六点钟，设西餐以为欢宴，中西来宾满堂。席次，各西报访员次第探问中国情形。"

波士顿 Boston 函云："革命领袖孙君、演说员黄魂〔芸〕苏君驾临本埠，埠商到站迎迓。该埠除少数热衷革命外，余均属保皇党。是晚在保皇会所演说，壁间有悬挂者，尽保皇党员照像，不下百数十幅，每幅必以满清皇帝载湉之像冠其上，且题'保救大清光绪皇帝'字样。孙先生见之，大生种族观念，知彼等无知，为康、梁、徐等所卖，即将种族主义，痛加发挥，良心尚在者，正若一棒当头，豁然省悟。而一般死心大清皇帝者，聆排满之论，大为不悦。孙先生以彼等奴根牢不可拔，益痛责之，彼等垂头丧气，目瞪口呆，乘机遁去。呜呼！真奴隶现形也。"

按总理当日所定路程，本不只此。在途三阅月，忽闻武昌起义之讯，喜极。不遑他顾，由恳士斯地 Konsas City 直往纽约 New York 办理外交，不复依照原定路程，而筹款之事，并专托张蔼蕴、黄魂〔芸〕苏、赵昱三人主持，而三人亦能继续努力，卒集巨款云。

古巴的三民阅书报社

黄鼎之

编者按：本文辑录自 1936 年出版黄鼎之著《中国国民党驻古巴党务概观》一书，标题系编者所加。

革命思想之萌芽

旅古华工获得居住与营业之自由，又如上述。查在此期间，赴古华工，约有数万之众。迨清光绪二十年以后，华人自由赴古者，乃络绎不绝。迨光绪二十七年（即公历 1902 年），鼎之赴古之时，为数益众。当时旅古侨胞，有"老客""新客"之称。所谓"老客"者，乃在咸、同、光年间赴古之华工也；"新客"者，乃在光绪末叶自由赴古营生者也。至当时华侨团体，除"老客"获自由后，在各埠所组织之堂所以为工余休息者外，在古京则釀资购置三层大厦一座，组织一中华总会馆，以为华侨最高之机关（驻古京中国领事馆即在该厦二楼）。

此为〔间〕政治团体，在光绪末叶，则有保皇会之设（该会设在役都里街六十号 Virtudes 60，即鼎之工作店号之上层）。因尔时康、梁自戊戌政变逃亡海外后，在美、加各地，遍设保皇会，愚惑华侨。古巴僻处海隅，不免为此邪说所传播。尔时鼎之已服膺孙中山先生之革命学说，及为邹容先生所著之《革命军》一书所陶熔，对于保皇谬说，常非斥之。查当时该会会员仅有数十人，不旋踵即归消灭。既而鼎之复为东京《民报》临时特刊及各期《民报》图文所灌输，（按该特刊篇首绘有曾、左、李、及张之洞、岑春煊、袁世凯等肖像，或人首蛇身，或首级倒置，种种奇形，不一而足。犹记对曾、左、李之题词则曰："已往汉奸之变相"；对张、岑、袁之题词则曰："现在汉奸之真相"。而刊中则备载各省讨满洲檄等文字）以革命主义之不可不亟为宣传也。惟一时未有机会。适宣统元年，清廷颁谕举行某种盛大庆典，时驻古京清领事黎荣耀氏奉驻美京使馆命令，发出通告（该通告贴在生夏街十九号杏花楼门首），劝导侨胞到中华总会馆举行所谓拜万寿典礼（中华总会馆三楼原设有万寿宫，至民国成立时始拆废）。鼎之认为机会已至，即草一《讨满洲檄》，长千余言，亦贴于该通告之旁。一时观者如堵，咸相惊异。良以两纸贴在一隅，而两者之文字，则极端相反故也。当时鼎之默察观众，诋者有人，誉者有人，然诋者多于誉者。鼎之以侨胞未明革命大义也，乃再草一《敬告汉族旅古同胞》一文，长约二千余言，阐明满、汉之界说，及吾国所以必须革命之理由，亦贴于该处（该文书字甚大，尽纸数张，占壁长约丈许）。当时环而观者百数十人，警察以为发生事端也，乃以警棍击地示威，欲将群众驱散，及询知系阅广告始罢。然自是以后，"革命"二字，乃为侨胞茶前酒后之谈资焉。于是旅古华侨之革命思想，乃肇萌芽之机矣。

革命始基与美洲之关系

古巴华侨革命思想之萌芽，已如上章所述。至鼎之自发布鼓吹革命文告后，即静心访察，侨胞中有无同调之人，旋获悉有赵君师贡、王君宝泉、赵君式睦、蒋君道日、蒋君北斗等，时在赵君式睦之店中（该店名广和号，在固主耀街旧门牌八号），亦持革命之说。鼎之乃踵门访晤，觉彼此系同一志趋。自斯以后，时相过从。于是鼎之迭次将东京《民报》送往该处参阅。旋念以该报迭遭险阻，经费困艰，乃发起捐助维持该报经费日金一百余元，直接汇往东京。此为旅古华侨为同情革命而输财之最先者。后王君宝泉、蒋君道日相继归国，故革命动作未能继续推进。

维时鼎之以美洲三藩市有少年学社之组织，该社外以研究学术为名，内以鼓吹革命为实，知为美洲华侨唯一之革命机关，乃思所以联络之。盖少年学社者，即驻美洲中国同盟会对外之名词，其在美政府立案，则曰少年中国会。厥后会务日盛，遐迩景从，所有南北美洲之古巴、加拿大、墨西哥、檀香山、秘鲁、智利等六十余埠，远及英之伦敦、利物浦，海洋洲之千里达、大溪地，澳洲之雪梨，非洲之毛利市等分会，皆奉之为领袖，以从事革命工作。质言之，美洲之中国同盟会，实为欧、澳、非等洲各埠分会之鼻祖，而创之者则为李君是男。李君一号公侠，粤之台山人。光绪末叶，奉本部总理孙中山先生之命，委任为美洲中国同盟会创建专员兼主盟人。其时保皇党及洪门致公堂之势力，遍布新大陆，保皇党日以软膝响头，请愿立宪，以图升官发财之谬说，煽惑人心，华侨多中其毒。致公堂虽以反清复明为宗旨，而办事人暮气已深，寝假且失其本来面目，态度模棱，与保皇党沆瀣一气。李君欲揭橥三民主义，以苏已死之人心，乃与华侨中具有革新思想志同道合之青年，黄君伯耀、温君雄飞、黄君魂〔芸〕苏、许君炯黎、黄君杰亭及卢君仲博等，成为七人团。由李君主盟入党，组织美洲中国同盟会，其对外名称，则曰少年学社。此即美洲革命机关之基础也。

同时李君与温君雄飞、黄君超五、黄君伯耀等四人，假华人土生机关同源会名义，组织一言论机关，名曰《美洲少年周刊》，黄君超五任编辑，鼓吹革命。一方复与黄君魂〔芸〕苏、卢君仲博、张君蔼蕴等，组织金门学校，传布革命种子（粤省委李禄超、闽省委陆文澜皆出其门）。而《美洲少年周刊》言论警惕，灌输革命思潮，美洲华侨耳目为之一新；其倾向保皇党、致公堂之心理，遂渐冷淡，转而倾向少年学社矣。

适其时有某华商之子，由华赴美，美国移民局指为患"勾虫症"，取消其护照，不准入境。某华商乃投诉于清领事无效，复上诉于清公使张荫棠，亦不恤。旅美华侨以此案若不得直，则全体华侨将因此而大受影响。一时人心皇皇，莫知所措。黄君超五等以群情皇急，乃乘机召集群众，组织一"伸公理会"，一方援助该案，一方联络华侨（该会以黄君超五任会长，邓君翼云副之）。成立后，即派遣代表赴美京力争，复在《美洲少年周刊》为华侨请命，力斥美国移民律之苛严，满清使领之玩视民瘼，中国非实行革命，不足以安内对外。义正词严，大声疾呼。因是获得侨胞之同情，该报销场，乃愈推而愈广。鼎之固以革命为职志者，目睹斯举，不禁大表同情，乃即驰函赠款以助之。少年学社诸君，以鼎之志同道合，即函推为驻古华侨革命之推动人，此为鼎之与美国革命同志通讯之嚆矢，亦即驻古革命始基与美洲之关系也。

第一次之筹饷
（三月二十九日之前）

己酉冬（宣统二年）除夕，中山先生从欧渡美，由东而西，事前已将行期电达李是男、黄伯耀两君。两君预计行程，即于除夕下午四时赴车站恭迎，抵埠后，寓企李街粤东旅店。行装甫卸，即接香港（中国南方支部）来电，报告：广州新军起事之讯，请汇款接济。同时李君是男亦接其弟李君海云（时任南方支部出纳科科长）来电催饷。李、黄两君以事起仓猝，平时既未预筹饷糈，而临时又值急景残年，华商正在结束帐项，忙个不了，或则从事于桃符换岁，柏酒迎年之点缀，召集筹款，殊感困难，两君乃自行解囊电汇。翌日，即接广州新军失败之噩耗。自经此役之后，少年学社亟思扩大其实力，广集同志，以为筹饷之预备。于是通知各同志暨各界侨胞，连日假座布律威街自由大戏院及乾民街丽蝉戏院，开欢迎中山先生大会，到者数千人，座无余隙。中山先生演说革命救国真理，听者感动。翌日，复应卜枝利埠留学生会及屋仑埠华侨欢迎会之请，前往演讲。自是而后，会务发达，有一日千里之势。数月之间，加盟入党者达数千人，分会成立者十余埠，革命主义如日中天，虽妇人孺子，亦咸以倡言革命为职志矣。

中山先生以《美洲少年周刊》系每星期出版一次，鼓吹之力，殊嫌其薄弱，于是决议增招股本，将该报扩大，改组为《少年中国晨报》。遂分途招股。而鼎之即为该报驻古之招股人，当时鼎之所招者达数百股（每股美金一元）。及该报成立（按该报篇首"少年中国"四字，系黄克强先生手笔），以黄君伯耀为总理，黄君超五为总编辑，黄君魂〔芸〕苏、李君是男、温君雄飞等均任记者。该报出版后，大倡革命排满之说，言论至为激烈。一时美洲侨胞，受此革命空气之刺激，翕然从风，故旅美日人报纸，对该报有"革命急先锋"之誉。是时鼎之复承该报委为驻古之代理人及通讯记者。鼎之除推销报纸至数百余份之外，更以鼓吹革命之文字投登该报。至是旅古侨胞，咸知鼎之为驻古巴之革命推动者。一日，鼎之忽接该报总理黄君伯耀来电称："内地机熟，革命即起，请即筹饷"等词。当时鼎之以旅古侨胞，同情革命者虽不乏其人，然实行捐款，恐尚非易事，乃携电至某商店，与东主黄某君商谈。某君摇首曰："革命事业，吾甚同情，但惜今尚非其时，徒牺牲金钱与生命，实无益耳"等语。

旋又携电往素与鼎之常相过从之赵君师贡、卢君威廉、林君子沐、温君景渲，并黄君立德、关君少渠等处劝募，结果只得十余元。鼎之以筹募为难，不再奔走，乃自出一百三十余元，凑成一百五十元之数，即汇寄《少年中国晨报》总理黄君伯耀收。乃不数星期，而广州三月廿九日之役起矣。此为鼎之在个人鼓吹革命时期第一次筹饷之经过也（按此事当时来往函件，因年久湮没，均已无存，只于民国二十年由美国三藩市总支部发给一证明书，以资证明而已，又该证明书于民国二十二年呈侨委会稽奖局，转呈国民政府叙奖，发给三等褒状及三等奖章）。

第二次之筹饷

（在三月二十九日之后）

自《少年中国晨报》出版之后，旅美侨胞革命心理乃蒸蒸日上。中山先生以时机已至，乃于庚戌秋将少年学社正式改称为"美洲中国同盟会"，高竖革命之旗。复派员游埠，分途鼓吹。于是各埠分会，日益增加。中山先生以美洲革命势力，已臻巩固，乃委任同盟会会长李君是男兼任中华革命党筹饷局局长，组织筹饷局，黄君伯耀为交际，担任外交工作，发行革命军债票（该债票名曰"中华民国金币"），由中山先生与李君是男署名负责（李君署名李公侠），计分为十元、百元、千元三种。票面除标明价值外，并注明革命成功后，作为国宝通用，交纳赋税，或换实银。旋该局乃正式委任鼎之为驻古巴筹饷专员，并由局长李君是男付到十元债票一本，数值一千元，著向旅古侨胞发售。并由《少年中国晨报》登出通告，声明系正式委任，盖为取旅古侨胞之信仰计也。旋鼎之以个人名义号召，殊不易收效，乃请首先同情筹饷而又主张急进之洗君灿云、关君席儒两君加入，共同出名负责。两君慨然允诺，乃函请该局将两君之名，一同登出。

自是以后，旅古侨胞之同情革命，前来购军债票者，大有其人。其中直接或间接先后与鼎之认识，在倾谈之下，深觉志同道合，并愿出而共策进行者，则有高君发明、陈君孟瑜、陈君炯裳、黄君汉一、劳君莲舫、吴君曜初、劳君自励、余君金养、陈君朔竞、劳君英骝、曾君瑞云、潘君伯烈、曾君桂芳、关君意诚、关君碧轩、邓君宾文、龙君培荨等共十余人。鼎之以革命真理日明，同志日见众多，私心窃窃自慰。当时各同志为谋扩大发售革命军债票起见，乃再由潘君伯烈、林君子沐、温君景煊、邓君焯南、龙君振威（即培荨）、陈君孟瑜、高君发明、关君碧轩、劳君自励、陈君炯裳、黄君汉一、曾君纪（即瑞云）共同出名，加入负责，分途鼓舞，以期速收大效。遂即印发紧急筹饷布告，遍寄各埠侨胞，以为号召之资助。计此次发售军债票，先后所集，共达七百余元，鼎之乃陆续将款汇往美洲筹饷局。同时梨美料埠巨商吴君曜初，与其店中同事何君坤成、苏君怡章、潘君汝波、黎君家璜等，因素喜阅《少年中国晨报》，深表同情于革命，竟自动捐助军饷一百七十余元，直接汇往美洲筹饷局。此又鼎之第二次与洗、关、潘、吴诸君等，及各同志分途鼓吹筹饷之经过也。

鼎公同志青睐：来信询及代理代收军饷事，本局已即登告白，以为鼓吹。阁下热心国事，至为钦佩。惟是今日之筹饷局，从新建立，与旧日不同。盖筹饷救国，其目的则同，而办事所则异也。盖旧日之筹饷局所发之军债票，亦自孙先生到美后始发起，然旧时只附属于同盟会，故发卖军债票，皆归弟经手，此次则联合洪门父老，大加扩张，办事局人员从新组织，故筹饷局有新旧之异。自新筹饷局成立之时，弟曾有信通知，并请将旧日弟所发之债票一卷缴回，以归划一，惟日久未见赐复，未知该函收到否？抑途中失误也？新旧局已经分划清楚，故所发军债票之数，亦不能混同，故旧日阁下所取之军债票，应归旧局管理。近日旧局已停办，则债票无容再卖，请将旧票及长短数缴回，以归划一。嗣后如有热心同志乐买债票，请先将银寄交国民救济局，然后再发债票便是，余恕不赘。此候侠安。是男上。八月初九。

鼎之同志青睐：再启者，付来估〔军〕债票银一百二十五元已经收到，委代登告白，以为筹饷局通信处，已即如命。惟嗣后同志助饷，只求先将姓名及银两付来国民救济局，然后按名发给收条。至旧日之债票，无容再卖，请将该票付回，以归划一，因旧日之债票，乃旧局管理故也。是男再上。公侠即弟之别名。

海圻军舰上之演说

辛亥某月，清政府特派亲贵伦贝子赴英，贺英皇加冕，复派海军统领程璧光乘海圻军舰护送之，以壮行色。既而伦贝子等在英事毕，乃由欧先行返国，而程统领则承美洲及古巴侨胞之电请，遂驾该舰来游纽约及古巴等地。当时旅古侨胞，自获该舰来游之消息后，即行募集巨款一万余元，以为欢迎之费，并以中华总会馆为欢迎会会场，而清廷驻古巴代办吴寿全亦躬与其事。时三民阅书报社诸同志密议，欲借该舰到古之机会，扩大革命宣传，一以唤起该舰官兵之觉悟，为将来响应革命之赞助，二以鼓舞旅古侨胞，俾收踊跃助饷之效果。旋一致决议，参加该会工作，充招待员，以期得与该舰军官士兵接近，乘机灌以革命思想。旋又以革命事业，乃为通常人所畏怕，而该欢迎会中，又充满富有奴隶性者流，若辈对于各同志加入该会为招待员，早已表示不满，各同志恐将来实施宣传革命工作时，若辈或加以不利之手段，为预备应付此环境，及坚定各同志意志起见，乃草备誓章，各签姓名，当天盟誓，有进无退，全体高举右手，宣读誓章毕，乃以火焚之。既而赶印《海圻军人听者》之小传单（当时古巴尚未有华文字机，该传单系在西人石印店印出），及将前日所售之革命军债票制成电影，以便将来在戏院放映之用。各事预备完竣，而海圻军舰乃于八月五日驶抵古巴。全岛侨商，麇集古京欢迎，当时情形，至为热烈。除第一日程统领暨全舰军官在中华总会馆受热烈之欢迎外，至第二日以后，各同志乃分队率领该舰军官往游公园各处，每乘间进以革命之说，并指公园中巍然矗立之革命伟人马的（Marti）等之肖像以喻之。旋各同志又于某日携带《海圻军人听者》小传单，及筹饷布告等件，乘小轮直到船上，分队散发，并向各军官、士兵演说革命排满之必要。当时舰上空气顿形紧张。及各同志演说毕，乃向官兵等握别。当时有某军官等大为动容，殷殷慰各同志曰："诸君劳矣！口喝〔渴〕极矣！曷稍休息，而后归乎？"同志感其诚意，群相曰："可。"该军官等乃率各同志径达餐室，各饷以大面一碗。谈笑片时，各同志乃称谢，相与握手而别，遂乘原来之小轮回岸。当时舰上军官、士兵等，群立舰上，揭帽扬巾以送。此为驻古巴同志赴海圻军舰演说革命排满之经过也。

《海圻军人听者》小传单

诸君之来游古岛，固为千载一时之机会，而诸君受我侨胞之欢迎，亦可谓至矣！极矣！蔑以加矣！夫诸君不惜以汉人之资格，甘为满虏之臣奴！以大义言之，则安有受我侨胞欢迎之价值？然诸君之所以仍能受我侨胞之欢迎者，良以我侨胞有所厚望于诸君也。厚望为何？即厚望诸君实行革命，推覆满清政府是也。夫诸君之祖国，为满清所灭，诸君之祖宗，为满清所杀，诸君之诸姑姊妹，为满清所淫，乃诸君不思复仇，而犹觍颜事敌，此真我汉族之罪人，亦即我旅古侨胞之公敌也。倘诸君甘与满清衔头相终始，罔知宗国之深仇，不雪同胞之大耻，则诸君其何以谢我旅古侨胞之欢迎，更何以慰尔祖宗于地下。想诸君皆少年英俊，济济多才，必有以慰我旅古侨胞之厚望也。诸君其勉旃！汉族旅古全体侨胞谨白。

亚秘梳大戏院内之革命潮

各同志赴海圻军舰散派传单，演说革命，既如上述。常时默察舰上员兵，间有表示同情者。惟负该舰全责之程统领璧光，及汤舰长廷光，与夫驻古代办吴寿全等，皆大为不满。而程氏则于欢宴席上，大发牢骚，谓："若辈（指各同志）干此行为，使我一入国门，头颅必将难保矣"等语。而当时席上之奴性深重者，则对各同志更大加攻击，且有某某等主张请吴寿全向古巴政府交涉，要求将各党人拘捕，由海圻军舰押解回国，交清廷严办。但各同志对之则镇静如常，出入欢迎会中，不改容色，绝无畏葸之态。乃一波未平，一波又起。盖欢迎会以海圻军舰来古，实为难得之机会，为表示极端之敬意起见，早已租定亚秘梳西人大戏院，演唱西人名剧，敬请全舰员兵往观。开演之夕，虽不售西人门票，然全岛华商，均踊跃参加，故楼上下数层，均告客满。而各同志又于是晚预将《海圻军人听者》之小传单，带往该院散发，及早经制备之革命军债票电影，预备在该院映出，以为鼓吹筹饷之助。不料到时因该院未设电机，竟不能放映，旋各同志于首幕告终，观众正在休息之时，乃分队将传单散发。时担任派至程统领、汤舰长及吴代办等之前者为陈君枢，以其年龄最小故也（时只十三岁）。当时程、吴二氏自接阅该传单后，面现愠色，即离座而出，一时院内空气顿形紧张。当各同志初散传单之时，各西报访员，以为系商店鼓吹货品之告白，或欢迎程统领等之文字也，故毫不注意。及见院内空气紧张，询知系鼓吹革命之宣传品，乃视为特别新闻，争相索取，及剧终，各自散归。至翌晨，全城西报对于此事，皆大书特书，连篇累牍。盖探悉各同志日前

赴海圻军舰演说革命之新闻,一并详为登出。犹记其标题为
Prepara gran Revolucion en China(译言"中国预备大革命"),其
标题系用二寸许之大字,且有将该小传单制成电版登出者。此各
同志在亚秘梳大戏院散发革命传单之大概情形也。

清走狗对革命党之嫉视

自各同志在亚秘梳大戏院散发革命传单之事喧腾后,程统领
及吴代办等大为震怒,而欢迎会中之奴性深重者,尤为愤恨,均
责各同志迭次举动不轨,有扫若辈之高兴,多主张实行请吴代办
向古政府交涉,拘押党人回国严办。结果,乃由吴代办下一札
文,饬令中华总会馆调查在戏院内及舰上散发传单鼓吹革命者之
姓名,呈报使馆,以凭核办。一时华侨互相传说,谓昨日已拘捕
某某等矣,今日又拘捕某某等矣,道听途说,若煞有介事。然各
同志对此,漠然置之,而出入欢迎会如故也。不意在此混沌空气
中,霹雳一声,而八月十九日武昌起义之电报,竟轰传古岛。一
时全城西报,莫不大书特书,而"革命势大"、"清廷震动"之
种种传说,又纷至沓来。至是一般之主张严办党人者,乃顿改其
态度!而中华总会馆对于调查党人之举,亦无形搁置矣。至程统
领等自率舰抵古,前后已有十八日,既饱受侨胞之欢迎,而各处
名胜,亦游览殆遍,乃于八月二十二日率海圻军舰启碇离古回国
矣。及该舰抵上海时,则上海已为先烈陈其美先生等所光复。于
是该舰遂收卷黄龙旗,而转树革命帜,归附于军政府之下矣。至
中华总会馆对于调查党人姓名之事,虽无形搁置,然该总会馆董
事李某,仍将该札文秘密保存。鼎之乃请劳莲舫同志,以中华总
会馆商董之资格,向李某取阅,乘间录之,初寄登于《少年中国
晨报》之新闻栏,继后再秉革命大义,将该札文逐句驳斥,长千
余言,复寄登于《少年中国晨报》之副刊。一时旅古侨胞传阅,

为之大快。自是以后，旅古侨胞对于革命之心理，乃益形膨胀。此又驻古各同志对清走狗之嫉视，不受威胁，及鼎之对驻古清代办加以严重驳斥之经过也。

反对清廷预备立宪之急电

自武昌革命起后，南方各省，相继光复，而北方诸省，亦在酝酿响应之中。清廷睹此，惶急万状，乃于无可如何之下，急颁布九年预备立宪之谕，并由外务部通电各驻外使馆，饬令布告旅外华侨，以免华侨倾向革党。时驻古使馆亦接到此项电报，即日照令贴出华区，时已下午八时矣！鼎之突见之下，即将电文抄录，欲待明日召集同志，讨论应付对策；但嫌迟滞，乃先携该电文驰往劳君自励之寓所（古京鸦技罅街一百三十四号广生堂商店）。至则劳君尚在帐房工作，乃出示电文，旋商讨应付办法。结果，以此事宜刻即发电《少年中国晨报》反对，毋须召集会议而后办理。乃即在灯下草妥电稿，即由鼎之赶送电报局拍发。及返寓，则已深夜十一时矣。犹记该电文云：

三藩市《少年中国晨报》鉴：清谕立宪，实笼汉心，誓不公认，请转达军政府力辟。饷随到。古巴三民社。

当晚《少年中国晨报》接到该电，翌晨即登出，并加以按语，谓已照转并鼓吹各处华侨，一致通电反对。犹记其末两句有谓："想鄂军素以勇敢闻天下，必不为清廷甘言所诱惑也"云云。果也，自此电刊出后，南北美洲各处侨胞继续起而响应者，竟络绎不绝。此虽人心思汉当然之表现，然斯电之急发，诚有足多者。

三民阅书报社之成立

自各同志与鼎之认识，共同努力筹饷，分途鼓吹革命后，于

是，旅古侨胞之革命空气，日趋浓厚。而高君发明，陈君孟瑜，
则每以外出营生之便，常造鼎之寓所（在古京亚割打街三十一
号）谈论革命，愈觉倾心。旋各同志为促进革命事业起见，故每
于工余之暇，常假陈君炯裳、黄君汉一、曾君瑞云等之寓所（在
古京纲地街九十九号万宝荣店内）及劳君莲舫、龙君培尊之寓所
（在古京鸦技罅街一百三十四号广生堂内）为公同讨论之地。讨
论结果，佥以"进行革命工作，以筹集饷糈为第一急务。然金钱
问题，所关甚要，决非以少数人之力所能收效。而革命事业，至
关伟大，需饷至多，更非涓滴凑集所能奏功。必也组织一革命机
关，以为基础；再借殷实商人之信用与名誉，以为号召，而后方
望收筹饷之大效"云云。于是乃有组织"三民阅书报社"之决议。
社址既定（在古京生汝高罅街一百零四号），选举职员，以劳君莲
舫为社长，吴君曜初付之，鼎之与黄君汉一为中文书记，劳君自
励为宣传，陈君孟瑜为总务，高君发明、陈君炯裳、曾君端云、
冼君灿云、关君席儒、曾君桂芳、劳君英骝等，则分任干事等职。
至陈君朔竞，潘君伯烈，则在商埠经商，均担任鼓吹义务，分工
合作，努力并进。开幕之日，社中点缀，备极壮观；中西人士及
西报记者，群焉毕集。主席宣布开会理由后，相继登台演说者，
有来宾及同志多人，对于革命真谛，发挥尽致，听者咸为感动。
当时并奏以西乐，音韵悠扬，在座群众，情兴奋发。及演说毕，
乃如仪而散。散会后，全体发起人共拍一照，以为纪念。于是驻
古巴唯一之革命机关"三民阅书报社"，乃宣告成立矣。

社员之尽瘁革命

　　三民阅书报社之成立，已如上述。查其时各同志均系有职业者，
除在开幕时向侨胞极力宣传革命，及于星期日齐赴社内互相砥砺外，
其在平日，则因日间各谋其固有之生计，至晚间方能集合社内，办

理日常各务，恒至十二时或一时始各自归去（注：侨胞在日间，亦得自由入社阅报）。而陈君孟瑜，则因住在社内之便，在未用驻社专任书记以前，社内各务，均由伊处理。又查该社成立之时，同志只有十余人，所有社内家私之购置，及一切装饰，除当时每人须担负百数十元外，而月中楼租及各项费用，亦概由此数十同志负责供应。各同志之输财效力，夙夜奉公，至足多也。

此外又有足纪者，则厥为劳莲舫及吴曜初两君，以商人之资格，出而参加革命之一事。查劳君系古京有名之商人，亦即古巴中华总会馆之商董，出身士林，深明种族大义，虽身在商界，无时不以革命为职志。嗣见各同志鼓吹革命，主张排满，不禁大表同情，故对于各同志之进行革命工作，直接间接，多所赞助。及三民阅书报社成立，各同志乃公推为社长，劳君不顾利害，毅然而担任。至吴君系古巴梨美料埠之巨商，其名下所管之商业，在古巴侨胞中居有数之地位。然吴君亦因深明革命大义之故，不因富有资产而忽置其所主张。且吴君素善辞令，闲尝与古京之巨商友人黄某君辩论吾国局势果能行革命与否，恒辄夜不停，至再至数。黄某君固学界中人，且素具辩才者，然每辩论，则辄为吴君所难倒。又吴君乃一革命实行家，曾在辛亥之前，自动在店中倡率各伴捐助革命军饷。及三民阅书报社成立，各同志乃举之为副社长，吴君亦慨然出而接受。查在满清禁令森严之下，古岛中之富商巨贾，恒不敢倡言革命，及附和革命，且有诋为大逆不孝〔道〕者。然劳、吴两君虽处此环境，居有产阶级之地位，竟能不顾一切，毅然以革命为务，此等人物，求诸当时之古岛，殊属不可多得者焉！

革命团体之继起

古京三民阅书报社成立后，各同志除效力输财外，而对于革命主义，复努力宣传。故风声所播，岛中侨胞之继起而组织革命团体者，又有两处：其一为云丹埠。查该埠位于古岛之极东，与古京相隔最远，我侨胞之留居该地者，达数百人。就中有黄君作常（即黄尧）、陈君述、许君灵辅、李君春琪、邝君修琪、罗君合、黄君廷羡、吴君积穰、许君郁、曾君启祥、谢君成林等，素来关怀国事，且甚表同情于革命之说，以古京有三民阅书报社之设，遂亦起而组织一革命团体，以资响应。计议既定，即以醵金租屋，或赠家私，或送用品，查当时每人担负达数十元或一二百元不等。规模既备，初名联胜堂；旋以联胜二字，未足以表现趋向革命之精神，随而乃决定取名为三民团体会。盖采三民主义之意，既可标示趋向革命之主张，复可与古京三民阅书报社互相联络。名称既定，布置完竣，乃宣布成立。开幕之日，遍请埠中侨胞及西人政、报各界到场助庆，奏乐演说，应有尽有，并请古京三民阅书报社派员指导。于是云丹埠之革命团体，乃正式成立焉。

其二为梨美料埠。该埠位于古岛之中部，侨胞之居此者，虽不甚众，然与毗连之介华连埠（港口埠）实近在咫尺，两埠侨胞，亦共有数百余人。而梨美料埠之巨商吴君曜初，即系古京三民阅书报社副社长。吴君既服膺三民主义，为扩充革命势力起见，乃与店中同事何君坤成、苏君怡章、黎君家璜、潘君汝波，及埠中热心份子黄君存德，并古京三民阅书报发起人劳君自励等，共同组织一革命团体，名曰"三民同志会"，俾与古京三民阅书报社相呼应。筹备既妥，乃定期开幕，亦遍请两埠名望西人到场演说，古京三民阅书报社派代表参加典礼，而介华连埠侨胞同志之乘汽车赴会者达数架之多。车上高悬党国旗，沿途燃烧鞭炮，情形至为热烈，于是梨美料埠之革命团体，乃亦宣告成立矣。至此两革命团体，虽未正式隶属于古京三民阅书报社，然对于筹饷，及鼓吹革命，与夫举行南京政府成立及南北统一之庆典

等事，莫不为古京三民阅书报社之马首是瞻。故名义上虽未正式
隶属，然精神上早已成为三民阅书报社附设之机关矣。

民元前驻古巴国夏湾拿京城三民阅书报社创办人姓名表

埠　名	团体名称	发起人姓名				备　考
夏湾拿	三民阅书报社	黄鼎之	洗灿云	关席儒	高发明	按三民阅书报社即今
		陈孟瑜	陈炯裳	黄汉一	劳莲舫	之古巴总支部。
		吴曜初	劳自励	劳应骝	陈朔竞	
		曾瑞云	潘伯烈	邓宾文	关意诚	
		余金养	曾桂芳	关碧轩		

民元前驻古巴国云丹埠三民团体会创办人姓名表

埠　名	团体名称	发起人姓名				备　考
云　丹	三民团体会	黄作常	陈　述	李春琪	许武权	三民团体会即今之云
		曾启祥	邝修琪	罗　合	吴积穰	丹分部。又该团体会
		谢成林	许　郁			发起人姓名未全，待
						再编时查明补入。

民元前驻古巴国梨美料埠三民同志会创办人姓名表

埠　名	团体名称	发起人姓名				备　考
梨美料	三民同志会	吴曜初	何坤成	苏怡章	黎家璜	三民同志会即今之介
		黄存德	潘汝波			华连分部。又该会发
						起人姓名未全，待再
						编时查明补入。

古巴同盟会之成立

　　驻古同志最初组织三民阅书报社之时，其所以不取某项革
命或同盟会之名义者，盖亦一如美洲党人最初组织少年学社之
想象，恐一旦揭出"革命"或"同盟会"之名，为侨胞所惊

畏，转为革命事业进行之障碍也。但自该社成立后，各同志相机办理，努力猛进，竟能获得侨胞之好评与赞助。至该社虽为独立团体，然既标树三民主义，而于筹募革命军饷等事，复努力办理，且惟美洲中国同盟总会之命是听；种种进行情形，亦常由《少年中国晨报》披露。迨后国内革命，大势已成，各事公开，更无秘密与顾虑之必要。于是由各同志商议，正式改组为"驻古巴中国同盟会"。旋由鼎之去函美洲同盟总会征询意见。时孙中山先生在美，日惟游埠演说，鼓吹筹饷，及组织同盟会分会；目睹《少年中国晨报》所载古巴三民阅书报社致力革命之种种新闻，早已深为嘉许，乃与"美洲同盟总会"诸执事商决，遂命该会书记林君朝汉复函，先行欢迎鼎之加入美洲同盟会，并授以主盟权。同时付到同盟会章程及盟书二十张，着鼎之介绍其他同志一并加入。鼎之自接获各该件后即先填备各件，随办理各同志加盟事宜，办妥后，即将各盟书及会费呈缴美洲同盟总会，并由各同志决议，将三民阅书报社改组，于是驻古巴中国同盟会乃因之而成立矣。同盟会既成立，乃从新选举职员，鼎之以承中山先生命特授主盟权，及首先加入美洲同盟会之关系，遂被选为会长，各同志亦分任职务（其余职员名位待再编时查明补入），此又驻古巴三民阅书报社改组为中国同盟会之经过也。

林朝汉致黄鼎之书

鼎之君英鉴：

顷接来翰，敬悉。弟即将足下尊意商诸中山、魂〔芸〕苏二君，据云："公等热心革命，昭昭在人耳目，诚为可嘉。"故特命弟发出盟书付上，欢迎足下加盟本会，签名付来收存，以公认为本党党友兼授以主盟权，俾得随时收接同志入会，据欲设立同盟会于贵埠，极甚赞成，如有基础，依此而行可也。凡各处设立支会定例，凡一会员者会底费贰元，缴交本会收领，及凡一会员者均担任军费拾元之义务，交筹饷局后，该局发回债券，交原人收执。寄上章程及盟书二十张，并支会自治章程一张，统祈收入。如盟书用罄，可行信到本会领取，定即付与应用便是。如收到各件，恳速赐示，免企盼，余容后详。手此。即请
道安！

弟林朝汉谨上
八月十七日

同盟会之努力筹款

自武昌革命起义，广东光复，即成立军政府，发行公债。时驻古巴同志即起而应声，筹募接济。借劳君莲舫鼓吹之力，彭君国柱即慨助一万元，以为之倡；而各同志与侨胞亦踊跃赞助，结果达数万元。至当时国内中南各省，相继光复，而北方诸省，亦势将岌岌，然清廷犹不惜以死力挣扎，以冀保全万世帝王之基业，故迭次派兵南下，各处战争，甚形剧烈。上海红十字总会会长沈敦和先生等，乃出而办理战地慈善事务，惟需费浩繁，非涓滴所能为功，故即通电海外各重要团体，请即筹募善款，以为办理救济之用。时驻古巴同盟会自接获该电后，以筹募革命军饷之事甫毕，而筹募慈善款之电文又至，然终以责任所在，义不容辞，乃复印捐册，除各同志努力捐助外，又通函请云丹埠三民团体会及梨美料埠三民同志会分途筹募，并在古京分队沿门劝捐。结果，共募集美金数千元，分次汇沪。

又在此期间，江北五省，突告水灾，人民除淹毙不计外，其幸得以逃生者达数百万，流离失所，无食无衣，上海慈善大家，即出而办理筹款赈济事务，由伍廷芳博士通电海内外团体，大呼

将伯。时古巴同盟会诸同志，以救民水火，为吾党唯一天职，乃又起而筹款赞助，结果，又达数千元。

　　及南北统一，袁氏执政，欲大借外债，为国会所否决。时政府司农仰屋，一筹莫展；吾党为救济政府困难起见，乃由黄克强先生提倡国民捐之议，电请海内外革命机关，筹集义款，以救济政府之穷。时古巴同盟会自奉到该电令后，乃又再接再厉，应声而起。结果，又筹集美金二千余元。而云丹埠三民团体会及梨美料埠三民同志会，亦各筹集千数百元，寄由美洲同盟会橐汇。统计驻古同志，在三民阅书报社时期所办之军饷，及在同盟会时期所募之广东公债（与侨界合办）、红十字会捐、国民捐，并江北水灾之捐，合计国币不下七八万元，因是同盟会之声誉日隆，而旅古侨胞之慕义来归者，亦日众矣！此驻古巴同盟会努力筹款之经过也。

辛亥筹饷之紧急布告

　　急启者：数月以前，此间同志曾发起筹饷之事，经布告本岛内外各埠，想早在同胞洞鉴中。至当时之此举，原是发起于少数之人，故担任筹饷事务，亦只少数之同志，然亦卒能得中等之效果，足见我同胞革命排满之心理，民族主义之思潮，固无人不合乎心而表同情者也。至当时各同胞所捐之款，已由经手人发回中华民国金币，而此款亦即于日前汇去金山筹饷总局李公侠君收，发回收条为据矣！惟昨复接金山总机关发来紧急电文布告，谓四川民军已起，各省将有响应，请即筹饷继助云云。观此可见大势将成，时机已熟矣。故特请我汉族同胞，无论商工士农各界，皆当踊跃争先购买金币，或热心多则百数十员〔元〕，小则数员〔元〕，乐助军饷，以作众志成城，而驱除满洲恶劣之政府，光复中华山河，建立共和民主国，以谋同胞平等自由之幸福焉，是则吾汉族之幸也。

兹将代理中华民国筹饷通事处各住址如下：

代理筹饷处　关席儒　黄鼎之　洗灿云

代理通事处　林子沐　温　煊　邓焯南　龙振威　劳自励

　　　　　　高发明　黄汉一　陈炯裳　曾君纪　黎汉阳

　　　　　　陈孟瑜　关碧轩　陈丽琴　潘伯烈　黄跃熊

如有热心购买金币助军饷，只照以上住址，书西文书皮付来，自当即将金币凭据付上，无误。

兹将筹饷局约章列左：

第一款　凡认任军饷至伍元美银者，发回中华民国金币一张，值中国银拾元。民国成立之日，即可向民国政府交纳税课，兑换实银。

第二款　凡认任军饷百元以上者，除照第一款办法外，另行每百元记功一次，如认任千元者以上记大功一次。民国政府成立之日，即照为国立功之例，与军士一律论功行赏。

第三款　凡得记大功者，民国政府成立之日，即向政府领赏，最优先之权利。

第四款　此约章只可行于革命军未起事之前，倘革命军起事之后，所有报效军饷者，须照因粮局章程办理。

中华革命军总理孙文立，古巴湾城代理革命军筹饷局公布。